KB120973

"이 책은 필독서다. 이 책에 푹 빠졌다. 이 책을 읽고 나면 낯선 사람을 보는 시각만이 아니라 당신 자신과 뉴스, 아니 세상을 보는 시각까지 정말로 바뀔 것이다. 이 책을 읽고 나 자신이 바뀌었다." _**오프라 윈프리**

"말콤 글래드웰은 최고의 작가다. 그의 책을 읽다 보면 독자는 마치 작가가 아니라 자신이 천재인 것처럼 느끼게 된다." _〈타임〉

"말콤 글래드웰은 다른 사람들의 머릿속을 헤집고 들어가 활개를 친다." _〈데일리텔레그래프〉

"타인을 이해하는 법에 관한 강력한 조언. 말콤 글래드웰은 이제 우리가 섣부르게 추정하는 것을 멈추고, 사람은 누구나 투명하게 드러나지 않음을 깨달으며, 행동이 보이지 않는 상황과 연결되어 있음을 이해해야 한다고 명쾌하게 주장한다." _〈피플〉

"말콤 글래드웰이 다시 대화의 출발점으로 삼기 딱 좋은 설득력 있는 책을 내놓았다. 세상이 걷잡을 수 없이 양극화되었다고 느껴지는 오늘날, 우리가 서로 오해하거나 소통에 실패하는 여러 사례를 검토하는 책이야말로 더없이 반갑다. 말콤 글래드웰은 현장 보도와 연구, 능수능란한 글쓰기를 결합하면서 페이퍼백 스릴러 소설처럼 조마조마한 마음으로 책장을 술술 넘기게 만드는 서술로 이 사례들을 조명한다." _〈LA타임스〉

"말콤 글래드웰이 압도적인 성공을 거둘 수 있었던 비결은 의심 많은 독자 조차 어쩌면 우리가 모든 것을 잘못 알고 있는 건 아닌지, 어쩌면, 정말로 어쩌면 이 작가가 대단한 발견을 한 건 아닌지 생각하게 만드는 순간에 있 다. 이 책은 앞선 저작들보다도 더욱 묵직한 울림을 준다." _〈뉴욕타임스〉

"말콤 글래드웰은 흥미를 불러일으키는 현실세계의 사례들을 들이밀면서 타인과 상호작용을 하는 방식과 이유에서 우리가 궁금해하는 사실을 밝혀 준다." _〈포브스〉

"말콤 글래드웰이 보여주는 사례 연구들은 흥미진진하다. 기억 저편의 과거 에서부터 최근에 이르기까지 호기심을 자극하는 일화들로 가득하다. 그는 이런 매혹적인 이야기들을 들려주면서 우리가 모르는 사람과 관계를 맺는 방식을 관찰한 결과를 한 입 크기로 쏙쏙 떠먹여준다." _〈북리스트〉

"말콤 글래드웰의 또다른 역작. 지적 자극이 넘쳐난다. 책장을 술술 넘기게 만드는 서술로 당신이 안다고 생각하는 모든 게 틀렸음을 보여주는 또 다른 책을 기대하는 독자라면 절대 실망하지 않을 것." _〈키르커스리뷰〉

"매혹적이면서도 시사적이다. 깊은 사고에서 우러나온 보고서. 말콤 글래드 웰은 그의 전매특허라 할 수 있는 다채롭고 유려하며 눈에 쏙쏙 들어오는 문체로 글을 쓴다." _〈퍼블리셔스위클리〉

"말콤 글래드웰은 재기 넘치는 사람들을 인터뷰한 뒤 묵직한 통찰을 담아 천사처럼 미려한 글을 써서 엄청난 수의 열광적인 독자층을 확보했다. 예리한 시선과 재치 있는 솜씨를 지닌 그는 우리 세대에서 손꼽히는 탁월한 관찰자 가 되었다. 큰 그림을 그릴 줄 아는 사상가인 글래드웰 덕분에 우리는 인간이 처한 조건을 이해하는 데 톡톡히 도움을 받는다." _〈웹MD매거진〉

"언제나 그렇듯, 말콤 글래드웰은 타고난 글쓰기 재능과 꼼꼼하게 사실을 들여다보는 감식안으로 무장한 채 한번 들으면 잊기 힘든 사실들을 재료 삼아 책을 만든다. 그는 엄청난 재능의 보유자다. 탐구와 질문에 몰두하는 독창적인 정신, 남들은 거들떠보지도 않는 정보를 파고들어 폭넓은 논점과 결합시키는 능력까지. 게다가 글쓰기 솜씨는 타의 추종을 불허한다."

_〈할리우드리포터〉

타인의 해석

타인의 해석

1판 1쇄 발행 2020. 3. 20.
1판 18쇄 발행 2022. 12. 26.

저자 말콤 글래드웰
감수 김경일
역자 유강은

발행인 고세규
편집 심성미 디자인 윤석진 마케팅 백선미 홍보 김소영
발행처 김영사
등록 1979년 5월 17일(제406-2003-036호)
주소 경기도 파주시 문발로 197(문발동) 우편번호 10881
전화 마케팅부 031)955-3100, 편집부 031)955-3200 | 팩스 031)955-3111

값은 뒤표지에 있습니다.
ISBN 978-89-349-8574-7-03190

홈페이지 www.gimmyoung.com   블로그 blog.naver.com/gybook
인스타그램 instagram.com/gimmyoung   이메일 bestbook@gimmyoung.com

좋은 독자가 좋은 책을 만듭니다.
김영사는 독자 여러분의 의견에 항상 귀 기울이고 있습니다.

말콤 글래드웰

김경일 감수 | 유강은 옮김

타인의 해석

당신이 모르는 사람을 만났을 때

TALKING TO STRANGERS

MALCOLM GLADWELL

김영사

그레이엄 글래드웰(1934~2017)에게

말콤 글래드웰의 귀환을 반기며

천재를 넘은 현인, 말콤 글래드웰

말콤 글래드웰. 현대 심리학의 수많은 연구들을 연결해 중요한 몇 개의 통찰로 세상을 보게 만들어주는 이. 이제는 천재로 부르지 않고 현인으로 부르고 싶다.

　1990년대에 스티븐 스필버그 감독을 두고 친구들과 이런 이야기를 나눈 적이 있다. "스필버그 감독이 신작을 내놓을 때가 된 것 같은데 왜 이렇게 조용하지?" 세상에 나오지도 않은 그의 신작을 기다리는 것이다. 그는 〈ET〉에서 괴물이 아닌 친구로서의 외계인을 등장시키더니 〈쥬라기 공원〉으로 공룡과 인간을 같은 시대에 공존하게 하고 〈쉰들러 리스트〉로 전혀 다른 제2차 세계대전 이야기를 풀어놓았다. 우리는 그의 영화에 열광하는 것을 넘어서 그의 영화를 기다린다. 세상을 보는 시각을 바꾸고 상상의 지평을 넓히는 천재, 스티븐 스필버그. 책의 세상에서는 말콤 글래드웰이 바로 그런 존재다.《다윗과 골리앗》이후 이런 대화를 나누고 있는 사람들이 눈에 띄기 시작했다. "말콤 글래드웰이 신작을 내놓을 때가 된 것 같은데 왜 이렇게 조용하지?" 나 역시 그 사람들 중 한 명이다. 그리고 이제《타인의 해석》으로 그가 돌아왔다!

그는《블링크》에서 직관의 무서움과 힘을 깨닫게 해주었다.《아웃라이어》에서는 가장 뛰어난 1퍼센트가 어떤 차별성을 가지고 있는가를 기본부터 알려주었다. 그리고 내가 가장 좋아하는《다윗과 골리앗》에서는 역경과 핸디캡이 어떻게 최고의 역량이 될 수 있는지, 약자가 강자를 어떻게 이기는지 그 누구보다도 통쾌하고 역동감 넘치게 그려내었다. 말콤 글래드웰은 수많은 취재와 면담으로 결론을 추출했고, 그 결론을 뒷받침하는 다양하면서도 공신력 있는 연구들을 다시금 참고했다. 그래서 어떤 학자도 그의 주장을 쉽게 공격하지 못한다. 더 중요한 것은, 그의 책이 말로 표현하기 어려울 정도로 생생하고 재미있다는 것이다. 그런 면에서《타인의 해석》은 그의 모든 작품 중에서 단연 백미다. 당대 최고의 지성인 스티븐 핑커나 최강의 저술가인 유발 하라리보다도 말콤 글래드웰을 내가 더 닮고 싶은 이유다 .

타인에 대한 오해가 불러일으킨 재앙

말콤 글래드웰은《타인의 해석》에서, 삶에서 가장 많이 일어나는 일에 대한 우리의 근거 없는 자신감에 도전하고 그로 인한 어리석음을 질타한다. 현대사회에서 우리는 하루에도 수십, 수백 명의 낯선 사람들과 마주치며 대화하고 일하고 약속을 잡고 다툰다. 말콤 글래드웰이 이 책에서 말하는 '낯선 이'는 결국 우리가 만나는 거의 모든 사람이다. 결국, 이 책은 삶에 관한 이야기일 수밖에 없다.

이야기는 한적한 도로에서 샌드라 블랜드라는 젊은 아프리카계 미국 여성 운전자가 브라이언 엔시니아라는 백인 남성 경찰관과 조우하는 사건으로부터 시작한다. 서로에게 낯선 두 사람은 겹겹의 오해로 빚어진 사소한 갈등 끝에 운전자의 자살이라는 비극적인 결말을 맞는다. 도대체 이 두 사람 사이에서 무슨 일이 일어났던 것일까? 우리는 낯선 사람에게 어떻게 말을 하고 상대방의 말을 어떻게 받아들여야 하는지를 잘 모른다. 더욱 큰 문제는 그 사실을 인정하지 않으려 한다는 것이다.

16세기 에스파냐의 코르테스와 아스테카의 통치자 몬테수마의 대화 끝에 2천만 명에 달하는 사람들이 학살되는 전쟁이 시작됐다. 그들의 통역 과정에 어떤 장애가 있었을까? 스탠퍼드대학 1학년생 브록 터너는 파티에서 여학생과 만남을 가졌다가 성폭행 혐의로 경찰에 구금된다. 정말 알코올 과음이 이 사건의 발단이었을까? 미국 대학풋볼 역사상 가장 존경받는 감독인 펜실베이니아주립대학의 조 패터노는 불명예스럽게 사임한다. 그는 왜 소아성애자 수석코치를 끝까지 감쌌을까? 펜타곤 고위직 외교관인 애나 몬테스는 수년간 들키지 않은 채 스파이로 암약한다. CIA는 왜 그를 의심할 만한 정황 증거들을 흘려버렸을까? 역사상 최대 규모의 폰지 사기 행각을 벌인 희대의 사기꾼 버니 메이도프에게 거의 모든 투자회사가 속아 넘어갔다. 오직 한 사람 해리 마코폴로스는 어떻게 그의 사기를 오래전부터 알고 있었을까? 미국인 교환학생 아만다 녹스에게 왜 잘못된 유죄판결이 내려졌으며 시인 실비아 플라스의 자살은 왜 그리도 어이없는 안타까움을 자아낼까?

진실을 의심해야 진실에 다가간다

《타인의 해석》은 상대방의 말과 의도를 파악하기 위해 우리가 잘못된 전략에, 그것도 매우 고집스럽고 장기적으로 의존했다는 것을 밝혀냈다. 그렇다고 해서 상대방의 사기나 거짓에 속지 않는 처세술을 일러주려는 것은 아니다. 말콤 글래드웰은 다양한 사례들을 통해서 우리가 진실에 가까워지기 위해서는 '진실일 것이다'라는 가정을 깨부수어야 한다는 역설을 설파한다. 그의 주장들은 현대의 수많은 인간 관련 분야 연구자들이 땀 흘려가며 수행한 연구들에 기반한 통찰이다. 심지어 해당 연구자들조차도 부여하지 못했던 의미들까지도 담아냈다. 말콤 글래드웰이 말하는 역설을 중심에 두고 타인을 파악하려 할 때 우리는 어떤 자세를 취해야 할까?

　첫째, 우리가 낯선 이에게 말을 거는 방법을 알지 못하고 그의 대답을 해석하는 것에 지독하게 서툴다는 점을 인정하자. 서툴다는 점을 인정하지 않는 이 함정에서 빠져나오지 않는 이상 우리는 인공지능보다 못한 판결을 내리는 수많은 판사들 중 하나가 되고 만다. 이는 현대 심리학이 밝혀낸 가장 중요한 사실 중 하나와도 맥을 같이한다. "가장 쉽게 속는 사람이 누구인지 아는가? 모르면서 안다고 거짓말하는 사람, 즉 인정하지 않는 사람이다. 그 과정을 통해 우리의 기억은 의도와 소망에 부합되게 각색되며 그 결과 무수히 많은 것들을 놓치기 때문이다." 판단과 의사결정에서의 사후확증편향 연구로 세계적 석학의 반열에 오른 바루크 피쇼프의 말이다. 말콤 글래드웰은 그것을 보여주려 한다.

둘째, 낯선 사람을 보고 곧바로 결론을 내리지 말아야 한다. 그의 말과 행동에만 집중하지 말라는 뜻이다. 그 사람이 어떤 세상에서 살아왔고 어떤 세상으로 가려 하는가도 봐야 한다. 그 사람이 나에게 지금 하는 말과 행동은 내가 가정하고 있거나 추론해낸 그 사람의 품성이나 가치에 기반하는 것이 아닐 가능성이 크기 때문이다. 그 사람이 어떻게 내 앞에 왔느냐와 나를 떠나 어디로 가느냐가 더 결정적이다. 심리학이 200년 가까이 인간을 연구한 결과의 흐름 하나를 말콤 글래드웰은 여기서도 한 문장으로 절묘하게 묶어냈다. "인간은 현재의 느낌에 전적으로 의지하면서 그토록 긴 과거에 대한 평가와 미래에 대한 예측을 놀라울 정도로 간단하게 끝내려 한다." 2002년 노벨경제학상을 수상한 인지심리학자 대니얼 카너먼의 말이다.

셋째, 낯선 이와의 대화에서는 대화 내용보다 맥락을 고려해야 한다. 이 책에 등장하는 이들은 낯선 이와의 대화를 잘못 해석해서 곤경에 처하고, 바로 그 때문에 그 대화를 했을 때 자신이 적절하게 대응했는가에만 관심을 가졌다. 자신과 상대방이 그 대화를 나누기에 적절한 상황에 있었던가를 고려한 경우는 없었다. 여기서도 현대 심리학의 가장 중요한 전제 하나를 되새겨볼 수 있다. "타고난 기질, 능력, 성품 그 무엇보다도 한 인간의 판단과 행동에 강한 영향을 미치는 것은 상황이다."《스마트 싱킹》과《스마트 체인지》의 저자로 우리나라에도 잘 알려진 인지심리학자 아트 마크먼의 말이다. 이 책의 등장인물 모두가 그 전제를 역행했다. 왜일까? 전문가로서의 자신을 과신한 사람도 있었다. 약물이나 술 때문에 상황을 보지 못하는 상태가 되어버린 경우도 있었다. 아예 상황을 무시하라는 집단적 교육을 받은 사람도 있었다. 모두 비극을 스스로 자초했다.

이 책을 통틀어 가장 인상 깊은 구절이 있다. "낯선 이에게 말을 거는 올바른 방법은 조심스럽고 겸손하게 하는 것이다." 그리고 "낯선 이와 이야기하는 법을 제대로 알지 못하는 가운데 만약 낯선 이와의 대화가 틀어졌을 때 우리는 어떻게 할까? 그 낯선 이를 비난한다." 가슴이 서늘해진다. 말콤 글래드웰의 통렬한 통찰은 그 비난의 가장 큰 피해자가 우리 자신임을 똑똑히 보여준다.

첨언하고 싶은 것이 있다. 지식의 바다에서 우리를 헤엄치게 하는 글이 있다. 하지만 지식으로만 무장한 글은 실천이라는 최종 지점에 다다르지 못한다. 우리를 열광하게 하는 흥미로운 글도 있다. 하지만 그 재미를 뒷받침하는 이론이 부족하기 일쑤다. 이 둘은 서로 만나지 않는다. 이쪽은 저쪽의 실천적 지침이 부족하다고, 저쪽은 이쪽의 이론적 근거가 부족하다고 비판한다. 말콤 글래드웰의 책들을 보면서 가장 부러운 것은 학자가 아니면서도 끊임없이 다양한 분야의 연구자들과 허물없이 만나고 대화하며 같이 고민하는 것이었다. 우리도 이제 연결을 고민해야 하는 시점이다. 그러기 위해서 자기와 다른 결로 일을 하는 '같은 분야'의 '낯선 이들'을 반기고 대화를 시도해야 할 것이다.

김경일 | 아주대학교 심리학과 교수

한국의 독자들에게

7년 전에 한국을 처음 방문했습니다. 가을에 가서 서울에 있는 널찍하고 아름다운 공원 바로 옆에 있는 호텔에 머물렀습니다. 첫날 오후에 호텔 로비를 걸어가는데 어떤 남자가 저에게 다가왔습니다. 한국인 남자는 자기를 소개했습니다. 제 책을 여러 권 읽었는데, 정말 마음에 들었다고 하더군요. "한국에는 무슨 일이십니까?" 잠깐 이야기를 나누다가 남자가 말했습니다. "괜찮으시면 오늘 저녁에 저희 부부와 친구 몇 명하고 저녁을 함께 드시는 건 어떻습니까?"

저는 좋다고 했습니다. 그날 저녁, 남자가 저를 데리러 왔고 서울 한쪽 구석에 있는 자그마한 레스토랑에 갔습니다. 거기서 저는 참으로 매혹적인 대화를 나누고 제 인생에서 손꼽을 만한 멋진 식사를 했습니다. 그날 저녁은 결코 잊을 수 없습니다. 그날 이후, 자기소개를 한 그 남자와 저는 친구가 됐지요.

저도 그렇지만, 필시 독자 여러분은 이 이야기가 단순한 만큼이나 여러 면에서 보기 드문 일이라고 생각하실 겁니다.

우선, 다른 한국인 친구들 말로는 지금은 저와 친구 사이인 마이클이 그날 한 일이 한국 사람들은 좀처럼 하지 않는 행동이랍니다. 한국 사람들은 낯선 이에게 선뜻 말을 걸지 않는다는 겁니다. 그리고, 결국 밝혀지겠지만, 저도 그렇습니다. 저는 천성적으로 내성적인 사람입니다. 제가 생각하는 멋진 저녁 시간은 혼자서 책 한 권 붙잡고 앉아 있는 겁니다. 그런데 몇 년 전 그날 저녁에 마이클은 한국의 문화 규범을 선뜻 깨뜨렸습니다. 저는 제 성격의 규범을 깨뜨렸고요. 그리고 우리는 둘 다 멋진 저녁을 선물로 받았습니다. 우리 둘 다 낯선 상대방에 대해 위험을 무릅썼습니다. 그리고 보상을 받았지요.

《타인의 해석》은 우리가 낯선 사람을 접하면서 하게 되는 이런 식의 계산에 관한 책입니다. 낯선 사람은 일종의 위험입니다. 제가 주장하는 것처럼, 우리는 낯선 사람을 처음 만날 때 그 사람에 대해 정확하게 파악할 수 있다고 생각합니다. 그리고 그 사람이 친절한 사람인지 위험한 사람인지, 재미있는 사람인지 지루한 사람인지, 걱정에 시달리는 사람인지 행복한 사람인지 판단을 하지요. 하지만 정확한 판단은 불가능합니다. 우리는 그런 식의 판단을 내리는 데 굉장히 서툽니다. 하지만 또한 동시에 그런 약점이 있다고 해서 낯선 사람과 대면하는 걸 마냥 피할 수만은 없겠지요. 세상에서 아름답고 의미 있는 일들은 대부분 과감하게 다른 사람과 말을 터보면서 시작됩니다. 그 첫걸음은 마음을 열고 새로운 사람과 경험을 받아들이는 것입니다.

오래전 그날, 서울에서 저는 모르는 사람의 차에 선뜻 올라탔고 아는 사람이 아무도 없는 나라에서 낯선 사람들과 낯선 장소에 갔습니다. 그런데 어떤 일이 생겼을까요? 멋진 일이 벌어졌습니다. 아무쪼록 이 책《타인의 해석》이 그렇게 과감하면서도 굉장한 보상을 안겨주는 경험으로 나아가는 하나의 길잡이가 됐으면 좋겠습니다.

2020년 3월
말콤 글래드웰

TALKING

O STRANGERS

MALCOLM GLADWELL

여러 해 전에 부모님이 나를 보러 뉴욕시로 왔을 때 두 분을 머서호텔에 모셔다드렸다. 나로서는 장난기 섞인 선택이었다. 머서는 유명 인사들과 멋쟁이들이 묵는 세련된 고급 호텔로 부모님, 특히 아버지는 그런 것 따위는 안중에 없었다. 아버지는 텔레비전을 보지 않고 영화관에도 가지 않는 데다 대중음악도 듣지 않는다. 〈피플〉지가 뭐냐고 물어보면 인류학 저널이라고 답했을 분이다. 아버지의 전문 분야는 독특했다. 수학, 정원 가꾸기, 성경이 전부였다.

저녁을 먹으러 호텔로 가서 아버지한테 하루를 어떻게 보내셨느냐고 물었다. "좋았지!" 보아하니 로비에서 어떤 남자하고 대화하면서 오후를 보내신 것 같았다. 흔한 하루였다. 아버지는 낯선 사람과 말하기를 즐겼다.

"무슨 얘기를 하셨어요?"

"정원 관리에 관해 얘기했지!"

"그 사람 이름은 뭐예요?"

"글쎄, 모르겠네. 그런데 이야기하는 내내 사람들이 다가와서는 그 사람 사진을 찍고 종잇조각에 사인을 받아 가더구나."

이 글을 읽는 할리우드 유명 인사 중에 오래전에 머서호텔에서 턱수염을 기른 영국 남자와 잡담을 나눈 적이 있다면 나에게 연락해주시길 바란다.

다른 분들은 이 일화가 주는 교훈을 생각해보시라. 때때로, 낯선 이들이 나누는 최고의 대화는 이야기를 하고 나서도 서로를 전혀 알지 못한 채 끝나는 대화다.

오해의 끝

차에서 내리시오

2015년 1월, 샌드라 블랜드[1]라는 이름의 젊은 아프리카계 미국인 여자가 고향 시카고를 떠나 텍사스주 휴스턴에서 서쪽으로 한 시간 거리에 있는 작은 도시로 차를 몰고 갔다. 몇 년 전에 졸업한 프레리 뷰에이앤엠대학에 취직하기 위해 면접을 보러 가던 길이었다. 키가 크고 수려한 외모에 성격도 그에 못지않게 시원시원했다. 대학 시절 시그마 감마 로(1922년 창설되어 미국 전역 500개 지부에 10만 명의 회원이 활동하는 여학생 클럽) 소속이었고, 행진악단에서도 활동했다. 학교 단체에 가입해 자원봉사도 했다. 〈샌디의 발언〉이라는 짧으면서도 영감을 주는 동영상을 유튜브에 정기적으로 올렸다. 영상은 "좋은 아침이에요. 멋들어진 왕과 여왕 여러분"이라는 인사로 시작했다.

오늘은 일어나자마자 주님을 찬미하면서 감사드렸어요. 제 생일이기도 하고, 또 지금까지 성장한 것에 대해, 지난해 제 삶에서 주님께서 하신 갖가지 일들에 대해서도 확실히 감사를 드렸답니다. 제가 지구에서 산 28년을 돌아보고, 주님께서 보여주신 모든 걸 돌아봤어요. 가끔 실수도 하고 완전히 망쳐놓기도 했지만, 주님은 그래도 저를 사랑하시죠. 주님은 이 영상을 보고 있는 왕과 여왕 여러분도 사랑하신다는 걸 여러분도 아시면 좋겠어요.[2]

블랜드는 프레리뷰에 취직했다. 의기양양했다. 따로 시간을 내서 정치학 석사학위를 딸 계획이었다. 7월 10일 오후에 장을 보러 나왔는데, 프레리뷰 캠퍼스를 에워싼 간선도로에서 우회전을 하던 중에 경찰관이 차를 멈춰 세웠다. 경찰관의 이름은 브라이언 엔시니아였다. 갈색 머리를 짧게 깎은 서른 살의 백인이었다. 그는 정중했다. 적어도 처음에는 말이다. 그는 블랜드가 차선 변경 깜빡이를 켜지 않았다면서 몇 가지 질문을 했다. 블랜드는 대답하다가 담뱃불을 붙였다. 엔시니아가 담배를 꺼달라고 요청했다.

이후 두 사람이 나눈 대화는 경찰차 계기반 위에 설치된 비디오 카메라에 녹화됐는데, 유튜브에서 다양한 편집본으로 수백만 회의 조회수를 기록했다.[3]

블랜드 여기는 내 차 안이에요. 왜 내가 담배를 꺼야 하죠?

엔시니아 그럼 차에서 내리시죠.

블랜드 차에서 내려야 할 이유가 없어요.

엔시니아 차에서 내려요.

블랜드 대체 내가 왜.

엔시니아 차에서 내려요!

블랜드 아뇨. 당신은 그럴 권리가 없어요. 그럴 권리가 없어요.

엔시니아 차에서 내려요.

블랜드 당신은 그럴 권리가 없어요. 나한테 내리라고 할 권리가 없어요.

엔시니아 난 권리가 있어요. 당장 내리지 않으면 끌어낼 겁니다.

블랜드 내 신원을 밝히는 것 말고는 당신하고 얘기하지 않겠어요.
(혼선) 깜빡이를 켜지 않았다고 차에서 끌어낸다고요?

엔시니아 내리지 않으면 끌어낼 겁니다. 적법한 지시를 하는 겁니다.
당장 내리지 않으면 끌어내겠습니다.

블랜드 그럼 변호사를 부르겠어요.

블랜드와 엔시니아의 입씨름은 거북할 만큼 장시간 계속된다. 둘
다 감정이 고조된다.

엔시니아 내가 끌어내주지요. (차 안으로 손을 뻗는다)

블랜드 좋아요, 내 차에서 나를 끄집어내겠다고요? 좋아, 좋아요.

엔시니아 (지원을 요청한다) 2547.

블랜드 그래, 해봅시다.

엔시니아 그럼, 물론이죠. (블랜드를 붙잡는다)

블랜드　손대지 말아요!

엔시니아　차에서 내려요!

블랜드　손대지 말아요. 손대지 말라고요! 난 체포되는 게 아녜요. 당신은 나를 차에서 끌어낼 권리가 없다고요.

엔시니아　당신은 체포됐습니다!

블랜드　내가 체포됐다고요? 왜죠? 왜? 무슨 이유로요?

엔시니아　(파견 요청) 2547 카운티 FM 1098. (들리지 않음) 다른 팀 출동 바람. (블랜드에게) 차에서 내려요! 당장 내려요!

블랜드　내가 왜 체포되는 거죠? 깜빡이 켜지 않았다고 딱지 떼려고 한 거잖아요.

엔시니아　차에서 내리라고 했습니다!

블랜드　내가 왜 체포되는 거예요? 왜 차 문을 여는 거예요.

엔시니아　법에 따라 지시하는 겁니다. 불응하면 끌어낼 겁니다.

블랜드　그러니까 내 차에서 나를 끌어내겠다고 위협하는 거예요?

엔시니아　차에서 내려요!

블랜드　그러니까 나를 (혼선) 한다고요?

엔시니아　흠씬 패줄 거요! 나와요! 당장! (전기충격기를 꺼내 블랜드에게 겨눈다)

블랜드　이야. 이야. (블랜드가 차에서 나온다)

엔시니아　내려요. 당장. 차에서 내려요!

블랜드　깜빡이 하나 안 켰다고? 깜빡이 안 켰다고 이렇게 하는 거예요?[4]

블랜드는 체포되어 수감되었다. 그로부터 사흘 뒤 그는 유치장에서 자살했다.

명백한 사건, 불충분한 해석

샌드라 블랜드 사건은 미국에서 이상한 사건들이 일어나는 와중에 발생했다. 첫 사건은 미주리주 퍼거슨에서 마이클 브라운이라는 18세 흑인 청년이 경찰관이 쏜 총에 맞아 사망한 2014년 늦여름에 시작되었다.[5] 그는 직전에 편의점에서 담배 한 갑을 슬쩍한 참이었다. 이후 몇 년 동안 흑인을 대상으로 한 경찰 폭력과 관련된 굵직한 사건이 연이어 일어났다. 전국 각지에서 폭동과 항의시위가 잇따랐다. '흑인의 생명도 소중하다Black Lives Matter'라는 시민권 운동이 태동했다.

한동안 미국인은 이 문제를 화제로 삼았다. 아마 당신도 뉴스에 나온 몇몇 이름을 기억할 것이다. 볼티모어에서는 프레디 그레이라는 흑인 청년이 주머니칼을 소지한 혐의로 체포되었다가 경찰 승합차 뒷좌석에서 혼수상태에 빠졌다. 미니애폴리스 외곽에서는 필랜도 캐스틸이라는 흑인 청년이 운전 중 차를 세우라는 경찰관의 말을 따랐다가 보험증을 건네고 나서 아무 이유도 없이 일곱 발의 총탄을 맞았다. 뉴욕시에서는 한 무리의 경찰관이 흑인 청년 에릭 가너에게 불법적으로 담배를 판다는 혐의를 잡고 다가와서는 이어진 몸싸움에서 목을 졸라 살해했다. 사우스캐롤라이나주 노스찰스턴에서는 월터 스콧이라는 흑인 청년이 후미등이 고장 났다는 이유로 정차 지시를 받은 뒤 차에서 내려 도망치다가 백인 경관이 뒤에서 쏜 총에 맞아 죽었다. 스콧은 2015년 4월 4일에 사망했다.[6] 샌드라 블랜드는 〈샌디의 발언〉 한 화에서 이 사건을 다루었다.

좋은 아침이에요. 멋들어진 왕과 여왕 여러분. (…) 저는 인종주의자가 아니에요. 일리노이주 빌라파크에서 자랐답니다. 전부 백인인 치어리더 동아리에서 유일한 흑인 여자애였죠. (…) 흑인 여러분, 여러분은 백인과 더불어 일하는 법을 배우지 않으면 이 세상에서 성공하지 못할 거예요. 백인 여러분은 흑인들이 최선을 다하고 있다는 걸 정말로 아셨으면 해요. (…) 흑인의 생명이 헌신짝 취급당하는 게 분명한 상황을 보면 우리도 화가 날 수밖에 없어요. 그 청년이 왜 도망쳤는지 묻는 사람들은, 젠장 내 말 좀 들으세요. 최근에 뉴스 봤잖아요. 경찰관한테 살해당할 수 있다고요.[7]

그로부터 3개월 뒤 그 또한 사망했다.

이 책은 그날 텍사스주 촌구석 간선도로 갓길에서 정말로 무슨 일이 벌어졌는지를 이해하려는 시도다.

교통 단속이 이상하게 어그러진 사건에 관해 책을 쓰는 이유가 뭘까? 이런 사건을 둘러싸고 벌어진 논쟁이 대단히 불만족스럽기 때문이다. 한쪽은 인종주의에 관한 주장을 펼쳤다. 상공 3천 미터 위에서 사건을 내려다보면서 말이다. 다른 한쪽은 돋보기를 들이대고 사건별로 세부적인 사실을 검토했다. 경찰관은 **어떤** 사람이었나? 그는 정확히 어떤 말을 했나? 한쪽은 숲만 보고 나무는 보지 않았다. 다른 한쪽은 나무만 보고 숲은 보지 못했다.

양쪽 모두 그 나름대로 옳은 말을 했다. 편견과 무능은 미국 사회의 기능 장애를 설명하는 데 꽤 쓸모가 있다. 하지만 어느 쪽 진단이든 간에 다음에는 더 열심히 해보겠다고 진심으로 맹세하는 것 말고 무엇을 할 수 있을까? 나쁜 경찰은 있게 마련이다. 편견으로 똘똘 뭉친 경찰도 있다. 보수주의자들은 전자의 해석(인종차별 문제)을 선호하고, 자유주의자들은 후자의 해석(개인적인 문제)을 선호한다. 결국 양쪽은 서로 상쇄했다. 미국에서는 지금도 사람들이 경찰관에게 살해당하지만, 이런 죽음은 이제 더 이상 뉴스를 도배하지 못한다. 이 책을 읽는 당신도 십중팔구 잠깐 기억을 더듬고 나서야 샌드라 블랜드가 누구인지 떠올렸을 것이다. 우리는 얼마쯤 지나서는 이 논쟁을 제쳐두고 다른 문제로 넘어갔다.

나는 다른 문제로 넘어가는 것을 원하지 않는다.

이방인의 서로 다른 언어

16세기 유럽에서는 민족들과 국가들이 70차례 가까이 전쟁을 벌였다. 덴마크인은 스웨덴인과 싸웠다. 폴란드인은 튜턴기사수도회와 싸웠다. 오스만인은 베네치아인과 싸웠다. 에스파냐인은 프랑스인과 싸웠다. 그 밖에도 무수한 전쟁이 있었다.

이런 끝없는 충돌에 어떤 패턴이 있다면, 전쟁의 압도적 다수가 이웃 간에 벌어졌다는 사실이다. 대개 국경 바로 건너편에 있는 이들과 싸웠는데, 그 상대는 그때까지 줄곧 국경 바로 건너편에 살던 이들이었다. 또는 자기 국경 안에 있는 이들과도 싸웠다. 1509년 오스만전쟁은 형제끼리 벌인 것이었다. 인류 전체 역사를 통틀어 적대적이든 아니든 간에 이방인끼리 조우하는 일은 드물었다. 우리가 만나고 싸우는 사람들은 같은 하느님을 믿었고, 같은 방식으로 건물을 짓고 도시를 조직했으며, 동일한 규칙에 따라 같은 무기를 들고 전쟁을 벌였다.

하지만 16세기에 벌어진 최악의 유혈 충돌은 이런 패턴에 전혀 들어맞지 않는다. 에스파냐의 정복자 에르난 코르테스가 아스테카 통치자 몬테수마 2세를 만났을 때, 양쪽 모두 상대방에 관해 전혀 알지 못했다.[8]

코르테스는 1519년 2월 멕시코에 상륙해서 천천히 내륙으로 이동하면서 아스테카의 수도 테노치티틀란으로 진격했다. 테노치티틀란에 도착한 코르테스와 그의 군대는 경외심에 사로잡혔다. 본국 에스파냐에서 본 그 어떤 도시보다도 훨씬 더 거대하고 인상적이었다. 호수의 섬 위에 있는 도시는 여러 다리를 통해 육지와 연결되고 십자형으로 수로가 깔려 있었다. 널찍한 대로와 정교한 수도水道, 번화한 시장과 하얗게 빛나는 화장도료로 마감된 사원, 공공 정원과 심지어 동물원도 있었다. 완벽할 정도로 깨끗해서 쓰레기로 뒤덮인 중세 유럽 도시에서 자라난 사람의 눈에는 기적처럼 보였을 것이다.

"물위에 그렇게 많은 도시와 마을이 지어진 것을 보고 마른 땅에 있는 다른 거대한 도시도 보았을 때, 우리는 깜짝 놀라 마법에 걸린 것 같았다." 코르테스의 부하 장교 중 한 명인 베르날 디아스 델 카스티요의 회고다. "우리 병사들 몇몇은 눈에 보이는 것들이 꿈이 아닌지 묻기까지 했다. 그 광경을 어떻게 설명해야 할지 모르겠다. 그때까지 본 적도, 들은 적도, 심지어 꿈꿔본 적도 없는 모습이었다."**9**

에스파냐인들은 테노치티틀란 입구에 모여 있는 아스테카 추장들의 환영인사를 받고서는 몬테수마 앞으로 안내받았다. 몬테수마는 초현실적으로 위풍당당한 인물로 금실, 은실로 수놓은 가마에 타고 있었다. 가마에는 금을 비롯한 각종 보석과 꽃으로 장식한 줄이 드리워 있었다. 신하 한 명이 가마 앞으로 나와서 바닥을 쓸었다. 코르테스는 말에서 내렸다. 몬테수마도 가마에서 내렸다. 코르테스는 에스파냐인답게 앞으로 나가서 몬테수마를 껴안으려고 했다. 하지만 몬테수마의 수행원들에게 제지당했다. 아무도 몬테수마를 **껴안**지 않았다. 그 대신에 두 남자는 서로 고개 숙여 인사를 했다.

"그분입니까? 당신이 몬테수마입니까?"

몬테수마가 대답했다. "내가 몬테수마요."**10**

일찍이 어떤 유럽인도 멕시코에 발을 들여놓은 적이 없었다. 어떤 아스테카인도 유럽인을 만난 적이 없었다. 코르테스는 아스테카인에 관해 아는 게 아무것도 없었다. 다만 그들이 가진 화려한 부와 그들이 세운 비범한 도시를 경외했을 뿐이다. 몬테수마는 코르테스에 관해 아는 게 전혀 없었다. 다만 그가 아스테카왕국으로 대담무

쌍하게 진격해왔고 기묘한 무기와 정체불명의 커다란 짐승(말)으로 무장하고 있다는 것만 알았다. 아스테카인은 한 번도 본 적이 없는 짐승이었다.

코르테스와 몬테수마의 만남이 수백 년이 넘도록 역사학자들을 매료시킨 사실이 불가사의한가? 500년 전 탐험가들이 전에는 알지 못했던 땅으로 대양을 가로질러 대담한 원정을 나서기 시작한 그 순간, 완전히 새로운 종류의 만남이 생겨났다. 코르테스와 몬테수마는 서로에 관해 아무것도 알지 못했지만 대화를 하고 싶어 했다. "그분입니까? 당신이 몬테수마입니까?"는 코르테스가 직접 한 말은 아니다. 코르테스는 에스파냐어만 할 줄 알았다. 그래서 통역자 두 명을 대동해야 했다.

한 명은 말린체라는 인디오 여자로 몇 달 전에 에스파냐인에게 사로잡힌 사람이었다. 그는 아스테카의 언어인 나우아틀어와 마야어를 할 줄 알았다. 코르테스가 상륙한 멕시코 땅에서 쓰는 언어였다. 또한 코르테스는 헤로니모 델 아길라르라는 사제를 대동했는데, 그는 유카탄에서 조난을 당해 그곳에 머무르는 동안 마야어를 배운 사람이었다. 그래서 코르테스는 아길라르에게 에스파냐어로 이야기했다. 아길라르는 말린체에게 마야어로 통역했다. 말린체는 몬테수마에게 마야어를 나우아틀어로 통역했다. 그리고 몬테수마가 "내가 몬테수마요"라고 답하자 다시 기나긴 연쇄 통역이 거꾸로 이어졌다. 각자 평생 얼굴을 맞대고 손쉽게 하던 대화가 갑자기 끔찍하게 복잡해졌다.[11]

코르테스는 몬테수마의 궁전 중 한 곳으로 안내받았다. 아길라르는 훗날, 이 궁전엔 "수많은 방이 있고, 대기실, 으리으리한 홀, 커다란 망토로 만든 매트리스, 가죽과 나무 섬유질로 만든 베개, 질 좋은 물오리 솜털, 감탄을 자아내는 새하얀 모피 의복" 등으로 가득했다고 묘사했다. [12]

저녁 식사가 끝나고 몬테수마는 코르테스와 부하들을 다시 만나 일장연설을 했다. 곧바로 혼란이 야기되었다. 에스파냐인들이 몬테수마의 발언을 이해한 바로는 아스테카 왕이 깜짝 놀랄 만한 양보를 한다고 했다. 왕은 코르테스가 신이라고 믿었고, 추방당한 신이 언젠가 동쪽에서 돌아올 것이라던 오래전 예언이 이제 실현된다고 생각했다. 그리하여 왕은 코르테스에게 항복했다. 코르테스가 어떤 반응을 보였을지 상상이 된다. 이 웅대한 도시가 이제 사실상 그의 것이었다.

그런데 몬테수마는 정말 그렇게 말했을까? 아스테카인의 언어인 나우아틀어에는 격식을 차리는 관행이 있다. 몬테수마와 같은 왕족은 권력자일수록 겸양을 통해 자기 신분을 드러내는 문화적 전통에 따라 일종의 암호로 말하곤 했다. 역사학자 매슈 레스탈이 지적하는 것처럼, 나우아틀어로 '귀족'에 해당하는 단어는 '아이'에 해당하는 단어와 똑같다. 다시 말해, 몬테수마와 같은 통치자가 자신이 작고 약하다고 말한다 할지라도 실은 자신이 존경받고 강하다는 사실을 은근히 강조하는 것이다.

레스탈은 "이런 언어를 제대로 번역할 수 없다는 것은 명백하다"

라고 지적한다.

화자는 정말로 하고 싶은 말을 반대로 이야기해야 했다. 진짜 의도는 존댓말 안에 숨어 있었다. 통역에서는 이런 뉘앙스가 사라지고, 여러 통역자를 거치면서 왜곡되었기 때문에 몬테수마가 한 말과 같은 발언이 정확하게 이해될 가능성이 없었을 뿐만 아니라 그 의미가 정반대로 뒤집힐 수도 있었다. 이 경우에 몬테수마가 한 말은 항복한다는 게 아니었다. 에스파냐의 항복을 받아들이겠다는 의미였다. [13]

당신은 고등학교 역사 시간에 코르테스와 몬테수마의 만남이 어떻게 끝났는지 배웠을 것이다. 몬테수마는 코르테스에게 인질로 잡힌 뒤 살해되었다. 양쪽은 전쟁을 벌였다. 무려 2천만 명에 달하는 아스테카인이 목숨을 잃었다. 에스파냐인의 손에 직접 살해되거나 그들에게 옮은 질병 때문에 간접적으로 사망했다. 테노치티틀란은 파괴되었다. 코르테스의 멕시코 침략은 재앙과도 같은 식민지 팽창 시대를 열었다. 그리고 또한 현대적인 새로운 사회적 상호작용 방식이 나타났다. 이제 우리는 우리와는 다른 전제와 관점과 배경을 지닌 사람들과 항상 접촉할 수밖에 없다. 지금의 우리는 오스만제국을 지배하기 위해 다투던 두 형제가 아니다. 그보다는 겹겹의 통역자를 거쳐 서로 이해하려고 애쓰던 코르테스와 몬테수마다. 《타인의 해석》은 우리가 그런 통역 행위에 왜 그토록 서투른지를 다루는 책이다. [14]

이어지는 각 장에서 낯선 이 문제stranger problem의 여러 다른 측면을 다룬다. 책을 읽는 내내 여러 사례를 접하게 될 텐데, 모두 뉴스에서 가져온 것이다. 캘리포니아 북부의 스탠퍼드대학에서는 브록 터너라는 1학년 학생이 파티에서 여자를 만나는데, 저녁이 끝날 때쯤 그는 경찰에 구금된다. 펜실베이니아주립대학에서는 학교 풋볼팀 전 코치인 제리 샌더스키가 소아성애 유죄 판결을 받는데, 학교 총장과 고위 측근 두 명이 그의 범죄에 공모한 사실이 밝혀진다. 여러 해 동안 펜타곤 고위직에서 발각되지 않고 활약한 스파이, 헤지펀드 매니저 버니 메이도프를 무너뜨린 주인공, 미국인 교환학생 아만다 녹스에게 내려진 잘못된 유죄 판결, 시인 실비아 플라스의 자살 등에 관한 이야기도 나온다.

이 모든 경우에 당사자들은 상대방의 언어와 의도를 번역하기 위해 일군의 전략에 의지했다. 그리고 각각 뭔가 크게 잘못됐다. 이 책에서 나는 그 전략들을 이해하고자 한다. 그것들을 분석하고, 비판하고, 어디서 나왔는지를 알아내고, 어떻게 바로잡을지 찾아보려고 한다. 그리고 책 말미에서 다시 샌드라 블랜드 사건으로 돌아갈 것이다. 갓길에서 이루어진 이 만남에는 우리가 머릿속 깊이 새겨두어야 할 무언가가 있기 때문이다.

둘의 만남이 얼마나 **어려운** 일이었는지 생각해보라. 샌드라 블랜드는 브라이언 엔시니아가 동네에서 알던 이가 아니었다. 그렇게 아는 사이였다면 별일이 아니었을 것이다. **샌디! 잘 지내죠? 다음에는 조심해서 운전해요.** 하지만 엔시니아는 텍사스 출신이고 블랜드는 시카고 출신이었으며, 한 명은 남자이고 한 명은 여자였으며, 한쪽은 백인이고 한쪽은 흑인이었다. 또, 한 명은 경찰관이고 한 명은 민간인이었으며, 이쪽에는 무기가 있고 저쪽에는 무기가 없었다. 그들은 서로에게 낯선 이였다. 만약 우리가 좀 더 사려 깊었다면, 우리가 낯선 이에게 접근하고 그를 이해하는 방법을 곰곰이 성찰하려고 했다면 블랜드가 텍사스의 유치장에서 죽는 일은 없었을 것이다.

하지만 우선 두 가지 질문부터 해야겠다. 낯선 이에 관한 두 가지 수수께끼를 나는 가지고 있다. 몇 년 전에 독일의 한 조사실에서 플로렌티노 아스피야가라는 남자에게 들은 이야기부터 시작하자.

TALKING TO STRANGERS

거짓말의 정체

: 두 가지 수수께끼

01 이중간첩의 활약

낮선 사람이 면전에서 거짓말을 하는데도 왜 알아차리지 못할까?

변절자 아스피야가의 망명

플로렌티노 아스피야가가 마지막으로 배치된 지역은 당시 체코슬로바키아에 속했던 브라티슬라바였다. 때는 1987년으로, 철의 장막이 걷히기 2년 전이었다. 아스피야가는 쿠바테크니카라는 컨설팅 회사를 운영했다. 무역과 관련된 회사로 알려졌지만 실은 아무 관련이 없었다. 위장 회사였다. 아스피야가는 쿠바 총정보국GDI의 고위 간부였다.

아스피야가는 1985년에 총정보국 올해의 요원으로 뽑혔다. 피델 카스트로가 직접 쓴 추천장을 받은 적도 있다. 그는 모스크바, 앙골라, 니카라과 등지에서 탁월한 공로를 세우며 국가를 위해 일했다. 그는 스타였다. 브라티슬라바에서 지역 전체 쿠바 요원망을 관리했다.

하지만 쿠바 정보기관에서 꾸준히 상승가도를 달리던 어느 순간, 그는 환멸을 느꼈다. 앙골라의 공산주의 혁명 기념식에서 카스트로가 연설하는 것을 본 직후였다. 그는 그전부터 쿠바 지도자의 오만과 나르시시즘에 기겁하고 있었다. 1986년 브라티슬라바로 배치될 무렵에는 그런 의심이 더욱 굳어진 상태였다.

그는 1987년 6월 6일에 변절하기로 했다. 쿠바인들만 아는 치밀하게 꾸민 농담이었다. 6월 6일은 쿠바의 첩보기관 전체를 관할하는 전능한 기구인 내무부 창설 기념일이었다. 총정보국에서 일하면 보통 6월 6일을 기린다. 쿠바 첩보기관 기념 연설, 리셉션, 행사가 있는 날이다. 아스피야가는 자신의 배신 행위가 **따끔한** 효과를 발휘하기를 원했다.

그는 브라티슬라바 시내 공원에서 여자 친구 마르타와 만났다. 토요일 오후였다. 여자 친구도 쿠바인이었는데, 체코 공장에서 이주 노동자로 일하는 수천 명의 쿠바인 중 하나였다. 이주 노동자로 일하는 쿠바인이 그렇듯이, 그의 여권은 프라하의 쿠바 정부 사무소에 보관되어 있었다. 아스피야가는 여자 친구를 데리고 국경을 몰래 넘어야 했다. 그에게는 정부에서 지급받은 마쓰다 자동차가 있었다. 트렁크에서 스페어타이어를 떼어내고 바닥에 드릴로 공기 구멍을 낸 뒤 여자 친구를 트렁크에 실었다.

당시만 해도 동유럽은 여전히 장벽으로 차단되어 있었다. 동유럽과 서유럽을 오가는 데 제한이 심했다. 하지만 브라티슬라바는 빈에서 자동차로 잠깐만 달리면 되는 거리에 있었고, 아스피야가는 전에도 빈을 오간 적이 있었다. 그는 국경에서 유명 인사였고 외교관 여권을 소지했다. 국경경비대는 손을 흔들며 그를 통과시켜주었다.

빈에서 그와 마르타는 마쓰다를 버리고 택시를 잡아탄 뒤 미국 대사관 문 앞에 나타났다. 토요일 저녁이었다. 고위 직원들은 모두 집에 있었다. 아스피야가는 경비원의 관심을 끌기 위해 굳이 말을 많이 할 필요도 없었다. "나는 쿠바 정보기관 공작 책임자입니다. 내가 **첩보 지휘관**이라고요."[1]

첩보 세계에서 아스피야가가 빈 주재 대사관에 나타난 것은 **즉석 망명**walk-in으로 알려져 있다. 한 나라의 정보기관 관리가 예기치 않게 다른 나라 정보기관 문 앞에 등장한 것이다. 그리고 플로렌티노 '티니' 아스피야가는 냉전 시절 즉석 망명한 거물급 중 하나였다. 아스피야가가 쿠바, 그리고 긴밀한 동맹국인 소련에 관해 아는 내용은 워낙 민감한 것이어서 그가 변절한 뒤 쿠바 정보기관의 암살 시도만 두 번이나 있었다. 그는 두 번 다 위기를 모면했다. 그 후로 아스피야가의 소재가 확인된 것은 한 번뿐이다. 미국 중앙정보국CIA의 라틴아메리카 사무소를 운영하던 브라이언 라텔이 여러 해 동안 그를 추적했다.

라텔은 아스피야가의 중개인으로 활동하던 잠복 요원에게서 비밀 정보를 받았다. 그는 마이애미 외곽에 있는 코럴게이블스의 레스토랑에서 중개인을 만났다. 그곳에 갔더니 다른 장소에서 만나자는 지침이 왔다. 아스피야가가 새로운 신분으로 사는 곳과 가까운 장소였다. 라텔은 어느 곳의 호텔 스위트룸을 빌려서 티니가 오기를 기다렸다.

"저보다 젊더군요. 저는 일흔다섯 살입니다. 그 사람은 지금쯤 60대 후반일 겁니다." 라텔이 당시 만남을 떠올리며 말했다. "그런데 건강 문제가 심각했어요. 변절자로, 새로운 신분으로 사는 게 참 어렵죠."

하지만 몸이 약해진 상태에서도 아스피야가가 젊은 시절에 어떤 모습이었을지 분명히 알 수 있었다고 라텔은 말한다. 카리스마 있고 호리호리한 그에게서 연극배우와 같은 과장된 분위기가 풍겼다. 위험을 즐기는 성격과 감정을 드러내는 당당한 몸짓이 보였다. 호텔 스위트룸에 들어온 아스피야가의 손에는 상자가 하나 들려 있었다. 그는 탁자에 상자를 내려놓고는 라텔 쪽으로 몸을 돌렸다.

"변절한 직후에 쓴 회고록입니다. 당신이 가지세요."

상자 안 아스피야가의 회고록에는 이해하기 어려운 이야기가 담겨 있었다.

피델 카스트로의 복수

아스피야가는 빈의 미국 대사관에 극적으로 등장한 뒤 항공편으로 독일 미 육군 기지에 있는 조사센터로 옮겨졌다. 그 당시 미국 정보기관은 아바나에 있는 미국 이익대표부에서 나와 스위스 국기를 내걸고 활동했다. (미국에 있는 쿠바 대표단도 비슷한 방식으로 활동했다.) 아스피야가는 조사가 시작되기 전에 한 가지 요청을 했다. 중앙정보국

아바나 지국 전前 책임자를 만나게 해달라는 것이었다.**2** 쿠바 정보 요원들 사이에서 '엘 알피니스타el Alpinista', 즉 등반가로 알려진 인물이었다.

등반가는 세계 각지에서 중앙정보국 요원으로 복무한 바 있었다. 베를린장벽이 무너진 뒤, 소련 국가보안위원회KGB와 동독 비밀경찰은 수집된 자료를 활용해 요원들에게 등반가에 관한 강의를 하기도 했다. 등반가가 첩보원으로서 지닌 지식과 기술은 나무랄 데가 없었다. 한때 소련 정보요원들이 그를 영입하려고 시도했다. 돈다발이 가득 든 가방을 여러 개 내밀었다. 그러나 그는 단박에 거절하고는 그들을 조롱했다. 등반가는 매수할 수 없는 인물이었다. 그는 쿠바인처럼 유창하게 에스파냐어를 구사했다. 그는 아스피야가의 롤모델이었다. 아스피야가는 그를 직접 만나고 싶어 했다.

"다른 나라에서 임무 수행 중에 프랑크푸르트로 당장 달려오라는 메시지를 받았습니다." 등반가가 그때를 떠올리며 말한다. (그는 오래전에 중앙정보국에서 은퇴했지만 지금도 별명으로 불리기를 좋아한다.) "프랑크푸르트는 우리가 변절자를 처리하는 센터가 있던 곳이에요. 어떤 친구가 빈 대사관으로 제 발로 걸어왔다고 하더군요. 여자 친구를 차 트렁크에 싣고서 체코슬로바키아를 빠져나와 대사관으로 찾아와서는 저하고 이야기하겠다고 고집을 부렸답니다. 미치광이라고 생각했죠."

등반가는 곧바로 조사센터로 갔다. "거실에는 공작 책임자 네 명이 앉아 있었습니다." 그가 기억을 더듬는다. "아스피야가는 침실에서 여자 친구와 사랑을 나누고 있다더군요. 안가에 도착한 뒤로 계속 그러고 있대요. 제가 들어가서 그 친구하고 이야기를 했습니다. 호리호리한 체격에 허름한 옷차림이었어요. 그 시절에는 동유럽이나 쿠바 사람들이 다 그랬어요. 약간 헐렁한 옷이었죠. 그런데 대번에 아주 영리한 친구인 걸 알겠더군요."

등반가는 자신이 누구인지 아스피야가에게 말하지 않았다. 빈틈을 보이지 않으려고 했다. 아스피야가는 미지의 인물이었다. 하지만 아스피야가가 눈치를 채는 건 시간문제였다. 깜짝 놀라는가 싶더니 웃음이 터졌다. 두 남자는 쿠바식으로 서로를 끌어안았다.

"5분 정도 이야기를 나누다가 세부적인 내용으로 들어갔죠. 그런 친구를 조사할 때면 항상 그의 진실성을 입증할 사람이 필요해요." 등반가의 말이다. "그래서 쿠바 정보기관의 활동에 관해 내게 말해 줄 수 있는 게 뭔지 기본적으로 물어봤습니다."

그러자 아스피야가가 깜짝 놀랄 만한 내용을 누설했다. 철의 장막 뒤편에서부터 빈 대사관 정문까지 가지고 온 뉴스였다. 중앙정보국이 쿠바에 침투시킨 스파이들의 충실한 보고 덕분에 미국은 적국을 파악하고 있었다. 아스피야가는 그 스파이 중 한 명의 이름을 댔다. "그자가 이중간첩이에요. 우리 밑에서 일하죠." 방 안에 있던 사람들이 대경실색했다. 전혀 모르는 일이었다.

아스피야가는 줄줄이 실토했다. 다른 스파이의 이름을 댔다. "그자도 이중간첩이죠." 이름과 세부 정보, 확실한 근거까지 모조리 알고 있었다.

안트베르펜 선상에서 영입한 그 친구. 작은 키에 뚱뚱하고 콧수염 난 친구요? 그자도 이중간첩이죠. 다리 저는 다른 친구, 국방부에서 일하잖아요? 그자도 이중간첩이고요. 수십 명의 이름이 나왔다.[3] 미국이 쿠바 내부에 보유한 비밀요원 거의 전부였다. 그들은 중앙정보국을 위해 일하는 척하면서 쿠바인들이 날조한 정보를 중앙정보국에 일일이 떠먹여 주고 있었다.

"앉은자리에서 받아 적었지요." 등반가가 말했다. "감정을 드러내지 않으려고 했어요. 그렇게 배웠으니까요. 그런데 심장이 요동치더군요."

아스피야가는 등반가 쪽 사람들, 그가 젊고 야심 찬 정보요원 시절 쿠바에 배치됐을 때 함께 일한 스파이들에 관해 이야기하고 있었다. 등반가는 아바나에서 정보원을 적극적으로 다루면서 정보를 샅샅이 캐냈다.

"문제는 어떤 나라든 간에, 대통령실에 첩보원이 있어도 그와 연락할 수 없으면 아무 쓸모도 없다는 겁니다. 제 생각은 첩보원이 다른 어딘가에 정보를 내놓을 때까지 6개월이나 1년을 기다리느니 차라리 바로 연락해서 아무 정보나 얻어내자는 거였지요." 그런데 이제 작전 전체가 협잡에 놀아난 셈이 되어버렸다. "쿠바가 진저리 날 정도로 싫어서 그들을 속이는 게 너무 즐거웠던 건 맞아요." 그가 후회하듯 말했다.

"그런데 알고 보니 제가 속아 넘어가고 있었던 거예요. 정말 충격이었죠."

등반가는 군용 비행기를 타고 아스피야가와 함께 워싱턴DC 외곽의 앤드루스 공군기지로 곧바로 날아갔다. 라틴아메리카 담당 부서에서 일하는 '거물들'이 나와 있었다. "쿠바 지부는 충격과 공포에 휩싸였습니다. 그렇게 오랫동안 완전히 농락당했다는 걸 믿지 못했어요. 충격파가 대단했죠."

상황은 점점 악화됐다. 피델 카스트로는 아스피야가가 중앙정보국을 농락했다는 소식을 듣고 그들의 상처에 소금을 뿌리기로 마음먹었다.

승리의 전국 순회를 조직해 가짜 중앙정보국 요원들에게 쿠바 전역을 돌게 했다. 그러고는 〈중앙정보국의 대對쿠바 전쟁〉이라는 충격적인 11부작 다큐멘터리를 TV에 공개했다. 알고 보니 쿠바 정보기관은 최소한 10년간 중앙정보국이 쿠바에서 한 활동을 **전부** 촬영하고 녹음해두었다. 〈서바이버: 아바나판〉이라는 리얼리티 프로그램이라도 만든 것 같았다. 영상은 놀랄 만큼 고화질이었다. 클로즈업 화면, 영화 촬영 기법으로 찍은 화면도 있었다. 잡음도 없었다. 쿠바인들이 사전 통지를 받고 기술자들을 비밀 회동 장소마다 보내서 전문적으로 도청한 것임을 알 수 있었다.

화면에는 이름이 명시된 중앙정보국 간부들이 등장했다. 신분을 철저히 숨기고 이른바 비밀 활동을 해야 하는 직업을 가진 사람들이 말이다. 소풍 바구니와 서류가방에 숨긴 송신기 등 중앙정보국이 개발한 첨단 기구들이 전부 영상으로 찍혀 있었다.

중앙정보국 요원들이 어느 공원 벤치에서 정보원과 대화를 나누는지, 그들이 어떻게 연락책에게 비밀 신호를 보내는지(색이 다른 셔츠를 입고 나왔다) 등에 관한 자세한 설명이 나왔다.[4] 중앙정보국 요원이 커다란 플라스틱 '바위'에 현금과 지시사항 쪽지를 담는 트래킹 숏도 있었다.[5]

다른 장면에서는 중앙정보국 요원이 피나르델리오의 고물 적치장에 있는 폐차 안에 첩자들에게 전달할 비밀문서를 은닉하고 있었다. 또 다른 장면에서는, 중앙정보국 요원이 갓길 풀 속에서 꾸러미를 찾는 동안 그의 부인은 자동차 안에서 안절부절못했다. 등반가는 다큐멘터리에서 잠깐 카메오처럼 등장했다. 그의 후임자는 더한 망신을 당했다. "TV 시리즈가 방영되고 보니 한 사람이 어깨에 카메라를 둘러매고 가는 곳마다 찍은 것 같았습니다."

마이애미의 연방수사국FBI 지부장은 다큐멘터리에 관한 소문을 듣고 쿠바 관리에게 전화를 걸어 복사본을 하나 달라고 요청했다. 곧바로 비디오테이프 한 세트가 도착했는데, 친절하게도 영어 더빙판이었다. 세계에서 가장 치밀한 정보기관이 철저하게 우롱당한 셈이었다.

스파이를 위한 세상

바로 이 점이 플로렌티노 아스피야가의 이야기에서 도무지 이해하기 어려운 부분이다. 만약 쿠바가 나이 들어 집에 틀어박혀 있는 노인 한 무리를 사기꾼 수법으로 속인 것이라면 말이 된다. 하지만 쿠바인들은 중앙정보국을 우롱했다. 낯선 사람을 이해하는 문제를 아주 진지하게 생각하는 조직을 속인 것이다.

이들 이중간첩 각각에 대한 방대한 서류가 있었다. 등반가는 서류철을 샅샅이 훑어보았다고 말한다. 뚜렷한 위험 신호는 전혀 없었다. 정보기관이 으레 그러하듯, 중앙정보국에도 자체 활동을 감시하면서 변절의 징후를 파악하는 부서(방첩 부서)가 있었다. 그들이 징후를 발견했을까? 천만의 말씀이다.[6]

오랜 시간이 흐른 뒤 그때를 돌아보면서 라텔이 할 수 있는 일이라곤 어깨를 으쓱하며 쿠바인들이 정말 유능했던 게 분명하다고 말하는 것뿐이었다. "기가 막히게 해치운 거죠."

무슨 말이냐 하면, 피델 카스트로가 직접 이중간첩을 골라서 흔들어댄 겁니다. 그가 정말 머리 좋은 자들을 골랐어요. 몇몇은 기만술 훈련을 받았습니다. 그중 하나는 고지식한 사람인 척 행세했어요. 교활하기 짝이 없는 노련한 정보요원이었는데 말이죠. 알다시피 그자는 정말 얼빠진 놈이잖아요. 어떻게 그런 인간이 이중간첩을 할 수 있어요? 피델이 이 모든 걸 진두지휘했습니다. 그러니까 피델이야말로 최고로 훌륭한 배우예요.

등반가 자신은 중앙정보국 쿠바 부서가 그냥 허술했던 것이라고 말한다. 동유럽에서 동독인들과 대치했을 때는 중앙정보국이 더 신중을 기했다고 한다.

그런데 중앙정보국이 동독에서 달성한 실적은 어떨까? **쿠바 실적
만큼이나 좋지 않다.** 베를린장벽이 무너진 뒤, 동독 정보기관 수장
마르쿠스 볼프는 회고록에서 다음과 같이 말한다.

(1980년 말이면) 동독에서 활동하는 중앙정보국 요원은 전부 이중간첩
으로 변신했다. 아니면 아예 처음부터 동독을 위해 일하면서 부러움
을 사는 위치에 있었다. 지시를 내리기만 하면 그들은 꼼꼼하게 고른
정보와 역정보를 미국인들에게 전달했다.[7]

신중을 기한다고 여겨진 동유럽 지부는 실은 냉전 전체를 통틀어
최악의 파열 사태를 겪고 있었다. 대소련 방첩 활동을 책임지는 고
위 관리 중 한 명인 올드리치 에임스가 소련을 위해 활동한 사실이
드러났다. 그가 변절한 탓에, 소련에서 활동하던 미국 스파이들이 무
수히 체포당해 처형되었다. 등반가는 그와 아는 사이였다. 중앙정보
국 고위직 사람들 전부 마찬가지였다.

"그 사람을 높이 평가하진 않았습니다." 등반가의 말이다. "게으
른 주정뱅이였거든요." 하지만 그와 동료들은 에임스가 반역자라고
는 꿈에도 의심하지 않았다. "베테랑들로서는 우리 중 한 명이 에임
스처럼 상대편에 속아 넘어갈 수 있다는 건 상상조차 할 수 없었죠.
우리 중 한 명이 그런 식으로 배신할 수 있다는 걸 알고 깜짝 놀랐습
니다."

등반가는 세계에서 가장 수준 높은 기관에서 일하는 가장 유능한

인물 중 하나였다. 하지만 그는 굴욕적인 변절을 세 번이나 목격했다. 처음에는 피델 카스트로 때문에, 두 번째는 동독인들에게, 그리고 마지막으로 중앙정보국 본부에서 게으른 주정뱅이에게. 중앙정보국이 그렇게 쉽게 여러 차례 완벽하게 속아 넘어갈 수 있다면, 과연 우리 같은 평범한 사람들은 어떨까?

첫 번째 수수께끼　낯선 이가 우리 면전에서 거짓말을 하는데 왜 우리는 알지 못할까?

02 총통과의 회담

낯선 사람을 만나지 않을 때보다 왜 직접 만났을 때 더 알기 어려울까?

체임벌린의 외교상 임무

1938년 8월 28일 저녁, 네빌 체임벌린은 심야 전략회의를 열기 위해 다우닝가 10번지로 최측근 보좌관을 불러냈다. 체임벌린이 영국 총리로 일한 지 1년이 조금 넘은 때였다. 그는 사업가 출신으로 실용적이고 솔직한 사람이었으며 주로 국내 문제에 관심을 두었고 경험도 있었다. 하지만 지금은 대외정책상의 첫 번째 위기를 맞닥뜨렸다. 체코슬로바키아의 독일어권 지역인 주데텐란트를 침략하겠다고 호전적인 언사를 늘어놓는 아돌프 히틀러 때문이었다.

독일이 체코슬로바키아를 침략하면 세계대전이 일어날 게 거의 확실했는데, 체임벌린은 세계대전만큼은 필사적으로 피하고 싶었다. 하지만 히틀러는 최근 몇 달간 은둔 중이었고, 독일의 의도가 불투명하기 짝이 없어서 나머지 유럽 국가들은 점점 신경을 곤두세웠다.

영국 총리 체임벌린은 이 난국을 타개하기로 굳게 결심했다. 그는 그날 밤 보좌관들에게 내놓은 자신의 구상에 '플랜 Z'라는 이름을 붙였다. 극비 계획이었다. 체임벌린은 훗날, "이 구상이 너무도 파격적이고 대담했기 때문에 외무장관 핼리팩스 경이 깜짝 놀랄 정도였다"라고 말한다. 체임벌린은 독일로 날아가서 히틀러를 직접 만나고 싶어 했다.[1]

1930년대 말의 이 절망적인 시간과 관련해서 이상한 점이 하나 있다. 히틀러가 세계를 전쟁으로 끌어들이는 와중에도 세계 지도자들 가운데 이 독일 지도자를 정말로 아는 이가 극히 드물었다는 사실이다.[2] 히틀러는 수수께끼의 인물이었다. 히틀러가 부상하는 내내, 미국 대통령이었던 프랭클린 루스벨트는 그를 만난 적이 없다. 소련 지도자 이오시프 스탈린도 히틀러를 만난 적이 없다. 체임벌린의 후임자인 윈스턴 처칠은 책을 집필하기 위한 조사 과정에서 1932년 뮌헨에서 그와 거의 만날 뻔했다. 처칠과 히틀러는 차를 마시자는 약속을 두 번 했지만 모두 히틀러가 바람을 맞혔다.

전쟁 전에 영국에서 히틀러와 실제로 잠깐이라도 시간을 함께 보낸 이들이 있다면, 나치의 대의에 우호적인 영국 귀족들이었다. 그들은 이따금 영국해협을 건너 총통에게 존경을 표하거나 파티에서 총통과 만났다. ("기분에 따라 그는 아주 재미있기도 하다." 파시스트이자 사교계 명사인 다이애나 밋퍼드가 회고록에서 한 말이다. 밋퍼드는 뮌헨에서 히틀러와 자주 식사를 했다. "그는 믿기 힘들 정도로 익살스러운 짓을 흉내 내곤 했다.")[3] 하지만 사교성 방문이었다. 체임벌린은 세계대전을 피하려고 애쓰고 있었고, 히틀러의 됨됨이를 직접 확인해보면 도움이 될 것 같았다. 히틀러는 논리적으로 설득할 수 있는 인물일까? 믿을 만한 사람일까? 체임벌린은 그걸 알아내고 싶었다.

9월 14일 아침, 독일 주재 영국 대사가 히틀러의 외무장관 요아힘 폰 리벤트로프에게 전보를 보냈다. 히틀러가 영국 총리를 만날 생각이 있습니까? 폰 리벤트로프는 같은 날 답신을 보냈다. 그렇습니다. 체임벌린은 쇼맨십을 타고난 노련한 정치인이었고, 교묘하게 이 뉴스를 누설했다. 전쟁을 피할 수만 있다면 독일로 가서 히틀러를 만날 생각이었다. 영국 각지에서 축하하는 목소리가 울려 퍼졌다. 여론조사 결과 국민의 70퍼센트가 총리의 여행이 "평화를 위해 좋은 일"이라고 여겼다. 신문들도 총리를 지지했다. 베를린에서는 한 외국 통신원이 식당에서 밥을 먹다가 이 뉴스를 보았다. 뉴스가 전해지는 순간 손님들이 전부 일어나더니 한목소리로 체임벌린의 건강을 위해 건배했다고 그는 보도했다.

체임벌린은 9월 15일 아침, 런던에서 출발했다. 비행기를 타본 적은 없었지만, 뮌헨 근처의 악천후 속을 비행하는 동안에도 평정심을 유지했다. 수천 명이 그를 환영하기 위해 공항에 운집해 있었다. 메르세데스 열네 대가 대열을 이루어 기차역으로 이동했고, 기차가 산을 뚫고 나아가는 동안 그는 히틀러 전용 식당차에서 점심을 먹었다. 베르히테스가덴에 있는 히틀러의 휴양소로 가는 길이었다. 저녁 다섯 시에 도착했다. 히틀러가 나와 악수를 했다. 체임벌린은 후에 여동생 아이다 체임벌린에게 보낸 편지에서 그의 첫인상에 관해 세세한 내용까지 전했다.

계단 중간쯤에 총통이 맨머리로 서 있었다. 빨간색 완장에 십자기장
이 찍힌 카키색 포플린 코트를 입고 있었는데, 가슴팍에는 철십자훈
장이 달려 있었다. 우리가 저녁에 입곤 하는 검은색 바지에 에나멜가
죽 부츠 차림이더구나. 머리카락은 검은색이 아니라 갈색이고 눈동
자는 파란데, 표정이 좀 무뚝뚝하고, 특히 평온했다. 전체적으로 보면
특별한 구석이 없었다. 군중 속에 있으면 절대 알아보지 못할 테고,
십중팔구 페인트공이라고 생각할 법한 외모다.[4]

히틀러는 체임벌린을 위층 서재로 안내했다. 통역 한 명만 대동했
다. 두 사람은 열띤 어조로 대화를 나눴다. "저는 세계대전을 받아들
일 각오가 됐습니다!" 히틀러가 체임벌린에게 소리를 질렀다. 히틀러
는 세계가 어떻게 생각하든 간에 자신은 주데텐란트를 차지할 생각
이라고 솔직하게 말했다.

체임벌린은 히틀러가 원하는 땅이 그게 **전부**인지 알고 싶었다. 히
틀러는 그렇다고 말했다. 체임벌린은 오랫동안 빤히 히틀러를 쳐다보
고는 그를 믿기로 결심했다. 여동생에게 보낸 그 편지에, 히틀러와 가
까운 사람들한테서 들은 말도 썼다. 이 독일 지도자가 영국 총리와의
만남에서 '사나이와' 대화를 나눈 것 같은 느낌을 받았다는 것이다.
편지는 이어진다.

내가 목표로 삼은 일정 수준의 신뢰가 쌓였다. 냉정하고 비정한 면도 있었지만, 여기 있는 남자는 일단 약속을 하면 믿을 만한 사람이라는 인상을 나에게 주었다. 나는 그것을 그의 얼굴에서 확인했다.

체임벌린은 다음 날 아침에 영국으로 돌아갔다. 그는 헤스턴공항의 활주로 위에서 짧은 연설을 했다. "어제 오후에 히틀러 씨와 장시간 대화를 나눴습니다. 서로의 심중에 있는 생각을 충분히 이해하고 있다는 사실에 만족감을 느낍니다." 그는 영국에서 더 가까운 곳에서 둘이 다시 만나기로 약속했다고 말했다. "그러면 늙은이가 그렇게 긴 여행을 하지 않아도 됩니다." 그 자리에 있던 사람들은 '웃음과 환호'로 총리의 말에 화답했다.

히틀러의 첫인상

체임벌린이 히틀러와 벌인 협상은 제2차 세계대전에서 연합국 측이 저지른 커다란 실수 중 하나로 널리 손꼽힌다. 체임벌린은 히틀러의 마술에 넘어갔다. 협상 테이블에서 허를 찔린 것이다. 그는 히틀러의 의도를 오독했고, 약속을 어기면 심각한 결과가 나타날 것이라고 히틀러에게 경고하지 못했다. 역사는 네빌 체임벌린에게 우호적이지 않았다.

하지만 이런 비판의 밑바탕에는 수수께끼가 하나 깔려 있다. 체임벌린은 두 차례 더 독일로 날아갔다. 그리고 히틀러와 몇 시간 동안 머리를 맞댔다. 두 사람은 대화를 나누고, 논쟁을 벌이고, 같이 식사를 하고, 산책을 했다. 체임벌린은 그 시기에 히틀러와 의미 있는 시간을 조금이라도 같이 보낸 유일한 연합국 지도자였다. 그는 이 남자의 행동을 꼼꼼히 살폈다. "히틀러의 외모와 행동거지로 볼 때 폭풍 경보가 임박했음이 분명했다." 체임벌린이 다시 독일을 방문한 뒤 둘째 여동생 힐다에게 한 말이다. 하지만 이내 "그는 우호적인 감정을 표현할 때 내게 양손으로 악수를 건넸다."

런던으로 돌아온 체임벌린은 총통에게서 "광기의 신호는 전혀 보지 못했고 다만 흥분한 기색은 많이 엿보였다"라고 각료들에게 말했다. 히틀러는 미치광이가 아니었다. 그는 이성적이고 결의가 굳은 사람이었다. "그는 자신이 원하는 목표를 숙고한 상태였고, 그 목표를 이룰 생각이었으며, 일정한 수준을 넘어서는 반대를 용납하지 않았다."

우리 모두 낯선 이를 이해하려고 노력한다. 체임벌린도 동일한 가정에 입각해서 행동했다. 우리는 개인적 상호작용을 통해 모은 정보가 특출하게 소중하다고 믿는다. 당신은 직접 만나보지 않고는 절대 아이 돌보미를 고용하지 않는다. 회사는 직원을 보지 않고서는 채용하지 않는다. 최소한 한 번 이상 구직자를 불러들여서 때로는 몇 시간에 걸쳐 꼼꼼하게 면접을 본다. 회사는 체임벌린이 했던 일을 그대로 한다. 눈을 들여다보고, 표정과 행동거지를 관찰한 뒤 결론을 내린다.

그는 내게 양손으로 악수를 건넸다. 하지만 체임벌린이 히틀러와의 개인적 상호작용을 통해 모은 그 모든 추가적인 정보는 히틀러를 좀 더 확실하게 살펴보는 데 도움이 되지 않았다. 오히려 방해가 되었다.

체임벌린이 순진했기 때문일까? 어쩌면 그럴지도 모른다. 그는 외교 경험이 거의 없었다. 그를 비판하는 이들 중 하나는 그를 '사교 회합과 야단법석'의 차이를 알지 못한 채 처음으로 펍에 들어가 본 사제에 비유했다.

체임벌린만 그런 것이 아니었다. 체임벌린 정부의 외무장관 핼리팩스 경도 마찬가지였다. 핼리팩스는 이튼과 옥스퍼드에서 우등생으로 유명한 귀족이었다. 그는 전간기戰間期에 인도 총독으로 일했는데, 당시에 마하트마 간디를 상대로 탁월한 교섭을 수행했다. 그는 체임벌린과 전혀 달랐다. 약삭빠르고 노련하며, 굉장히 매력적이고 지적이었다. 워낙 신심이 강해서 처칠이 '홀리 폭스Holy Fox'(신성한 여우)라고 별명을 붙일 정도였다.

핼리팩스는 1937년 가을 베를린으로 가 베르히테스가덴에서 독일 지도자를 만났다.[5] 체임벌린을 제외하면 영국 통치 집단 가운데 총통과 시간을 보낸 유일한 인물이었다. 두 사람의 회동은 의미 없는 외교적 접견은 아니었다. 회동은 핼리팩스가 히틀러를 하인으로 착각해서 코트를 건넬 뻔한 사건으로 시작되었다. 이윽고 히틀러는 다섯 시간 동안 본색을 드러냈다. 실쭉거리고, 소리치고, 옆길로 새고, 힐뜯었다. 그는 자기가 언론을 얼마나 싫어하는지에 관해 이야기했다. 공산주의의 악폐에 관해서도 이야기했다. 핼리팩스는 당시 또 다른 영국 외교관이 말한 것처럼 "놀람과 혐오, 동정심이 뒤섞인" 채 히틀러의 연극에 귀를 기울였다.

핼리팩스는 독일에서 닷새간 머무르면서 히틀러의 고위 장관인 헤르만 괴링과 요제프 괴벨스를 만났다. 영국 대사관에서 열린 오찬에 참석해서 독일 고위 정치인과 사업가들도 여럿 만났다. 본국에 돌아온 핼리팩스는 "독일 지도부와 접촉한 것은 무조건 환영할 만한 일"이라고 말했는데, 이런 평가를 반박하기는 어렵다. 원래 외교란 그런 것이다.

핼리팩스는 직접 얼굴을 맞댄 경험을 통해 히틀러의 위협과 변덕에 관해 값진 통찰을 얻은 상태였다. 그런데 핼리팩스가 최종적으로 내린 결론은 무엇일까? 히틀러는 전쟁을 벌이기를 원하지 않으며 평화 교섭에 개방적이라는 것이었다. 아무도 핼리팩스가 순진하다고 생각하지 않았지만, 히틀러를 만난 뒤 그 역시 체임벌린만큼이나 착각에 빠졌다.

히틀러와 가장 많은 시간을 보낸 영국 외교관은 독일 주재 대사인 네빌 헨더슨이었다. 그는 히틀러를 여러 차례 만나고 히틀러가 여는 집회에도 참가했다. 히틀러는 심지어 헨더슨에게 '카네이션을 단 남자'라는 별명까지 붙여주었다.[6] 말쑥한 헨더슨이 옷깃에 항상 꽃을 꽂고 다녔기 때문이다. 1938년 9월 초 악명 높은 뉘른베르크 집회에 참가한 뒤, 헨더슨은 런던으로 보낸 급송 공문서에서 히틀러가 워낙 비정상으로 보이는 탓에 "그는 경계선을 넘어 정신착란에 빠진 것 같다"고 썼다. 헨더슨은 히틀러에게 사로잡힌 게 아니었다.

하지만 그는, 히틀러가 체코슬로바키아에 대해 비열한 의도를 품었다고 생각했을까? 천만의 말씀이다.

그는, 히틀러가 "누구나 그렇듯이 전쟁을 무척 싫어한다"고 믿었다.[7] 헨더슨 또한 히틀러를 완전히 잘못 보았다.[8]

체임벌린과 핼리팩스와 헨더슨이 눈이 먼 것은 첫 번째 수수께끼("낯선 이가 우리 면전에서 거짓말을 하는데 왜 우리는 알지 못할까?")와는 전혀 관련이 없다. 그들의 사례는 똑똑하고 헌신적인 사람들이 기만을 당하면서도 제대로 파악하지 못한 무능과 관련된 문제다. 이 상황에서 **어떤** 사람들은 히틀러에게 속아 넘어간 반면 다른 사람들은 속지 않았다.

그리고 여기서 수수께끼는, 속아 넘어간 쪽은 속지 **않을** 것이라고 예상된 이들인 반면, 진실을 꿰뚫어 본 쪽은 **속아 넘어갈** 것이라고 여겨진 이들이라는 것이다.[9]

한 예로, 윈스턴 처칠은 히틀러가 표리부동한 악한에 불과하다는 사실을 한순간도 믿어 의심치 않았다. 처칠은 체임벌린의 독일 방문을 "이제껏 한 일 중 가장 어리석은 행동"이라고 규정했다. 하지만 처칠은 히틀러에 관한 글을 조금 보았을 뿐이다. 체임벌린의 각료 중 한 명인 더프 쿠퍼 역시 눈이 밝았다. 히틀러와의 회동에 관한 이야기를 체임벌린으로부터 들으면서 그는 공포에 사로잡혔다. 나중에 그는 항의의 표시로 체임벌린 정부에서 사임한다. 쿠퍼는 히틀러를 잘 알았을까? 천만의 말씀이다.

영국 외무부 고위급 인사 가운데 단 한 명, 핼리팩스의 전임 외무장관인 앤서니 이든만이 히틀러를 직접 만나고 그의 진상을 꿰뚫어 보았다.[10] 그런데 다른 모든 이들은? 히틀러에 관해 제대로 파악한 사람들은 그를 개인적으로 거의 알지 못하는 이들이었다. 히틀러에 관해 잘못 파악한 사람들은 몇 시간 동안 그와 이야기를 나눈 이들이었다.

물론 이 모든 것이 우연의 일치일 수도 있다. 어쩌면 체임벌린과 그의 동료들은 어떤 개인적인 이유 때문에 눈과 귀로 들어오는 증거와 상관없이 자신들이 보고 싶은 히틀러를 보기로 결심했을지 모른다. 하지만 똑같이 당혹스러운 양상이 어디서나 나타난다.

범죄자인가, 피해자인가

판사는 큰 키에 백발의 중년으로 브루클린구 출신임이 억양에서 분명히 드러났다. 그를 솔로몬이라고 부르자. 그는 10년 넘게 뉴욕주에서 판사로 일했다. 오만하거나 위압적인 사람이 아니었다. 사려 깊고 놀라울 정도로 점잖은 사람이었다.

때는 목요일이었는데, 그의 법정에서는 보통 공소 사실 심문으로 분주한 날이었다. 피의자는 모두 지난 24시간 동안 모종의 범죄 혐의로 연행된 이들이었다. 유치장에서 잠 못 이루는 밤을 보낸 그들은 이제 수갑을 찬 채 법정으로 한 명씩 불려갔다. 그리고 칸막이 뒤편, 솔로몬의 바로 왼쪽에 있는 낮은 벤치에 앉았다. 각 사건이 호명되면 서기가 솔로몬에게 피의자의 범죄 사실 혐의 기록이 담긴 자료철을 건네고, 그는 재빨리 훑어보면서 사건을 파악했다. 피의자는 솔로몬 바로 앞에 서고, 변호사는 한쪽에, 검사는 반대편에 섰다. 변호사와 검사가 주로 대화를 하고 솔로몬은 귀를 기울였다. 이윽고 솔로몬은 피의자를 보석에 처할 필요가 있는지, 보석된다면 보석금을 얼마로 할지 결정했다. **완전히 처음 보는 이 낯선 이는 자유를 누릴 자격이 있을까?**

훗날 솔로몬은 가장 어려운 사건은 아이들이 관련된 것이라고 말했다. 열여섯 살짜리가 끔찍한 범죄 혐의로 그의 앞에 섰다. 보석금을 높게 책정하면 아이는 악명 높은 라이커스아일랜드교도소의 '우리'에 갇힐 터였다. 솔로몬이 신중하게 말한 것처럼, 기본적으로 언제든지 "폭동이 일어날 태세였다."[11] 법정을 둘러보다가 방청석에 앉아 있는 아이의 어머니가 눈에 들어오면 판단은 더욱 어려워졌다. "하루가 멀다 하고 이런 사건이 들어옵니다." 그는 명상을 배운 적이 있다. 명상을 하면 만사가 좀 편해졌다.

솔로몬은 1938년 가을에 네빌 체임벌린과 영국 외무부가 직면했던 문제와 똑같은 문제를 매일같이 만났다. 낯선 이의 됨됨이를 평가해야 했다. 그리고 형사사법제도는, 체임벌린이 그랬던 것처럼, 이런 종류의 어려운 결정을 잘하려면 재판관과 피의자가 우선 서로 만나야 한다고 가정한다.

그날 오후 늦게 솔로몬은 숱이 없는 머리를 바짝 자른 나이 든 남자를 만났다. 그는 청바지에 구아야베라 셔츠[쿠바 남자들이 즐겨 입는 얇은 셔츠. 주머니가 네 개 있는 게 특징이다] 차림으로 에스파냐어만 할 줄 알았다. 여자 친구의 여섯 살짜리 손자가 관련된 '사건' 때문에 체포된 상태였다. 아이가 아버지에게 곧바로 말했다. 검사는 보석금으로 10만 달러를 책정해달라고 요청했다. 남자는 그만큼의 돈을 마련할 형편이 안 되는 게 분명했다. 만약 솔로몬이 검사에게 동의하면 구아야베라 셔츠를 입은 남자는 교도소로 직행할 터였다.

한편, 이 남자는 모든 사실을 부인했다. 두 건의 전과가 있었지만 여러 해 전에 저지른 경범죄였다. 직업은 기계공이었는데, 교도소에 가면 직장을 잃을 것이었다. 그에겐 전 부인과 열다섯 살짜리 아들이 있었다. 기계공 소득으로 부양하는 가족이었다. 솔로몬은 아버지가 부양하는 열다섯 살짜리를 고려해야 했다. 또한 여섯 살짜리 아이가 믿음직한 증인이 아니라는 것을 확실히 알고 있었다. 솔로몬은 그가 쓴 혐의가 엄청난 오해로 밝혀질지, 아니면 어떤 불길한 양상의 일부로 밝혀질지 확신할 방법이 없었다.

다시 말해, 구아야베라 셔츠의 남자를 석방할지, 또는 재판까지 수감할지 결정하는 것은 대단히 어려운 일이었다. 그리고 옳은 판단을 내리는 데 도움을 받기 위해 솔로몬은 그런 상황에서 우리 모두가 할 법한 일을 했다. 남자의 눈을 똑바로 쳐다보면서 이 사람의 정체를 파악하려고 애썼다. 과연 그런 노력이 도움이 됐을까? 아니면 판사들도 네빌 체임벌린과 똑같은 수수께끼에서 헤어나오지 못하는 걸까?

솔로몬과 인공지능의 대결

우리가 이 질문에 대해 가진 최선의 답은 하버드의 경제학자와 엘리트 컴퓨터과학자 세 명, 시카고대학 보석 전문가가 수행한 연구에서 나온다. 이 그룹(간단하게 서술하기 위해 경제학자인 센딜 멀레이너선으로 지칭하겠다)은 뉴욕시를 시험장으로 활용하기로 결정했다.[12] 그들은 2008년부터 2013년까지 뉴욕에서 공소 사실을 심문하는 자리에 출두한 피의자 55만 4,689명의 기록을 취합했다. 그 가운데 뉴욕의 판사들이 석방한 수는 40만 명이 약간 넘었다.

멀레이너선은 인공지능 시스템을 만들어 검사가 판사에게 제출한 정보와 똑같은 정보(피의자의 연령과 전과기록)를 입력한 뒤 55만 4,689건 중 석방 대상 40만 명의 명단을 추출하라고 컴퓨터에 지시했다. 인간 대 기계가 맞붙는 일종의 빵 굽기 대결이었다. 누가 최선의 결정을 내렸을까? 어느 쪽 명단이 보석 중에 더 적은 범죄를 저지르고 재판 기일에 출석할 확률이 높았을까?

결과는 근소한 차이도 아니었다. 컴퓨터가 뽑은 명단에 있는 사람들은 뉴욕시 판사들이 석방한 사람들보다 재판을 기다리는 중에 범죄를 저지를 확률이 25퍼센트 낮았다. 무려 25퍼센트나! 빵 굽기 대결에서 기계가 인간을 **압도했다.**[13]

멀레이너선의 인공지능이 얼마나 뛰어난지 실례를 들어보자. 인공지능은 모든 피의자의 1퍼센트에 '고위험군'이라는 표시를 했다. 컴퓨터가 생각하기에 고위험군은 재판 전에 절대 석방되서는 안 되는 사람들이다. 인공지능의 계산에 따르면, 고위험군에 속한 사람의 절반이 훌쩍 넘는 수가, 보석으로 석방되면 다시 범죄를 저지른다. 하지만 인간 판사들은 썩은 사과와 같은 그 집단을 위험한 집단으로 전혀 생각지 않았다. 놀라지 마시라! 판사들은 고위험군의 48.5퍼센트를 석방했다!

"인공지능 알고리즘에서 고위험군으로 표시된 피의자의 다수를 판사는 저위험군으로 간주한다." 멀레이너선 연구팀의 통렬한 결론이다. "판사들이 구금 기준을 높게 잡을 뿐만 아니라 피의자들을 제대로 분류하지 못함을 알 수 있다. 근소한 차이로 구금 대상으로 정해진 피의자들은 전체에서 골고루 뽑힌 것이다." 결과만 놓고 보면 이런 해석이 가능하다. 판사들의 보석 결정은 엉망진창이다.

당신도 이런 결과가 당혹스럽다는 점에 동의할 것이다. 보석 결정을 내릴 때 판사들은 세 가지 정보에 접근할 수 있다. 판사는 피의자의 기록을 갖고 있다. 연령, 전과, 지난번에 보석 허가를 받았을 때 생긴 일, 주거지, 직장 기록 등이다. 검사와 변호사가 제출한 증거와 증언도 있다. 법정에서 주고받은 모든 정보가 해당된다. 그리고 판사가 직접 눈으로 본 증거도 있다. 내 앞에 있는 이 남자에 관한 내 **느낌**은 무엇일까?

멀레이너선의 컴퓨터는 피의자를 볼 수 없었고, 법정에서 발설된 어떤 말도 듣지 못했다. 컴퓨터에 주어진 것이라곤 피의자의 연령과 범죄 사실 혐의 기록뿐이었다. 판사가 활용할 수 있는 정보의 일부분에 불과했다. 그런데 보석 결정을 **훨씬 훌륭하게 해냈다.**

나의 두 번째 책 《블링크》에서 오케스트라가 신입 단원을 뽑을 때 지원자의 모습을 가리는 장막 오디션으로 진행하면 훨씬 더 현명한 결정을 내린다는 이야기를 한 바 있다. 선발위원회에 정보를 주지 않으면 더 좋은 판단 결과가 나왔다. 누군가 연주하는 모습을 지켜보면서 얻는 정보가 대체로 부적절하기 때문이다. 어떤 사람이 훌륭한 바이올린 연주자인지 아닌지를 판단할 때 키가 큰지 작은지, 외모가 잘생겼는지 수수한지, 백인인지 흑인인지 하는 정보는 도움이 되지 않는다. 사실 이런 정보는 편견을 불러와서 당신의 판단을 한층 어렵게 만들 뿐이다.

하지만 보석 결정에 관한 한, 판사가 가진 추가 정보는 정말 유용한 것처럼 보인다. 솔로몬이 법정에서 다루었던 사건을 더 살펴보자. 농구복 반바지와 회색 티셔츠 차림의 젊은 남자가 누군가와 싸움을 벌인 뒤 그의 신용카드로 자동차를 산 혐의를 받았다. 보석 신청 과정에서 검사는 남자가 이전에 두 차례 체포됐을 때 재판일에 출석하지 않은 사실을 지적했다. 중대한 위험 신호였다. 하지만 모든 '재판 불출석'이 똑같은 것은 아니다.

만약 피의자에게 재판일이 잘못 통보되었다면? 그날 출근하지 않으면 직장을 잃기 때문에 그런 위험을 무릅쓰지 않기로 결정했다면? 그의 아이가 병원에 입원해 있다면? 피의자의 변호사가 판사에게 한 말이다. 의뢰인에게는 좋은 변명거리가 있었다. 컴퓨터는 그것을 알지 못했지만 판사는 알았다. 어떻게 이런 상황이 도움이 되지 않겠는가?

비슷한 맥락에서 솔로몬은 보석 결정에서 자신이 가장 주의를 기울이는 것은 "정신병과 관련된 폭력 혐의"라고 말했다. 그런 사건은 판사에게는 최고의 악몽이다. 판사가 누군가를 보석으로 풀어주면 그 사람은 약물 치료를 중단한 뒤 계속해서 끔찍한 범죄를 저지른다. "경관을 총으로 쏘는 거죠." 솔로몬의 설명이다.

차로 미니밴을 들이받아서 임신부와 남편을 죽이고요. 아이에게 상해를 입힙니다. 지하철이 들어오는데 사람을 밀어서 죽여요. 끔찍한 상황이죠. 어떤 판사도 그런 사건을 저지른 사람에게 석방 결정을 내린 당사자가 되기를 바라지 않습니다.

정신병과 관련된 몇 가지 단서는 피의자의 자료철에 들어 있다. 의료 기록, 입원 경력, 피의자가 정상적인 사람으로서 가져야 할 능력이 없다는 언급 등등. 하지만 다른 단서들은 오직 그 순간, 피의자를 심문하는 과정에서만 발견할 수 있다.

"당신은 또한 'EDP'라는 단어도 듣게 될 겁니다. 정서적으로 불안정한 사람emotionally disturbed person이라는 용어가 법정에서 떠돌아 다닌다니까요." 솔로몬의 말이다.

경찰이 피의자를 데려와서는 공소 사실 심문에 앞서 봉투를 건네기도 합니다. 정신과 응급실에서 검사를 받은 후 의사가 작성한 서류가 담겨 있죠. 때로는 그 정보가 검사의 서류철에 들어가서 검사가 질문하기도 하고요. 저로서는 그 사실에 관해 생각해봐야 하는 거죠.

그런 사건에서 솔로몬은 피의자를 살펴본다. 꼼꼼하고 주의 깊게 증거를 찾는다.

상대방과 눈을 맞추지 못하는 게슴츠레한 표정 같은 게 있어요. 아직 전두엽이 발달하지 않아서 시선을 맞추지 못하는 청소년은 아니고요. 약 복용을 중단한 성인에 관해 이야기하는 겁니다.

멀레이너선의 인공지능은 정서적으로 불안정한 사람에 관한 검사의 이야기를 얼결에 들을 수 없으며, 숨기려고 해도 금세 드러나는 게슴츠레한 표정을 볼 수도 없다. 직접 대면하는 것이 솔로몬을 비롯한 판사들에게 대단히 유리한 조건이 되어야 마땅하다. 그런데 어떤 이유인지 그렇지 못하다.

두 번째 수수께끼 낯선 이를 직접 만나면 만나지 **않는** 것보다 그 사람을 파악하는 데 오히려 방해되는 것은 무엇 때문일까?

총통을 알게 된다는 것

네빌 체임벌린은 1938년 9월 말, 세 번째이자 마지막으로 독일을 방문했다. 처음 방문한 때로부터 2주 뒤였다. 회담은 뮌헨의 나치당 사무실인 총통 건물에서 진행되었다. 이탈리아 지도자 베니토 무솔리니와 프랑스 총리 에두아르 달라디에도 초청받았다. 네 사람은 보좌진을 대동하고 히틀러의 개인 서재에서 만났다. 둘째 날 아침, 체임벌린은 히틀러에게 둘이서만 따로 만날 수 있는지 물었다. 이제는 적수를 파악했다고 판단했던 것이다.

이전에 히틀러가 체코슬로바키아에만 야심을 갖고 있다고 말했을 때, 체임벌린은 "히틀러 씨가 진실을 말하고 있다"고 믿었다. 그 약속을 문서로 받아내는 일만 남은 것이다.

히틀러는 그를 프린츠레겐텐플라츠에 있는 자기 아파트로 데려갔다. 체임벌린은 간단한 합의사항을 적어둔 종이를 꺼내 히틀러에게 서명하겠느냐고 물었다. 통역관이 독일어로 통역하는 와중에 "히틀러는 걸핏하면 소리쳤다. '그럼요! 그럼요!' 그리고 마지막에는 이렇게 말했다. '물론이죠. 서명하겠습니다.'" 체임벌린은 후에 여동생 중 한 명에게 보낸 편지에서 이렇게 썼다. "'언제 서명할까요?' 내가 말했다. '지금요.' 그리고 우리는 곧바로 책상으로 가서 내가 가져온 문서 두 장에 서명했다."

그날 오후, 본국으로 돌아간 체임벌린은 영웅 같은 환대를 받았다. 언론인들이 구름처럼 몰려들었다. 그는 가슴 주머니에서 편지를 꺼내 군중에게 흔들어 보였다. "오늘 아침 저는 독일 총리 히틀러 씨와 다시 회담을 했습니다. 여기 저와 히틀러가 서명한 문서가 있습니다."

다시 무대는 다우닝가 10번지에 있는 총리 관저다.

"친애하는 친구 여러분, 우리 역사상 두 번째로 독일에서 다우닝가로 명예로운 평화를 안고 돌아왔습니다. 저는 이것이 우리 시대를 위한 평화라고 믿습니다. 가슴속 깊이 우러나는 진심으로 여러분에게 감사드립니다."

군중이 환호했다.

"이제 집으로 돌아가서 침대에 누워 조용히 잠을 청하세요."

1939년 3월, 히틀러는 체코슬로바키아의 다른 지역까지 쳐들어갔다. 합의 문서를 종잇조각으로 만드는 데 채 6개월이 걸리지 않았다. 1939년 9월 1일, 히틀러는 폴란드를 침략했고, 세계는 전쟁에 휘말렸다.

다시 말해, 중앙정보국 간부들은 스파이를 파악하지 못하고, 판사들은 피의자를 파악하지 못하며, 총리들은 적수를 파악하지 못한다. 사람들은 낯선 이의 첫인상과 씨름한다. 사람들은 몇 달씩이나 낯선 이를 이해하기 위해 씨름한다. 누군가를 한 번만 만나도 씨름하고, 낯선 이를 여러 번 만나도 씨름한다. 사람들은 낯선 이가 과연 정직한지 평가하기 위해 씨름한다. 낯선 이의 됨됨이를 놓고 씨름한다. 낯선 이의 의도를 놓고 씨름한다.

혼란스러울 뿐이다.

비대칭적 통찰의 착각

마지막으로 하나만 더 짚어보자. 다음 단어를 보고, 빈칸 두 곳을 채워보자. 생각하지 말고 바로 해야 한다.

GL_ _

이것을 단어 완성 검사라고 한다. 심리학자들이 기억력 따위를 검사하는 데 활용한다.

나는 GL_ _을 GLUM으로 완성했다. 이걸 기억해두자. 다음 단어는 이렇다.

_ _TER

나는 이 단어를 HATER로 완성했다. 이것 역시 기억하자. 여기 나머지 단어들이 있다.

S_ _RE	STR_ _ _	B_ _T	P_ _N
GO_ _	PO_ _ _	TOU_ _	CHE_ _
BA_ _	ATT_ _ _	_ _OR	_RA_
BO_ _	SL_ _ _	_ _ _EAT	FL_ _T
SC_ _ _	SL_T	_ _NNER	

나는 이 검사에서 GLUM(음울한)과 HATER(혐오하는 사람)로 시작해서 SCARE(공포), ATTACK(공격), BORE(지루한), FLOUT(조롱), SLIT(상처), CHEAT(속이다), TRAP(덫), DEFEAT(패배)으로 마무리했다. 무척 음침하고 우울한 목록이다. 하지만 이 목록은 내 영혼의 어두운 면에 관해서는 아무것도 말해주지 않는다. 나는 우울하지 않다. 나는 낙관주의자다. 첫 번째 단어인 GLUM이 불쑥 머릿속에 떠올랐고 계속 그런 단어들이 그냥 튀어나왔을 뿐이다.

몇 년 전, 에밀리 프로닌이 이끄는 심리학자 연구팀이 한 그룹에게 동일한 검사를 했다. 프로닌은 그들에게 빈칸을 채우게 했다. 그러고는 똑같은 질문을 했다. 당신이 선택한 단어들이 당신에 관해 무엇을 말해준다고 생각하십니까? 가령 당신이 'TOU_ _'를 'TOUCH'(만지다)로 완성했다면, 'TOUGH'(힘든)로 완성한 사람과 당신을 다른 종류의 사람이라고 봐도 될까요? 응답자들은 나와 같은 입장을 취했다. **그것들은 그냥 단어일 뿐이다.**

"나는 이런 단어 완성 검사로 내 성격을 평가할 수 있다는 데 동의하지 않는다." 프로닌의 검사 대상자 중 한 명이 한 말이다. 다른 사람들도 그의 말에 동의했다.

"이 단어 완성 검사는 나에 관해 많은 것을 보여주지 않는 것 같다. 무작위로 완성한 것일 뿐이다."
"내가 쓴 단어들 중 일부는 세상을 바라보는 내 시각과 정반대인 것 같다. 내가 강하고(STRONG) 최고이며(BEST) 승자(WINNER)가 되는

데 항상 관심을 두는 것은 아니다."

"내가 완성한 단어들이 나에 관해 많은 사실을 보여준다고 생각하지 않는다. 우연의 결과로 떠올랐을 뿐이다."

"아주 많지는 않다. 어휘력을 보여주는 것이다."

"어떤 관계가 있다고 생각하지 않는다. 내가 그냥 임의로 고른 단어들이다."

"PAIN(고통), ATTACK(공격), THREAT(위협) 같은 단어들은 비슷해 보이지만, 나에 관해서 어떤 것을 말해준다고 생각하지 않는다."

하지만 이내 흥미로운 상황이 펼쳐졌다. 프로닌은 이 그룹의 다른 사람들이 완성한 단어들을 보여주었다. 전혀 모르는 사람들이었다. 프로닌은 똑같은 질문을 던졌다. 이 낯선 사람이 고른 단어들은 무엇을 보여준다고 생각하십니까? 그러자 이번에는 검사 대상자들의 생각이 완전히 바뀌었다.

"이 사람은 책을 많이 안 읽는 것 같다. 'B_ _K'를 보면 (나는) 자연스럽게 BOOK이 떠오를 것이다. BEAK(부리)는 다소 무작위적으로 보이는데, 일부러 정신 집중을 하지 않은 것 같다."

"어떤 사람인지 모르겠지만, 허세가 많은데 기본적으로 괜찮은 친구 같은 느낌이 든다."

이 사람들이 방금 전에 단어 완성 검사는 전혀 의미가 없다고 말한 이들이라는 점을 염두에 두자.

"이 사람은 목표 지향적인 것 같고 경쟁적인 환경에 관해 생각한다."

"이 사람은 지금까지 살면서 자주 지친 것 같은 느낌이 든다. 게다가
이성과 친밀한 개인적 대화를 하는 데 관심이 있어 보인다. 또한 게임
을 즐기는 것 같다."

"이 단어 완성 검사는 나에 관해 많은 것을 보여주지 않는 것 같
다"라고 말한 바로 그 사람이 입장을 바꿔서 전혀 모르는 이에 관해
말했다.

"이 여자는 생리 중인 것 같다. 또한 WHORE(매춘부)나 SLOT(구멍.
slut과 비슷하다), CHEAT(바람피우다) 같은 단어로 볼 때, 자기나 다른
누군가가 부정직한 성적 관계에 빠졌다고 느끼는 것으로 보인다."

계속해서 이와 비슷한 답이 이어진다. 어느 누구도 자신이 모순
의 함정에 빠진 사실을 낌새조차 채지 못하는 것 같았다.

"어떤 관계가 있어 보인다. 그 사람은 돈과 은행에 관해 많이 이야기
한다. 훨씬 더 많은 상관관계가 있다."

"이 사람은 경쟁과 승리에 집중하는 것 같다. 운동선수이거나 경쟁심
이 아주 강한 사람으로 보인다."

"이 사람은 자기가 노력을 기울이는 일에 대해 대체로 긍정적인 생각을 가진 것 같다. WINNER(승자), SCORE(점수), GOAL(목표) 같은 대부분의 단어가 모종의 경쟁심을 나타내는데, 전문적으로 분석해보면 이 사람이 운동선수의 경쟁적 본성을 어느 정도 갖고 있음이 드러날 것이다."

검사 대상자들이 내가 완성한 단어인 GLUM, HATER, SCARE, ATTACK, BORE, FLOUT, SLIT, CHEAT, TRAP, DEFEAT 등을 보았다면, 내 정신상태를 걱정했을 게 분명하다.

프로닌은 이런 현상을 '비대칭적 통찰의 착각illusion of asymmetric insight'이라고 규정하면서 다음과 같이 말한다.

남이 나를 아는 것보다 내가 남을 더 잘 안다. 그리고 내가 그에게 없는 그에 관한 통찰을 갖고 있을 수 있다(하지만 그 반대는 아니다)는 확신이 있으면, 귀를 기울여야 할 때 이야기를 하고, 또 남들이 자신이 오해를 받거나 부당한 평가를 받는 사람이라는 확신을 표명할 때 인내심을 갖지 못하기 쉽다.[14]

바로 이것이 처음 등장한 두 수수께끼의 핵심에 있는 문제다. 중앙정보국 쿠바 부서의 간부들은 자신들이 거느린 스파이의 충성심을 평가할 수 있다고 확신했다. 판사들은 피의자의 됨됨이를 평가할 수 있는 가능성에 대해 두 손을 들지 않는다. 그들은 1, 2분 정도 살펴보고는 위압적으로 판결을 내린다. 네빌 체임벌린은 전쟁을 피하려는 자신의 대담한 계획이 과연 현명한 것인지 결코 의문을 품지 않았다. 히틀러가 어떤 의도를 갖고 있는지 명확하지 않다면, 총리로서 독일로 가 그 의도를 알아내는 것이 그가 할 일이었다.

우리는 몇 가지 단서를 설렁설렁 훑어보고는 다른 사람의 심중을 쉽게 들여다볼 수 있다고 여긴다. 낯선 이를 판단하는 기회를 덥석 잡아버린다. 물론 우리 자신한테는 절대 그렇게 하지 않는다. 우리 자신은 미묘하고 복잡하며 불가해하니까. 하지만 낯선 사람은 쉽게 이해할 수 있다고 생각한다.

만약 이 책에서 내가 당신에게 한 가지를 설득할 수 있다면, 이런 사실일 것이다. 낯선 사람은 쉽게 알 수 없다.

TALKING TO STRANGERS

제 2 부

진실기본값 이론의 승리

: 낯선 사람을 파악하기 위한
첫 번째 도구

03 펜타곤을 주무른 여왕

낯선 사람을 항상 믿는다면

격추 전의 경고

또 다른 쿠바 스파이 이야기를 살펴보자.

1990년대 초, 쿠바인 수천 명이 피델 카스트로 정권을 탈출하기 시작했다. 자동차 튜브와 드럼통, 문짝, 갖가지 잡동사니로 조잡한 배를 만들어 145킬로미터에 달하는 플로리다해협을 건너 미국으로 향하는 필사적인 항해에 나섰다. 어떤 추산에 따르면, 무려 2만 4천 명이 미국으로 건너가려다가 사망했다. 인권이 유린되는 참사였다. 이에 대응하여 마이애미에 사는 쿠바인 망명자들이 형제구조단Hermanos al Rescate을 창설했다. 구조단은 단발 항공기인 세스나 스카이마스터로 임시 공군을 결성해 플로리다해협 상공으로 날아가 공중에서 난민을 수색하면서 그들이 있는 좌표를 해안경비대에 무전으로 알렸다. 형제구조단은 수천 명의 목숨을 구했다. 그들은 영웅이 되었다.

시간이 흐르면서 망명자들은 점점 야심이 커졌다. 그들은 쿠바 영공으로 날아가 아바나 상공에서 카스트로 정권에 대항해서 봉기하라고 촉구하는 전단을 쿠바인들에게 투하하기 시작했다. 이미 난민들의 탈주에 당혹스러워하던 쿠바 정부는 격분했다. 긴장이 고조되면서 1996년 2월 24일에 위기가 정점에 달했다. 그날 오후 형제구조단 비행기 세 대가 플로리다해협을 향해 이륙했다. 쿠바 해안선에 접근하자 쿠바 공군 미그전투기 두 대가 세 대 중 두 대를 격추해서 탑승자 네 명이 전부 사망했다.

공격에 대한 대응이 즉각 나타났다. 유엔 안보이사회에서 쿠바 정부를 규탄하는 결의안이 통과되었다. 클린턴 대통령은 심각한 얼굴로 기자회견을 열었다. 마이애미의 쿠바 망명자 집단은 분노로 들끓었다. 두 비행기는 국제 공역에서 격추된 것이어서 이 사건은 사실상 전쟁 행위나 마찬가지였다. 쿠바 조종사들이 무전으로 나눈 대화가 언론에 공개되었다.

"우리가 맞혔다, 제기랄, 우리가 맞혔어."

"우리가 퇴각시켰어, 제기랄."

"우리가 맞혔다고."

"개자식들."

"격추 장소 표시해놔."

"이제 귀찮게 하지 않겠지."

그리고 미그기 한 대가 두 번째 세스나를 조준한 뒤에는 이런 말이 들렸다. "조국이 아니면 죽음이다, 이 개새끼들아."[1]

하지만 논쟁이 한창일 때 방향이 갑자기 바뀌었다. 퇴역 미 해군 소장 유진 캐럴이 CNN과 인터뷰를 했다. 워싱턴 내에서 영향력 있는 인물로, 유럽 주둔 미군 지휘관으로 일하면서 무기 7천 기를 관리한 적이 있다. 그는 형제구조단 격추 직전에 자신을 비롯한 소규모 군사분석가 집단이 쿠바의 고위 관리들을 만났다고 말했다.

CNN 제독님, 쿠바 여행 중에 무슨 일이 있었는지 말씀해주시겠습니까? 누구와 이야기를 나눴고, 어떤 말을 들었습니까?

캐럴 국방부에서 우리를 맞이했습니다. 로살레스 델 토로 장군하고 우리는 여기저기 돌아다니면서 쿠바 기지와 학교, 부분적으로 완성된 원자력발전소 등을 조사했습니다. 로살레스 델 토로 장군하고 그의 참모진과 긴 논의를 이어가던 중에 미국 항공기의 영공 침범 문제가 나왔어요. 정부 항공기가 아니라 마이애미에서 활동하는 민간 비행기들이죠. 우리한테 묻더군요. "이 비행기들 중 한 대를 격추하면 어떤 일이 생길까요? 알다시피, 우리는 할 수 있습니다."

캐럴은 쿠바 관계자들이 한 질문을 은근한 경고로 해석했다. 인터뷰는 계속 이어졌다.

CNN 그래서 귀국했을 때 이 정보를 어느 쪽에 전달하셨습니까?

캐럴 약속을 잡자마자 상황을 논의했죠. 국무부 관계자와 국방정보국DIA 사람들하고요.

국방정보국은 중앙정보국, 국가안전보장국NSA과 더불어 미국 정부의 대외 정보 삼두 체제 내에서 그 세 번째 지부다. 만약 캐럴이 국무부, 국방정보국과 만났다면, 쿠바 쪽 경고를 미국 정부의 최대한 높은 곳까지 전달한 셈이었다.[2] 그런데 국무부와 국방정보국은 이 경고를 유심히 받아들인 걸까? 그들은 이 사태에 개입해서 형제구조단이 지속적으로 쿠바 영공을 무모하게 침입하는 것을 막았나? 분명 그러지 않았다.[3]

캐럴의 발언은 워싱턴DC 곳곳에 유탄처럼 튀었다. 당혹스러운 폭로였다.[4] 격추는 2월 24일. 캐럴이 국무부와 국방정보국에 보낸 경고는 2월 23일에 전달되었다. 저명한 워싱턴 내부자가 **위기 전날** 미국 관리들과 만나서 쿠바인들이 형제구조단에 대한 인내심을 이미 잃었다고 분명하게 경고했는데, 그의 경고는 무시되었다. 쿠바의 잔학한 행동으로 촉발된 일이 미국 외교의 무능력으로 비화됐다.[5]

CNN 그런데 이 항공기들이 비무장 민간 비행기였다는 입장에 관해서는 어떻게 생각하십니까?

캐럴은 아바나에서 들은 말을 되풀이했다.

캐럴 그건 아주 민감한 문제입니다. 그들이 어디 있었나요? 무엇을 하고 있었습니까? 비유를 하나 들어보죠. 멕시코에서 날아온 비행기들이 샌디에이고 상공을 날면서 전단을 투하하고 캘리포니아 주지사 월슨에 반대하는 선동을 한다고 칩시다. 경고를 한 뒤에도 이런 영공 침범 행위가 계속되면 얼마나 오래 참아야 할까요?[6]

피델 카스트로는 CNN에서 자기 입장을 밝힐 수 없었다. 하지만 그럴 필요가 없었다. 해군 소장이 대변해준 셈이니까.

완벽한 타이밍

이 책의 제2부 세 개 장에서는 팀 러바인이라는 심리학자가 제시한 사고에 초점을 맞춘다. 왜 우리가 낯선 이에게 속아 넘어가는지에 관해 그는 사회과학에서 어느 누구보다도 많은 가르침을 준다. 4장에서는 사상 최대 규모의 폰지 사기 사업을 운영한 투자자인 버니 메이도프의 이야기를 통해 러바인의 이론을 살펴본다. 5장에서는 성학대로 유죄 판결을 받은 펜실베이니아주립대학 풋볼팀 코치 제리 샌더스키의 이상한 사례를 검토한다. 그리고 이 장에서는 1996년 미국과 쿠바가 충돌 일보 직전까지 간 위기의 순간이 낳은 부수적 결과를 다룬다.

캐럴 제독과 쿠바의 격추에서 뭔가 이상한 느낌이 들지 않나? 여기에는 대단히 많은 우연의 일치가 존재한다.

1. 쿠바인이 국제 공역을 비행하는 미국 시민을 대상으로 의도적인 살인 공격을 계획한다.
2. 대단히 공교롭게도 공격 전날 저명한 군 내부자가 정확히, 그런 행동이 벌어질 가능성에 대해 미국 관리들에게 엄중한 경고를 한다.
3. 그리고 우연히 그 경고 때문에 공격 다음 날 그 간부가 세계에서 내로라하는 뉴스 방송에서 쿠바의 주장을 대변한다.

이 세 사건의 타이밍이 지나칠 정도로 완벽하지 않나? 만약 당신이 홍보 회사이고 아주 논쟁적인 행동 때문에 생겨난 부수적 결과를 축소하려 한다면 바로 그런 대본을 썼을 것이다. 언뜻 보기에 중립적인 전문가가 곧바로 등장해서 이렇게 말하는 것이다. "제가 그들에게 경고했습니다!"

레그 브라운이라는 군 방첩 분석가가 사건 후 며칠 동안 생각한 것도 바로 이런 점이다. 브라운은 국방정보국의 라틴아메리카 부서에서 일하는 사람이었다. 그가 맡은 일은 쿠바 정보기관이 어떤 식으로 미국의 군사작전에 영향을 미치려고 하는지 파악하는 것이었다. 다시 말해, 그의 업무는 일반인들이 무시하는 미묘한 차이와 미세한 부분, 설명되지 않는 우연의 일치에 주의를 기울이는 것이었는데, 브라운은 쿠바인들이 어떤 식으로든 위기 사태 전체를 지휘한 것이라는 느낌을 지울 수 없었다.

예를 들어, 쿠바인들이 형제구조단 내부에 정보원을 두고 있음이 밝혀졌다. 후안 파블로 로케라는 조종사였다. 공격 전날 그는 종적을 감췄다가 아바나에서 카스트로 옆에 모습을 드러냈다. 분명 로케는 고국에 있는 상관들에게 형제구조단이 24일에 뭔가 계획을 세웠다고 말했을 것이다. 그 때문에 브라운은 캐럴이 브리핑한 날이 우연히 선택된 것이라고 생각하기 어려웠다. 최대한 홍보 효과를 발휘하기 위해 쿠바인들은 자신들의 경고가 전날 전달되기를 원했다. 당연하지 않겠는가? 그렇게 해서 국무부와 국방정보국은 경고가 모호했다거나 오래전에 나온 것이었다고 말하는 식으로 이 문제에서 빠져나올 수 없었다. 조종사들이 마이애미를 출발한 바로 그날, 그들 바로 앞에서, 캐럴은 경고를 발설했다.

그렇다면 누가 그 만남을 주선했을까? 브라운은 궁금했다. **누가 23일을 고른 걸까?** 몇 군데를 파보자 깜짝 놀랄 만한 이름이 나타났다. 국방정보국에서 같이 일하는 동료로 쿠바 전문가인 애나 벨렌 몬테스였다. 그는 스타였다. 승진과 특별한 경력을 쌓을 만한 대상자로 거듭 선택받았고, 환호와 보너스가 빗발처럼 쏟아졌다. 그에 관한 평은 강렬했다. 법무부에서 국방정보국으로 옮겨온 인물이었는데, 전 상관 중 한 명은 추천서에서 몬테스가 자기 밑에서 일한 최고의 직원이라고 평했다. 중앙정보국장 조지 테닛에게 훈장을 받은 적도 있었다. 정보 집단에서 그의 별명은 '쿠바의 여왕'이었다.[7]

몇 주가 지나갔다. 브라운은 고뇌에 휩싸였다. 망상에 가까운 이런 억측을 근거로 동료를 반역죄로 고발하는 것은 엄청난 일이었다. 더군다나 그 동료는 대단한 능력자인 몬테스였다. 마침내 브라운은 마음을 정하고 국방정보국의 방첩 간부 스콧 카마이클에게 의심스러운 점을 털어놓았다.

"그가 찾아와서 점심시간 동안 동네를 산책했습니다." 카마이클이 레그 브라운과 처음 만난 때를 회상하며 하는 말이다. "그런데 그는 몬테스를 찾아가 보려고도 하지 않더군요. 계속 '아이고 세상에' 하는 말만 늘어놓았어요. 그는 두 손을 쥐어짜면서 말했습니다. '잘못 짚은 거면 큰일인데요.'"

카마이클은 서서히 그에게서 말을 끄집어냈다. 쿠바 관련 활동을 하는 사람들은 모두 플로렌티노 아스피야가가 폭탄을 떨어뜨린 일을 기억했다. 쿠바인들은 **유능했다**. 그리고 브라운은 자기 나름의 증거가 있었다. 그는 1980년대 말에 제출한 보고서에 쿠바 고위 관료들이 국제적인 마약 밀매에 관여한 일을 자세히 서술한 적이 있다. 카마이클의 말을 들어보자. "그는 직접 관여한 쿠바 고위 간부들을 특정한 뒤 자세한 내용을 제시했습니다. 비행기, 날짜, 시간, 장소, 누가 누구에게 무슨 일을 했는지, 전체 내용이 다 있었죠." 그리고 브라운의 보고서가 공개되기 며칠 전, 쿠바는 그가 조사에서 언급한 인물을 일제 검거해서 많은 이들을 처형하고 공개적으로 부정하는 내용을 발표했다. "그러자 브라운이 말했죠. '대체 무슨 일이야?' 누군가 유출한 겁니다."

이 일 때문에 브라운은 망상에 빠졌다. 1994년 쿠바 정보요원 두 명이 변절해서 비슷한 이야기를 털어놓았다. 쿠바가 미국 정보기관 고위층에 사람을 심어놓았다는 것이다. 그러면 어떻게 생각해야 할까? 브라운이 카마이클에게 말했다. 의심할 만한 이유가 없었을까요?

뒤이어 브라운은 카마이클에게 형제구조단 위기 사태 당시 벌어진 다른 일에 관해 이야기했다. 몬테스는 워싱턴DC 애너코스티아 지구의 볼링 공군기지에 있는 국방정보국 사무실에서 일하고 있었다. 비행기들이 격추됐을 때 그는 국방부에 불려 들어갔다. 정부에서 일하는 주요 쿠바 전문가라면 현장에서 도움을 요청했을 것이다. 격추 사건은 토요일에 일어났다. 다음 날 저녁 브라운은 우연히 전화를 걸어 몬테스를 찾았다.

"브라운의 말로는 어떤 여자가 전화를 받아서 애나 몬테스는 자리를 뜨고 없다고 했다더군요." 카마이클의 말이다. 같은 날 이미 몬테스는 전화를 한 통 받았다. 그리고 그 후 초조한 상태였다. 그러고는 상황실에 있는 모든 사람에게 피곤한 데다 진행되는 상황도 없으니 퇴근하겠다고 말했다.

브라운은 전혀 믿지 못했습니다. 우리 문화와는 너무 맞지 않는 일이라 도무지 믿을 수 없었던 거지요. 위기 상황이 발생했을 때 소집된다는 건 당신이 가진 전문성이 의사결정 과정에 도움이 되기 때문이라는 걸 모두가 알고 있잖아요. 그리고 국방부에서는 해고되기 전까지는 쓸모가 있는 겁니다. 다들 이해하는 일이죠. 만약 예컨대 갑자기 북한이 샌프란시스코에 미사일을 발사해서 그런 직급에 있는 누군가가 당신을 소집했는데, 피곤하고 배가 고프다며 퇴근하겠다고 하지는 않습니다. 모두 그런 정도는 알죠. 그런데 몬테스는 그렇게 했어요. 그러니까 브라운은 황당했던 거죠. "뭐라고?"

브라운이 생각하기에, 몬테스가 정말로 쿠바를 위해 일한다면 쿠바인들은 그에게서 필사적으로 소식을 듣고 싶었을 것이다. 상황실에서 어떤 일이 벌어지고 있는지 알고 싶었을 테니까 말이다. 그날 밤 쿠바 측 담당자와 약속이 있었던 걸까? 모두 믿기지 않았기 때문에 브라운은 심각한 갈등에 빠졌다. 하지만 쿠바의 스파이들이 **분명 있었다**. 그는 이 사실을 알고 있었다. 그리고 여기 이 여자가 있었다. 쿠바 전문가로서는 30년 만에 최대의 위기가 이제 막 벌어지는 참에 개인적인 전화를 받고 문을 열고 나가려고 하는 여자가 말이다. 게다가 몬테스는 캐럴 제독이 이상할 정도로 시기적절한 브리핑을 하도록 주선한 사람이었다.

브라운은 카마이클에게 쿠바인들이 여러 해 전부터 형제구조단 비행기를 한 대 격추하고 싶어 했다고 말했다. 하지만 그렇게 하면 어떤 도발이 될지 알았기 때문에 그들은 행동에 옮기지는 않았다. 미국이 피델 카스트로를 끌어내리거나 침공을 개시하는 데 필요한 구실이 될 수 있었던 것이다. 쿠바인들로서는 그럴 만한 가치가 없었다. 여론을 자기 쪽에 유리하게 뒤바꿀 방법을 찾아내기 전까지는 말이다.

그리하여 브라운은 애나가 캐럴 제독과 같은 방에 있는 사람 중 하나일 뿐만 아니라 그걸 조직한 당사자임을 알아냅니다. 그는 그걸 지켜보면서 이렇게 말했어요. "제기랄, 쿠바가 방첩 영향 공작influence operation〔상대방의 여론이나 판단에 영향을 미치는 공작〕을 벌인 게 말이 되는지를 살펴보는데, 애나가 캐럴 제독과의 만남을 주도한 사람이잖아요. 도대체 어떻게 된 거지요?"

몇 달이 흘렀다. 브라운은 끈질겼다. 마침내 카마이클이 몬테스의 자료를 빼냈다. 몬테스는 최근에 거짓말탐지기를 손쉽게 통과한 상태였다. 비밀스러운 음주 문제나 은행 계좌에 수상쩍은 돈도 없었다. 위험 신호가 전혀 없었다. "보안 자료와 개인 자료를 검토한 끝에 **이건은 브라운이 완전히 잘못 짚은 것이라고 판단했습니다.**" 카마이클의 말이다. "이 여자는 국방정보국의 차기 정보국장이 될 만한 인물이었어요. 대단한 사람이었죠." 그는 추측에 근거해서 조사하는 것을 정당화하려면 신중을 기해야 한다는 것을 알았다. 브라운은 "박살이 나고" 있었다. 그는 어떤 식으로든 브라운의 의심을 해소해주어야 했다. 그의 말마따나 "모든 의심을 털어버려야 했"다. 몬테스가 의심을 받고 있다는 말이 새 나가면 카마이클이 "똥물을 뒤집어쓸 터"였다.

카마이클은 몬테스를 불러들였다. 두 사람은 볼링 기지의 회의실에서 만났다. 몬테스는 매력적이고 지적이며 마른 몸매에 단발머리 그리고 날카롭고 거의 꾸밈없는 용모였다. 카마이클은 속으로 생각했다. **이 여자 인상적인데.** "자리에 앉았을 때 몬테스는 거의 제 바로 옆에 앉았습니다. 이만큼 정도 떨어져서요." 그가 양손을 뻗어 90센티미터 정도 벌린다. "탁자 한쪽에 나란히 앉았어요. 다리를 꼬더군요. 일부러 그런 것 같지는 않아요. 그냥 편하게 앉은 거겠지요. 공교롭게도, 제가 여자 몸매를 좋아하거든요. 몬테스가 그걸 알지는 못했겠지만, 저는 다리를 좋아해서 아래쪽을 내려다봤지요."

그는 캐럴 제독과의 만남에 관해 물었다. 몬테스는 답을 갖고 있었다. 자기 아이디어가 아니라는 것이었다. 국방정보국 직원의 아들이 캐럴과 함께 쿠바를 다녀왔는데, 그 후 자기가 전화를 한 통 받았다고 했다.

몬테스가 말했습니다. "그 사람 아버지를 아는데, 아버지가 나한테 전화해서 말하더군요. '이봐 쿠바에 관한 최신 정보를 알고 싶으면 캐럴제독을 만나보라고.' 그래서 캐럴 제독한테 전화를 걸어 일정을 확인하고 2월 23일이 둘 다한테 편한 날이라고 정한 거예요. 그게 전부예요."

결국 밝혀진 것처럼, 카마이클은 몬테스가 이야기하는 국방정보국 직원을 알고 있었다. 그는 몬테스에게 그 직원을 불러서 이 이야기를 확인해보겠다고 말했다. 그러자 몬테스가 대답했다. "네, 꼭 그렇게 하세요."

그러면 상황실에서 전화 통화를 한 건 뭐냐고 물었다. 몬테스는 전화 받은 기억이 없다고 말했는데, 카마이클이 보기에 거짓말을 하는 것 같지는 않았다. 정신없이 바쁜 날이었고, 아홉 달 전 일이었다. 일찍 퇴근한 건?

몬테스가 말했습니다. "네, 그래요, 퇴근했어요." 곧바로 사실을 인정하더군요. 조금 의심스러울 수 있는 일도 부정하지 않더라고요. "네,

그날 일찍 퇴근했어요." 이렇게 말하는 거예요. "알다시피 그날은 일요일이었고 카페테리아가 전부 닫았거든요. 식성이 까다롭고 알레르기가 있어서 자판기 음식은 먹지 않아요. 아침 여섯 시쯤 거기에 갔는데, 밤 여덟 시인 거예요. 배고파 죽겠는데, 진행되는 일은 없고, 저를 부르는 사람도 없어서 나와야겠다고 마음먹은 거예요. 집에 가서 배를 채웠죠."[8] 사실로 들리더군요. 정말 그랬어요.

면담 후에 카마이클은 몬테스의 답변을 재확인해보았다. 브리핑 날짜는 정말 우연의 일치인 것 **같았다**. 친구 아들은 캐럴과 쿠바에 정말 **갔었다**.

그래, 알레르기도 있고, 자판기 음식은 먹지 않고, 식성이 아주 특이하다는 걸 알게 됐죠. 일요일에 국방부에 있었던 것도 맞고요. 저도 가본 적이 있는데, 카페테리아가 열지 않았거든요. 몬테스는 온종일 아무것도 먹지 않았고, 집에 간 겁니다. 제가 말했어요. "그래, 뭐 다 맞는 말 같군." 성과가 뭐죠? 아무것도 없었어요. 아이고.

카마이클은 레그 브라운에게 걱정하지 말라고 말했다. 그리고 다른 문제들로 관심을 돌렸다. 애나 몬테스는 사무실로 돌아갔다. 모든 게 잊히고 용서되었다. 5년이 지난 2001년 어느 날, 몬테스가 매일 밤 집에 가서 그날 일하면서 알게 된 모든 사실을 기억에서 끄집어내 타이핑한 뒤, 아바나에 있는 담당자들에게 보냈다는 사실이 발각되기 전까지는 말이다.

국방정보국에 들어온 날부터 몬테스는 쿠바 스파이였다.

스파이의 자질

고전적인 스파이 소설에서 비밀 첩자는 솔직하지 않고 교활하다. 우리는 적의 명석한 두뇌에 교란당한다. 중앙정보국의 많은 내부자가 플로렌티노 아스피야가의 폭로에 관해 설명한 것도 그런 식이었다. **카스트로는 천재다. 첩자들은 탁월한 배우들이었다.** 하지만 사실 가장 위험한 스파이가 악마적인 경우는 드물다. 미국 역사상 가장 큰 타격을 입힌 반역자로 손꼽히는 올드리치 에임스는 업무 평가 점수가 높지도 않았고 음주 문제에다 스파이 활동으로 소련에서 받은 자금을 제대로 숨기려는 노력조차 하지 않았다.

애나 몬테스라고 더 나을 것도 없었다. 몬테스를 체포하기 직전, 국방정보국은 그의 핸드백(!)에서 아바나에 급보를 보내기 위해 사용한 암호를 발견했다. 그리고 아파트의 옷장 안에서는 신발 상자에 든 단파 라디오를 찾아냈다.

아스피야가 사태를 목격한 바 있는 중앙정보국의 쿠바 전문가 브라이언 라텔은 몬테스를 잘 알았다.

"제가 국가정보국 요원일 때 회의를 소집하면 그는 탁자 바로 맞은편에 앉곤 했습니다." 라텔이 그때 기억을 떠올린다. 몬테스는 세련되거나 서글서글하지 않았다. 라텔은 그가 국방정보국에서 평판이 좋다는 건 알았지만 자기가 보기에는 약간 이상한 사람이었다.

그를 대화에 끌어들이려고 했는데, 그는 항상 이런 이상한 반응을 보이더군요. 제가 소집한 회의 중에 언젠가 그에게 확답을 받아내려고 "이 일과 관련해서 피델이 가진 동기가 뭐라고 생각해요?"라고 물었더니 말을 더듬었어요. 지금 와서 보면, 자동차 불빛에 사로잡힌 사슴 꼴이었어요. 난처한 기색을 보이더라고요. 신체적으로 모종의 반응을 보여서 이런 생각이 들었지요. "아, 이 사람은 대단한 분석가라서 신경과민이군. 뭐라고 말해야 할지 모르는 거야."

라텔의 말에 따르면, 몬테스는 중앙정보국의 우수 분석가 프로그램Distinguished Analyst Program 수혜자로 뽑힌 적이 있다. 정부 각 분야에서 활동하는 정보요원에게 연구 안식년을 주는 프로그램이다. 몬테스는 어디로 가겠다고 요청했을까? 물론 쿠바였다.

"그는 이 프로그램의 자금을 받아서 쿠바로 갔습니다. 상상이 가십니까?" 라텔이 말했다. 만약 당신이 쿠바 스파이이고 당신의 의도를 숨기려고 한다면, 아바나를 유급 안식년을 보낼 장소로 신청할까? 라텔은 이 일이 벌어지고 거의 20년 뒤에 이야기를 한 것이었는데, 몬테스의 뻔뻔한 행동에 지금도 혀를 내둘렀다.

몬테스는 중앙정보국의 우수 분석가로 쿠바에 갔습니다. 물론 그들은 우리 돈까지 받아서 몬테스가 와서 기뻤을 테고, 그곳에 머무르는 동안 온갖 비밀 스파이 활동 훈련을 해준 게 분명합니다. 제가 볼 때 증명할 수는 없어도 꽤 확신하건대 몬테스는 피델을 만났습니다. 피델은 주요 첩자들을 만나서 격려하고 축하해주고, 그들이 중앙정보국을 상대로 거두는 성공을 즐기는 걸 좋아했거든요.

몬테스는 미국 국방부로 돌아와서 글을 하나 썼는데, 자신이 가진 편견을 굳이 감추려고도 하지 않았다.

몬테스의 상관들이 그 글을 보았을 때, 온갖 종류의 위험 신호가 제기되고 경보가 울렸어야 했습니다. 쿠바군에 관해, 쿠바인의 관점이 아닌, 다른 어떤 면에서도 전혀 말이 되지 않는 이야기를 했으니까요.

그런데 누가 그런 위험 신호를 제기했을까? 라텔 자신은 몬테스가 스파이라는 의심을 한 번도 한 적이 없다고 말한다. "제 직급이나 몬테스와 가까운 중앙정보국 간부 가운데 몬테스가 최고의 쿠바 분석가라고 생각하는 이들이 있었습니다." 그는 불편한 느낌을 별것 아닌 문제로 합리화해버렸다. "저는 몬테스를 신뢰하지 않았지만 잘못된 이유들 때문이었고, 그게 가장 후회하는 점 가운데 하나예요. 저는 그가 쿠바에 관한 서투른 분석가라고 확신했습니다. 음, 실제로 그랬고요. 우리를 위해 일한 게 아니었으니까요. 몬테스는 피델을 위해 일했습니다. 하지만 저는 절대 그 점들을 선으로 잇지 못했죠."

다른 누구도 그렇게 하지 못했다. 몬테스에겐 티토라는 남동생이 있었는데, 그는 연방수사국 요원이었다. 그도 전혀 알지 못했다. 여동생도 연방수사국 요원이었는데, 그는 실제로 마이애미에 있는 쿠바 스파이 조직을 폭로하는 데 핵심적인 역할을 했다. 여동생도 전혀 알지 못했다. 몬테스의 남자 친구도 국방부에서 일했다. 믿기 어렵겠지만, 그의 전문 분야는 라틴아메리카 정보였다. 그가 맡은 임무는 **자신의 여자 친구 같은 스파이들**에 맞서는 것이었다. 그도 전혀 알지 못했다.

몬테스가 마침내 체포됐을 때, 그가 일하던 부서의 책임자는 그의 동료들을 소집해서 사실을 전해주었다. 사람들은 믿기 어려워하며 울기 시작했다. 국방정보국은 심리학자들을 불러 모아 현장 상담 서비스를 제공했다. 몬테스의 상관은 망연자실했다. 그들 가운데 어느 누구도 전혀 알지 못했다. 몬테스가 앉았던 책상 위 벽면에는 셰익스피어의 〈헨리 5세〉에서 인용한 구절이 온 세상이 다 볼 수 있도록 눈높이에 붙어 있었다.

국왕은 그들의 계획을 전부 알아챘으나 그들은 꿈에도 생각지 못하겠지.

또는 좀 더 알기 쉽게 말해보자. 쿠바의 여왕은 미국의 계획을 전부 알아채고 있었으니, 아무도 꿈에도 생각지 못하리라.

스파이 문제는 이렇다. 어떤 탁월한 자질이 **스파이들**에게 있지는 않다. 잘못된 뭔가가 **우리**에게 있다.

당신은 의심을 품었다

심리학자 팀 러바인은 경력을 쌓는 동안 단순한 실험을 형태만 바꿔 동일하게 수백 차례 수행했다.[9] 그는 학생들을 실험실로 불러들여서 상식 시험을 진행했다. 아시아에서 가장 높은 산은? 그런 식이었다. 정답을 맞히면 상금을 받는다.

학생들을 도와주기 위해 파트너가 한 명씩 배정된다. 전에 만난 적이 없는 이 사람은 학생들은 알지 못하지만 러바인을 위해 일하고 있다. 방 안에는 레이철이라는 조교가 있다. 시험 중간에 레이철이 갑자기 불려 나간다. 레이철은 방에서 나가 위층으로 올라간다. 잘 짜놓은 연기가 시작된다. 파트너가 말한다. "저는 당신에 관해 모르지만, 이 돈을 쓸 수 있어요. 아마 답안지가 바로 거기에 있을 텐데." 그가 책상 위에 빤히 보이는 봉투를 가리킨다. "커닝을 할지 안 할지는 그들에게 달린 거죠." 러바인이 설명한다. 30퍼센트 정도는 커닝을 한다. "그러고 나서 우리가 학생들을 면담하면서 묻습니다. '커닝 했어요?'"

인간 속이기를 연구하는 학자의 수는 세계 곳곳에 대단히 많다. 우리가 거짓말하는 이유와 거짓말을 탐지하는 방법에 관한 이론은 케네디 암살에 관한 이론보다 많다. 이렇게 경쟁이 치열한 분야에서 러바인은 단연 돋보인다. 그는 속이기에 관한 통합 이론을 세심하게 구축하고 있다.[10] 그리고 그 이론의 고갱이에는 바로 첫 번째 상식 시험 연구에서 얻은 통찰이 자리잡고 있다.

나는 앨라배마주립대학 버밍엄캠퍼스에 있는 연구실에서 러바인이 실험 후에 진행한 10여 편의 면담 동영상을 보았다. 여기 전형적인 사례가 하나 있는데, 약간 멍한 젊은 남자가 주인공이다. 그의 이름을 필립이라고 하자.[11]

면담자 좋아요, 그런데 전에도 트리비얼 퍼슈트Trivial Pursuit(시사상식과 대중문화 퀴즈를 중심으로 하는 보드게임)를 해본 적이 있나요?

필립 많이는 안 했는데, 해본 적은 있습니다.

면담자 지금 한 게임에서 질문이 어려웠나요?

필립 네, 몇 개는요. "이런, 대체 이게 뭐람?" 이런 말이 절로 나오더군요.

면담자 1에서 10까지 점수를 매겨보세요. 1은 쉽고 10이 제일 어렵다면, 몇 점 주시겠어요?

필립 8점 정도 주겠습니다.

면담자 8점요. 아, 꽤 까다롭군요.

이어서 필립은 자신과 파트너의 시험 성적이 꽤 좋다는 말을 듣는다. 면담자는 그 이유를 묻는다.

필립 팀워크죠.

면담자 팀워크요?

필립 네.

면담자 네, 좋아요. 자, 아까 제가 레이첼을 잠깐 불러냈어요. 레이첼이 나갔을 때 커닝했나요?

필립 안 한 것 같은데요.

필립은 약간 답을 얼버무린다. 그러고는 딴 데를 본다.

면담자 사실대로 말씀하시는 거죠?

필립 네.

면담자 좋아요. 당신 파트너하고 면담할 때도 물어볼 거예요. 파트너는 뭐라고 말할까요?

이 시점에서 동영상에 불편한 침묵이 흐른다. 학생이 자기 이야기를 해명하려고 하는 것 같다. 러바인이 말했다. "열심히 머리를 굴리고 있는 게 분명해요."

필립 아니에요.

면담자 아니라고요?

필립 네.

면담자 좋아요. 됐습니다. 자, 필요한 얘기를 전부 들었어요.

필립은 사실대로 말하고 있는 걸까? 러바인은 수백 명의 사람에게 필립의 동영상을 보여주었는데, 거의 모든 이들이 필립이 거짓말쟁이라고 제대로 판단했다. '파트너'가 러바인에게 확인해준 것처럼, 필립은 레이철이 방에서 나가자마자 답이 채워진 봉투 안을 들여다보았다. 시험 후 면담에서 그는 거짓말을 했다. 분명한 사실이다. "그 사람은 양심의 가책이 없어요." 러바인의 말이다.

나도 똑같이 느꼈다. 실제로 필립에게 "커닝했나요?"라고 묻자 "안 한 것 같은데요"라고 대답할 때 나는 자제심을 잃고 소리쳤다. "아, 저 사람 심한데." 필립은 딴 데를 바라보고 있었다. 불안한 표정이었다. 무표정을 유지하지 못했다. 면담자가 곧이어 "사실대로 말씀하시는 거죠?"라고 물었을 때, 필립은 실제로 잠시 숨을 골랐다. 먼저 생각해봐야 하는 것 같았다.

그는 손쉬운 사람이었다. 하지만 다른 동영상을 계속 볼수록 점점 어려워졌다. 여기 두 번째 사례가 있다. 그의 이름은 루커스라고 하자. 그는 잘생기고 또박또박 말하며 자신만만하다.

면담자 물어볼 게 있는데요, 레이철이 방에서 나갔을 때 혹시 누가 커닝했나요?

루커스 아뇨.

면담자 아니라고요? 사실대로 말씀하시는 거죠?

루커스 네, 그럼요.

면담자 파트너를 면담할 때 똑같은 질문을 할 건데요. 파트너는 뭐라고 말할까요?

루커스 똑같이 말하겠죠.

러바인은 "다들 그 사람을 믿는다"고 말했다. **나도** 그를 믿었다. 루커스는 거짓말을 하고 있었다.

러바인과 나는 아침시간 대부분을 그가 찍은 상식 시험 동영상을 보면서 보냈다. 끝 무렵에 이르자 나는 자포자기 상태였다. 누구를 어떻게 파악해야 할지 도무지 알 수 없었다.

러바인이 수행한 연구의 요점은 인간 심리학 최대의 난제로 손꼽히는 질문에 대한 답을 찾으려는 것이었다. 왜 우리는 거짓말을 탐지하는 데 그토록 서투른가? 아마 당신은 우리가 거짓말을 알아내는 데 유능하다고 생각할 것이다. 논리적으로 보면, 인간이 언제 속아 넘어가는지 아는 게 무척 유용할 것이다. 수백만 년에 걸친 진화는 미묘한 속임수의 징후를 포착하는 능력을 갖춘 사람들에게 유리하게 **작용했어야 한다**. 하지만 결과는 그렇지 않다.

러바인은 한 차례 반복 실험에서 동영상을 나누었다. 거짓말쟁이 22명과 진실을 말하는 사람 22명으로. 동영상 44편을 모두 본 사람들의 평균 56퍼센트가 거짓말쟁이를 정확하게 맞혔다.[12] 다른 심리학자들도 동일한 실험을 비슷하게 바꿔서 진행한 바 있다. 그들 전부의 평균은 어땠을까? 54퍼센트였다. 거의 모든 사람이 형편없다. 경찰관, 판사, 심리치료사, 심지어 해외에 거대한 스파이망을 운영하는 중앙정보국 간부들까지도. **모두가 다**. 왜 그럴까?[13]

팀 러바인이 내놓은 답은 '진실기본값 이론Truth-Default Theory(TDT)'이다.[14]

러바인의 주장은 대학원생 중 한 명인 박희선에게 얻은 통찰로 시작된다. 러바인이 막 연구를 시작하던 때였는데, 정의상 우리가 유능해야 마땅한 일에서 왜 모두가 그토록 서투른지에 관해, 그 역시 다른 모든 심리학자들만큼 당혹스러워했다.

"그의 커다란 통찰은 우선 54퍼센트의 속임수 정확도 파악 수치가 진실과 거짓 **전체에서** 평균이 된다는 거였습니다." 러바인의 말이다. "얼마나 많은 사람이 진실을 맞히고, 얼마나 많은 사람이 거짓을 맞히는지를 구분해보면, 아주 다른 깨달음에 다다르게 됩니다."

그러니까 이런 뜻이다. 만약 내가 당신에게 러바인의 동영상에 관한 당신의 정확도가 딱 50퍼센트 정도라고 말한다면, 당신은 되는 대로 추측한 거구나 하고 생각하기 마련이다. 즉, 당신이 무엇을 하는지 스스로도 전혀 모른다고 생각하기 쉽다. 하지만 박희선의 견해로는 그렇지 않다. 우리는 진실을 말하는 학생을 제대로 맞히는 데 우연보다는 훨씬 **유능하다.** 하지만 거짓말을 하는 학생을 제대로 맞히는 데는 우연보다 훨씬 **무능하다.** 우리는 이 모든 동영상을 살펴보고 "진실, 진실, 진실"을 추측한다. 무슨 말이냐 하면 면담 시에 진실을 말하는 이를 잘 알아보고 거짓말을 하는 이를 몰라본다는 것이다. 우리는 **진실을 기본값으로** 갖고 있다. 우리의 가정은, 우리가 상대하는 사람들이 정직하다는 것이다.

러바인은 자신의 실험이 이런 현상을 거의 완벽하게 보여준다고 말한다. 그는 상금을 걸고 상식 시험 게임을 하게 한다. 갑자기 조교가 방 밖으로 불려 나간다, **공교롭게도 책상 위 빤히 보이는 곳에 시험 답안을 내버려 둔 채.** 논리적으로 보면 실험 대상자들이 이 시점에서 시선을 딴 데로 돌리는 게 당연하다고 러바인은 말한다. 그들은 대학생이다. 어리석은 사람들이 아니다. 심리학 실험에 지원한 사람들이다. 전에 본 적이 없는 '파트너'가 옆에 있는데, 이 파트너는 커닝을 하자고 살살 꼬드긴다. 이 사람들이 눈앞에 펼쳐진 상황에 대해 의심할 여지가 있다고 당신은 생각할 것이다. 천만의 말씀!

"때로는 조교가 방을 나가는 게 짜인 각본일 수 있음을 알아챕니다." 러바인의 말이다. "그런데 사람들이 절대 알아채지 못하는 것은 파트너가 가짜라는 사실이에요. 그래서 사람들은 숨어 있는 뭔가가 있을 수 있다고 생각하죠. 실험은 미리 각본을 짜는 것이기 때문에 이것도 짜인 각본일 수 있다고 생각합니다. 그렇죠? 그런데 자신과 대화하고 잡담을 나누는 이 유쾌한 사람은 어떨까요? 전혀 그렇게 생각하지 않아요." 사람들은 이런 의문을 절대 제기하지 않는다.

진실기본값 모드에서 벗어나려면 러바인이 말하는 '계기trigger'가 필요하다. 약간 미심쩍은 정도나 의혹은 계기가 될 수 없다. 처음 품은 가정에 어긋나는 증거가 결정적인 것으로 밝혀질 때만 비로소 진실기본값 모드에서 빠져나올 수 있다. 다시 말해, 우리는 침착한 과학자들처럼 행동하지 않는다. 어떤 것이 사실인지 허위인지 천천히 증거를 모은 뒤에 결론에 이르지 않는다. 우리는 정반대로 행동한다. 일단 믿고 본다. 그리고 의심과 걱정이 점점 커져서 해명되지 않을 때가 되어서야 믿는 것을 **멈춘다**.

이런 명제는 언뜻 보면 사회과학자들이 즐기는, 사소한 문제 따지기 같다. 하지만 그렇지 않다. 이 심오한 논점은 수수께끼와 같이 해명되지 않는 많은 행동을 설명해준다.

예를 들어 심리학 전체에서 가장 유명한 연구 결과로 손꼽히는 사례를 생각해보자. 스탠리 밀그램의 복종 실험이 그것이다.[15] 1961년, 밀그램은 뉴헤이븐에서 기억력 실험을 한다고 설명하면서 참가할 지원자를 모집했다. 참가자들은 존 윌리엄스라는 음침하고 위압적인 젊은 남자를 만났는데, 윌리엄스는 그들이 실험에서 '교사' 역할을 하게 될 것이라고 설명했다. 그리고 사람들에게 또 다른 지원자인 유쾌한 중년 남자 월리스를 소개해주었다. 사람들은 월리스가 '학습자' 역할을 한다고 들었다. 그는 최대 450볼트에 달하는 전기충격을 가할 수 있는 복잡한 기구에 전선으로 연결된 채 옆방에 앉아 있었다. (450볼트 충격이 어떤 느낌인지 궁금한가? 조직 손상을 남기는 전기충격 양에 약간 모자라는 정도다.)

교사-지원자는 학습자에게 일련의 기억 과제를 주라는 지침을 받았다. 학습자가 실패할 때마다 지원자는 훨씬 더 큰 전기충격으로 벌을 가하게 되어 있었다. 처벌 위협이 사람의 기억 과제 수행 능력에 영향을 미치는지 알기 위함이었다. 충격이 점점 강해짐에 따라 월리스는 고통에 비명을 질렀고, 결국은 벽을 쾅쾅 두드리기 시작했다. 하지만 '교사'가 망설이면 위압적인 조교가 그를 재촉했다.

"계속하세요."

"실험을 하려면 계속해야 합니다."

"무조건 계속해야 합니다."

"선택의 여지가 없습니다. 계속해야 해요."

실험이 그토록 유명세를 떨친 이유는 사실상 모든 지원자가 그 말에 따랐다는 것이다. 65퍼센트가 결국 불운한 학습자에게 최대한의 충격을 가했다. 제2차 세계대전의 여파 속에서 그리고 독일 경비대가 나치 강제수용소에서 어떤 지시를 받았는지 밝혀진 뒤라서, 밀그램의 연구 결과는 일대 센세이션을 일으켰다.

하지만 러바인이 보기에는 이 실험의 두 번째 교훈이 존재한다.[16] 지원자가 위압적인 젊은이 존 윌리엄스를 만난다. 그는 사실 지역 고등학교 생물학 교사였는데, 밀그램의 말에 따르면 "전문가 같은 외모에 무미건조하기" 때문에 선택되었다. "나중에 우주 개발 프로그램과 관련해서 텔레비전에 나올 법한 사람이다." 윌리엄스가 실험 중에 한 말은 모두 밀그램이 직접 쓴 각본을 보고 암기한 것이었다.

월리스는 사실 짐 맥도너라는 사람이었다. 그는 철도 회사에서 일했다. 밀그램이 그를 피해자 역으로 선호한 것은 그가 '온화하고 유순한 사람'이었기 때문이다. 그의 고통스러운 비명은 녹음되어 스피커로 나왔다. 실험은 약간 아마추어 연극 제작 같았다. 그리고 여기서 **아마추어**라는 단어가 매우 중요하다. 밀그램 실험은 브로드웨이 무대에 올리려고 만들어진 게 아니다. 밀그램의 설명에 따르면, 월리스는 서투르기 짝이 없는 배우였다. 그리고 실험과 관련된 모든 것이, 점잖게 말해서, 상당히 부자연스러웠다.

전기충격기는 사실 충격을 가하지 않았다. 한 명 이상의 참가자가 구석에 있는 스피커를 보고, 왜 월리스의 비명이 그가 묶여 있는 옆방 문 안쪽에서가 아니라 거기서 나오는지 의아해했다. 그리고 만약 실험의 목적이 학습을 측정하는 것이라면, 도대체 왜 윌리엄스는 학습자와 함께 그 방에 있지 않고 교사와 함께 계속 시간을 보냈을까? 그가 정말로 하고 싶은 일은 고통을 받는 사람이 아니라 고통을 가하는 사람을 관찰하는 것임이 분명해지지 않았을까? 속이는 일이 계속되자 밀그램 실험은 정체가 빤히 들여다보였다. 그리고 러바인의 상식 시험과 마찬가지로, 사람들은 실험에 속아 넘어갔다. 진실을 기본값으로 정한 것이다.

"사실 실험 이후 최소한 2주 동안 〈뉴헤이븐 레지스터〉의 부고란을 지켜봤습니다. 이른바 제가 관여한 것이 학습자를 죽게 한 요인이 된 건 아닌가 해서요. 그의 이름이 실리지 않아서 크게 안도했습니다." 한 참가자가 후속 질문지에서 밀그램에게 쓴 말이다. 다른 이는 이렇게 썼다. "진심인데, 볼트를 높여도 월리스 씨가 아무 반응을 보이지 않았을 때는 정말 그 사람이 죽은 줄 알았습니다." 이 사람들은 풋내기 학부생이 아니라 명문 고등교육 기관이 어쩌면 지하실에서 치명적인 고문 계획을 운영하는 것이라고 확신하는 성인이었다. 또 다른 참가자는 이렇게 썼다. "실험 때문에 너무도 큰 충격을 받아서 밤새 식은땀과 악몽에 시달렸습니다. 의자에 앉아 있던 남자를 제가 죽였을지 모른다는 공포 때문에요."

하지만 여기에 결정적으로 중요한 세부사항이 있다. 밀그램의 실험 대상자들은 무기력하게 속아 넘어간 게 아니다. 그들은 의심을 했다. 그것도 많은 의심을! 지나 페리는 복종 실험의 역사를 매혹적으로 서술한 《충격기 뒤편》에서 조 디모라는 은퇴한 공구 제작자를 인터뷰한다. 밀그램의 첫 번째 실험에 참가한 지원자 중 하나다. "속으로 생각했죠. '이거 이상한데.'" 디모가 페리에게 한 말이다. 디모는 월리스가 속이는 것이라고 확신하게 됐다.

정확히 무슨 일이 벌어지는지 모르겠다고 말했지만, 의심은 품고 있었습니다. 속으로 생각했죠. "내 의심이 사실이라면, 학습자는 그 사람들하고 공모하는 거군. 그게 분명해. 그리고 나는 충격을 가하는 게 아니고. 그 사람은 그냥 가끔 한 번씩 소리를 지르는 거고."

하지만 뒤이어 실험이 끝나고 월리스는 방에서 나와 약간 연기를 했다. 디모는 그가 '수척하고' 감정에 사로잡혀 있던 걸로 기억한다. "그 사람이 손에 손수건을 쥐고 와서는 얼굴을 닦더군요. 저한테 다가와서는 악수를 건네며 말했습니다. '충격을 중단해줘서 고마워요.' 그가 들어왔을 때 속으로 생각했죠. '와. 정말이었는가 보네.'" 디모는 자기가 속았다고 꽤 확신했던 터였다. 거짓말쟁이 중 한 명이 가짜 연기를 약간 더 하자(약간 당황한 표정을 짓고 손수건으로 이마의 땀을 닦자) 디모는 처음의 자기 패를 완전히 접었다.

밀그램 실험에서 나온 전체 통계를 살펴보기만 하면 된다.[17]

지원자의 40퍼센트 이상이 뭔가 이상한 점을 알아차렸다. 실험이 다르게 보였던 것이다. 하지만 이런 의심은 사람들을 진실기본값에서 벗어나도록 촉발할 만큼 충분하지는 않았다. 바로 이것이 러바인이 주목하는 점이다. 당신이 누군가를 믿는 것은 그에 관해 아무런 의심이 없기 때문이 아니다. 믿음은 의심의 부재가 아니다. 당신이 누군가를 믿는 것은 그에 관한 의심이 충분하지 않기 때문이다.

학습자가 고통스러운 충격을 받고 있다고 전적으로 믿었다.	56.1%
의심이 조금 들긴 했지만, 학습자가 충격을 받고 있을 거라고 믿었다.	24%
학습자가 충격을 받는 것인지 확신하지 못했다.	6.1%
의심이 조금 들긴 했지만, 학습자가 충격을 받지 않을 거라고 믿었다.	11.4%
학습자가 충격을 받지 않는다고 확신했다.	2.4%

나는 뒤에서 **조금의** 의심과 **충분한** 의심의 차이를 다시 다룰 것이다. 이 구분이 매우 중요하다고 생각하기 때문이다. 지금 와서 돌이켜볼 때, 누군가가 거짓말쟁이를 알아채지 못했다는 이유로 그를 비판한 적이 얼마나 많은지 생각해보라. **당신은 알았어야 했다. 온갖 종류의 위험 신호가 있었다. 당신은 의심을 품었다.** 러바인이라면 아마 이 문제에 관해 그런 식으로 생각하는 것은 잘못이라고 말할 것이다. 올바른 질문은 이런 것이다. 당신을 믿음의 경계 너머로 밀어낼 만큼 충분한 위험 신호가 있었는가? 만약 없었다면, 진실을 기본값으로 삼은 것은 인간으로서 당연한 일이었을 뿐이다.

거짓말탐지기가 작동하지 않는 이유

애나 벨렌 몬테스는 볼티모어의 부유한 교외에서 자랐다. 아버지는 정신과 의사였다. 몬테스는 버지니아대학을 다닌 뒤 존스홉킨스대학에서 외교학 석사학위를 받았다. 그는 마르크스주의 성향의 니카라과 산디니스타 정부의 열정적인 지지자였다. 당시 미국 정부는 산디니스타 정부를 전복하기 위한 공작을 하고 있었고, 몬테스는 이에 반대하는 활동을 한 덕분에 쿠바 정보기관 채용 담당자의 관심을 끌었다. 1985년 몬테스는 비밀리에 아바나를 방문했다. "그가 자기도 모르는 새에 조력하는 가운데 그의 담당자들은 그의 약점을 평가하고 심리적 욕구, 이데올로기, 개인적 질병 등을 활용해서 그를 영입한 뒤 계속 아바나를 위해 일하게 동기를 부여했다." 중앙정보국이 그의 경력에 관한 사후 보고서에서 결론지은 말이다. 그가 새롭게 찾은 동포들은 미국 정보기관에 취직하도록 부추겼다. 같은 해에 그는 국방정보국에 들어갔다. 그리고 신속하게 승진 가도를 달렸다.

몬테스는 아침 일찍 사무실에 출근해 책상에서 점심을 먹었고, 좀처럼 남과 어울리지 않았다. 워싱턴DC의 클리블랜드파크 동네에 있는 방 두 개짜리 아파트에서 혼자 살았다. 결혼도 한 적이 없다. 몬테스를 조사하는 과정에서 국방정보국 방첩요원인 스콧 카마이클은 동료들이 그를 묘사하는 데 사용한 형용사를 전부 수집했다. 인상적인 목록이다.

수줍어한다, 조용하다, 초연하다, 냉정하다, 독립적이다, 자립적이다, 쌀쌀하다, 지적이다, 진지하다, 헌신적이다, 집중한다, 근면하다, 날카롭다, 민첩하다, 조종하는 데 능하다, 악의적이다, 사교성이 없다, 야심적이다, 매력적이다, 자신만만하다, 사무적이다, 엄숙하다, 독단적이다, 신중하다, 침착하다, 성숙하다, 흔들림이 없다, 유능하다, 능력이 있다.

애나 몬테스는 카마이클이 만나자고 하는 이유가 일상적인 보안 검사를 하기 위한 것이겠거니 생각했다. 정보요원은 모두 주기적으로 심사를 받아서 비밀 취급 인가를 계속 유지해야 한다. 몬테스는 통명스러운 태도를 취했다.

"들어오면서부터, 방금 전에 국장 직무대행으로 임명됐다고 말하면서, 사실이긴 했어요, 저하고 거리를 두려고 하더군요." 카마이클이 그때를 회고했다. "그에게는 임무와 회의, 할 일이 정말 많았고, 시간은 많지 않았지요." 카마이클은 금발에 배가 불룩하고, 소년 같은 인상이다. 스스로 평가하는 바에 따르면, 코미디언이자 배우였던 고故 크리스 팔리를 닮았다고 한다. 몬테스는 배짱으로 그를 이길 수 있을 거라고 생각한 게 분명하다. "보통 하는 방식대로 그 문제를 다루었습니다." 카마이클의 기억이다.

처음에는 그냥 인정해줘요. "아, 알겠습니다. 그래요, 소식 들었어요, 축하해요, 잘됐네요. 시간이 별로 없는 거 잘 압니다." 그러고는 그냥 무시하는 거죠. 12일이 걸리는 거면 어차피 12일이 걸리니까요. 보내주지 않는 겁니다. 그런데 몬테스가 그 문제로 다시 한 방 먹이더라고요. 정말 습관적으로 그러더군요. 미처 자리에 제대로 앉지도 않았는데 이러는 거예요. "아, 그런데 진짜로요, 두 시에는 일어나야 해요." 또는 이런 식입니다. "이 일을 전부 해야 하거든요."

그러면 이렇게 되죠. '젠장 뭐라고?' 속으로는 그런 생각이 들어요. 화를 내지는 않았지만 인내심은 잃었죠. "이봐요, 애나, 당신이 방첩 영향 공작에 관여할 수 있다고 의심할 만한 이유가 있어요. 자리에 앉아서 그걸 이야기해야 한다고요." 쾅! 미간이 꿈틀하더군요.

정부에서 일하는 내내 몬테스가 쿠바 스파이로 활동하고 있을 때였다. 쿠바 쪽 담당자들을 최소한 300차례는 만나서 워낙 많은 기밀을 넘겨준 탓에 미국 역사상 가장 파괴적인 스파이로 손꼽힐 정도였다. 몇 차례 비밀리에 쿠바를 방문하기도 했다. 그가 체포된 뒤 피델 카스트로가 직접 훈장을 수여한 사실이 밝혀졌다. 그때까지 줄곧 조금의 의심도 받지 않았다. 그런데 갑자기 일상적인 배경 조사라고 가볍게 생각한 만남에서 우스꽝스럽게 생긴 크리스 팔리 같은 사람이 그에게 손가락을 겨눴다. 몬테스는 깜짝 놀라 자리에 앉았다.

"자동차 헤드라이트 불빛을 바라보는 사슴처럼 놀란 눈으로 저를 보더군요. 제 입에서 무슨 말이 나오나 기다리기만 했어요."

몇 년이 지나 그때의 만남을 돌아보면서 카마이클은 그 순간이 자기가 놓친 첫 번째 단서였음을 깨달았다. 몬테스의 반응은 말이 되지 않았다.

몬테스가 "무슨 이야기를 하시는 거죠?" 같은 말을 전혀 하지 않는다는 사실을 알아차리지 못한 거예요. 그런 말이 없었어요. 빌어먹을 한마디도 하지 않았다니까요. 그냥 앉아서 듣기만 했어요. 제가 빈틈없이 살폈다면 그 점을 알아차렸을 겁니다. 잡아떼지도, 당황하지도, 화내지도 않았어요. 누구든지 살인 같은 혐의를 받는다는 말을 들으면 아무 죄가 없는 사람이라면 "무슨 말이에요?" 같은 식으로 말할 겁니다. "잠깐만요, 그러니까 내가 그런 죄를 저질렀다고요? 도대체 무슨 얘긴지 알아야겠군요." 결국 사람들은 비난할 거예요, 정말로 욕을 해대겠지요. 애나는 제기랄 그냥 앉아 있기만 했어요.

카마이클은 처음부터 의심을 품었다. 하지만 의심이 불신을 촉발하는 것은 의심을 해명해서 떨쳐버릴 수 없을 때뿐이다. 그리고 그는 의심을 쉽게 해명할 수 있었다. 맙소사, 몬테스는 쿠바의 여왕이었다. 도대체 어떻게 쿠바의 여왕이 스파이가 될 수 있을까? 그가 "당신이 방첩 영향 공작에 관여할 수 있다고 의심할 만한 이유가 있어요"를 몬테스에게 한 것은 단지 이 만남을 진지하게 받아들이게끔 만들기 위해서였다. "저는 싸움을 시작해서 다음 단계로 넘어가려고 안달이 났습니다. 제가 말한 것처럼, 저 자신을 칭찬하고 있는 거예요. '이게 통했으니까 몬테스는 입을 다물 거야. 그런 거짓말은 이제 더 이상 듣지 말아야지. 이제 이 문제를 붙잡고 이걸 끝내야지.' 그래서 미처 보지 못한 겁니다."

두 사람은 캐럴 제독의 브리핑에 관해 이야기했다. 몬테스의 대답은 훌륭했다. 그리고 몬테스가 그날 돌연 국방부에서 퇴근한 이유에 관해 이야기했다. 이번에도 대답이 나왔다. 몬테스는 시시덕거리면서 약간 장난조로 말했다. 카마이클이 긴장을 풀기 시작했다. 다시 몬테스의 다리를 내려다보았다.

몬테스가 이 행동을 시작했어요. 다리를 꼬고 있었는데, 발끝을 이렇게 튀기더라고요. 의식적인 거였는지는 모르겠지만, 제가 아는 건 눈길이 갔다는 거예요. 서로 좀 더 편해졌고, 몬테스가 약간 교태를 부리더군요. 어떤 교태냐고요? 잘은 모르겠지만, 질문에 답하는 모습이 가끔 귀엽더군요.

두 사람은 전화에 관해 이야기했다. 몬테스는 자신은 절대 전화를 받은 적이 없으며, 아니면 적어도 전화를 받았던 기억이 없다고 말했다. 이 말은 또 다른 위험 신호가 되었어야 한다. 그날 상황실에 같이 있던 사람들은 분명히 몬테스가 전화를 받았다고 기억했다. 하지만 이번에도 역시, 그날은 길고 스트레스가 심한 날이었다. 그들은 모두 국제적 위기의 한가운데에 있었다. 어쩌면 다른 누군가와 혼동했을지도 모른다.

다른 문제도 있었다. 카마이클이 그의 반응에서 깜짝 놀랄 일을 목격한 또 다른 순간이었다. 면담이 끝날 즈음, 카마이클은 몬테스에게 그날 국방부 건물을 나선 뒤 어떤 일이 있었는지 연달아 질문했다. 통상적인 조사 절차였다. 그날 저녁 몬테스가 이동한 경로를 최대한 완전하게 그려보기를 원했을 뿐이다. 그는 퇴근 후에 무엇을 했느냐고 물었다. 집까지 차를 몰고 갔다고 했다. 어디에 주차했는지 물었다. 길 건너편 주차장에 했다고 했다. 주차하던 중에 누군가 본 사람이 없냐고 물었다. 누구랑 인사했습니까? 아니요.

제가 말했죠. "좋아요, 좋아, 그럼 뭘 했습니까? 당신은 차를 주차하고 길을 건너갔어요." 그런데 제가 이 질문을 하는 중에 그의 태도가 바뀌었습니다. 이걸 유념하세요. 거의 두 시간 동안 그와 이야기를 했고, 그때쯤이면 몬테스하고 저는 거의 단짝 비슷해졌어요. 아니 그렇게 친하지는 않지만 그래도 친밀한 관계가 만들어지고 있었지요. 그는 실제로 농담을 하고 가끔 가다 재미있는 말을 하기도 했죠. 말하자면 그만큼 격의 없고 다정한 분위기였습니다.

그런데 갑자기 그 여자가 돌변하더군요. 좀 전까지도 거의 시시덕거리면서 즐거워하던 사람이 갑자기 변한 겁니다. 쿠키 단지에 손을 집어넣다가 걸린 꼬마 같다고 할까요. 등 뒤에 단지를 숨기니까 엄마가 말하죠. "그게 뭐니?" 몬테스가 나를 빤히 보면서 잡아뗐지만, 표정이 말하고 있었어요. "당신이 뭘 알아요? 어떻게 알죠? 나를 체포할 건가요? 난 잡히고 싶지 않은데."

몬테스가 체포된 뒤 조사관들은 그날 밤 정말로 어떤 일이 벌어졌는지 알아냈다. 쿠바인들은 몬테스와 약속이 되어 있었다. 거리에서 몬테스가 오래된 자기 담당자들 중 한 명을 발견하면, 스파이 총

책들이 그와 직접 이야기를 나누고 싶어 한다는 뜻이었다. 몬테스는 계속 걸어야 했고, 미리 정해진 장소에서 다음 날 아침 접선하기로 되어 있었다. 그날 밤, 국방부에서 퇴근해 집으로 온 몬테스는 오랫동안 접촉해온 자신의 담당자가 아파트 옆에 서 있는 것을 보았다. 그래서 카마이클이 "누구를 봤습니까? 집에 와서 누구를 보았나요?"라고 날카롭게 물었을 때, 몬테스는 그가 사전 약속에 관해 알고 있다고 생각한 게 분명하다. 자기를 추궁하고 있다고 느꼈다.

그 여자는 겁에 질려 죽을 지경이었어요. 제가 알고 있다고 생각했던 거죠. 사실 몰랐는데. 전혀 몰랐어요. 제 손안에 뭐가 있는지 몰랐던 거죠. 뭔가 있다는 건 알았습니다. 면담이 끝나면 되짚어보곤 했습니다. 그런데 제가 어떻게 했을까요? 사람이라면 누구나 하는 그대로 한 겁니다. 합리화해서 그럴듯하게 설명해버린 거예요.
저는 이렇게 생각했습니다. **그래, 어쩌면 유부남을 만나고 있는지도 몰라. 그 얘기를 나한테 하고 싶지 않은 거지. 아니면 레즈비언이거나. 뭐 그래서 여자 친구하고 시간을 보낸 걸 수도 있어. 우리가 알게 되기를 원치 않는 거고, 그게 걱정되는 거지.** 저는 이 모든 다른 가능성에 관해 생각하면서 어느 정도 받아들였습니다. 정신을 바로잡으려고 그냥 받아들인 겁니다.

몬테스는 탁월한 스파이가 아니었다. 그럴 필요가 없었다. 우리의 거짓말탐지기 스위치가 '꺼짐off'에 고정돼 있는 세계에서 스파이는 언제나 유리한 상황에 놓여 있을 것이다. 그리고 카마이클은 어쨌든 부주의했던 걸까? 전혀 아니다. 그는 진실기본값 이론에 따라 우리 모두가 했을 법한 대로 행동했다. 그는 몬테스가 진실을 이야기하고 있다는 가정을 바탕으로 움직였으며, 거의 깨닫지 못한 채 몬테스가 말한 모든 내용을 그 가정과 일치시켰다. 우리가 진실을 기본값으로 놓는 가정에서 벗어나려면 어떤 계기가 필요한데, 그 계기의 문턱은 높다. 카마이클은 그 근처에도 가지 못했다.

러바인은 간단하게 정리했다. 거짓말탐지기가 우리가 기대하는 대로 작동하지 않는다, 실은 **못한다**는 것이다. 영화를 보면, 뛰어난 형사는 조사 대상자가 거짓말하는 순간 그 자리에서 바로 잡아낸다. 하지만 실제 세계에서는 우리의 의심을 압도할 만큼 충분한 증거를 모으는 데 시간이 걸린다. 당신이 남편에게 바람을 피우는지 물으면 그는 아니라고 말하고, 당신은 그를 믿는다. 당신의 기본값은 남편이 진실을 말한다는 것이다. 그리고 남편의 이야기에서 조금 불일치하는 사실을 발견한다고 해도 어떤 식으로든 설명하고 넘어간다. 하지만 3개월 뒤 우연히 남편의 신용카드 청구서에서 여느 때와 다른 호텔 요금을 발견하면, 그 청구서와 남편이 제대로 설명하지 않은 채 집을 비운 몇 주와 수상쩍은 전화 통화가 결합되어 한계를 넘게 된다. 그런 식으로 거짓말이 탐지된다.

이것이 첫 번째 수수께끼, 즉 쿠바인들이 중앙정보국을 그토록 오랫동안 속일 수 있었던 이유에 대한 설명이다. 중앙정보국의 무능을 고발하는 것이 목적은 아니다. 중앙정보국 요원들도 우리 같은 일반인과 마찬가지로 인간이며, 다른 모든 사람과 똑같이 진실에 편향된 사고를 한다는 것을 보여줄 뿐이다.

카마이클은 레그 브라운에게 돌아가서 해명하려고 했다.

제가 말했습니다. "브라운, 당신한테 어떻게 보이는지 알겠어요. 이게 의도적인 영향 공작이라고 생각하는 당신의 추론을 이해합니다. 그렇게 보여요. 하지만 설령 그렇다고 해도 몬테스가 의도적인 시도의 일부였다고 콕 짚어 말할 수 없습니다. 그냥 말이 안 돼요. 결국 이 사건을 마무리 지어야 했습니다."

마침내 쿠바의 여왕을 발견하다

스콧 카마이클이 애나 몬테스와 면담을 한 지 4년 뒤, 국방정보국에서 일하는 동료가 국가안전보장국 분석가를 기관 간 회의에서 만났다. 국가안전보장국은 미국 정보기관 네트워크에서 중앙정보국, 국방정보국과 어깨를 나란히 하는 세 번째 지부다. 두 사람은 암호 해독가였는데, 분석가는 쿠바인들이 자체 요원들과 연락할 때 사용하는 암호를 국가안전보장국에서 일부 해독했다고 말했다.

암호는 숫자들을 길게 나열한 것이었는데, 단파 라디오를 통해 일정한 간격으로 방송되었고, 국가안전보장국은 단편적인 몇 부분을 해독할 수 있었다. 그들은 해독 목록을 2년 반 전에 연방수사국에 전달했지만, 아무 답변도 듣지 못한 상태였다. 국가안전보장국 분석가는 실망한 나머지 국방정보국의 분석가에게 몇 가지 세부 내용을 전달하기로 마음먹었다. 쿠바인들이 워싱턴에 'S요원'이라는 고위직 스파이를 심어두었다고 그는 말했다. S요원은 '보안safe' 시스템이라고 불리는 어떤 것에 관심이 있었다. 그리고 S요원은 1996년 7월 4일에서 7월 18일까지 2주간 관타나모만에 있는 미군 기지를 방문한 게 분명했다.

국방정보국 쪽 사람은 깜짝 놀랐다. '세이프SAFE'[18]는 국방정보국 내부 컴퓨터 메시지 보관소의 명칭이었다. 이런 사실로 볼 때 S요원은 틀림없이 국방정보국 소속이거나 최소한 국방정보국과 긴밀한 관계였다. 그는 돌아와서 상관들에게 보고했다. 상관들은 카마이클에게 말했다. 카마이클은 화가 났다. 연방수사국이 국방정보국 직원이 관련되었을 수 있는 스파이 사건을 수사하고도 2년 반 동안 그에게 말하지 않았다? 그는 국방정보국의 방첩 조사관이었다!

그는 어떻게 해야 하는지 정확히 알고 있었다. 국방정보국 컴퓨터 시스템을 검색할 차례였다. 관타나모만으로 가는 국방부 직원은 누구든지 승인을 받아야 한다. 국방부 시스템을 통해 메시지 두 개를 보내야 한다. 우선 여행 허가 신청을 하고, 그다음에 기지에서 면담하고 싶은 사람과 대화 허가 신청을 해야 한다.

"좋아, 그러면 메시지 두 개라 이거지."

그는 7월에 관타나모만을 다녀온 사람이라면 가장 빠른 경우 4월에 허가 신청을 했을 것이라고 추측했다. 그래서 검색 기준을 잡았다. 1996년 4월 1일부터 7월 18일 사이에 관타나모만과 관련해서 국방정보국 직원들이 제출한 여행 승인과 보안 심사 요청이었다. 그는 동료인 '게이터Gator'(악어) 존슨에게 동시에 똑같은 검색을 해보라고 말했다. 백지장도 맞들면 나으니까.

그 시절에 컴퓨터 시스템이 하는 일은 검색 결과 파일을 구성하는 것이었습니다. 메시지를 전부 전자식으로 쌓아놓고 말해주는 거죠. "검색 건수가 X개입니다." 저쪽에서 게이터가 작업하는 소리가 들려요. 탁탁 치는 소리가 들려서 아직 검색을 끝내지 못한 걸 알았죠. 저는 이미 파일을 가지고 있었으니까. 그래서 생각했죠, 우선 빠르게 살펴보면서 어떤 이름이 튀어나오는지 보자. 스무 번째 이름이 나오는 순간 확신했죠. 애나 B. 몬테스였어요. 게임 끝이었어요. 순식간에 끝났죠. 정말 놀랐습니다. 너무 놀라서 말도 안 나왔죠. 하마터면 의자에서 자빠질 뻔했어요. 말 그대로 뒤로 물러났는데 바퀴의자였거든요, 이 나쁜 소식에서 말 그대로 멀어지려는 거였죠. 제 자리 끝까지 뒤로 물러나는데 게이터는 아직 **탁탁탁** 두드리고 있더군요.
저도 모르게 말이 튀어나왔습니다. "이런 제기랄."

04 천재 사기꾼을 무너뜨린 바보 성자

낯선 사람을 항상 의심한다면

메이도프의 사기 전략

2003년 11월, 롱아일랜드에 본사를 둔 헤지펀드 운용 회사 르네상스 테크놀로지의 포트폴리오 관리자 냇 사이먼스가 동료 몇 명에게 걱정스러운 전자우편을 보냈다. 르네상스는 복잡한 일군의 금융 처리 방식을 통해 자사가 버나드 메이도프라는 뉴욕의 투자자가 운영하는 펀드에 지분이 있음을 발견했다. 사이먼스는 메이도프가 거슬렸다.

만약 당신이 1990년대와 2000년대에 뉴욕의 금융계에서 일했다면, 필시 버나드 메이도프에 관해 들어보았을 것이다. 그는 맨해튼 미드타운의 립스틱빌딩이라고 불리는 세련된 업무용 건물에서 일했다. 수많은 중요한 금융산업협회의 이사회에서 일하는 사람이었다. 그는 햄프턴스와 팜비치의 재계를 오갔다. 오만한 태도와 휘날리는 백발이 돋보였다. 메이도프는 비밀스럽게 은둔하는 생활을 했다. 바로 이 마지막 사실 때문에 사이먼스는 불편함을 느꼈다. 소문을 들은 적이 있었다. 사이먼스는 그룹 전자우편에 자신이 신뢰하는 어떤 사람이 "메이도프가 1년 안에 심각한 문제를 일으킬 것이라고 믿는다고 자신 있게 우리한테 말했습니다"라고 썼다.[1]

그는 계속해서 이렇게 말했다. "처남이 메이도프의 회계감사이고 아들 역시 그 조직에서 고위직인 걸 감안하면, 계좌가 동결되는 등 어떤 식으로든 골치 아픈 주장이 제기될 위험성이 있습니다."

다음 날 기업 고위 중역 중 한 명인 헨리 라우퍼가 답장을 보냈다. 그도 같은 생각이었다. 그는 르네상스가 메이도프와 관련해서 뭔가 잘못된 일이 있다는 '독자적인 증거'를 갖고 있다고 덧붙였다. 뒤이어 르네상스의 리스크 관리자인 폴 브로더(르네상스가 위험한 곳에 투자하지 않도록 단속하는 책임자)는 메이도프가 사용하고 있다고 주장하는 거래 전략을 길고 자세하게 분석하는 데 개입했다. 그는 "앞뒤가 맞는 게 하나도 없다"고 결론지었다.

세 사람은 자체적으로 사내 조사를 수행하기로 결정했다. 그들의 의심이 깊어졌다. "저는 메이도프가 하는 일을 이해할 수 없다는 결론에 다다랐습니다." 브로더가 훗날 한 말이다. "우리는 그가 어떤 식으로 돈을 버는지 전혀 알 수 없었어요. 그가 굴리고 있다고 말하는 액수를 뒷받침하는 증거를 찾지 못했습니다." 르네상스는 의심을 품었다.

그러면 르네상스는 메이도프 펀드의 보유 지분을 매각했을까? 꼭 그렇지는 않다. 르네상스는 지분을 절반으로 줄였다. 내기 돈의 위험성을 줄인 것이다. 5년 뒤, 메이도프가 사기꾼, 그것도 사상 최대 규모의 폰지 사기 주모자로 폭로된 뒤, 연방 수사관들은 냇 사이먼스와 자리에 앉아 그 이유를 물었다. "관리자로서 저는 그게 정말 사기라는 생각을 전혀 하지 못했습니다." 사이먼스는 메이도프가 무슨 일을 하는지 자신은 이해하지 못했고, 메이도프에게 수상한 낌새가 있었다는 점은 기꺼이 인정했다. 하지만 그가 완전히 거짓말쟁이라는 것은 믿으려 하지 않았다. 사이먼스는 의심을 품었지만, 그 의심이 충분하지는 않았다. 그는 진실을 기본값으로 두었다.

사이먼스와 라우퍼 사이에 오간 전자우편은 헤지펀드 산업을 감시하는 책임을 맡은 기관인 증권거래위원회SEC의 일상적인 감사에서 발견되었다. 증권거래위원회가 메이도프의 사업을 둘러싼 의심과 마주친 것은 그때가 처음이 아니었다. 메이도프는 주식시장과 연결된 투자전략을 따른다고 주장했다. 다른 모든 시장 기반 전략과 마찬가지로 그의 수익도 시장의 등락에 따라 오르내린다는 뜻이었다. 하지만 메이도프가 거두는 수익은 항상 꾸준했다. 어떤 논리로도 설명되지 않았다.

한번은 피터 라모어라는 증권거래위원회 조사관이 설명을 들으려고 메이도프를 만나러 갔다. 메이도프가 내놓은 대답은, 본질적으로 자신은 앞날을 내다볼 수 있다는 것이었다. 자신은 하향세가 오기 직전 언제 시장에서 빠져나와야 할지, 그리고 상승세가 오기 직전 언제 시장에 다시 들어가야 할지를 한 치도 틀림없이 "본능적으로 느낀다"고 했다. "몇 번이고 물어봤죠." 훗날 라모어가 그때를 떠올렸다.

알다시피 그가 말하는 본능적 느낌이 기묘하고 수상쩍다고 생각했습니다. 계속 압박을 가하려고 했어요. 뭔가 다른 게 있다고 생각했으니까요. 알다시피, 제 생각에 그 사람은 광범위한 시장 전반에 관한 모종의 통찰을 가지고 있었어요. 남들은 얻지 못하는 것을요. 그래서 계속해서 그 점을 파고들었어요. 버니한테 몇 번이고 계속 질문했는데, 어느 순간이 되자 달리 어떻게 해야 할지 모르겠더군요.

라모어는 상관인 로버트 솔라조에게 의심스러운 점을 전했고, 그 역시 의심을 품었다. 하지만 의심이 **충분하지는** 않았다. 증권거래위원회가 메이도프 사건에 대한 사후 보고서에서 결론지은 것처럼 "솔라조는 '본능적 느낌'에 따라 거래한다는 메이도프의 주장이 '반드시 우스꽝스러운 것'은 아니라고 보았다." 증권거래위원회는 진실을 기본값으로 놓았고, 사기는 계속되었다. 실제로 월스트리트 전역에서 메이도프와 거래해본 수많은 사람이 뭔가 앞뒤가 맞지 않는다고 생각했다. 몇몇 투자은행은 그를 가까이하지 않았다. 메이도프에게 업무 공간을 임대해준 부동산 중개인도 그가 약간 비정상이라고 생각했다. 하지만 행동에 나서거나 그가 역사상 최대의 사기꾼이라는 결론으로 건너뛰는 사람은 없었다. 메이도프 사건을 보면, **모든 사람**이 진실을 기본값으로 놓았다. 아니 한 사람만 예외였다.

2009년 2월 초, 그러니까 메이도프가 당국에 자수하고 나서 불과 한 달여 뒤에 해리 마코폴로스라는 남자가 전국에 방영된 의회 청문회에서 증언했다. 그는 독립적인 사기 조사관이었다. 몸에 맞지 않는

녹색 슈트 차림이었다. 그는 뉴욕주 북부 억양으로 소심하고 주저하는 태도로 말했다. 아무도 그에 관해 들어본 적이 없었다.

마코폴로스가 열심히 귀를 기울이는 청중에게 증언했다. "우리 팀과 저는 2000년 5월을 시작으로 증권거래위원회에 거듭해서 신뢰할 만한 경고를 보내 메이도프 폰지 사기를 조사하고 폐쇄하게 만들기 위해 최선을 다했습니다." 그는 자신과 몇몇 동료들이 차트와 그래프를 취합하고, 컴퓨터 모델을 돌리고, 메이도프가 돈의 대부분을 끌어모은 유럽 곳곳을 찾아다녔다고 말했다. "당시 우리는 이미 증권거래위원회에 폰지 사기에 관한 충분한 위험 신호와 정확한 증거를 제시했다는 걸 알았습니다. 증권거래위원회는 이를 근거로 70억 달러 이하일 때 당장 거기서 그의 사업을 중단시킬 수 있었습니다." 증권거래위원회가 아무 일도 하지 않자 마코폴로스는 2001년 10월에 다시 문제를 제기했다. 그리고 2005년, 2007년, 2008년에도 거듭 목소리를 높였다. 매번 아무 성과도 없었다. 마코폴로스는 메모를 천천히 읽으면서 좌절에 빠진 몇 년의 시간을 묘사했다.

역사상 최대 규모의 폰지 사기 사업을 예쁘게 포장해서 그 사람들한테 주었는데, 어쩐 일인지 그들은 철저하고 적절한 조사를 하지 않았습니다. 급선무가 많아서 바빴던 것 같습니다. 500억 달러의 폰지 사기가 증권거래위원회의 우선순위 목록에 들어가지 못한다면, 도대체 누가 우선순위를 정하는지 알고 싶습니다.[2]

해리 마코폴로스는 버니 메이도프를 의심하는 사람들 가운데 유일하게 진실을 기본값으로 놓지 않았다. 그는 낯선 이의 정체를 꿰뚫어 보았다. 청문회 중간쯤에 하원의원 한 명이 마코폴로스에게 워싱턴에 와서 증권거래위원회를 맡아볼 생각이 있느냐고 물었다. 사상 최악의 금융 스캔들이 터진 직후에 해리 마코폴로스야말로 우리 모두의 스승이 될 만한 인물이라는 분위기가 팽배했다. 진실을 기본값으로 놓는 것은 문제가 있다. 그러면 스파이와 사기꾼이 마음대로 돌아다니게 된다.

아니, 정말 문제일까? 여기서 우리는 거짓말과 진실기본값에 관한 팀 러바인의 사고를 이루는 두 번째이자 결정적으로 중요한 요소에 다다른다.

마코폴로스의 사기꾼 색출법

해리 마코폴로스는 강단 있고 정력적인 사람이다. 중년에 접어든 지 한참이지만 훨씬 젊어 보인다. 그는 흥미를 끌고 호감형이며 수다쟁이다. 하지만 이따금 서투른 농담으로 대화를 중단시키기도 한다. 그는 자신이 강박적이라고 설명한다. 컴퓨터를 켤 때면 살균제로 키보드부터 닦는다고 했다. 월스트리트에서 **퀀트**quant, 즉 숫자 전문가로 통하는 사람이다. "나한테는 수학이 진실"이라고 그는 말한다. 투자 기회나 기업을 분석할 때, 그는 당사자를 직접 만나지 않는 쪽을 선호한다. 네빌 체임벌린식 오류를 범하기를 원치 않기 때문이다.

저는 멀찍이 떨어져서 공개적으로 드러난 겉모습을 통해, 재무제표를 통해 그들이 하는 말을 듣고 그들을 보기를 원합니다. 그리고 이런 단순한 기법을 사용해서 그 정보를 수학적으로 분석하기를 원해요. 저는 진실을 찾기를 원해요. 마음에 없는 호들갑을 떠는 사람을 호의적으로 평가하고 싶지는 않습니다. 제 경우에는 부정적인 영향만을 미칠 테니까요.

마코폴로스는 펜실베이니아주 이리에서 그리스계 이민자의 아들로 자랐다.[3] 가족은 아서 트레처 피시앤칩스 체인점을 운영했다. "삼촌들은 무전취식하고 도망가는 사람들을 잡으러 쫓아가곤 했어요. 밖에까지 쫓아가서 잡아서는 돈을 내게 했습니다." 그가 그때의 일을 떠올린다.

아버지가 손님들하고 싸우는 걸 봤는데 밖에까지 쫓아가셨어요. 사람들이 은식기를 훔쳐가는 걸 봤어요. 은식기뿐 아니라 그냥 식기도 훔쳐갔죠. 덩치가 큰 한 남자가 기억나는데, 다른 사람들이 남기고 간 음식을 먹어치웠습니다. 삼촌이 "그러면 안 돼요"라고 말하니까 남자가 대꾸했어요. "먹어도 돼. 저 사람들이 안 먹은 거잖아." 그러니까 삼촌이 카운터 반대편까지 가서 남자의 턱수염을 잡아서 일으켜 세우려고 했습니다. 계속 일으켜 세우려고 힘을 줬어요. 언뜻 생각이 스쳤습니다. 삼촌은 이제 죽었다. 남자는 키가 2미터쯤 되는 거구였어요. 삼촌이 죽을 것 같았어요. 다행히 식당에 있던 다른 손님들이 일어섰습니다. 그러지 않았으면 삼촌은 진즉에 죽었을 거예요.

교과서적인 이민자-사업가 이야기는 근성과 재능의 구원하는 힘에 관해 말해준다. 반면 마코폴로스의 이야기를 들으면, 가족 사업에서 얻은 초기의 경험 덕분에 그는 세상이 얼마나 어둡고 위험한지를 배웠다.

아서 트레처 식당에서 많은 절도를 봤습니다. 그리하여 한창 자랄 때, 그러니까 10대와 20대 초반에 사기에 정통하게 됐어요. 사람들이 어떤 일을 할 수 있는지도 봤습니다. 사업을 운영하면 수입의 5~6퍼센트가 절도로 손실되기 때문이죠. 국제부정공인조사관협회가 공개한 통계수치예요. 어렸을 때는 이런 통계를 알지 못했습니다. 그런 조직도 존재하지 않았죠. 하지만 저는 목격했어요. 우리 식당에서 파는 치킨하고 새우가 걸핏하면 다리가 자라나서 뒷문으로 걸어 나가는 걸 봤죠. 그들은 식재료 상자를 자동차 뒷자리에 던지곤 했어요. 범인은 **직원들**이었어요.

마코폴로스가 경영대학원에 다닐 때 교수 한 명이 그에게 A학점을 주었다. 하지만 교수가 학점을 계산하는 데 사용한 공식을 다시 확인해보니 오류가 있었다. 실제로 A마이너스를 받아야 했던 것이다. 그는 교수를 찾아가서 이의를 제기했다. 경영대학원을 졸업하고 처음 취직한 직장이 장외주식을 판매하는 중개업체였는데, 그 시장의 규칙 가운데 하나는 중개업자가 90초 안에 거래를 신고해야 한다는 것이다. 마코폴로스는 고용주가 90초 이상 기다린다는 사실을 발견했다. 그는 규제 당국에 상관들을 신고했다. 우리는 어린 시절에 **고자질쟁이를 좋아하는 사람은 아무도 없다**고 배우는데, 공정하고 도덕적으로 보이는 목표를 추구하다 보면 때로 받아들이기 힘든 사회적 비용이 수반된다는 점을 이해하게 된다. 어렸을 때 그런 말을 들었다면, 그는 분명 그 말에 귀를 기울이지 않았을 것이다.

마코폴로스는 1980년대 말에 처음 메이도프에 관해 들었다. 그가 일하던 헤지펀드사가 메이도프의 놀라운 수익에 주목한 적이 있었는데, 상부에서는 마코폴로스가 메이도프의 전략을 그대로 따라 하기를 원했다. 마코폴로스는 시도해보았다. 하지만 메이도프가 구사한 전략이 무엇인지 도무지 알아낼 수 없었다. 메이도프는 파생상품이라고 알려진 금융 도구를 다량 거래하는 것을 바탕으로 돈을 번다고 주장했다. 하지만 파생상품 시장에는 메이도프의 흔적이 전혀 없었다.

마코폴로스가 그때를 떠올린다. "저는 매년 막대한 양의 파생상품을 거래하고 있었기 때문에 파생상품을 거래하는 대형 투자은행들과 관계를 맺고 있었습니다."

그래서 거래 데스크에서 안면이 있는 사람들한테 전화를 걸었죠. "메이도프하고 거래를 하십니까?" 모두 아니라고 하더군요. 만약 당신이 파생상품을 거래한다면, 그것도 그가 거래하는 정도의 규모를 거래하려면 5대 투자은행에 가야만 합니다. 5대 투자은행이 당신의 거래를 알지 못하고 당신의 사업을 보지 못한다면, 당신은 폰지 사기를 하는 게 분명해요. 전혀 어려운 게 아닙니다. 어려운 문제가 아니에요. 제가 할 일이라곤 전화를 집어 드는 것뿐이었죠.

그 시점에서 마코폴로스는 몇 년 뒤 르네상스 사람들과 똑같은 자리에 서 있었다. 계산을 하고, 의심을 품었다. 메이도프의 사업은 말이 되지 않는 것이었다.

하지만 마코폴로스와 르네상스의 차이점은 르네상스는 시스템을 믿었다는 것이다. 메이도프는 전체 금융시장에서 가장 규제가 심하다고 손꼽히는 부문의 일원이었다. 만약 그가 정말 거짓말하는 것이라면, 정부의 수많은 감시자 중 하나가 이미 잡아내지 않았을까? 르네상스의 중역인 냇 사이먼스는 훗날 이렇게 말했다. "누군가 관심을 기울이고 있을 거라고 생각하는 거죠."

르네상스테크놀로지는 1980년대에 일군의 수학자들과 암호 해독가들이 창설한 것임을 지적하고 넘어가야겠다. 아마도 르네상스는 역사상 다른 어떤 헤지펀드사보다 더 많은 돈을 벌었을 것이다. 사이먼스가 조언을 구한 르네상스의 중역인 라우퍼는 프린스턴대학에서 수학 박사학위를 받았고, 《정상 이차원 특이점》이나 〈최소 타원 곡선의 특이점에 관하여〉 같은 책과 논문을 쓴 바 있다. 르네상스 사람들은 비상한 두뇌의 소유자였다. 하지만 한 가지 결정적인 면에서 그들은 러바인의 실험에 참여한 학생들과 똑같았다. 조교가 방을 나서는 것을 보고 책상 위에 눈에 띄게 놓인 답안지 봉투를 발견했지만, 그게 전부 미리 짜인 각본이라는 것을 간파하지는 못한 학생들 말이다.

하지만 마코폴로스는 그렇지 않았다. 그 역시 똑같은 사실들로 무장했지만 시스템에 대한 믿음은 전혀 갖고 있지 않았다. 그가 보기에는 사방에 부정직과 어리석은 생각이 있었다. "사람들은 대규모 조직을 지나치게 믿습니다." 그가 말했다. "사람들은 회계법인을 믿는데, 이런 법인은 무능하기 때문에 절대 믿어서는 안 됩니다. 회계법인은 가장 좋을 때는 무능하고, 나쁠 때는 부정직하며, 부정행위에 조력하고 그것을 부추기면서 모른 체합니다."

그는 계속 말을 이었다. "제가 보기에 보험산업은 완전히 부패했습니다. 감독을 받지 않으면서 수조 달러의 자산과 부채를 거래하고 있어요." 그는 상장기업의 20~25퍼센트가 재무제표를 허위로 작성한다고 생각했다. "또 다른 부정행위에 관해 이야기하고 싶습니까?" 어느 순간 그가 느닷없이 말했다. 그는 방금 전에 회고록을 출간한 상태였는데, 이제 저작권 사용료 명세서를 꼼꼼히 살펴보는 버릇이 생겼다. 그는 이 명세서를 '짝뚱 엉터리Chinese batshit'이라고 불렀다. 자신이 조사하는 사기꾼들이 보유한 재무제표가 "제 담당 출판사보다 더 믿음직스럽다"고 그는 말했다.

그는 의사를 찾아갈 때마다 모든 의료비의 40퍼센트가 사기나 낭비로 허비된다는 사실을 염두에 둔다고 말했다.

어떤 의사에게 치료를 받든 간에, 저는 화이트칼라 범죄 조사관이라고 신분을 밝히고 의료계에 부정행위가 많은 걸 안다고 확실히 말해둡니다. 그런 통계를 말해주죠. 저나 우리 가족을 함부로 다루지 않게 하려는 겁니다.

마코폴로스의 마음속에는 의심이 불신으로 바뀌는 것을 막는 문턱이 높지 않다. 그에게는 아예 그런 문턱이 없다.

바보 성자의 감각

러시아 민담에는 **유로지비**yurodivy, 즉 '바보 성자'라고 불리는 원형적 인물이 존재한다. 바보 성자는 사회 부적응자(괴짜에다가 남에게 불쾌감을 주고 때로는 광인인 경우도 있다)이지만 그럼에도 불구하고 진실에 다가갈 수 있다. **그럼에도 불구하고**라는 말은 사실 잘못된 표현이다. 바보 성자는 쫓겨난 사람이기 **때문에** 진실을 말할 수 있다. 기존의 사회적 위계질서의 일원이 아닌 이들은 불편한 진실을 거리낌 없이 내뱉거나 우리 일반인이 당연시하는 것들에 의문을 던진다. 러시아의 한 우화에서 바보 성자는 성모 마리아의 유명한 성화聖畫를 보면서 악마의 작품이라고 단언한다. 괘씸한 이단적 주장이다. 하지만 이내 누군가 그림에 돌멩이를 던지자 겉면이 갈라지면서 사탄의 얼굴이 드러난다.

모든 문화에는 그 나름의 형태로 바보 성자가 존재한다. 한스 크리스티안 안데르센의 유명한 동화 〈벌거벗은 임금님〉에서 임금님은 마법의 옷이라고 들은 의상을 입은 채 거리를 따라 걷는다. 모두 입을 굳게 다문 가운데 한 아이만 소리친다. "임금님 보래요! 아무것도 입지 않았어요!" 이 아이가 바보 성자다. 임금님에게 옷을 판 재단사들은 자기 직업에 맞는 능력이 없는 사람에게는 옷이 보이지 않는다고 말했다. 어른들은 무능하다는 딱지가 붙을까 두려워 아무 말도 하지 않는다. 아이는 아랑곳하지 않는다. 현대인의 삶에서 바보 성자에 가장 가까운 사람은 내부 고발자다. 그들은 사기와 기만을 폭로하기 위해, 조직에 대한 충성, 그리고 많은 경우에 동료들의 지지를 기꺼이 포기한다.

바보 성자가 다른 점은 기만의 가능성에 대해 다른 감각을 갖고 있다는 점이다. 팀 러바인이 상기시키는 것처럼, 현실 세계에서 거짓말은 흔하지 않다. 거짓말은 극소수의 사람들이 할 뿐이다. 이 때문에 우리가 실생활에서 거짓말을 탐지하는 데 무능한 것도 그렇게 크게 중요하지 않다. 사실 이런 상황에서 진실을 기본값으로 놓는 것은 논리적으로 타당하다. 만약 커피숍의 카운터에 있는 사람이 당신에게 세금 포함 6.74달러라고 말하면, 그게 정말인지 확인하기 위해 당신이 직접 셈을 해볼 수 있다. 그러는 사이 줄이 길어지고 당신 시간이 30초 정도 허비된다. 아니면 그냥 판매원이 진실을 말하고 있다고 가정할 수 있다. 전부 따져보면, 대부분의 사람은 진실을 말하기 때문이다.

스콧 카마이클도 바로 그렇게 했다. 그에게는 두 가지 대안이 있었다. 레그 브라운은 애나 몬테스가 수상쩍게 행동하고 있다고 말했다. 이와 대조적으로, 몬테스는 자기 행동에 대해 완벽할 정도로 결백한 해명을 내놓았다. 한편에는 국방정보국에서 손꼽히게 평판 좋은 인물이 스파이일 수 있다는 대단히 드문 가능성이 있었다. 다른 한편에는 브라운이 그냥 망상에 사로잡혀 있는 것이라는, 훨씬 가능성이 큰 시나리오가 있었다. 카마이클은 확률을 무시할 수 없었다. 진실을 기본값으로 놓을 때 우리가 바로 그렇게 한다. 냇 사이먼스 역시 확률을 따랐다. 메이도프는 역사상 최대의 금융 사기를 조종하는 사람일 **수도** 있었지만, 그런 가능성이 얼마나 됐을까?

바보 성자는 이런 식으로 생각하지 않는 사람이다. 통계에 따르면 거짓말쟁이와 사기꾼은 희귀하다. 하지만 바보 성자가 보기에는 사방에 거짓말쟁이와 사기꾼이 우글거린다.

우리 사회에는 때때로 바보 성자가 필요하다. 바보 성자는 소중한 역할을 수행한다. 그렇기 때문에 우리는 바보 성자를 낭만화한다. 해리 마코폴로스는 메이도프 전설의 주인공이었다. 내부 고발자를 다룬 영화가 존재한다. 하지만 러바인의 주장에서 두 번째이자 결정적으로 중요한 부분은 우리 모두가 바보 성자가 될 수는 없다는 것이다. 그렇게 되면 재앙이나 마찬가지다.

러바인은 진화 과정을 거치면서 인간이 거짓말을 즉석에서 탐지하는 복잡하고 정확한 기술을 발전시키지 못했다고 주장한다. 자기 주변에 있는 사람들의 말과 행동을 꼼꼼히 살펴보느라 시간을 들이는 것은 아무 이점이 없기 때문이다. 인간에게 이점은 낯선 이가 진실하다고 가정하는 데 있다. 그가 말하는 것처럼,

진실기본값과 거짓말의 위험 사이의 상충 관계trade-off는 우리에게 대단히 중요하다. 이따금 거짓말에 취약해지는 대가로 우리가 얻는 것은 효율적 의사소통과 사회적 조정이다. 이득은 대단히 크고 그에 비해 비용은 사소하다. 물론 우리는 가끔 기만을 당한다. 이는 일처리의 비용일 뿐이다.[4]

냉정한 이야기처럼 들린다. 몬테스나 메이도프 같은 사람들 때문에 생기는 온갖 피해가 쉽게 눈에 보이기 때문이다. 우리는 암묵적으로 신뢰하고, 스파이들은 들키지 않으며, 범죄자들이 자유롭게 활보하고, 생활에 피해가 생긴다. 하지만 러바인이 말하는 요점은 그런 전략을 포기하는 대가가 훨씬 더 크다는 것이다. 만약 월스트리트의 모든 사람이 해리 마코폴로스처럼 행동한다면, 월스트리트에서 사기가 사라질 것이다. 하지만 의심과 피해망상의 분위기가 너무 짙게 깔려서 월스트리트 자체가 아예 **존재하지 않을** 것이다.[5]

진실이 기본값이 아닐 때

2002년 여름, 마코폴로스는 유럽으로 여행을 갔다. 그와 한 동료는 자신들이 시작하는 신규 펀드에 참여할 투자자를 찾고 있었다. 그는 파리와 제네바를 비롯한 서유럽 전역의 수도 중심부에서 자산 관리자를 만났는데, 거기서 접한 소식에 대경실색했다. 모든 사람이 메이도프에게 투자한 상태였다. 만약 당신이 뉴욕에 머무르면서 월스트리트에서 사람들과 이야기를 한다면, 메이도프가 지역적 현상이라고, 즉 동부 연안의 부유층을 위해 일하는 많은 자금 관리자 중 한 명이라고 생각하기 쉬울 것이다. 하지만 마코폴로스가 깨달은 것처럼, 메이도프는 국제적인 인물이었다. 그가 거느린 사기 제국의 규모는 마코폴로스가 상상한 것보다 훨씬, 훨씬 더 컸다.

그제야 마코폴로스는 자기 목숨이 위험에 빠졌음을 믿게 되었다. 수많은 권력자와 부유층은 메이도프가 실패하지 않도록 하는 데 깊숙하게 발을 들여놓고 있었다. 이런 이유 때문에 그가 규제 담당자들에게 거듭 간청해도 통하지 않았던 걸까? 마코폴로스의 이름은 증권거래위원회의 저명한 인물들에게 알려져 있었다. 폰지 사기가 공개적으로 노출될 때까지 그는 안전할 수 없었다.

그는 논리적인 다음 단계로 뉴욕주 검찰총장인 엘리엇 스피처에게 접근하기로 결심했다. 월스트리트를 조사하는 데 관심을 보이는 극소수의 선출직 관리 중 한 명으로 확인된 인물이었다. 하지만 신중할 필요가 있었다. 스피처는 뉴욕시의 부자 집안 출신이었다. 그 역시 메이도프에게 투자하지 않았을까? 마코폴로스는 스피처가 JFK 도서관에서 강연하기 위해 보스턴에 간다는 사실을 알게 되었다. 그는 깨끗한 종이에 자신이 모아놓은 자료를 출력해서 자신을 식별할 수 있는 내용을 모두 지우고 갈색 규격봉투(약 23×30센티미터)에 넣었다. 그러고는 그 봉투를 더 큰 갈색 봉투 안에 넣어 안전을 기했다. 문서에 지문이 남지 않도록 장갑을 꼈다. 두툼한 옷을 입고, 그 위에 제일 큰 코트를 걸쳤다. 아무도 자기를 알아봐서는 안 되었다. JFK도서관으로 가서 눈에 띄지 않게 한쪽에 앉았다. 그리고 강연이 끝난 뒤 스피처에게 다가가서 직접 문서를 전달하려고 했다. 하지만 가까이 갈 수 없었다. 그 대신 스피처의 일행인 듯한 여자에게 문서를 건네면서 그에게 전해달라고 당부했다.

"저쪽에 앉아 있었죠. 문서를 가지고요." 마코폴로스가 그때를 떠올린다.

그에게 문서를 건네려고 했지만, 행사가 끝나고 어떤 여자한테 엘리엇 스피처에게 전달해달라고 줬습니다. 그한테 가까이 갈 수가 없었어요. 사람들한테 둘러싸여 있었거든요. 얼마 뒤 그가 뒷문으로 나가더군요. 화장실에 들렀다가 옆 건물로 가서 저녁 식사를 할 거라고 생각했어요. 저는 만찬에 초청받지 않았죠. 그런데 뒷문을 나선 그 길로 리무진을 타고 뉴욕행 마지막 비행기를 잡아타지 뭡니까. 엘리엇은 제 봉투를 받지 못했습니다.

당시 마코폴로스가 전문직 회원 4천 명을 거느린 직능 단체인 보스턴보안분석가협회 회장이었다는 사실은 언급할 만하다. 그는 신분을 숨긴 채 두꺼운 코트 차림으로 두 겹의 갈색 봉투 안에 넣은 문서 다발을 끼고 스피처의 강연에 나타날 필요가 없었다. 스피처의 사무실에 곧바로 전화를 걸어서 만남을 요청할 수도 있었다.

나는 이 점에 관해 그에게 물었다.

마코폴로스 그 점이 내가 후회하는 또 다른 일입니다. 책임은 저한테 있지요. 스피처는 제가 원하던 바로 그 사람이었어요. 그냥 전화했어야 했지요. 어쩌면 만났을 수도 있고 그러지 못했을 수도 있지만, 아마 만났을 거예요.

글래드웰 지위가 있었잖아요. 뭐더라….

마코폴로스 보안분석가협회 회장요. 전임 회장이자 현 회장이 보스한테 전화를 걸어 말한다 칩시다. "사상 최대의 음모가 벌어지고 있습니다. 바로 뉴욕 검찰 뒷마당에서요." 그럼 분명 저를 불렀을 거예요.

글래드웰 왜 그렇게 하지 않았나요?

마코폴로스 다 가정법이에요. 알다시피 후회는 하죠. 완벽한 조사란 없고, 제 몫의 실수를 했어요. 그렇게 했어야 했죠.

마코폴로스는 이제 자신이 실수한 것을 안다. 10년에 걸쳐 뒤늦은 지혜를 얻은 덕분이다. 하지만 메이도프의 속임수를 파헤칠 수 있는 명석한 두뇌를 가진 그 사람이 사태가 한창 진행되는 동안에는 책임자의 지위에 있는 이들에게 자기 얘기를 진지하게 듣도록 하지도 못했다. 진실을 기본값으로 놓지 않은 결과다. 만약 당신이 신뢰 상태에서 출발하지 않는다면 의미 있는 사회적 만남을 할 수 없다. 러바인이 말하는 것처럼,

가끔 속임수에 당한다고 해서 우리 유전자를 후세에 전하는 게 막히지도 않고 종의 생존이 심각하게 위협받지도 않는다. 한편으로, 효율

적인 의사소통은 우리의 생존에 엄청난 함의를 가진다. 상충 관계는 대단한 상충 관계가 아니다.

마코폴로스가 도서관에서 한 소통은 점잖게 말해서 효율적이지 않았다. 그런데 그가 봉투를 건넨 여자는 누굴까? 여자는 스피처의 참모가 아니라 JFK도서관 직원이었다. 여자는 마코폴로스만큼이나 스피처에게 특별히 다가갈 기회가 없었다. 그리고 설령 여자가 스피처에게 접근할 수 있었다고 할지라도 지나치게 큰 코트를 걸치고 갈색 봉투를 겨드랑이에 낀 수상쩍은 남자한테서 스피처와 같은 공적 인물을 보호하는 것이 자기 임무라고 생각했을 게 거의 틀림없다.

산탄총과 탄띠와 방독면

증권거래위원회를 설득하는 데 실패한 뒤, 마코폴로스는 스미스앤웨슨 권총을 갖고 다니기 시작했다. 그리고 자신이 살고 있는 매사추세츠 소도시의 경찰서장을 만나러 갔다. 마코폴로스는 그에게 메이도프를 파헤치는 작업에 관해 이야기했다. 목숨이 위협받고 있다고 말하면서도 그 사실을 관할 구역 일지에 남기지 말라고 신신당부했다. 서장은 방탄복을 입고 싶은지 물었다. 마코폴로스는 거절했다. 과거에 예비군으로 17년을 보낸 덕분에 살상 전술에 관해 아는 게 좀 있었다. 암살자가 온다면 전문가일 것이라고 생각했다. 뒤통수에 두 발을 쏠 것이었다. 방탄복은 중요하지 않았다. 마코폴로스는 집에 첨단 경보 시스템을 설치했다. 자물쇠도 교체했다. 매일 밤 다른 길로 집에 왔다. 항상 백미러를 확인했다.

메이도프가 자수했을 때, 마코폴로스는 마침내 안전을 찾았다고 잠깐 생각했다. 하지만 이내 위협이 다른 위협으로 바뀌었을 뿐임을 깨달았다. 증권거래위원회가 이제 자기 자료를 추적하지 않을까? 결국 그는 몇 년간 최소한 증권거래위원회가 무능하거나 최악의 경우에는 범죄에 공모했음을 보여주는 증거를 꼼꼼하게 수집한 셈이었다. 만약 그들이 자신을 덮치러 오면, 유일한 희망은 누군가의 도움을 받을 때까지 최대한 오래 시간을 끄는 것이라는 결론이 나왔다. 12구경 산탄총을 장전하고 여섯 발을 추가로 준비해두었다. 총기 보관장에 20발짜리 탄띠도 걸어두었다. 그리고 군 시절에 챙겨둔 방독면을 꺼냈다. 최루탄을 쏘면서 쳐들어오면 어떻게 할까? 집에 앉아서 총을 준비해두었다. 우리 같은 보통 사람들은 일하느라 조용히 분주한 가운데.

05 학대 혹은 친절

상상하기 어려운 가능성과 그럴듯한 가능성 중에서

샤워장 안의 소년

검사 2001년에 조교로 일할 때 뭔가 이례적인 일이 일어났습니까?

매쿼어리 네.

검사 배심원들에게 그 일을 설명해주실 수 있겠습니까?

2017년 3월 21일, 펜실베이니아주 해리스버그의 도핀 카운티 법원. 증인은 쿼터백 출신으로 펜실베이니아주립대학 풋볼팀의 코치가 된 마이클 매쿼어리다. 다부진 체격에 자신만만한 사람으로 파프리카색 머리를 바짝 깎았다. 심문하는 이는 펜실베이니아주 검찰청 차장인 로라 디트카다.

매쿼어리 하루는 래시풋볼빌딩 안에 있는 라커룸 한 곳으로 갔습니다.

라커룸 문을 열었습니다. 샤워하는 물줄기 소리, 찰싹 때리는 소리가 들렸고, 이미 열린 채 고정돼 있는 다른 출입구로 들어갔습니다. 라커 복도에 있는 제 라커가 바로 오른편에 있었어요. 라커 쪽으로 몸을 돌리는데, 라커룸 안에서 누군가 샤워를 하고 있는 걸 알았습니다. 그리고 찰싹 때리는 소리로 보아 단순한 샤워가 아니라 뭔가 일이 벌어지고 있다는 걸 느꼈습니다.

그 순간, 디트카가 말을 막는다. 그때가 몇 시였습니까? 매퀘어리가 말한다. 금요일 밤 8시 30분요. 캠퍼스에서 구석진 그곳은 조용하다. 래시빌딩에는 사람이 거의 없다. 문들은 잠겨 있다.

검사 좋습니다. 제가 말을 막았군요. 다른 질문을 하고 싶었습니다. 뭔가 찰싹 때리는 소리를 들었다고 했죠. 손뼉 칠 때처럼 손바닥을 때리는 소리는 아니지요?
매퀘어리 아뇨, 아닙니다.
검사 다른 종류의 소리를 들었다는 거죠?
매퀘어리 네.

매퀘어리는 오른쪽 어깨 너머로 벽에 붙은 거울을 보았다고 말했다. 한 각도로 샤워장 안이 보였다. 한 남자가 벌거벗은 채 그가 '미성년자'라고 지칭한 사람의 뒤에 서 있었다.

검사 그러니까 구분을 할 수 있었다, 선생님은 미성년자라고 말했습니다. 열일곱이나 열여섯, 아니면 더 어려 보이는 사람을 말씀하시는 겁니까?

매퀴어리 아, 더 어려 보였습니다.

검사 좋습니다. 선생님이 본 소년의 나이를 몇 살로 추정하십니까?

매퀴어리 대략 열 살에서 열두 살입니다.

검사 좋습니다. 두 사람은 옷을 입고 있었습니까, 벗고 있었습니까?

매퀴어리 입지 않고, 벗고 있었습니다.

검사 뭔가 움직임을 보셨나요?

매퀴어리 천천히 아주 미묘한 움직임이었는데, 거의 없었습니다.

검사 좋습니다. 그런데 천천히 미묘한 움직임을 보셨다면, 그게 어떤 종류의 움직임이었을까요? 뭐가 움직였습니까?

매퀴어리 제리가 남자애 뒤에, 바로 밀착하고 있었습니다.

검사 몸이 붙어 있었다?

매퀴어리 네, 확실합니다.

검사 배가 등에 붙어 있었다?

매퀴어리 네.[1]

매퀴어리가 '제리'라고 지칭하는 사람은 제리 샌더스키로, 바로 얼마 전에 펜실베이니아주립대학 풋볼팀의 수비코치에서 은퇴한 상태였다. 샌더스키는 풋볼에 열광하는 펜실베이니아주립대학에서 사랑받는 인물이었다. 매퀴어리는 그를 오래전부터 알고 있었다.

매퀴어리는 위층에 있는 사무실로 달려가서 부모님에게 전화를 걸었다. "아이는 키가 크고 아주 다부진 데다가 유난 떠는 겁쟁이가 아닙니다. 그런데 겁을 집어먹었더군요." 매퀴어리의 아버지가 아들이 증언을 마친 뒤 법정에서 말했다. "겁을 먹은 게 분명했습니다. 목소리가 똑바로 나오지 않았지요. 애 엄마가 얼굴을 보지 않고도 전화로 알아차릴 정도였습니다. 아내가 말하더군요. '뭔가 일이 생긴 것 같아요, 존.'"

2001년 2월 샤워장에서 샌더스키를 본 뒤 매퀴어리는 상관인 조 패터노를 만나러 갔다. 펜실베이니아주립대학 풋볼팀의 전설적인 감독이었다.

검사 제리 샌더스키가 샤워장에서 벗고 있었다는 걸 감독한테 설명했습니까?

매퀴어리 네, 물론이죠.

검사 남자아이하고 신체를 접촉하고 있었다는 것도 설명했지요?

매퀴어리 그런 것 같습니다. 네, 맞아요.

검사 찰싹거리는 소리를 들은 것도 설명하셨고요?

매퀴어리 네.

검사 좋습니다. 그러면, 감독이 한 말을 묻는 게 아닙니다. 감독은 어떤 반응을 보였습니까? 표정이 어땠죠?

매퀴어리 슬퍼 보였어요. 의자에 털썩 주저앉더니 한 손으로 얼굴을 만지는데, 눈동자가 슬퍼진 것 같았습니다.

패터노는 상관인 펜실베이니아주립대학 체육부장 팀 컬리에게 말했다. 컬리는 대학의 또 다른 고위 관리자인 게리 슐츠에게 말했다. 컬리와 슐츠는 뒤이어 학교 총장인 그레이엄 스패니어에게 말했다. 조사가 이어졌다. 적절한 때에 샌더스키가 체포되었고, 재판 과정에서 이례적인 이야기가 등장했다. 젊은 남자 여덟 명이, 샌더스키가 여러 해에 걸쳐 호텔 방과 라커룸 샤워장, 심지어 그의 집 지하실에서 부인이 위층에 있는 가운데 자신들을 강간했다고 증언했다. 샌더스키는 45건의 아동학대 죄에 대해 유죄 판결을 받았다. 펜실베이니아주립대학은 피해자들에게 1억 달러가 넘는 액수를 합의금으로 지불했다.[2] 샌더스키는 이 사건을 다룬 어느 책의 제목처럼 '미국에서 가장 혐오스러운 남자'가 되었다.

하지만 샌더스키 사건에서 가장 충격적인 사실은 '적절한 때에'라는 구절이었다. 매퀴어리는 2001년에 샤워장에서 샌더스키를 보았다. 샌더스키의 행동에 관한 조사는 거의 10년 뒤까지 시작되지 않았고, 샌더스키는 2011년 11월에야 체포되었다. 왜 그렇게 오래 걸렸을까?

샌더스키가 수감된 뒤, 펜실베이니아주립대학 지도부에 세간의 이목이 집중되었다. 풋볼팀 감독 조 패터노는 불명예스럽게 사임하고 그 직후 세상을 떠났다. 불과 몇 년 전에 세워진 그의 동상이 끌어내려졌다. 매퀴어리가 만났던 대학 고위 행정 관료인 팀 컬리와 게리 슐츠는 공동 모의, 사법 방해, 아동학대 사건 신고 태만 등의 혐의로 기소되었다.[3] 두 사람은 수감되었다. 그리고 이 스캔들이 최후의 파괴적인 결말을 맞는 가운데 검찰은 대학 총장인 그레이엄 스패니어에게 관심을 돌렸다. 그는 16년 동안 대학을 이끌면서 학문적 평판을 바꿔놓았다. 널리 사랑받는 총장이었다. 2011년 11월, 그는 해임되었다. 그로부터 6년 뒤, 그는 아동 위험 상태 방치 죄목에 대해 유죄 판결을 받았다.[4]

논쟁이 최고조에 달했을 때 샌더스키는 NBC 스포츠 앵커 밥 코스타스와 인터뷰를 했다.[5]

코스타스 당신은 소아성애자가 아니라고 말하고 계신데요.

샌더스키 네, 아닙니다.

코스타스 그런데 어린 남자애들하고 같이 샤워를 한 사실을 인정하셨잖아요. 무척 부적절한데요. 당신 집에 머무른 어린 남자애들하고 지하실에 있는 방에서 같이 침대에 누웠다는 신고도 여러 건이고요. 이일들은 어떻게 설명하실 건가요? 그리고 소아성애자가 아니라면 당신은 어떤 사람인가요?

샌더스키 그게, 저는 관심이 아주 많은 사람입니다. 몇몇 어린이의 삶에 영향을 미치려고 노력한다는 점에서 아주 열정적인 사람이에요. 그 아이들하고 관계를 맺으려고 무척 열심히 노력했습니다.

코스타스 잠깐만요, 당신이 지금 설명하는 내용은 많은 소아성애자가 보여준 고전적인 작업 방식이거든요?

샌더스키 이거 참, 그렇게 생각하실 수도 있어요. 전 모르겠네요.

샌더스키가 신경질적으로 웃으며 장황하게 수세적인 설명을 늘어놓는다. 인터뷰가 계속된다.

코스타스 어린 남자애들한테, 미성년자 남자애들한테 성적으로 끌리시나요?

샌더스키 내가 미성년자 남자애들한테 성적으로 끌리냐고요?

잠시 침묵.

코스타스 네.

다시 침묵.

샌더스키 성적으로 끌린다라, 알다시피, 저는 어린 애들하고 즐겁게 지냅니다. 저는 애들하고 어울리는 걸 좋아해요. 저는, 하지만 아녜요, 어린 남자애들한테 성적으로 끌리지 않습니다.

그레이엄 스패니어는 **이런** 남자가 주립대학 캠퍼스를 자유롭게 활보하게 내버려두었다.

하지만 애나 몬테스와 버니 메이도프, 해리 마코폴로스 그리고 진실을 기본값으로 놓는 우리의 심적 태도를 극복하는 게 얼마나 어려운지에 관해 팀 러바인이 열거하는 온갖 증거에 비춰볼 때, 나는 질문을 하나 던지고 싶다. 만약 당신이 펜실베이니아주립대학 총장이고 이 경우와 똑같은 일군의 사실과 질문에 직면했다면, 당신은 과연 조금이라도 다르게 행동했을까?

우리 모두의 샌더스키

제리 샌더스키는 펜실베이니아주 워싱턴에서 자랐다. 아버지는 지역 레크리에이션센터 관장으로 어린이를 위한 스포츠 프로그램을 운영했다. 샌더스키 가족은 위층에 살았다. 집에는 야구방망이와 농구공, 축구공이 가득했다. 사방에 아이들이 있었다. 성인이 된 샌더스키는 어린 시절의 세계를 재현했다.

샌더스키의 아들 E. J.는 언젠가 아버지를 "운동장 책임자가 되고 싶었던 사람"이라고 묘사했다. 샌더스키는 뒷마당에서 발야구 게임을 벌이곤 했는데, E. J. 말로는 "아버지는 모든 아이를 끌어들이곤" 했다. "우리는 미국에서 가장 큰 규모로 발야구를 했습니다. 선수가 40명이었어요." 샌더스키와 아내 도티는 아이를 여섯 명 입양했고, 수양부모 노릇을 한 아이는 훨씬 더 많았다. "부부는 워낙 많은 수양자녀를 받아들였기 때문에 가장 가까운 친구들조차 아이들을 전부는 알아보지 못했다."[6] 조 포스넌스키가 샌더스키의 상관인 조 패터노의 전기에 쓴 말이다. "아이들이 끊임없이 그를 둘러싸고 있어서 아이들은 샌더스키라는 사람의 일부가 될 정도였다."[7]

샌더스키는 멍청이이자 장난꾸러기였다. 샌더스키의 자서전(놀랍게도 그 책명은 'Touched'였다('touched'라는 단어는 '감동받은' 또는 '만졌다'라는 중의적인 의미가 있다))의 상당 부분은 그가 벌인 기묘한 행동에 관한 이야기로 가득하다. 화학 교사의 전화기에 숯 칠을 한 이야기, 공영 수영장에서 아이들과 야단법석을 벌여서 안전요원과 싸운 이야기 등등. 대학 시절 자신이 지휘한 물풍선 싸움 이야기만 장장 네 쪽 반에 걸쳐 서술된다. "내가 가는 곳마다 걸핏하면 다툼이 생긴 것 같다"고 샌더스키는 썼다. "나는 삶의 대부분을 가공의 세계 속에서 산다. 나는 어린아이 행세를 하는 걸 즐겼고, 어른으로서 이 아이들과 똑같이 행동하는 걸 좋아한다. 가면 놀이는 언제나 나의 일부분이었다."[8]

1977년, 샌더스키는 세컨드마일이라는 자선단체를 설립했다. 문제 소년들을 위한 레크리에이션 프로그램이었다. 몇 년에 걸쳐 지역의 저소득층 가정과 문제 가정의 아이 수천 명이 이 프로그램을 거쳤다. 샌더스키는 세컨드마일 아이들을 풋볼 경기에 데려갔다. 아이들과 레슬링을 했다. 선물을 주고, 편지를 써주고, 여행에 데려가고, 집까지 데려다줬다. 많은 남자아이가 싱글맘 밑에서 자라고 있었다. 그는 아이들에게 없는 아버지 노릇을 하려고 했다.

"만약 샌더스키에게 그런 인간적인 측면이 없다면, 펜실베이니아주립대학 주변에서는 그를 성인으로 추앙하려는 유혹이 생길 것이다." 샌더스키가 펜실베이니아주립대학 풋볼 코치진에서 은퇴할 때 〈스포츠일러스트레이티드〉지 기자가 한 말이다.[9] 같은 시기에 〈필라델피아인콰이어러〉지 기사는 다음과 같이 말했다.

모텔 복도 같은 데서 몇 번 만났는데, 그와 마주쳐서 애매하게 칭찬하는 말이라도 던질 때마다 그의 얼굴이 붉어지고, 얼굴 한쪽이 찌그러지는 매력적인 겸손의 미소가 만면에 퍼졌다. 그는 인정받기 위해 풋볼 세계에서 뛰는 게 아니다. 그의 수비는 수백만 명 앞에서 펼쳐진다. 하지만 그가 문을 열고 또 다른 부랑아를 초청할 때는 시청자가 한 명도 없다. 그를 고귀하게 만드는 잣대는 그가 공개적으로 알리지 않은 채 활동하기로 선택했다는 점이다.[10]

샌더스키의 행동에 관한 첫 번째 의문이 나온 것은 1998년이었다. 세컨드마일의 한 소년이 샌더스키와 하루를 보낸 뒤 집에 왔는데, 아이의 머리가 젖어 있는 걸 어머니가 보았다. 아이는 샌더스키와 운동하고 둘이 라커룸에서 샤워를 했다고 말했다. 아이는 샌더스키가 팔로 자기를 감싸면서 "네 창자를 짜낼 거야"라고 말했다고 했다. 그러고는 아이를 들어 올려 "머리에서 비누를 닦아냈다." 아이의 발이 샌더스키의 허벅지에 닿은 상태였다.[11]

어머니는 아들의 담당 심리학자인 얼리셔 체임버스에게 그 일에 관해 이야기했다. 하지만 이 일을 어떻게 생각해야 할지 확신이 없었다. "제가 과민 반응하는 건가요?" 어머니는 체임버스에게 물었다. 아이는 부적절한 모습은 전혀 본 게 없었다. 아이는 샌더스키와 함께 있으면 펜실베이니아주립대학 풋볼 경기를 사이드라인에 앉아서 볼 수 있기 때문에 자기가 "세상에서 제일 운 좋은 꼬마"라고 으스댔다.[12]

사건은 종결되었다.

다음에 보고된 사건은 그로부터 10년 뒤 벌어졌다. 관련 당사자인 애런 피셔라는 소년은 4학년 때부터 세컨드마일 프로그램에 참여하고 있었다. 아이는 문제 가정 출신이었다. 아이도 샌더스키를 잘 알게 되었고, 그의 집에서 며칠 밤을 보냈다. 아이 어머니는 샌더스키가 '천사 같은 사람'이라고 생각했다. 하지만 2008년 11월, 열다섯 살이던 피셔는 샌더스키의 몇 가지 행동에 대해 불편한 느낌이 든다고 어머니에게 말했다.[13] 샌더스키는 그를 꽉 끌어안고 등을 철썩 때리곤 했다. 함께 레슬링을 할 때면 묘한 느낌이 들었다.

어머니는 피셔를 마이크 길럼이라는 아동심리학자에게 보냈는데, 그는 성적 학대의 피해자는 자기 경험을 워낙 깊숙이 묻어놓기 때문에 참을성 있게 극진히 보살펴야만 기억을 복원할 수 있다고 믿는 사람이었다. 그는 샌더스키가 피셔를 성적으로 학대했다고 확신했지만, 피셔는 기억하지 못했다. 피셔는 몇 달 동안 때로는 매일같이 이 치료사를 반복해서 만났는데, 이 과정에서 길럼은 피셔를 격려하고 살살 달랬다.[14]

사건과 관련된 경찰 수사관 중 한 명이 후에 말한 것처럼, "우리가 사건에 주목하게 된 뒤에 첫 번째 아이의 입을 여는 데 몇 달이 걸렸다. 아이 입에서 나온 첫 번째 말은 '네, 그 사람이 내 어깨를 문지르곤 했어요'였다. 그리고 계속 똑같은 말만 반복하다가 어느 시점에 이르자 무슨 일이 있었는지 우리한테 말해주었다." 2009년 3월에 피셔는 샌더스키와 구강성교를 한 적이 있는지를 묻는 질문에 고개를 끄덕거렸다. 6월에 이르러 마침내 입을 열었다. "네."

여기, 우리 앞에 10년에 걸쳐 샌더스키를 겨냥한 고발이 두 건 있다. 하지만 어느 쪽도 샌더스키의 체포로 이어지지 않았다. 왜 그럴까? 이번에도 역시 진실을 기본값으로 놓았기 때문이다.

1998년 샤워장의 소년 사건에서 의심과 의혹이 이제 더는 해명해버릴 수 없는 지경까지 높아졌나? 전혀 그렇지 않다. 소년의 정신과 의사는 사건 보고서에서 샌더스키의 행동은 "'애정 있는' '특별한' 관계라는 맥락 속에서 신뢰를 쌓고 신체 접촉을 점차 늘리는 소아성애의 가능성을 보여주는 양상"의 정의에 부합한다고 주장했다. **가능성**이라는 단어에 주목하자.

뒤이어 해리스버그 공공복지부가 이 사건을 조사하라고 사회복지사를 파견했는데, 그는 확신이 더욱 없었다. 사회복지사는 이 사건이 '사람 사이의 경계 문제boundary issues'와 관련된 '모호한' 영역에 해당된다고 생각했다. 뒤이어 존 시삭이라는 상담 전문가가 소년을 두 번째로 평가했는데, 그는 이렇게 결론지었다. "성적 학대라고 이름 붙일 만한 사건은 전혀 없었던 것으로 보이며, 또한 아동 성적 학대로 어려움을 겪는 성인들과 대체로 일치하는 논리와 행동의 연속적인 양상도 나타나지 않았다." 시삭은 그런 양상을 전혀 보지 못했다. 그는 누군가 샌더스키에게 어떻게 하면 '향후에 그런 모호한 영역의 상황에 끼어들지' 않을 수 있는지를 이야기해주어야 한다고 말했다.

담당 사회복지사와 지역 경찰 수사관이 샌더스키와 만났다. 샌더스키는 아이를 껴안은 적은 있지만 "성적인 함의는 전혀 없었다"라고 말했다. 그는 과거에 다른 남자애들과 같이 샤워를 한 사실은 인정했다. 그러면서 말했다. "하느님께 맹세코, 아무 일도 없었습니다." 소년 자신도 아무 일도 없었다고 말한 사실을 유념하자. 자, 당신이라면 이제 어떻게 할까? 진실을 기본값으로 놓을 것이다.

애런 피셔의 이야기는 그만큼 모호했다.[15] 치료사와 대화를 나누고 대배심 법정에서 증언하는 내내 피셔가 기억하는 내용은 계속 바뀌었다. 한 번은 2007년 11월에 구강성교가 중단됐다고 말했다. 또 한 번은 2007년 여름에 시작되어 2008년 9월까지 계속됐다고 말했다. 또 언젠가는 2008년에 시작되어 2009년까지 계속됐다고 말했다. 그는 샌더스키와 여러 차례 구강성교를 했다고 말했다. 일주일 뒤에는 한 번만 했다고 말했고, 또 5개월 뒤에는 구강성교를 한 적이 없다고 말했다. 피셔는 2009년에 두 차례 대배심 앞에서 샌더스키에 관해 증언했는데, 대배심은 그를 신뢰할 수 없다고 본 것 같다. 그리하여 샌더스키에 대한 기소를 거부했다.

경찰은 세컨드마일 프로그램에 참여한 다른 소년들을 체계적으로 면담하면서 피해자를 찾기 시작했다. 성과는 전혀 없었다. 이 과정이 **2년** 동안 계속되었다. 사건을 지휘하는 검사는 타월을 던질 준비가 되어 있었다. 어린 소년들과 장난치기 좋아하는 성인 남자가 있다. 몇몇은 샌더스키를 의심했다. 하지만 기억하자. 의심은 믿음의 적이 아니다. 의심과 믿음은 동반자다.

그런데 2010년 11월 난데없이 검사실에 익명의 전자우편이 날아들었다. "제리 샌더스키 수사와 관련해서 연락드립니다. 아직 접촉한 적이 없다면 펜실베이니아주립대학 풋볼 코치 마이크 매퀴어리를 만나서 면담해보세요. 아마 그 사람이 제리 샌더스키와 한 소년에 관련된 뭔가를 목격했을 겁니다."[16]

불확실한 기억을 늘어놓는 문제아 10대들은 이제 더는 필요 없었다. 마이클 매퀴어리가 등장하자 마침내 검찰은 샌더스키와 대학 지도부에 대해 반론을 펼칠 수단이 생겼다. 한 남자가 성폭행을 목격하고 상관에게 말하는데 아무 일도 생기지 않는다. 11년 동안이나. 만약 당신이 당시에 샌더스키 사건에 관해 읽었다면, 아마 모든 모호함과 의심이 걷힌 이런 버전을 들었을 것이다.

"절대 권력은 절대 부패한다는 말이 있습니다." 검사 로라 디트카가 스패니어 재판의 최후 발언에서 한 말이다. "그레이엄 스패니어가 권력 때문에 부패하고 언론의 관심과 평판에 눈이 멀었다고 여러분께 말씀드리고 싶습니다. 그는 지도에 실패한 지도자입니다." 펜실베이니아주립대학에서 최종적으로 내린 결론은 샌더스키가 저지른 범죄에 대한 책임이 최상층부까지 올라간다는 것이었다. 스패니어는 선택을 했다고 디트카는 말했다. "그냥 비밀로 묻어둡시다." 디트카는 총장이 컬리와 슐츠에게 이렇게 말했을 것이라고 가정했다. "신고하지 말고. 어떤 당국에도 발설하지 맙시다."

상황이 그렇게 간단했다면 얼마나 좋을까.

확신하지 못하는 목격자

마이클 매퀴어리의 키는 2미터 정도 된다. 펜실베이니아주립대학에서 쿼터백으로 시작할 당시 몸무게는 약 100킬로그램으로 기록되었다. 샤워장 사건이 벌어질 무렵, 그는 스물일곱 살로 신체적으로 최전성기였다. 샌더스키는 서른 살이 더 많아서 긴 질병 목록을 갖고 있었다.

첫 번째 질문: 만약 매퀴어리가 강간 장면을 목격한 게 100퍼센트 확실하다면, 왜 당장 뛰어가서 말리지 않았을까?

이 책《타인의 해석》제3부에서 나는 스탠퍼드대학에서 벌어진 악명 높은 성폭력 사건 이야기를 다룰 것이다. 대학원생 두 명이 한밤중에 자전거를 타고 캠퍼스를 누비다가, 운동장에 누워 있는 젊은 남자와 젊은 여자를 목격하면서 발각된 사건이다. 남자가 위에 올라타서 찔러 넣는 동작을 하고 있었다. 여자는 움직임이 없었다. 두 대학원생이 그들에게 다가갔다. 남자가 도망쳤다. 두 사람이 추격했다. 대학원생들이 운동장에서 마주친 광경이 범죄가 아니라는 기본적인 가정을 벗어던질 계기가 될 만큼 그 상황에는 충분히 수상쩍은 사실들이 있었다.

매퀴어리는 적어도 이론상으로는 훨씬 더 수상쩍은 상황에 맞닥뜨렸다. 성인 두 명이 아니었다. 남자와 소년이었고, 둘 다 벌거벗은 상태였다. 하지만 매퀴어리는 개입하지 않았다. 그는 뒤로 물러나서 위층으로 올라가 아버지에게 전화를 걸었다. 아버지는 그에게 집으로 오라고 말했다. 그리고 아버지는 가족의 친구에게 잠깐 와서 마이클의 이야기를 들어보라고 요청했다. 조너선 드라노브라는 의사였다.

드라노브가 법정에서 선서를 하고 매퀘어리에게 들었다고 전하는 말이다.

그 아이는 소리, 성적인 소리를 들었다고 말했습니다. 그래서 제가 무슨 말이냐고 물었죠. 그러자 이렇게 말하더군요. "글쎄요, 아시잖아요, 소리, 성적인 소리요." 음, 그 아이가 정확히 무슨 말을 하는지 알지 못했습니다. 그것보다 더 생생하게 자세히 이야기하지 않았는데, 계속 재촉하다 보니, 당시에는 그 소리에 관해 더 이상 할 말이 없는 게 분명했습니다. 무엇을 봤느냐고 물어봤습니다. 아무것도 보지는 못했다고 말하면서도 다시 충격을 받고 불안해하더군요.

드라노브는 외과의사다. 아동학대 사건을 알게 되면 신고할 의무가 있다.

두 번째 질문: 왜 드라노브는 매퀘어리의 이야기를 들었을 때 신고하지 않았을까? 그는 재판 과정에서 이에 관해 질문을 받았다.

피고인 측 변호인 자, 그날 밤 매퀘어리를 분명히 재촉했고, 그가 정확히 무엇을 보았는지 알고 싶으셨는데, 제가 이해하기로는 그가 본 광경을 선생님한테 말하지 않은 거죠? 맞습니까?

드라노브　맞습니다.

변호인　좋습니다. 그가 말을 했고, 그런데 선생님은 그가 성적인 소리를 들었다는 인상을 받은 채 그 자리를 떠나셨고요. 맞습니까?

드라노브　그가 성적인 소리로 해석한 거죠.

그가 성적인 소리로 **해석한 것이다.**

변호인　그리고 선생님이 그에게 제시한 계획, 또는 제안한 계획은 상관인 조 패터노한테 이야기해야 한다는 거였죠. 맞습니까?

드라노브　네, 맞습니다.

변호인　선생님은 아동청소년지원부에 신고하지 않았습니다. 맞습니까?

드라노브　네, 맞습니다.

변호인　선생님은 경찰에 신고해야 한다고 매퀴어리에게 말하지 않았습니다. 맞습니까?

드라노브　네, 맞습니다.

변호인　선생님은 캠퍼스 경비 당국에 신고해야 한다고 매퀴어리에게 말하지 않았습니다. 맞습니까?

드라노브　네, 맞습니다.

변호인　선생님은 전해 들은 말에 근거해서 신고하는 게 적절하지 않다고 생각했습니다. 맞습니까?

드라노브　네, 맞습니다.

변호인　그리고 실제로, 선생님이 마이크 매퀴어리에게 아동청소년지원부나 경찰에 신고하라고 말하지 않은 이유는 그가 선생님한테 전한 이야기가 그런 종류의 신고를 할 만큼 충분히 부적절한 것이라고 생각하지 않았기 때문이죠. 맞습니까?

드라노브 네, 맞습니다.

드라노브는 매퀴어리의 이야기를 **일이 벌어진 그날 밤** 직접 듣지만 확신하지 못한다.

상황은 훨씬 더 복잡해진다. 매퀴어리는 원래 2002년 3월 1일 금요일에 샤워장에서 샌더스키를 보았다고 말했다. 봄방학 기간이었다. 그는 캠퍼스에 사람이 없던 것으로 기억했고, 다음 날 패터노를 보러 갔다고 말했다. 3월 2일 토요일이었다. 하지만 수사관들이 대학 전자우편을 뒤져보자 매퀴어리가 날짜를 혼동한 사실이 드러났다. 그가 패터노와 만난 날은 실제로 1년 전, 2001년 2월 10일 토요일이었다. 그러면 샤워장 사건이 전날 저녁, 그러니까 2월 9일 금요일에 일어난 것이 된다.

하지만 그러면 앞뒤가 맞지 않는다. 매퀴어리는 샤워장에서 샌더스키를 본 날 밤에 캠퍼스가 텅 비어 있던 것으로 기억한다. 하지만 2월 그날 금요일 저녁에 펜실베이니아주립대학 캠퍼스는 비어 있지 않았다. 대학 하키팀이 바로 옆 건물인 그린버그퍼빌리언에서 웨스트버지니아대학과 경기를 하고 있었다. 오후 9시 15분에 시작한 경기였다. 인도에 사람들이 모여 있다가 경기장으로 줄지어 들어갔을 것이다. 그리고 걸어서 5분 거리인 브라이스조던센터에서는 인기 있는 캐나다 록밴드 베어네이키드 레이디스가 공연 중이었다. 그 특별한 저녁에 펜실베이니아주립대학 캠퍼스의 그쪽 구석은 혼돈의 도가니였다.

펜실베이니아주립대학 논쟁에 관해 광범위한 글을 쓴 언론인 존 지글러는 가까운 시기에 캠퍼스가 텅 비었을 가능성이 있는 유일한 금요일 밤은 2000년 12월 29일뿐이라고 주장한다. 크리스마스 방학 기간이다. 만약 지글러의 말이 맞다면, 그리고 그의 주장이 설득력이 있다면 다음 질문으로 이어진다.

세 번째 질문: 만약 매퀴어리가 강간 장면을 목격했다면, 그는 왜 12월 말부터 2월 초까지 5주 동안이나 기다렸다가 대학 행정 당국에 있는 사람에게 그 일에 관해 이야기한 걸까?[17]

샌더스키 사건의 검찰 측은 이런 불확실성과 모호함이 존재하지 않는 것처럼 행동했다. 그들은 대중에게 모든 게 단순 명쾌하다고 말했다. 2011년 11월에 공표된 23쪽에 달하는 통렬한 기소장은 "조교 매퀴어리가 벌거벗은 소년을 보았는데, 그의 손이 벽 위쪽으로 놓인 채 역시 벌거벗은 샌더스키가 항문성교를 하고 있었다"고 언급한다. 그리고 다음 날 매퀴어리는 "패터노의 집에 가서 자신이 본 광경을 전했다."[18] 하지만 이 두 주장 중 어느 쪽도 사실에 부합하지 않는다. 그렇지 않은가?

기소장에서 이 구절을 읽은 매퀴어리는 사건 주임 검사인 조넬 에시바크에게 전자우편을 보냈다. 화가 난 상태였다. "기소장에서는 제가 한 말이 다소 왜곡되고 정확하게 묘사되지 않은 것 같습니다.

제가 한 말이 분명히 이해되지 않을 경우를 대비해서 다시 사실 확인을 해주시길 바랍니다." 그의 항변은 계속 이어진다. "저는 그게 남색이었는지 1천 퍼센트 확신하지 못합니다. 삽입한 모습을 보지 못했습니다. 무엇이었든 간에 성적인 행위였거나 또는 제가 보기에 한참 선을 넘은 것이었습니다." 그는 기록을 정정하기를 원했다. "저의 발언을 살펴보세요. 제가 무엇을 선택할 수 있습니까?" 그가 에시바크에게 물었다.[19]

에시바크가 자신의 말을 왜곡한 것을 보았을 때 매퀴어리가 어떤 기분이었을지 생각해보라. 그는 뭔가 문제가 있다고 생각되는 광경을 보았다. 그리고 5주 동안 양심과 씨름하면서 고뇌에 사로잡힌 게 분명하다. **내가 본 게 뭐지? 무슨 말이라도 해야 하나? 내가 잘못 본 거면 어떡하지?** 그리고 기소장을 읽었을 때 그의 눈에 들어온 것은 무엇일까? 검찰이 자신들의 목적을 이루기 위해 회색을 흑백으로 바꿔놓은 것이었다. 그리고 결국 그는 어떤 사람으로 그려졌나? 강간 현장을 목격하고 도망쳐서 부모님에게 전화하고, 경찰에는 신고하지 않은 겁쟁이였다.

그는 에시바크에게 이렇게 썼다. "제 삶이 완전히, 완전히 바뀌었습니다." 밤늦게 어린 남자애들과 샤워를 하는 샌더스키는 매퀴어리에게는 낯선 사람이었고, 에시바크는 낯선 이를 파악하는 게 얼마나 어려운 일인지 인정하기를 거부하고 있었다. "우리 가족의 삶이 완전히 바뀌었습니다." 매퀴어리는 말을 이었다. "전국 언론과 여론이 저를 철두철미하게 무너뜨렸습니다. 무엇 때문이죠?"

더 이상 믿지 못할 때까지

샌더스키 사건을 몇 년 뒤에 일어난 훨씬 더 극적인 두 번째 아동학대 사건과 비교해보는 게 유용하다. 미시건주립대학의 래리 나사르라는 의사와 관련된 사건이다. 나사르는 미국체조협회 여자 국가대표팀의 전담 의사로 일했다. 안경을 끼고 수다스럽고 약간 거북스러운 사람이었다. 겉으로는 무해해 **보였다**. 그런데 환자를 향한 사랑에 빠졌다. 새벽 두 시에 전화를 걸면 바로 달려오는 부류의 사람이었다. 선수 부모들은 그를 무척 좋아했다. 그는 고관절과 정강이와 발목은 물론이고 경쟁적인 체조가 어린 선수들의 신체에 가하는 막대한 스트레스에 따른 수많은 부상을 치료해주었다.

나사르의 전문 분야는 '골반저근육 기능장애pelvic-floor dysfunction'라는 증상의 치료였는데, 체조 훈련 과정에서 신체에 가해지는 부담 때문에 위축된 근육과 힘줄을 마사지하기 위해 치료 과정에서 손가락을 환자의 질에 집어넣어야 했다. 그는 골반저근육 치료를 열성적으로 되풀이했다. 동의도 받지 않고 장갑도 끼지 않은 채, 그리고 굳이 할 필요가 없을 때도 치료를 했다. 환자의 가슴을 마사지하기도 했다. 뚜렷한 이유도 없이 손가락을 환자의 항문에 집어넣곤 했다. 의학적 치료를 자신의 성욕을 충족하는 수단으로 삼았다. 2017년 여름 그는 연방정부의 기소에 대해 유죄 판결을 받았고, 여생을 교도소에서 보낼 것이다.

일반적인 성적 학대 스캔들치고는 나사르 사건은 대단히 명쾌하다. 이 사건은 '남자 말이 다르고, 여자 말이 다르고' 하는 문제가 아니다. 경찰은 나사르가 사용하는 컴퓨터에서 하드드라이브를 복원해서 도서관 규모의 아동 포르노를 발견했다. 전부 합쳐 3만 7천 개의 이미지가 나왔는데, 그중 일부는 극도로 사실적이다. 어린 환자들이 치료에 앞서 그의 욕조에 앉아서 얼음 목욕을 하는 사진들도 있었다. 한 명의 고발자가 의문스러운 이야기를 하는 상황이 아니었다. 고발자만 수백 명에, 놀라울 만큼 비슷한 이야기가 쏟아져 나왔다. 여기, 나사르에 대한 진술로 유죄 판결을 끌어내는 데 결정적인 역할을 한 레이철 덴홀랜더가 있다.[20]

열다섯 살 때, 만성적인 요통으로 고생할 때 래리가 1년 가까이 의학적 치료를 구실로 나를 거듭 성폭행했습니다. 어머니가 치료실에 있는데도 성폭행을 했습니다. 어머니가 보지 못하게 꼼꼼하고 완벽하게 가려서 어머니는 그가 무슨 짓을 하는지 알지 못했습니다.

덴홀랜더에게는 증거와 문서 자료가 있었다.

2016년에 제가 나섰을 때 증거자료 전체를 가져왔습니다. 제가 성폭행당한 사실을 생생하게 기록한 전문 간호사nurse practitioner(간호학 석사학위 이상을 소지하고 특별한 훈련을 받은 간호사로 의사와 비슷하게 진단과 처방을 내릴 수 있다)한테서 의료 기록을 가져왔어요. 성폭행당한 이후 제가 정신적 고통을 겪은 것을 보여주는 일기도 있었고요. 당시에 제가 그 사실을 밝힌 증인도 한 명 있었습니다. 저와 아무 관계가 없는 사람으로 역시 성폭행을 당했다고 주장하는 여자 두 명의 증거도 가져왔습니다.

나사르 사건은 단순 명쾌했다. 하지만 그를 재판에 회부하는 데 얼마나 오랜 시간이 걸렸을까? **몇 년이 걸렸다.** 나사르의 또 다른 피해자인 라리사 보이스는 그가 1997년에 자신을 성폭행했다고 말했다. 열여섯 살 때였다. 그런데 무슨 일이 있었을까? 아무 일도 없었다. 보이스는 미시건주립대학 체조 감독 캐시 클레이거스에게 말했다. 클레이거스는 나사르를 만났다. 나사르는 모든 것을 부인했다. 클레이거스는 보이스가 아니라 나사르를 믿었다. 주장은 의심을 불러일으켰지만, 의심만으로는 충분하지 않았다. 성적 학대는 계속되었다. 나사르의 재판에서 보이스는 나사르에게 직접 말을 하면서 가슴이 찢어지는 순간을 연출했다. "저는 당신과의 다음번 약속이 무서웠어요. 캐시 감독님이 제가 걱정하는 일에 관해 당신한테 말할 것이 두려웠거든요."

그리고 유감스럽게도 제 생각이 옳았습니다. 감독님한테 이야기를 한 게 부끄럽고, 난처하고, 어찌할 바를 모르겠더군요. 당신이 그 방으로 들어와 문을 닫고, 의자를 끌어당겨 제 앞에 앉으면서 한 말이 어제 일처럼 생생하게 기억나요. "그래, 감독님한테 말했더구나." 그 말을 듣자마자 가슴이 무너져 내렸어요. 신뢰가 배신당한 거죠. 캄캄

한 땅속 깊이 구멍을 파고 기어들어 가서 숨고 싶었어요.[21]

나사르가 성적 약탈자로 승승장구하는 내내 권한 있는 지위의 사람들(부모, 감독, 관리)이 그의 낌새가 좋지 않다는 경고를 받은 일이 무려 열네 번이었다. 하지만 아무 일도 없었다. 2016년 9월, 〈인디애나폴리스스타〉지는 덴홀랜더의 고발로 뒷받침된, 나사르의 과거 기록에 관한 통렬한 설명을 공개했다. 나사르와 가까운 많은 사람이 이 보도가 나온 뒤에도 그를 지지했다. 나사르의 상관인 미시건주립대학 정골의학osteopathic medicine(1874년 앤드루 T. 스틸이 창안한 치료법으로 미국에서는 정규의학에 속한다. '모든 질병의 원인은 비뚤어진 뼈에 있다'는 이론에 바탕을 두고 일종의 도수치료를 중심으로 삼는다) 과장은 학생들에게 이렇게 말했다고 한다. "이 문제는 여러분 가운데 아무도 의학개론 과목에서 가장 기본적인 가르침을 배우지 않았다는 걸 보여주는 사례예요. 환자를 믿지 마세요. 환자는 의사를 곤란하게 하려고 거짓말을 합니다."[22] 캐시 클레이거스는 자기 팀 체조선수들에게 나사르를 지지하는 피켓을 들게 했다. "선생님께 감사드려요."

나사르의 컴퓨터 하드드라이브가 발견되어 끔찍한 이미지들이 우르르 쏟아져 나온 뒤에야 마침내 사람들의 생각이 바뀌었다.

이와 같은 스캔들이 터지면, 우리는 우선, 범죄자를 감싸거나, 또는 비호하거나, 의도적으로 못 본 체하거나, 진실보다 조직이나 경제적 이해관계를 앞세운 책임이 있는 사람들을 비난하려 한다. 우리는 침묵 뒤에 숨은 음모를 찾는다. 하지만 나사르 사건은 우리에게 그런 해석이 얼마나 부적절한 것인지를 상기하게 해준다. 나사르의 주요 옹호자 다수는 환자 부모들이었다. 그들은 더 거대한 조직이나 경제적 이해관계를 비호하기 위해 모종의 침묵의 공모를 벌인 게 아니다. **그들은 아이들의 부모였다.**

여기 한 체조선수의 어머니가 나사르 스캔들을 다룬 훌륭한 팟캐스트인 〈믿음〉과 인터뷰한 내용이 있다. 공교롭게 그 자신도 의사다. 여자는 나사르가 딸을 치료하는 동안 치료실에 있었다. 불과 몇 피트 떨어져 앉아 있었다.

그리고 발기 같은 걸 곁눈질로 보긴 했어요. 그냥 이런 생각이 들었어요. '이상하네. 참 이상해. 불쌍한 사람이네.' 의사가 환자를 검사하면서 발기하는 게 무척 이상하다고만 생각한 겁니다.
하지만 그때, 그러니까 저는 치료실에 앉아 있고 의사는 치료하고 있으면, 그가 좋은 의사이고 아이를 위해 최선을 다하고 있다고 생각할 뿐이에요. 그는 그렇게 교활했어요. 그 정도로 거침이 없었던 거죠.[23]

또 다른 사례에서 어린 여자애가 아버지와 함께 나사르를 보러 간다. 아이 아버지가 치료실에 앉아 있었고 나사르는 아이의 몸 안에 손가락을 집어넣는다. 그날 집으로 가는 길에 체조선수 아이가 어머니한테 이야기한다. 어머니가 그 순간을 떠올린다.

5초 전 일처럼 기억이 납니다. 저는 운전석에 앉고 아이는 옆자리에 있었는데 입을 열더군요. "래리 선생님이 나한테 어떻게 했는데, 기분이 불편했어요."

그래서 제가 말했죠. "음, 무슨 일인데?"

"그게, 선생님이… 날 만졌어요."

그래서 제가 말했어요. "그래, 어디를 만졌는데?"

"아래쪽요." 이야기를 하는 내내 아이가 말하는 건 있을 수 없는 일이라고 합리화를 한 겁니다.

여자는 남편에게 전화를 걸어 의사와 만나는 동안 잠시라도 자리를 비웠느냐고 물었다. 남편은 그런 적이 없다고 대답했다.

하느님 용서해주세요, 거기서 그만뒀어요. 2016년까지 학부모 문서 보관함에 넣어둔 거예요.

얼마 뒤 똑같은 이야기들이 들리기 시작했다. 여기 또 다른 부모가 있다.

딸애가 침울한 표정으로 입을 꾹 다물고 차에 앉아서는 말하더군요. "아빠, 선생님이 내 요통을 고쳐주지 않아요. 이제 가기 싫어요." 하지만 그 선생은 래리예요. 체조팀 전담 의사 래리. 선생이 아이를 고치지 못하면 아무도 못 고치는 거예요. 래리보다 기술이 좋은 건 하느님밖에 없죠. "좀 참아, 얘야. 시간이 걸리는 거야. 좋은 일에는 시간이 필요한 거야." 우리는 아이들한테 늘 그렇게 가르쳤어요. 그래서 이렇게 말했죠. "좋아. 다음 주에 다시 오자. 그다음 주에 다시 오고. 그러면 좀 나아지는 게 보일 거야."

아이가 말하더군요. "좋아요, 아빠. 아시잖아요. 저는 아빠 판단을 믿어요."

나사르가 뭔가 소름 끼치는 짓을 하고 있다는 바로 그 사실 때문에 부모들의 입장은 대단히 난처해진다. 만약 나사르가 자기 딸에게 무례하게 굴었다면, 아마 부모들은 곧바로 목소리를 높였을 것이다. 만약 자기 딸이 집에 가는 길에 나사르 입에서 술 냄새가 났다고 말했다면, 대다수 부모는 아마 당장 관심을 기울였을 것이다. 의사들이 이따금 무례하게 굴거나 술에 취하는 것은 상상하기 어렵지 않다. 진실을 기본값으로 놓는 것은 우리가 두 대안 사이에서 선택을 강요받을 때 문제가 된다. 하나는 그럴듯하고, 다른 하나는 상상하기가 어려운 것일 때. 애나 몬테스는 역사상 가장 고위급의 쿠바 스파이일까, 아니면 그저 레그 브라운이 망상에 사로잡혔던 걸까? 진실을 기본값으로 놓으면 우리는 가장 그럴듯한 해석 쪽으로 기울어진다. 스콧 카마이클은 애나 몬테스를 믿는 게 절대 불가능해지는 시점까지도 그를 믿었다. 부모들도 끝까지 믿었다. 부주의해서가 아니라 대부분의 인간이 그렇게 설계되어 있기 때문이다.

실제로 나사르가 성폭력을 가한 여자 다수는 그를 옹호했다. 그 여자들 역시 과거에 진실을 기본값으로 놓은 사실을 알지 못했다.

트리니아 곤자는 체조선수로 활동하는 동안 나사르에게 856차례 치료를 받았다. 팀 동료 한 명이 곤자에게 와서 나사르가 손가락을 자기 몸 안에 넣었다고 말했을 때, 곤자는 동료를 안심시키려고 했다. "선생님은 항상 나한테 그렇게 했어!"**24**

〈인디애나폴리스스타〉지가 나사르 사건을 폭로했을 때 곤자는 그를 변함없이 지지했다. 곤자는 그가 무죄임이 증명될 것이라고 확신했다. 전부 거대한 혼동일 뿐이었다. 곤자가 결국 생각을 바꾼 건 어느 시점에서였을까? 나사르에게 불리한 증거가 압도적으로 많아지고 나서였다. 나사르 재판에서 다른 피해자들과 나란히 그에게 불리한 증언을 했을 때, 곤자는 마침내 의심에 굴복했다.

저는 이번 주에 정말로 어려운 선택을 해야 했어요, 래리. 저는 이 과정 내내 계속 당신을 지지해야 하는지 아니면 다른 사람들, 여자들을 지지해야 하는지 선택해야 했어요. 저는 여자들을 선택했어요, 래리. 저는 그들을 사랑하고 보호하기로 선택했어요. 당신을 좋아하고 지지하는 걸 그만두기로 선택했어요. 당신 얼굴을 바라보면서 당신이 우리에게 상처를 줬다고, 내게 상처를 줬다고 말하기로 선택했어요. 더 이상 믿지 못할 때까지 언제나 당신을 믿었다는 걸 오늘 제 눈을 보고 깨닫기를 바랍니다. 우리처럼 당신도 울기를 바라요. 당신이 한 행동에 대해 유감을 느끼기를 바라요. 무엇보다도 매일매일 이 여자들이 고통을 덜 느끼기를 바라요. 우리를 위해 당신도 그런 바람을 가지면 좋겠지만, 지금은 당신한테 작별인사를 할 때예요, 래리. 이제

문을 닫을 시간이에요. 이제 당신 옆에 서는 게 아니라 이 어린 여자들을 지지해야 할 때예요, 래리.

안녕, 래리. 당신의 어둡고 망가진 영혼에 하느님의 축복이 있기를.[25]

더 이상 믿지 못할 때까지 언제나 당신을 믿었다. 진실을 기본값으로 놓았다는 것을 이보다 더 완벽하게 표현할 수 있을까?

가해자의 하드드라이브에서 3만 7천여 장의 아동 포르노 사진이 발견되고, 의사 경력 내내 수많은 사람에게 무수히 고발을 당한 경우에도 진실을 기본값으로 놓는다는 가정이 작동한다. 나사르 사건은 단순 명쾌했다. 그런데도 의심이 남아 있었다. 이제 단순 명쾌하지 **않은** 사건에서 이와 똑같은 시나리오를 상상해보자. 다시 샌더스키 사건으로 돌아가자.

샤워장 밖의 소년

샌더스키에 대한 고발이 공개된 뒤, 가장 철두철미하게 그를 옹호한 사람 중 하나는 앨런 마이어스라는 세컨드마일 참가자였다. 펜실베이니아주 경찰이 샌더스키에 대해 제기된 주장을 확인하기 위해 세컨드마일에 참가했던 사람들을 면담하는 과정에서 마이어스와 접촉했는데, 그는 더없이 완강했다. "마이어스는 이제까지 나온 주장들을 믿지 않으며, 고발자가 돈을 좀 받으려고 하는 것일 뿐이라고 말함." 경찰의 보고서 내용이다. "마이어스는 지금도 일주일에 한두 번

전화로 샌더스키와 연락하고 있음." 마이어스는 자기도 운동이 끝나고 여러 차례 샌더스키와 라커룸에서 샤워를 한 적이 있는데 아무 일도 없었다고 경찰에 말했다.

그로부터 두 달 뒤, 마이어스는 한 발 더 나아갔다. 샌더스키 담당 검사 사무실에 찾아와서 깜짝 놀랄 사실을 폭로한 것이다. 매쿼리의 이야기를 꼼꼼히 읽은 뒤 그는 **자신**이 바로 그날 밤 샤워장에 있던 소년이었음을 깨달았다. 샌더스키의 변호사가 고용한 사설탐정 커티스 에버하트는 마이어스와 한 면담의 개요를 작성했다. 다소 길지만 인용할 만한 가치가 있다.

구체적인 질문을 했다. "제리가 당신이 부적절하다고 느낄 만한 신체 접촉을 하거나 지나치게 가까이 몸을 밀착시켜서 불쾌감을 느끼게 한 적이 있습니까?" 마이어스는 단호하게 대답했다. "그런 일은 전혀 없었습니다."

마이어스가 말했다. "제리 코치님하고 함께 있는 동안 불편하거나 신체를 침해받았다고 느낀 적은 제 인생에 한 번도 없습니다." 마이어스는 웨스트브랜치고등학교 풋볼 경기에서 열린 고학년의 밤 행사Senior Night(학교 스포츠팀이 한 해 마지막 홈경기에서 여는 행사. 졸업을 앞두고 마지막 경기를 치르는 3학년 학생들이 경기 전후나 하프타임에 관중에게 고별인사를 한다)에 관해 말했다. "코치님한테 어머니하고 같이 운동장에 나가달라고 부탁했습니다. 스피커에서 어머니 이름과 함께 '아버지 제리 샌더스키'가 입장한다고 나왔어요."

"제리하고 도티를 제 결혼식에 초청했어요. 만약 문제가 있었다면, 고학년의 밤 행사에서 아버지 역할을 해준 제리한테 도티하고 같이 결혼식에 와달라고 왜 얘기했을까요? 또 학교의 요청을 받아 제리한 테 제 졸업식에서 연설을 해달라고 부탁했습니다. 만약 제리가 저를 성폭행했다면, 왜 제가 경기장에 가고, 코치님 집에 가고, 여행을 같 이 다녔을까요? 만약 그런 일이 있었다면, 최대한 제리한테서 멀리 떨어져 있으려고 했을 겁니다."[26]

마이어스는 문제가 된 그날 밤을 분명하게 설명했다.

마이어스는 자기와 제리가 막 운동을 마치고 나서 집에 가기 전 씻 으려고 샤워장에 들어갔다고 말했다. "보통 일주일에 한두 번 운동 을 했는데, 이날 밤은 특별해서 기억에 뚜렷이 남아 있습니다. 우리 는 샤워장에 있었고, 제리하고 저는 서로 따끔하게 하려고 수건으로 철썩 때렸거든요. 저는 수건으로 벽을 때리기도 하고 샤워장 바닥에 미끄러지기도 했는데, 나무로 된 라커룸에서 그 소리가 들렸을 게 분명해요. 제가 설명한 것처럼 우리가 장난을 칠 때 나무로 된 라커 문이 닫히는 소리가 들렸어요. 전에도 들은 소리였죠. 누가 라커를 닫은 건지는 못 봤습니다. 대배심 보고서에서는 매퀴어리 코치가 제 리하고 제가 성적 행위를 하는 걸 봤다고 돼 있죠. 그건 사실이 아니 고 매퀴어리 코치는 진실을 말하는 게 아닙니다. 그날 밤 샤워장에 서는 아무 일도 없었습니다."

하지만 그로부터 몇 주 뒤, 마이어스는 샌더스키의 피해자로 추정되는 많은 사람을 대변하는 변호사와 계약을 체결했다. 그리고 경찰에 제출한 진술서에서 어조를 완전히 바꿨다. 이제 그도 샌더스키의 피해자 중 하나였다.

이 대목에서 독자인 당신이 혼란스럽다고 생각하는 것도 당연하다. 샤워장의 소년은 사건 전체에서 가장 중요한 증인이었다. 검찰은 샌더스키의 관에 마지막으로 못질을 하기 위해 그를 샅샅이 찾고 있었다. 그리하여 마침내 그가 나타나 아무 일도 없었다고 부정하더니 거의 곧바로 입장을 뒤집어서 어떤 일이 실제로 **벌어졌다**고 말한다. 그러면 마이어스는 샌더스키 재판에서 검찰 측 핵심 증인이 됐을까? 논리적으로 당연히 그래야 했다. 그는 전체 퍼즐에서 가장 중요한 조각이었으니까. 하지만 천만의 말씀! 검찰은 그를 법정에 부르지 않았다. 그가 하는 이야기에 확신을 갖지 못했기 때문이다.

마이어스가 법정에 출석한 유일한 순간은 샌더스키의 항소심에서 증언하는 자리였다. 샌더스키는 그에게 증언을 요청한 상태였다. 마이어스가 원래의 입장으로 돌아가 샤워장에서 아무 일도 없었다고 말하기를 헛되이 기대한 것이었다. 하지만 마이어스는 그러지 않았다. 그 대신, 샌더스키 쪽 변호사들이 채 1년도 지나지 않은 과거에 마이어스가 샌더스키의 무고함에 관해 작성한 진술서를 각각 들려주는 동안, 그는 무표정한 얼굴로 앉아서 모든 것을 무시했다. 샌더스키와 즐거운 표정으로 나란히 서서 찍은 사진에 대해서도 모르쇠로 일관했다. 사진에 있는 사람들은 누구인가요? 변호사 한 명이 질문을 했다.

> **마이어스** 저하고 당신 쪽 의뢰인입니다.
>
> **피고인 측 변호인** 그러면 언제 찍은 사진입니까? 혹시 아시나요?
>
> **마이어스** 그건 기억나지 않습니다.

마이어스의 결혼식에서 샌더스키와 찍은 사진이었다. 모두 합쳐 그는 서른네 차례나 기억나지 않는다고 말했다.[27]

그리고 브렛 스위셔 하우츠가 있다. 세컨드마일에서 샌더스키와 아주 가깝게 지낸 소년이었다. 아마 그가 샌더스키 재판에서 가장 통렬한 증인이었을 것이다. 하우츠는 거듭해서 성폭행과 학대를 낭했다고 말했다. 10대 시절에 샤워장, 사우나, 호텔 방 등에서 수십 차례 노골적인 성적 접촉을 했다는 것이다.

> **검사** 하우츠 씨, 이스트에어리어 라커룸이나 래시빌딩 샤워장에서 피고인이 대략 몇 차례나 자기 성기를 선생님 입안에 넣었는지 배심원 여러분께 말씀해주실 수 있습니까?
>
> **하우츠** 최소한 40차례는 됐을 겁니다.
>
> **검사** 선생님도 원한 일입니까.
>
> **하우츠** 아닙니다.
>
> **검사** 한 번도 원한 적이 없으시다고요?
>
> **하우츠** 네, 없습니다.

뒤이어 샌더스키의 아내인 도티가 증인석에 나왔다. 그와 남편이 브렛 하우츠를 마지막으로 본 게 언제냐는 질문을 받았다.

도티 샌더스키 3년 전인가, 2년 전이었을 겁니다. 확실치 않습니다.

하우츠가 당했다고 한 성적 학대는 1990년대에 일어난 것으로 추정되었다. 도티 샌더스키는 하우츠가 반복적으로 잔인하게 성적 피해를 당한 지 20년 뒤 지나는 길에 잠깐 들르기로 마음먹었다고 말하고 있었다.

피고인 측 변호인 그때에 관해 말씀해주실 수 있습니까?
도티 샌더스키 네, 제리가 전화를 받았어요. 브렛이었습니다. 그가 잠깐 들르고 싶다고 말했습니다. 여자 친구하고 애를 보여주고 싶다고요. 애기는 두 살 정도였어요. 브렛네가 왔는데, 제 친구 일레인 스타인바커도 와 있었어요. 우리는 밖에 나가 KFC를 사 와서 저녁을 먹었죠. 아주 즐거운 방문이었습니다.

나사르 사건에서 등장한 트리니아 곤자보다 훨씬 더 당혹스러운 사례다. 곤자는 나사르에게 치료를 받을 때 어떤 일이 생긴 것 자체는 부인하지 않았다. 그는 동료 체조선수들이 나사르 재판에서 증언하는 것을 들을 때까지는 나사르의 행동을 친절한 행위로 해석하는 쪽을 택했다. 충분히 이해가 가는 일이었다. 이와 대조적으로, 샌더스키는 어떤 모호한 의학적 치료 행위를 한 게 아니었다. 그는 반복적인 성폭력 행동을 한 것으로 추정된다. 그리고 피해자로 추정되는 이들은 그가 자신들에게 한 행동을 잘못 해석한 게 아니다. 그들은 아무 일도 일어나지 않은 것처럼 행동했다. 그들은 친구들에게 털어놓지 않았다. 일기에 괴로운 내용을 쓰지도 않았다. 그리고 몇 년 뒤 지나는 길에 들러서 자기를 강간한 남자에게 자기 애를 보여주었다. 강간 가해자를 결혼식에 초대했다. 한 피해자는 샌더스키와 샤워를 하고서 스스로 "세상에서 제일 운 좋은 꼬마"라고 자랑했다. 또 다른 소년은 심리치료사에게 몇 달 동안 기억을 자극받은 끝에 자기 이야기를 들고 나타났으나 대배심을 설득하지는 못했다.

성적 학대 사건은 **복잡하며**, 여러 겹의 수치심과 부정과 혼란스러운 기억에 싸여 있다. 세간의 이목을 끈 사건 중에 제리 샌더스키 사건만큼 복잡한 것은 거의 없다. 이제 이 모든 아찔한 모순을 파헤쳐야만 하는 사람들에게 이런 복잡함이 무엇을 의미하는지에 관해 생각해보자. 샌더스키에 관해서는 언제나 의심이 있었다. 하지만 피해자들이 학대 가해자와 희희낙락하며 KFC를 먹는 상황에서 당신은 어떻게 **충분한** 의심에 다다를 수 있을까?

신뢰가 배신으로 끝나더라도

경과는 이랬다. 매퀴어리는 토요일에 상관인 조 패터노를 만나러 간다. 깜짝 놀란 패터노는 다음 날인 일요일에 팀 컬리, 게리 슐츠와 자리를 함께한다. 그들은 곧바로 월요일에 대학 법률 고문에게 전화를 걸고 계속해서 총장 그레이엄 스패니어에게 보고한다. 그리고 컬리와 슐츠가 마이크 매퀴어리를 불러들인다.

컬리와 슐츠가 그의 말을 들으면서 무슨 생각을 했는지는 상상만 할 수 있을 뿐이다. 이게 정말로 강간 사건이면 자네는 왜 달려가서 말리지 않았나? 자네가 본 게 그렇게 심각한 일이라면, 의사인 자네 가족 친구를 비롯해서 왜 아무도 경찰에 이야기하지 않았나? 그리고 자네가 목격한 일이 그렇게 걱정됐다면, 왜 이렇게 시간을 끌고서야 우리한테 말하나?

컬리와 슐츠는 계속해서 대학 외부 변호사에게 전화를 건다. 하지만 매퀴어리는 많은 이야기를 하지 않았다. 그들은 우리 모두가 그러하듯 본능적으로 가장 무고한 설명에 도달한다. 어쩌면 제리는 그냥 얼빠진 제리였을 뿐일 것이다. 펜실베이니아주립대학 변호사 웬델 코트니는 게리 슐츠와 나눈 대화를 다음과 같이 술회한다.

코트니 중간에 어느 시점에서 저는 제리와 소년이 벌인 이런 야단법석 장난에 어떤 성적인 성격이 있었는지 물었습니다. 그러자 그는 자기가 아는 한은 없다고 말했습니다. 적어도 상황 설명을 듣고 슐츠 씨와 이야기를 해본 바로는 제 생각은 이렇습니다. 알다시피 어린 남자애가 샤워를 하면서, 샤워장에 물이 많고, 그러니까 여럿이 샤워하는 장소니까 바닥에서 뛰어다니다가 미끄러지고 한 거죠.

검사 당신은 그가 찰싹 때리는 소리나 성적인 성격의 어떤 일에 관해 전혀 말하지 않았다고 확신하시나요?

코트니 샤워장에서 찰싹 때리는 소리나 성적인 성격의 일이 있었다고 전해 들은 말이 전혀 없다고 슐츠 씨가 말한 건 분명합니다.

코트니는 이 일에 관해 생각하면서 최악의 시나리오를 검토해보았다고 말했다. 어쨌든 일과시간 후에 성인 남자와 소년이 샤워를 했다. 그리고 제리 샌더스키에 관해 아는 바를 생각해보았다. "항상 아무 데서나 세컨드마일 아이들과 빈둥거리는 사람"이었다. 그는 이런 인상을 기본값으로 놓았다.[28]

슐츠와 그의 동료 팀 컬리는 계속해서 대학 총장 스패니어를 만나러 갔다.

검사 증인은 그레이엄 스패니어에게 그게 '야단법석 장난'이라고 말했습니까?

슐츠 네.

검사 언제 그렇게 말하셨나요?

슐츠 음, 첫 번째, 우리가 받은 첫 번째 보고에 '야단법석 장난'이라고 돼 있었습니다. 제리 샌더스키가 어떤 아이하고 샤워장에서 야단법석 장난을 하는 게 목격됐다. 제 생각에 그 단어를 스패니어 총장님한테 되풀이한 것 같습니다. 샌더스키가 야단법석 장난을 하는 게 목격됐다.

스패니어는 컬리와 슐츠의 말을 듣고 두 사람에게 질문했다. "그러니까 '야단법석 장난'이라고 설명을 들은 게 분명합니까?" 두 사람은 그렇다고 답했다. 그러자 스패니어가 다시 물었다. "그 말만 들은 게 확실해요?" 두 사람은 그렇다고 답했다. 스패니어는 샌더스키를 거의 알지 못했다. 펜실베이니아주립대학에는 직원이 수천 명이다. 지금은 퇴직했지만 그중 한 명이 샤워장에서 발견됐다?

"잠깐 당혹감에 빠져서 '야단법석 장난'을 어떻게 해석해야 할지 생각하긴 했습니다." 나중에 스패니어가 한 말이다. "전에는 그런 보고를 받은 적이 없었거든요."

만약 해리 마코폴로스가 샌더스키 사건 당시 펜실베이니아주립대학 총장이었다면, 물론 그는 절대 이렇게 가장 무고한 해석을 기본값으로 놓지 않았을 것이다. 샤워장에 남자가 있다? 소년 한 명과? 다른 누구보다 10년 전에 메이도프의 속임수를 꿰뚫어 본 종류의 사람이라면 곧바로 유죄를 강력하게 시사하는 결론으로 도약했을 것이다. **아이는 몇 살인가? 두 사람이 밤에 거기서 뭘 한 걸까? 몇 년 전에 샌더스키와 관련된 이상한 사건이 없었나?**

하지만 그레이엄 스패니어는 해리 마코폴로스가 아니다. 그는 가장 그럴듯한 설명, 즉 샌더스키는 자기가 주장하는 그런 사람이라는 설명을 선택했다. 그는 후속 질문을 한 번 더 하지 않은 것, 조용히 수소문해 보지 않은 것을 지금 와서 후회할까? 물론 후회한다. 하지만 진실을 기본값으로 놓는 것은 범죄가 아니다. 인간의 기본적인 성향이다.

스패니어가 한 행동은 등반가나 스콧 카마이클, 냇 사이먼스, 트리니아 곤자 그리고 래리 나사르에게 치료받은 체조선수의 모든 부모 등과 전혀 다를 바가 없다. 나사르가 자기 아이를 성추행할 때 그 부모들이 치료실 안에 없었나? 그 아이들이 뭔가 틀린 말을 한 적은 없었나? 왜 부모들은 아이를 거듭해서 나사르에게 보냈을까? 하지만 나사르 사건에서 어느 누구도 체조선수 부모들을 자식을 성적 약탈자에게서 보호하지 못한 책임을 물어 교도소에 보내야 한다고 말하지 않았다. 우리는 부모 노릇을 하려면 자녀 주변의 사람들로 이루어진 공동체에 대한 기본적인 수준의 신뢰를 가져야 한다는 사실을 받아들인다.

모든 코치가 소아성애자라고 가정되면, 어떤 부모도 아이가 집 밖을 나가게 하지 않을 것이며, 제정신인 사람이라면 아무도 코치를 맡겠다고 자원하지 않을 것이다. 우리는 이 결정이 아무리 끔찍한 위험을 수반하더라도 진실을 기본값으로 놓는다. 다른 선택의 여지가 없기 때문이다. 그러지 않으면 사회가 굴러가지 않는다. 그리고 신뢰가 결국 배신으로 끝나는 드문 경우에 진실을 기본값으로 놓은 것 때문에 피해를 입은 사람들은 비난이 아니라 동정을 받아 마땅하다.

누구와 일할 것인가

팀 컬리와 게리 슐츠가 먼저 고발을 당했다. 미국 유수의 명문대로 손꼽히는 대학의 가장 중요한 관리였던 두 사람은 체포되었다. 스패니어는 고위 직원들을 한데 모아 감정을 토로하는 회동을 가졌다. 그는 펜실베이니아주립대학을 하나의 대가족으로 간주했다. 이 직원들은 자기 친구들이었다. 그들이 샤워장 사건은 아마 그냥 야단법석 장난이었던 것 같다고 말했을 때, 그는 두 사람이 진실을 말한다고 믿었다.

"모든 사람이 게리나 팀하고 거리를 두려고 한다는 걸 알게 될 겁니다." 하지만 그는 그러고 싶지 않았다.

이 자리에 있는 여러분 모두는 오랫동안 팀이나 게리하고 일했습니다. 몇몇 분은 35년이나 40년 동안 같이 일했지요. 팀과 게리가 각각 그만큼 오랫동안 대학에 몸담았으니까요. 여러분은 일생 동안 매일 두 사람하고 같이 일했고, 저는 지난 16년 동안 같이 일했습니다. 여러분 중 누구든 이 대학에서 우리가 언제나 합의한 방식대로 일을 한다면, 그러니까 정직하고 숨김없이 성실하게, 언제나 대학에 가장 좋은 쪽으로 일을 한다면, 만에 하나 여러분이 뭔가 잘못된 비난을 받을 때 저는 여기 있는 어느 누구에게든 똑같은 일을 해드릴 겁니다. 여러분이 아셨으면 좋겠습니다. 여러분 중 어느 누구도 올바른 일을 하는 걸 두려워하거나, 자기가 올바른 일을 한다는 걸 아는데도 악행을 한다고 비난받는 일을 두려워해서는 안 됩니다. 우리 대학은 여러분을 지지해줄 테니까요.[29]

이런 이유로 사람들이 그레이엄 스패니어를 좋아했다. 이 때문에 그는 펜실베이니아주립대학에서 빛나는 경력을 쌓았다. 이 때문에 당신이나 내가 그를 위해 일하고 싶어 한다. 우리는 그레이엄 스패니어를 우리의 총장으로 **원한다**, 완전무장을 한 채 정부 관료 집단이 정문을 밀어젖히고 쳐들어오기를 기다리는 해리 마코폴로스 같은 사람이 아니라.

바로 이 점이 샌드라 블랜드의 죽음을 검토할 때 염두에 두어야 하는 첫 번째 생각이다. 우리는 우리의 보호자가 모든 의혹에 경계를 게을리하지 않기를 바란다고 **생각한다**. 우리는 보호자가 진실을 기본값으로 놓으면 그를 비난한다. 그레이엄 스패니어 같은 사람들을 교도소에 보내려고 시도할 때, 우리는 권한 있는 지위에 있는 모든 이에게 그들이 어떻게 낯선 사람을 파악해야 하는지에 관해 메시지를 보낸다. 그러면서 잠시 멈춰서 그런 메시지를 보내면 어떤 결과가 생길지 고려하지 않는다.

하지만 지금 우리는 마음만 앞설 뿐이다.

TALKING TO STRANGERS

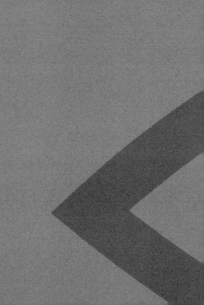

투명성 가정의 실패
: 낯선 사람을 파악하기 위한 두 번째 도구

06 〈프렌즈〉의 연기

행복할 때 웃는 사람들

수정처럼 투명한 배우

다섯 번째 시즌에 이르러 〈프렌즈〉는 역사상 가장 성공적인 텔레비전 프로그램의 반열에 올라서고 있었다. '카페에서 노닥거리는 코미디'라는 장르를 개척한 걸작으로 손꼽힌다. 친구 여섯 명(모니카, 레이철, 피비, 조이, 챈들러, 로스)이 맨해튼 시내의 난장판 집에 살면서 커플이 됐다가 헤어지거나 시시덕거리다가 싸우곤 하지만, 대체로 그냥 끊임없이 재미있게 수다를 떤다.

다섯 번째 시즌은 로스가 '프렌즈'가 아닌 여자와 결혼하면서 시작한다. 시즌 중반에 로스의 부부 관계가 끝이 나고, 시즌 후반에 로스는 레이철의 품으로 다시 돌아온다. 피비는 세쌍둥이를 낳고 경찰관과 사귀기 시작한다. 그리고 무엇보다 필연적으로 모니카와 챈들러가 사랑에 빠진다. 그러자 곧바로 문제가 발생한다. 모니카는 로스의 여동생이고 챈들러는 로스의 가장 친한 친구인데, 둘 다 로스한테 둘 사이에 관해 말을 꺼낼 용기가 없기 때문이다.

15화 "조이를 때리는 여자 옆에 있는 사람"이 시작되는 순간 챈들러와 모니카의 속임수가 결딴난다. 로스가 길 건너편 아파트 창문 밖을 내다보는데 동생 모니카가 챈들러와 로맨틱한 포옹을 한다. 놀란 로스가 모니카의 아파트로 쏜살처럼 달려갔지만 걸쇠가 걸려 있다. 어쩔 수 없이 빼꼼 열린 틈으로 얼굴을 들이민다.

"챈들러! 챈들러! 창문으로 다 봤어. 내 동생한테 하는 짓 다 봤으니까, 당장 나와!"

깜짝 놀란 챈들러가 창문으로 도망치려고 한다. 모니카가 그를 붙잡으며 말한다. "오빠는 내가 맡을게." 그러고는 문을 열어 오빠를 맞이한다. "안녕 오빠, 무슨 일이야?"

로스가 안으로 달려 들어와 챈들러에게로 돌진하면서 식탁을 사이에 두고 추격전이 벌어진다. "이게 대체 무슨 짓이야?!"

챈들러는 모니카 뒤에 숨는다. 조이와 레이철이 달려 들어온다.

레이철 이봐, 무슨 일이야?

챈들러 그게, 내 생각에는, 내 **생각에는** 로스가 우리 사이를 아나 봐.

조이 야, 옆에 있잖아.

로스 널 제일 좋은 친구로 생각했는데! 얜 내 동생이야! 내 절친하고 동생이라니! 믿을 수가 없어.[1]

당신은 이 모든 상황을 따라잡았는가? 〈프렌즈〉는 시즌마다 뜻밖의 전개와 플롯 전환 그리고 서사와 감정의 변주가 아주 많아서 시청자들이 중간에 길을 잃지 않으려면 흐름도라도 만들어가며 봐야할 것 같다. 하지만 사실 이것은 전혀 사실이 아니다. 〈프렌즈〉의 한화라도 본 적이 있다면, 당신은 혼란에 빠질 가능성이 거의 제로임을 알 것이다. 이 프로그램은 수정처럼 투명하다. 얼마나 투명할까? 아마 소리를 끄고 보아도 줄거리를 따라잡을 수 있을 것이다.

이 책의 출발점이 된 수수께끼 가운데 두 번째는 보석 문제였다. 판사들은 컴퓨터보다 피의자들에 관해 훨씬 더 많은 정보를 아는데도 어떻게 컴퓨터 프로그램보다 피의자를 평가하는 실력이 떨어질까? 이 책의 제3부는 그 수수께끼에 답하기 위한 시도다. 우선 〈프렌즈〉 같은 텔레비전 프로그램이 얼마나 투명하냐는 독특한 사실에서 시작해보자.

희로애락의 표정

〈프렌즈〉의 투명성에 관한 이 아이디어를 시험하기 위해 나는 매사추세츠대학 다트머스캠퍼스에서 심리학을 가르치는 제니퍼 퍼게이트라는 심리학자와 접촉했다. 퍼게이트는 FACS, 즉 안면 동작 부호화 시스템Facial Action Coding System의 전문가다.[2] 안면 동작 부호화 시스템에서는 얼굴 근육의 43개 움직임 각각에 '동작 단위'라는 고유번호가 붙는다. 안면 동작 부호화 시스템 훈련을 받은 퍼게이트와 같은 사람은 어떤 사람의 얼굴 표정을 보고 번호를 매길 수 있다. 음악가가 어떤 음악을 듣고 종이에 음표로 악보를 그릴 수 있는 것과 마찬가지다.

그러면 가령 이 사진을 한번 보자.

팬암 미소Pan-Am smile라고 불리는 표정이다. 항공기 승무원들이 정중하게 보이려고 노력할 때 보여주는 미소다. 이런 미소를 지을 때는 큰광대근을 사용해 입술 양쪽 끝을 끌어올리면서도 나머지 얼굴 부위는 무표정하게 내버려 둔다. 그 때문에 이 미소는 가짜처럼 보인다. 얼굴 표정에 전혀 공을 들이지 않는 미소다. 안면 동작 부호화 시스템에서 큰광대근을 사용하는 팬암 미소는 AU12로 기록된다.

이제 다음 사진을 보자.

뒤셴 미소Duchenne smile라고 불리는 표정이다. 이 표정은 진짜 미소처럼 보인다. 전문 용어로 AU12 플러스 AU6이다. 눈둘레근 안와부가 관련된 얼굴 동작으로, 뺨이 올라가면서 양쪽 눈에 숨길 수 없는 눈꼬리 잔주름이 생겨난다.[3]

안면 동작 부호화 시스템은 대단히 정교한 도구다. 이 시스템은 수천 가지 근육 동작을 엄격하게 자세히 목록화하는데, 그중 일부는 고작 몇 분의 1초 동안 나타난다. 안면 동작 부호화 시스템의 설명서는 500쪽이 넘는다. 만약 퍼게이트가 "조이를 때리는 여자 옆에 있는 사람" 전체를 이 시스템으로 분석한다면, 며칠이 걸렸을 것이다. 그래서 나는 시작 장면에만 초점을 맞춰달라고 요청했다. 로스가 챈들러와 모니카가 껴안는 광경을 목격하고 화가 나서 달려오는 장면이다.

퍼게이트가 발견한 내용은 다음과 같다.

로스가 억지로 연 문틈으로 여동생이 절친과 뜨겁게 끌어안는 모습을 볼 때, 그의 얼굴에는 10+16+25+26의 동작 단위가 나타난다. 올라간 윗입술(윗입술올림근, 안와하두), 내려간 아랫입술(아랫입술내림근), 벌어진 입술(아랫입술내림근, 느슨해진 턱끝근 또는 입둘레근), 벌어진 입(느슨해진 관자놀이, 내익상근).

또한 안면 동작 부호화 시스템에서는 근육동작에 A부터 E까지 강도를 표시한다. A가 가장 약하고 E가 가장 강하다. 그 순간 로스의 네 가지 근육 동작은 모두 E다. 다시 뒤로 돌아가서 〈프렌즈〉 해당 화를 보다가 로스가 문틈 사이로 보는 순간 화면을 멈추면, 안면 동작 부호화 시스템의 부호가 무엇을 묘사하는지 알 수 있을 것이다.[4] 그의 얼굴에는 분노와 혐오의 표정이 뚜렷하게 나타난다.

로스는 곧이어 모니카의 아파트로 달려간다. 이 장면에서는 긴장이 더욱 고조되고 로스의 감정도 고조된다. 이제 그의 얼굴을 해독해보자. 4C+5D+7C+10E+16E+25E+26E. 역시 E가 네 개나 된다!

퍼게이트가 설명한다. "(AU)4는 찌푸린 이마입니다."

이마에 주름을 잡을 때 생기는 거죠. 7은 가늘게 뜬 눈입니다. '눈꺼풀 조이기'라고 부르죠. 로스는 눈을 찌푸리는 동시에 감고 있는데, 전형적인 분노 표현입니다. 그리고 이 경우에 10은 아주 고전적인 혐오 표정입니다. 코는 움직이지 않은 채 윗입술을 끌어올리는데, 코를 위로 올리는 것 같은 인상을 주죠. 16도 가끔 같이 일어납니다. 아랫입술을 내리는 거죠. 아랫입술을 끌어내려서 아랫니가 보이게 할 때 나타납니다.

문 앞에 선 모니카는 아무 일도 없는 것처럼 행세한다. 오빠에게 미소를 지어 보인다. 하지만 그 웃음은 뒤셴 미소가 아니라 팬암 미소다. 12가 약간 있고 6은 거의 보이지 않는다.

로스는 식탁을 사이에 두고 챈들러를 잡으려고 달려든다. 그런 로스에게 모니카 뒤에 숨은 챈들러가 말한다. "야 우린 그냥 놀아나는 게 아냐. 난 모니카 사랑해. 됐어? 모니카를 사랑한다고."

그러자 모니카가 손을 뻗어 로스의 손을 잡는다. "이런 식으로 알게 해서 정말 미안해. 미안해. 하지만 정말이야. 나도 챈들러를 사랑해."

로스가 두 사람을 쳐다보는 가운데 긴 침묵이 흐른다. 로스의 내면에서 온갖 감정이 폭풍처럼 충돌한다. 이내 로스는 갑자기 웃음을 터뜨리며 두 사람을 껴안고, 같은 말을 되풀이한다. 하지만 이번에는 행복한 말투다. "내 절친하고 여동생이라니! 정말 좋군!"

모니카가 오빠에게 연애 사실을 털어놓는 동안 퍼게이트는 1C+2D+12D로 기록한다. 1과 2가 결합되면 슬픔이다. 모니카는 눈썹의 안쪽과 바깥쪽을 치켜올린다. 12D는 물론 감정적으로 불완전한 팬암 미소다.

"이상하게 들리겠지만 모니카는 일종의 슬픔을 표현하고 있습니다." 퍼게이트의 말이다. "그러면서도 곧바로 행복을 나타내죠. 이게 말이 되는 게, 처음에는 사과를 하다가 금세 로스에게 자기가 정말 아무 문제 없다는 걸 보여주거든요."

로스는 오랫동안 여동생을 바라본다. 그의 얼굴에는 고전적인 슬픔이 기록된다. 이내 그의 얼굴이 미묘하게 1E+12D로 바뀐다. 모니카가 보여준 것과 똑같이 뒤섞인 감정을 그대로 돌려준다. 슬픔이 행복의 시작과 결합되어 있다. 지금 그는 여동생을 빼앗기고 있다. 하지만 동시에 자기도 여동생의 행복을 인정한다는 사실을 알아주기를 바란다.

퍼게이트의 안면 동작 부호화 시스템 분석은 〈프렌즈〉에 나오는 배우들이 자기가 연기하는 인물이 마음속으로 느끼는 모든 감정을 얼굴 표정으로 완벽하게 표현한다는 사실을 보여준다. 그 때문에 우리는 소리를 끄고 그 장면을 보면서도 줄거리를 따라갈 수 있다. 대사는 우리를 웃게 하거나 서사의 특정한 뉘앙스를 설명해준다. 하지만 줄거리를 이끄는 것은 배우들의 얼굴 표정이다. 〈프렌즈〉에 출연하는 배우들의 연기는 **투명하다**.

투명성은 행동과 태도, 즉 사람들이 **겉으로** 자신을 드러내는 방식이 그들이 **속으로** 느끼는 방식에 대한 확실하고 믿을 만한 창을 제공한다는 관념이다. 이것은 우리가 낯선 사람을 파악하는 데 사용하는 결정적인 도구 중 두 번째 것이다. 누군가를 알지 못하거나 그와 소통하지 못하거나 그를 제대로 이해할 만한 시간이 없을 때, 우리는 행동과 태도를 통해 그 사람을 파악할 수 있다고 믿는다.

다윈의 아이디어

투명성Transparency 관념은 오랜 역사를 갖고 있다. 진화에 관한 유명한 보고서를 처음 내놓은 지 13년 뒤인 1872년, 찰스 다윈은 《인간과 동물의 감정 표현》을 출간했다. 그는 웃음 짓기와 눈살 찌푸리기와 코 주름 짓기는 모든 인간이 진화적 적응의 일환으로 하는 행동이라고 주장했다. 또한 우리 감정을 정확하고 신속하게 서로에게 전달하는 것이야말로 인류의 생존에 워낙 중요한 일이었기 때문에 얼굴이 마음의 게시판으로 발전했다고 주장했다.[5]

다윈의 아이디어는 무척 직관적이다. 세계 곳곳의 아이들은 행복할 때 미소 짓고, 슬플 때 찌푸리며, 즐거울 때 킥킥 웃는다. 그렇지 않은가? 클리블랜드나 토론토, 시드니의 거실에서 〈프렌즈〉를 보는 사람들만 로스와 모니카가 느끼는 감정을 이해하는 건 아니다. 모든 사람이 이해한다.

이 책 2장에서 설명한 보석 심리도 마찬가지로 투명성을 활용하는 것이다. 판사는 법정 사건의 당사자들과 전자우편이나 전화로 연락하지 않는다. 판사들은 자신이 판결을 내리는 사람을 **직접 보는** 게 대단히 중요하다고 믿는다. 몇 년 전 미시간의 한 무슬림 여자가 전통적인 니캅 차림으로 법정에 왔다. 니캅은 눈만 빼고 전부 가리는 베일이다. 판사는 그 원고에게 니캅을 벗으라고 요청했다. 여자는 거부했다. 그러자 판사는 사건을 기각했다. 양쪽 중 한쪽을 제대로 보지 못하면 두 당사자 사이의 불화를 공정하게 판결할 수 없다고 생각했기 때문이다. 판사는 여자에게 말했다.

제가 증언을 들을 때 해야 하는 일 중 하나는 당신 얼굴을 보면서 무슨 일이 벌어지고 있는지를 보는 것입니다. 그런데 만약 당신이 그걸 벗지 않는다면, 당신 얼굴을 볼 수 없고 당신이 말하는 게 진실인지 아닌지를 알아볼 수 없습니다. 법정에서 내가 보아야 하는 당신의 태도와 기질에 관한 몇 가지 모습을 보지 못합니다.[6]

당신은 판사가 옳다고 생각하는가? 아마 많은 사람이 그렇게 생각할 것이다. 만약 뭔가 값진 사실을 알 수 있다고 생각하지 않는다면, 우리는 사람들의 얼굴을 그만큼 오랫동안 들여다보지 않을 것이다. 소설을 읽다가 "깜짝 놀라서 그의 눈이 커졌다"거나 "여자의 얼굴에 실망스러운 기색이 비쳤다"라는 구절이 나오면, 우리는 실제로 얼굴에 실망의 기색이 비치고 충격 때문에 눈이 커진다고 아무 의문 없이 받아들인다. 우리는 소리를 꺼놓아도 로스의 4C+5D+7C+10E+16E+25E+26E를 보면서 그 표정의 의미를 알 수 있다. 수많은 시간에 걸친 진화를 통해 4C+5D+7C+10E+16E+25E+26E는 인간이 충격과 분노에 사로잡힐 때 짓는 표정이 되었기 때문이다.

우리는 어떤 사람의 태도가 그의 영혼을 비추는 창문이라고 믿는다. 하지만 이렇게 되면 다시 두 번째 수수께끼로 돌아간다. 보석 심리를 하는 판사에게는 피의자의 영혼을 비추는 창문이 있다. 하지만 판사들은 누가 다시 범죄를 저지를지를 예측하는 데서 센딜 멀레이너선의 인공지능 컴퓨터보다 훨씬 서투르다. 인공지능에는 사람의 영혼을 비추는 창문이 없는데도 말이다.

만약 현실 세계가 〈프렌즈〉와 같다면, 판사들은 컴퓨터보다 나을 것이다. 그러나 아마 현실 세계는 〈프렌즈〉와 **같지 않을** 것이다.

도대체 왜 저러지?

트로브리안드제도라고 알려진 섬들은 파푸아뉴기니에서 동쪽으로 약 160킬로미터 떨어진 솔로몬해 한가운데에 있다. 이 제도는 매우 작고 주민이 4만 명이다. 외딴 열대 지방이다. 여기에 사는 사람들은 수천 년 전의 조상들과 똑같이 물고기를 잡고 농사를 지으며, 21세기가 불가피하게 잠식하는 가운데서도 오랜 관습을 끈질기게 이어 오고 있다. 자동차 제조업체들이 가장 극단적인 환경에서 테스트하기 위해 북극으로 신모델을 가져가는 것처럼, 사회과학자들은 때로 트로브리안드제도 같은 데서 가설을 '스트레스 테스트'〔자동차 등의 기능 테스트를 스트레스가 높은 상황에서 하는 것을 가리킨다〕하기를 즐긴다. 만약 어떤 가설이 런던이나 뉴욕과 같은 곳에서 적용되고 **또한** 트로브리안드제도에서도 적용되면, 보편적인 가설을 발견할 가능성이 꽤 크다. 2013년에 에스파냐 사회과학자 두 명이 트로브리안드제도로 향한 것도 이 때문이다.[7]

세르히오 하리요는 인류학자다. 그는 전에도 트로브리안드제도에서 연구한 적이 있어서 그곳의 언어와 문화를 알았다. 카를로스 크리베이는 심리학자다. 그는 경력 초기에 투명성의 한계를 시험하면서 보냈다. 한번은 경기에서 막 승리한 유도 선수들의 동영상 수십 편을 검토한 적이 있다. 정확히 언제 웃음을 보이는지 알아내기 위해서였다. 승리한 순간일까? 아니면 이기고 난 **다음**에 웃을까?[8] 또 한 번은 절정의 순간에 사람들의 표정이 어떤지를 알아내기 위해 자위하는 사람들의 동영상을 보았다.[9] 아마 오르가슴은 진정한 행복의 순간일 것이다. 이 행복은 그 순간 바로 자명하게 관찰이 가능한가? 두 경우 모두 그렇지 않았다. 만약 우리의 감정이 정말로 마음을 보여주는 게 시판이라면 말이 되지 않는다. 크리베이는 이 연구들을 거치면서 의심을 품게 되었고, 하리요와 함께 다윈을 시험해보기로 결정했다.

하리요와 크리베이는 행복하고, 슬프고, 화나고, 겁먹고, 혐오를 느끼는 것처럼 보이는 사람의 얼굴 사진으로 시작했다. 마지막 사진 한 장은 중립적인, 즉 무표정한 사람의 사진이었다.

트로브리안드로 떠나기 전에 두 사람은 이 여섯 장의 사진들을 마드리드의 한 초등학교로 가져가서 한 무리의 아이들에게 시험해 보았다. 사진 여섯 장을 한 아이 앞에 놓고 질문을 던졌다. "이 중 어떤 게 슬픈 얼굴일까요?" 뒤이어 두 번째 아이에게 가서 물었다. "이 중 어떤 게 화난 얼굴일까요?" 이런 식으로 여섯 장의 사진을 반복해서 보여주며 물었다. 그 결과는 다음의 표에서 확인할 수 있다. 아이들은 이 시험에서 아무런 어려움도 겪지 않았다.

뒤이어 하리요와 크리베이는 트로브리안드제도로 가서 이 과정을 반복했다.

판단 사진	행복하다 웃는 얼굴	슬프다 삐쭉거리는 입술	분노하다 찌푸린 얼굴	공포스럽다 숨 막힌 얼굴	혐오스럽다 찡그린 코	중립
에스파냐인(113명)						
행복	**1.00**	.00	.00	.00	.00	.00
슬픔	.00	**.98**	.00	.00	.00	.02
분노	.00	.00	**.91**	.00	.09	.00
공포	.00	.07	.00	**.93**	.00	.00
혐오	.00	.02	.00	.15	**.83**	.00

트로브리안드인들은 친절하고 협조적이었다. 그들에게는 풍부하고 미묘한 언어가 있어서 감정 연구의 이상적인 시험 사례로 적합했다. 하리요는 다음과 같이 설명했다.

어떤 것이 긍정적인 방식으로 정말 자기를 놀라게 했다고 말하려면 그들은 이렇게 말한다. 그것이 "내 머리를 황홀하게 만들었다"거나 "내 머리를 사로잡았다"고 말이다. 그런데 당신이 그 이야기를 반복해서 "이것이 당신 머리를 사로잡았나요?"라고 말하면, 이렇게 대답한다. "글쎄, 아뇨. 이건 내 가슴을 앗아간 거에 더 가까워요."

다시 말해, 이 사람들은 어떤 것의 감정적 진실을 파악하라는 요청을 받았을 때 당황해하지 않는다. 만약 다윈이 옳다면, 트로브리안드인들은 사람들의 얼굴 표정을 파악하는 데 마드리드의 학생들만큼 유능해야 마땅하다. 감정은 진화에 의해 굳어진다. 그렇다면 솔로

판단 / 사진	행복하다 웃는 얼굴	슬프다 삐쭉거리는 입술	분노하다 찌푸린 얼굴	공포스럽다 숨 막힌 얼굴	혐오스럽다 찡그린 코	중립
트로브리안드인(68명)						
행복	**.58**	.08	.04	.08	.00	.23
슬픔	.04	**.46**	.04	.04	.23	.19
분노	.20	.17	**.07**	.30	.20	.07
공포	.08	.27	.04	**.31**	.27	.04
혐오	.18	.11	.08	.29	**.25**	.11
에스파냐인(113명)						
행복	**1.00**	.00	.00	.00	.00	.00
슬픔	.00	**.98**	.00	.00	.00	.02
분노	.00	.00	**.91**	.00	.09	.00
공포	.00	.07	.00	**.93**	.00	.00
혐오	.00	.02	.00	.15	**.83**	.00

몬해 한가운데에 사는 사람들도 마드리드인들과 똑같은 작용 시스템을 가져야 한다. 정말 그런가?

그렇지 않다.

트로브리안드인들과 마드리드 초등학교의 10세 아이들의 성공률을 비교하는 위의 표를 보라. 트로브리안드인들은 **악전고투한다.**

첫 번째 열에 나열된 것은 하리요와 크리베이가 실험 대상자들에게 보여준, 각기 다른 얼굴 표정을 한 사람들의 사진이다. 첫 번째 행은 실험 대상자들이 이 사진을 어떻게 판단했는지를 나타낸다. 따라서 에스파냐 학생 113명 중 100퍼센트가 행복한 얼굴을 행복한 얼굴로 확인했다. 하지만 트로브리안드인들은 58퍼센트만이 행복한 얼굴을 맞혔고, 23퍼센트는 웃는 얼굴을 보면서 '중립'이라고 지칭했다. 그리고 행복은 트로브리안드인들과 에스파냐 학생들 사이에 가장 의견이 일치되는 감정이다. 다른 모든 감정에 대해서는, 감정이 겉으로 어떻게 나타나는지에 관한 트로브리안드인의 생각은 우리의 생각과 완전히 다른 것 같다.

크리베이의 말이다. "우리가 가장 놀란 점은 서구 사회에서 우리가 공포에 사로잡힌 얼굴, 즉 겁먹은 사람의 얼굴이라고 생각하는 것이 트로브리안드에서는 위협에 더 가깝게 인식된다는 겁니다." 이를 증명하기 위해 그는 숨 막힌 얼굴로 알려진 표정을 흉내 냈다. 에드바르 뭉크의 유명한 그림 〈절규〉에 등장하는 부릅뜬 눈의 표정이다.

"우리 문화에서는 제 얼굴이 이럴 겁니다. '나는 겁먹었어요. 나는 당신이 두려워요.'" 크리베이가 말을 이었다. "그런데 그들 문화에서는 이게 다른 사람을 겁주려고 하는 이의 얼굴입니다. (우리가 생각하는 의미와) 정반대죠."

트로브리안드인에게 공포의 감각은 당신이나 내가 느끼는 공포와 전혀 다르지 않다. 그들도 가슴 깊은 곳에서 똑같이 메스꺼운 느낌을 받는다. 하지만 어떤 이유에서인지 그들은 그 느낌을 우리와 똑같은 방식으로 드러내지 않는다.

분노도 마찬가지로 나쁘다. 당신은 세상 모든 사람이 성난 얼굴이 어떻게 보이는지 안다고 생각할 것이다. 그렇지 않나? 분노는 그만큼 기본적인 감정이다.

위의 사진 속 남자의 표정[10]은 분노다, 그렇지 않나?

매서운 눈초리. 꾹 다문 입. 하지만 분노는 트로브리안드인들을 **당황하게 했다**. 분노한 얼굴의 점수를 보라. 20퍼센트는 이 표정을 행복한 얼굴이라고 불렀다. 17퍼센트는 슬픈 얼굴이라고 불렀다. 30퍼센트는 공포에 사로잡힌 얼굴이라고 불렀다. 20퍼센트는 혐오의 표시라고 생각했다. 오직 7퍼센트만이 에스파냐 초등학생들과 같은 방식으로 표정을 판단했다. 크리베이는 다음과 같이 말했다.

그 사람들은 각기 다른 많은 설명어를 제시했다. 그들은 가령 그냥 " 그 사람들은 눈살을 찌푸리고 있습니다"라고 말하곤 했다. 아니면 얼굴이 어둡다는 뜻의 이런 속담들 가운데 하나를 사용했다. "그는 눈살을 찌푸리고 있다"고 번역할 수 있는 속담이다. 그들은 이 말이 이 사람이 화났음을 의미한다고 추론하려 하지 않았다.

트로브리안드인들이 일종의 특별한 사례가 아님을 확인하기 위해 하리요와 크리베이는 뒤이어 모잠비크로 가서 므와니족이라고 알려진, 고립 생활을 하는 자급 어민 집단을 연구했다. 이번에도 결과는 참담했다. 므와니족은 웃는 얼굴에서 근소하게 점수가 더 좋았지만, 슬픈 얼굴과 성난 얼굴에서는 당황한 것 같았다. 마리아 젠드런이 이끄는 다른 그룹은 나미비아 서북부 산지로 가서 현지 사람들이 인물 사진을 피사체의 감정 표현에 따라 정확히 분류할 수 있는지를 살펴보았다. 결과는 형편없었다.[11]

이제 역사학자들도 이 연구에 가담한다. 만약 타임머신을 타고 가서 고대 그리스인과 로마인에게 활짝 웃는 현대인의 사진을 보여줄 수 있다면, 과연 그 사람들도 그 표정을 우리처럼 해석할까? 아마 그렇지 않을 것이다. 고전학자 메리 비어드는 저서 《고대 로마의 웃음》에서 다음과 같이 언급한다.

그렇다고 해서 로마인들이 우리 눈에 웃음과 흡사해 보이는 모습으로 입술 끝을 동그랗게 만 적이 없다는 말은 아니다. 물론 로마인들도 그렇게 입을 반달 모양으로 만들었다. 하지만 이런 입술의 곡선은 로마에서 중요한 사회적·문화적 몸짓의 범위에서 볼 때 큰 의미가 있지 않았다. 거꾸로 우리에게는 별 의미가 없는 다른 몸짓들에 훨씬 더 중요한 의미가 담겨 있었다.[12]

만약 트로브리안드인들을 대상으로 〈프렌즈〉 다섯 번째 시즌의 15화 상영회를 한다면, 그들은 로스가 챈들러와 맞서는 장면을 보고서 챈들러가 화가 나고 로스가 겁에 질렸다고 여길 것이다. 그들은 이 장면을 완전히 잘못 받아들일 것이다. 그리고 만약 고대 로마에서 키케로와 황제와 귀족 친구들을 모아 놓고 〈프렌즈〉 시사회를 한다면, 그들은 배우들의 지나치게 찡그리고 일그러진 표정을 보면서 이렇게 생각할 것이다.

도대체 왜 저러지?

투명성이라는 신화

좋다. 그렇다면 한 문화 **안에서는** 어떨까? 선진국에만 국한해보자면, 그리고 아웃라이어와 고대 로마는 잊어보자면 투명성 규칙이 이제 작용할까? 천만의 말씀, 그렇지 않다.

다음과 같은 시나리오를 생각해보자. 당신은 길고 좁은 통로를 따라 어두운 방으로 이끌려간다. 거기 앉아서 프란츠 카프카의 단편 녹음 파일을 듣고, 계속해서 방금 들은 내용에 관한 기억력 테스트를 받는다. 테스트를 끝내고 다시 걸어서 복도로 간다. 하지만 당신이 카프카의 글을 듣고 있는 동안 한 팀이 열심히 일을 했다. 복도는 사실 임시 칸막이로 만들어진 것이었다. 이제 칸막이가 치워지고 활짝 열린 공간이 만들어졌다. 방의 벽은 연두색이다. 전구 하나가 천장에 매달려서 선홍색 의자를 비춘다. 의자에는 당신의 가장 친한 친구가 침통한 표정으로 앉아 있다. 당신은 나오면서 똑같은 좁은 복도를 따라갈 것으로 생각하는데, **쾅쾅!** 갑자기 복도가 아니라 방이 나타난다. 그리고 당신 친구가 공포 영화의 등장인물처럼 당신을 쳐다보고 있다.

당신은 깜짝 놀랄까? 당연히 놀랄 것이다. 그리고 당신 얼굴은 어떤 모습일까? 글쎄, 그런 상황에서 트로브리안드인이나 고대 로마 시민이 보이는 표정과는 같지 않을 것이다. 하지만 우리 문화 안에서, 이 시공간 안에서 놀람이 어떤 모습인지는 확고히 굳어져 있다. 앞서 말한 〈프렌즈〉에 완벽한 사례가 나온다. 로스의 룸메이트인 조이가 모니카의 아파트에 달려 들어와서 절친인 두 친구가 서로 죽일 듯이 싸우는 것을 발견하는데, 그의 얼굴이 당신이 알아야 할 모든 것을 말해준다. AU1+2(치켜 올라간 눈썹) 플러스 AU5(크게 뜬 눈) 플러스 AU25+26(쩍 벌어진 입). 당신도 조이의 표정을 지을 것이다. 그렇지 않은가?

독일의 두 심리학자 아힘 쉬츠볼과 라이너 라이젠차인은 바로 이런 시나리오를 만들어서 60명에게 실험해보았다.[13] 60명에게 카프카 기억력 테스트를 받고 나서 문을 열었을 때 느꼈던 놀람을 1에서 10까지 점수로 매기게 하니 8.14였다. 그들은 깜짝 놀란 것이다! 그리고 질문을 받았을 때, 거의 모두가 자기 얼굴 전체에 놀람이 새겨져 있다고 확신했다. 하지만 그렇지 않았다. 쉬츠볼과 라이젠차인은 구석에 카메라를 세워놓고 퍼게이트가 〈프렌즈〉 해당 화를 부호화한 것과 같은 방식으로 모든 사람의 표정을 부호화했다. 전체 사례의

5퍼센트에서만 크게 뜬 눈과 치켜 올라간 눈썹, 쩍 벌어진 입이 발견되었다. 사례의 17퍼센트에서는 이 표정들 가운데 두 가지가 발견되었다. 나머지에서는 무표정, 약간 놀란 표정, 반드시 놀람과 결부되지는 않는, 가령 찌푸린 눈살 같은 표정의 조합이 발견되었다.[14]

"참가자들은 모든 상황에서 자신의 놀람 표현을 지나치게 과대 평가했다." 쉬츠볼이 한 말이다. 왜 그럴까? 그들은 "감정-얼굴 연관성에 관한 통속심리학적 믿음에 기대어 놀라운 사건에 대한 그럴듯한 얼굴 표정을 추론했다."[15] 통속심리학folk psychology은 시트콤 같은 문화적 원천으로부터 우리가 습득하는 일종의 조야한 심리학이다. 하지만 실제 생활에서는 그런 식으로 일이 벌어지지 않는다. 투명성은 일종의 신화다. 우리가 텔레비전을 지나치게 많이 보고 소설을 너무 많이 읽으면서 주워들은 관념인 것이다. 이런 드라마나 소설에서는 주인공이 걸핏하면 "깜짝 놀라 입이 쩍 벌어지고" "놀라서 눈이 휘둥그레진다." 계속해서 쉬츠볼의 말을 들어보자. "분명 참가자들은 자기가 놀람을 느꼈고, 또 놀람은 특유의 얼굴 표정과 연결되기 때문에 이런 표정을 지어야 한다고 추론했다. 대부분의 경우에 이런 추론은 오류였다."

나는 이런 착오, 즉 외부에서 벌어지는 일이 내부에서 일어나는 일과 완벽하게 들어맞을 것이라는 기대가 우리 친구들에게는 중요하지 않다고 생각한다. 누군가를 알게 된다는 것의 의미 중 하나는 그의 감정 표현이 얼마나 특이할 수 있는지를 이해하게 되는 것이다.

언젠가 부모님이 빌린 휴가지 독채 숙소에서 아버지가 샤워를 하다가 어머니의 비명을 들었다. 황급히 달려온 아버지 눈에 들어온 것은 거구의 젊은 남자가 어머니 목에 칼을 들이대고 있는 광경이었다. 아버지는 어떻게 했을까? 벌거벗은 채 물이 뚝뚝 떨어지는 70세 노인이라는 점을 유념하자. 아버지는 공격자를 가리키면서 큰 소리로 분명하게 말했다. "지금 당장 나가." 그러자 남자가 나갔다.

내부, 그러니까 아버지의 속마음은 겁이 났다. 자기 인생에서 가장 소중한 존재, 반세기를 함께한 사랑하는 아내에게 칼끝이 겨눠져 있었다. 하지만 나는 아버지의 얼굴에 공포가 드러났는지 대단히 의심스럽다. 아버지의 눈은 공포로 크게 뜨지 않았고, 목소리도 한 옥타브 올라가지 않았다. 만약 당신이 우리 아버지를 안다면, 스트레스가 심한 다른 상황에 처한 아버지를 보았을 테고, 그러면 어떤 이유에서든 간에 '겁에 질린' 얼굴은 아버지가 흔히 짓는 표정이 아니라는 사실을 알게 됐을 것이다. 위기 상황에서 아버지는 대단히 침착해진다. 하지만 만약 당신이 우리 아버지를 알지 못한다면, 어떻게 생각했을까? 아버지가 냉정하다는 결론을 내렸을까? 무정하다고? 낯선 사람을 마주칠 때 우리는 직접 경험을 관념, 즉 고정관념으로 치환해야 한다. 그리고 그 고정관념은 너무도 자주 그릇된 것이다.

그런데 트로브리안드인들은 놀람을 어떻게 표현하는지 아시는지? 크리베이가 나타났을 때 그에게는 작은 애플 아이팟이 있었고, 섬사람들은 감탄하며 모여들었다. "사람들이 저한테 다가왔습니다. 저는 그들에게 보여줬죠. 그들은 흥분했지만 '헉!' 하는 식으로 행동하지는 않았습니다." 그는 AU1+2+5의 표정을 완벽하게 지어 보였다. "아녜요. 그들은 이렇게 했습니다." 그는 혀를 입천장에 대고 소리를 냈다. "그 사람들은 쯧, 쯧, 쯧 하는 소리를 냈습니다."

잡음인가, 신호인가

여기까지가 2장에 등장한 두 번째 수수께끼, 즉 왜 컴퓨터가 보석 결정에서 판사보다 더 유능한지에 대한 설명이다. 컴퓨터는 피의자를 볼 수 없다. 판사는 피의자를 볼 수 있고, 추가적인 정보가 있으면 의사결정자로서 더 유능해지는 게 논리적으로 당연해 보인다. 뉴욕주 판사 솔로몬은 자기 앞에 선 사람의 얼굴을 살피면서 정신질환의 증거, 예컨대 게슴츠레한 표정이나 정서불안, 시선 회피를 찾을 수 있었다. 피의자는 그의 앞 불과 3미터 거리에 서 있고, 솔로몬은 자신이 평가하는 사람을 파악할 기회가 있다. 하지만 이 모든 추가적인 정보는 사실 유용하지 않다. 사람이 놀랐다고 해서 반드시 놀란 표정을 짓는 것은 아니다. 감정 문제가 있는 사람이라고 해서 언제나 감정 문제가 있는 것처럼 보이지는 않는다.

몇 년 전 텍사스에서 유명한 사건이 하나 있었다. 패트릭 데일 워커라는 젊은 남자가 전 여자 친구 머리에 총을 겨눈 사건이었다. 방아쇠를 당겼지만 총구가 막혀서 발사되지 않았을 뿐이다.[16] 담당 판사는 100만 달러로 보석금을 정했는데, 워커가 유치장에서 4일을 보낸 뒤 2만 5천 달러로 낮췄다. 그가 '냉정을 찾기에' 충분한 시간이라는 이유에서였다. 후에 판사는 워커가 전과기록이 전혀 없었다고,

"교통 딱지 하나 없었다"고 설명했다. 그는 정중했다. "그는 정말 차분하고 온순한 젊은이였습니다. 제가 파악하기로 이 친구는 정말 똑똑한 친구예요. 학년 대표로 졸업식 고별사를 읽은 친구였어요. 대학도 졸업했습니다. 게다가 그 여자는 첫 번째 여자 친구였어요." 판사에 따르면 무엇보다도 워커는 후회하는 모습을 보였다.

판사는 워커가 솔직하고 투명하다고 생각했다. 그런데 "후회하는 모습을 보였다"는 건 무슨 뜻일까? 수많은 텔레비전 프로그램에서 사람들이 후회하는 모습을 보이는 걸 본 것처럼, 그도 슬픈 표정을 하고, 눈을 내리깔고, 머리를 떨어뜨린 걸까? 그리고 왜 우리는 누군가 슬픈 표정을 하고, 눈을 내리깔고, 머리를 떨어뜨리면 그 사람의 마음속에서 상전벽해 같은 변화가 일어나고 있다고 생각하는 걸까? 인생은 〈프렌즈〉와 같지 않다. 워커를 직접 본 것은 판사에게 도움이 되지 않았다. 오히려 해가 되었다. 워커가 여자 친구의 머리에 총을 겨누었고, 단지 총이 발사되지 않아서 살인에 실패했다는 단순한 사실을 해명하고 넘어가 버린 것이다. 그로부터 4개월 뒤, 보석 중이던 워커는 여자 친구를 총으로 살해했다.

멀레이너선 연구팀은 다음과 같이 말한다.

판사에게 예측에서 빗나가도록 하는 눈에 띄지 않는 이런 변수들이, 즉 분위기와 같은 내면적인 상태든, 피의자의 외모와 같이 두드러지고 과대평가되는 사건의 구체적인 특징이든 간에 이 변수들은 비밀스러운 정보의 원천이라기보다는 잘못된 예측의 원천이 된다. 눈에

띄지 않는 것들은 신호가 아니라 잡음을 만들어낸다.[17]

해석은 이렇다. 판사가 컴퓨터에 비해 유리한 점은 실은 유리한 점이 아니다.

멀레이너선의 연구를 논리적 결론까지 밀어붙여야 할까? 판사가 피의자를 직접 보지 못하게 해야 하나? 어떤 여자가 니캅을 쓰고 법정에 나타나면, 올바른 대응은 그 사건을 기각하는 게 아닐 것이다. 모든 사람이 베일을 쓰도록 하는 것이 올바른 대응이다. 이 점에 대해서는 아이 돌보미를 고용하기 전에 직접 만나야 하는지, 또는 고용주가 당신에게 채용 제안을 하기 전에 면접 일정을 잡는 게 올바른 것인지 충분히 의문을 가질 필요가 있다.

하지만 물론 우리는 개인적 만남에 등을 돌릴 수는 없다. 그렇지 않나? 모든 유의미한 교류가 익명으로 이루어진다면 세상은 굴러가지 않는다. 나는 솔로몬 판사에게 바로 그 질문을 던졌는데, 그의 답은 고려해볼 만하다.

글래드웰 피의자를 직접 보지 않는다면 어떻게 될까요? 어떤 차이가 생길까요?

솔로몬 제가 그쪽을 선호하냐고요?

글래드웰 판사님은 그쪽을 선호하십니까?

솔로몬 한쪽 머리는 그쪽을 선호한다고 말합니다. 그러면 누군가를 교도소에 집어넣는 어려운 결정이 그래도 덜 어렵게 느껴질 테니까요. 하지만 그건 옳지 않아요. 한 인간을 국가가 구금하는 건데, 국가는 왜 그 사람한테서 자유를 앗아가는지 정당한 근거를 대야 합니다. 그렇죠? 그런데 이제는 직접 대면을 하나의 도구로 생각하겠죠.

투명성 문제는 결국 진실기본값 문제와 똑같은 자리에 놓이게 된다. 낯선 사람을 대하기 위한 우리 전략에 큰 결함이 생겼지만 이 전략은 그래도 사회적으로 필요하다. 우리는 형사사법제도와 채용 절차, 아이돌보미 선발을 인간적인 과정으로 만들어야 한다. 하지만 인간적 요건은 우리가 엄청난 양의 오류를 용인해야 함을 의미한다. 바로 이것이 낯선 이에게 말 걸기의 역설이다. 우리는 낯선 이에게 말을 걸어야 한다. 하지만 우리는 그 일에 서투르다. 그리고 다음 두 개 장에서 살펴볼 것처럼, 우리가 이 일에 얼마나 서투른지에 관해 서로에게 항상 솔직한 것은 아니다.

솔로몬 따라서 제 머리 한쪽에서 "아 그래. 음, 보지 않는 게 더 편하겠어"라고 생각하는 동안 그 사람은 저를 쳐다보고, 저도 그 사람을 쳐다봅니다. 방청석에 앉은 피의자 가족 세 명이 변론이 펼쳐지는 동안 저에게 손을 흔듭니다. 결정을 내려야 해요. 한 사람한테 큰 영향을 미치는 일이라는 걸 알아야 합니다. 가볍게 생각해선 안 됩니다.

07 유죄의 근거

———

슬플 때 웃는 사람들

아만다 녹스의 게임

2007년 11월 1일 밤, 메러디스 커처가 루디 궤드에게 살해되었다. 수많은 토론과 추측과 논쟁을 거친 지금 그는 유죄임이 확실하다. 궤드는 대학생 커처가 1년 동안 해외 생활을 한 이탈리아 도시 페루자에서 그의 집을 뻔질나게 드나들던 수상쩍은 인물이었다. 궤드는 전과가 있었다. 그는 커처가 살해된 날 밤에 커처의 집에 있었다고 인정하면서, 믿기 어려운 이유를 둘러댔다. 범죄 현장은 온통 그의 DNA로 덮여 있었다. 여자의 시신이 발견되고 나서 그는 곧바로 이탈리아를 떠나 독일로 날아갔다.

하지만 루디 궤드는 경찰 조사에서 유일한 초점이 아니었다. 또한 커처의 시신이 발견된 뒤 폭풍처럼 일어난 언론의 관심에서 나중에 추가된 관심 대상에 불과했다. 관심의 초점은 오히려 커처의 룸

메이트였다. 그의 이름은 아만다 녹스였다. 녹스는 어느 날 아침 집에 와서 욕실에 흥건한 피를 발견했다. 녹스와 그의 남자친구 라파엘레 솔레시토는 경찰에 신고했다. 경찰이 와서 욕실에서 사망한 커쳐를 발견했다. 몇 시간 만에 경찰은 녹스와 솔레시토를 용의자 명단에 추가했다. 경찰이 판단하기에 범죄는 마약과 알코올로 뒤덮인 섹스 게임이 어느 순간 어긋나면서 벌어진 것이었다. 궤드와 솔레시토와 녹스가 주인공이었다. 세 사람은 체포되어 기소되었고, 유죄 판결을 받고 수감되었다. 타블로이드판 신문은 매 단계에서 보도를 쏟아냈다.

"살인 사건은 언제나 사람들을 흥분하게 만듭니다. 흥미진진한 음모. 미스터리. 한 편의 추리 스릴러죠." 영국 언론인 닉 피사가 다큐멘터리 〈아만다 녹스〉에서 한 말이다. 이 다큐멘터리는 이 사건으로 말미암은 책자와 학술논문, 잡지 기사, 영화, 뉴스 프로그램을 한데 모아둔 거대한 작품이다. "게다가 이탈리아 한가운데 그림처럼 아름다운 언덕 꼭대기에 있는 도시에서 벌어진 겁니다. 특히 섬뜩한 살인 사건이었죠. 목이 잘린 채 반쯤 벌거벗은 시신에 사방이 피투성이였어요. 이보다 더한 이야기가 있을까요?"[1]

O. J. 심슨 사건이나 존베넷 램지 사건 같은 다른 특징적인 범죄 이야기는 5년이나 10년 뒤에 재발견해도 그만큼 흥미진진하다. 하지만 아만다 녹스 사건은 다르다. 이 사건은 사후에 돌이켜보면 전혀 납득할 수 없다. 녹스나 그의 남자친구를 범죄와 연결 지을 만한 물리적 증거가 전혀 없었다. 또한 시애틀 출신으로 아직 미숙한 데

다 보호받는 중산층 여자인 녹스가 거의 알지 못하는 문제 있는 떠돌이와 살인적인 섹스 게임을 벌이는 데 관심을 보일 만한 이유가 그럴듯하게 설명된 적도 없다. 녹스에 대한 경찰 조사는 충격적일 정도로 무능했음이 드러났다. 녹스와 솔레시토의 범죄 연관성을 입증했다고 한 DNA 증거 분석은 완전히 실패작이었다. 담당 검사는 정교한 성범죄에 관한 환상에 집착한 나머지 너무도 무책임했다. 하지만 녹스가 마침내 무죄 결정을 받기까지는 이탈리아 대법원의 판결이 필요했다. 범죄가 벌어지고 8년 뒤의 일이었다. 그때도 다른 면에서는 지적이고 사려 깊은 많은 사람이 무죄 판결에 동의하지 않았다. 녹스가 교도소에서 풀려났을 때 성난 군중이 페루자시 광장에 잔뜩 모여 석방에 항의했다. 아만다 녹스 사건은 도무지 말이 되지 않는다.

여기서 커처 살인 사건 수사에서 잘못된 점들을 하나하나 분석할 수도 있다. 그러면 이 책 한 권의 분량을 너끈히 채울 수 있다. 피터 길이 범죄학 저널 〈국제법의학〉 2016년 7월호에 기고한 "아만다 녹스와 라파엘레 솔레시토 재판의 오심에 관한 분석과 그 함의"처럼, 사건 조사의 법적인 결함을 가장 종합적이고 학문적으로 분석해서 제시할 수도 있다. 이 꼼꼼한 논문에는 다음 구절이 들어 있다.

B샘플의 DNA 증폭 결과물은 모세관 겔 전기영동법capillary gel electrophoresis도 거쳤다. 전기영동 그래프는 대부분의 지점에서 보고 기준 이하의 최고치와 대립 유전자 불균형을 보여주었다. 나는 보고 기준 이상의 대립 유전자가 여섯 개뿐이라고 판단했다. 전기영동 그래

프는 메러디스 커처와 일치한다고 주장된 부분 DNA 프로필을 보여주었다. 따라서 B샘플은 해석할 수 없었다.[2]

하지만 나는 활용 가능한 모든 아만다 녹스 이론 가운데 가장 단순하고 간략한 형태를 제시하고자 한다. 녹스 사건은 투명성과 관련된다. 만약 당신이 어떤 낯선 사람이 행동하는 방식이 그가 느끼는 방식을 보여주는 신뢰할 만한 단서라고 믿는다면, 즉 〈프렌즈〉의 오류를 신봉한다면, 당신은 실수를 하게 될 것이다. 아만다 녹스는 그런 실수 중 하나였다.

의심받는 정직한 넬리

3장에서 이야기한 팀 러바인의 이론으로 잠시 돌아가 보자. 당신도 기억하겠지만, 러바인은 대학생들을 대상으로 함정수사를 설계했다. 그는 학생들에게 상식 시험을 보도록 했다. 시험이 한창 진행될 때 조교가 방에서 나가면서 답안지를 책상 위에 남겨둔다. 그 후 러바인은 학생들을 면담하면서 단도직입적으로 커닝했는지를 물어보았다. 일부는 거짓말을 했고, 일부는 진실을 이야기했다. 뒤이어 그는 이 면담 영상을 사람들에게 보여주면서 거짓말하는 학생을 알아맞힐 수 있는지 물었다.

사회과학자들은 오래전부터 이런 종류의 실험을 여러 형태로 하고 있다. 당신에게는 '발신인', 즉 실험 대상자와 '심판'이 있어서 심판이 발신인의 거짓말을 알아맞히는 데 얼마나 정확한지를 측정한다. 러바인이 발견한 것은 심리학자들이 이런 사례에서 언제나 깨닫는 사실이다. 우리 대부분은 거짓말을 탐지하는 데 아주 유능하지 못하다는 사실이 그것이다. 평균적으로 심판들이 거짓말쟁이를 정확히 짚어내는 확률은 54퍼센트다. 운에 맡기는 것보다 약간 높은 수치다.[3] 누가 심판을 하든 간에 사정은 마찬가지다. 학생들은 서투르다. 연방수사국 요원들도 서투르다. 중앙정보국 요원들도 서투르다. 변호사들도 서투르다. 불리한 상황을 극복하는 '초탐지자'들이 소수 있을지 모른다. 하지만 설령 있다고 하더라도 드물다. 왜 그럴까?

첫 번째 수수께끼에 대한 답은 우리가 3장에서 이야기한 것이다. 우리는 진실에 편향돼 있다. 결국엔 좋은 것으로 드러나기 때문에 우리는 미심쩍은 부분을 좋은 쪽으로 해석하고 우리와 이야기하는 사람들이 정직하다고 가정한다. 하지만 러바인은 그런 설명에 만족하지 않았다. 문제는 진실기본값보다 심층적인 게 분명하다. 특히 러바인은 거짓말이 대부분 사후에야, 그러니까 몇 주, 몇 달, 때로는 몇 년 뒤에야 탐지될 뿐이라는 연구 결과에 깊은 인상을 받았다.

예를 들어, 스콧 카마이클이 애나 몬테스와 처음 만나서 "이봐요, 애나, 당신이 방첩 영향 공작에 관여할 수 있다고 의심할 만한 이유가 있어요"라고 말했을 때, 몬테스는 자동차 헤드라이트 불빛을 바라보는 사슴처럼 놀란 눈으로 그를 바라보기만 했다. 카마이클은 그때를 돌아보며, 그것이 위험 신호라고 믿었다. 만약 몬테스가 무고했다면 아마 뭔가 말했을 것이다. 큰 소리로 외치고, 항의했을 것이다.

그런데 그는 어땠나? 그는 "그냥 앉아 있기만 했다."

하지만 그 순간 카마이클은 단서를 놓쳤다. 몬테스는 우연히 발각됐을 뿐이다. 4년이 지난 뒤, 러바인이 발견한 것은 우리가 거의 언제나 그 순간 결정적인 단서를 놓친다는 것이다. 그는 이런 사실 때문에 난감해했다. 왜 그럴까? 누군가 **특히** 우리를 혼란시키는 거짓말을 하는 순간에 도대체 무슨 일이 일어나는 걸까? 그 답을 찾기 위해 러바인은 다시 영상을 살펴보았다.

여기 러바인이 내게 보여준 또 다른 단편적인 영상이 있다. 젊은 여자가 나오는 영상이다. 그의 이름을 샐리라고 하자. 러바인은 아무 일 없이 그에게 간단한 질문을 차례로 보여준다.

면담자 자, 레이철이 방에서 나갔을 때 혹시 누가 커닝을 했나요?
샐리 아뇨.
면담자 사실대로 말씀하시는 겁니까?
샐리 네.
면담자 당신 파트너하고 면담할 때 똑같은 질문을 할 겁니다. 그 사람은 뭐라고 말할까요?

샐리가 머뭇거린다. 자신 없는 표정이다.

샐리 아마 같은 대답을 하겠죠.
면담자 좋습니다.

러바인이 "혹시 누가 커닝을 했나요?"라고 물어보는 순간, 샐리의 두 팔과 얼굴이 선홍색으로 물들기 시작한다. 이를 당황한 홍조embarrassed blush라고 부르는 것으로는 그다지 충분하지 않다. 샐리는 "caught red-handed"(현행범으로 체포되다)라는 표현에 완전히 새로운 의미를 부여한다. 이어서 결정적인 질문이 나온다. "파트너는 뭐라고 말할까요?" 홍당무 샐리는 "나랑 똑같은 생각일걸요"라는 설득력 있는 답도 내놓지 못한다. "음, 어" 하면서 기어들어 가는 목소리로 대답한다. "아마 같은 대답을 하겠죠." **아마라고?** 홍당무 샐리는 거짓말을 하고 있고, 영상을 판단해달라는 요청을 받은 사람들 **모두** 그가 거짓말하는 걸 간파한다.

여기 러바인이 내게 보여준 다음 테이프가 있다. 면담 내내 머리카락을 만지작거린 여자다. 그의 이름을 초조한 넬리라고 하자.

면담자 자, 레이철이 연락을 받고 방에서 나가야 했지요. 그가 자리를 비웠을 때 혹시 누가 커닝을 했나요?

초조한 넬리 사실 파트너가 점수를 보려고 했는데, 제가 안 된다고 했어요. "우리 점수가 얼만지 보고 싶은데" 뭐 그런 식이었죠. 그런데 저는 커닝하는 사람이 아녜요. 그건 잘못된 일이라고 생각해서 하지 않았죠. 안 된다고 했어요. "그러고 싶지 않아요" 뭐 그렇게 얘기했어요. 그런데 파트너가 말했죠. "음, 하나만 봐요." "아뇨, 그런 짓 하고 싶지 않아요." 그게 실험의 일부였는지는 모르지만, 아뇨, 우리는 커닝하지 않았어요.

면담자 좋습니다. 그러니까 지금 커닝에 관해서 사실대로 말씀하시는 거죠?

초조한 넬리 네, 안 했어요. 파트너는 하려고 했는데 솔직하게 말했어요, "하나만 봐요"라고. 저는 "아뇨, 그건 좋은 생각이 아녜요. 그러고 싶지 않아요"라고 했죠. 제가 한 말은 이것뿐이에요. "여기 돈을 전부 놓고 가다니 놀라운데요." 솔직하게 저는 돈을 슬쩍하거나 커닝을 하지 않았어요. 전 착한 사람이에요. 그냥 좀 놀랐어요. 보통 사람들이 돈을 놓고 가면 슬쩍하잖아요. 다들 그러잖아요. 그런데 아뇨, 우리는 커닝하지 않았어요. 우린 아무것도 슬쩍하지 않았다고요.

머리카락 꼬기는 한시도 멈추지 않는다. 잠시의 침묵과 지나칠 정도로 수세적이고 반복적인 설명도, 안절부절못하는 모습과 나지막한 동요도 끊이지 않는다.

면담자 좋습니다. 그러면 면담을 위해 당신 파트너를 부르면 그 사람은 이 질문에 뭐라고 말할까요?

초조한 넬리 자기는 보고 싶었다고 말하겠죠.

면담자 좋습니다.

초조한 넬리 설사 그 사람이 다른 말을 해도 그건 사실이 아녜요. 제가 "아뇨, 저는 커닝하고 싶지 않아요"라고 말했거든요. 그 사람은 "하나만 보면 안 돼요?"라고 말했어요. "음, 답안지가 바로 여기 있잖아요." 그래서 저는 말했죠. "아뇨, 그런 짓 하고 싶지 않아요. 전 그런 사람

아녜요. 그런 짓 안 해요."

나는 초조한 넬리가 거짓말을 한다고 확신했다. 당신도 그의 행동을 보면 똑같은 결론을 내릴 것이다. **모든 사람**이 초조한 넬리가 거짓말을 한다고 생각했다. 하지만 아니었다! 러바인에게 보고한 파트너는 초조한 넬리가 한 말이 모두 사실이라고 확인해주었다.

러바인은 이런 패턴을 거듭 발견했다.[4] 가령 한 실험에서는 심판의 80퍼센트가 잘못 판단한 피면담자 집단이 있었다. 그리고 80퍼센트 이상이 제대로 판단한 다른 피면담자 집단이 있었다.

그러면 이 차이는 어떻게 설명될까? 러바인은 투명성 가정이 작용하기 때문이라고 주장한다. 우리는 사람들의 태도를 근거로 정직성을 판단하는 경향이 있다. 친절하고 매력적인 데다가 말을 잘하고 자신 있는 사람이 손을 꼭 잡고 악수하면 믿음직하게 보인다. 초조하고 미덥지 못하며 말을 더듬고 불안한 사람이 내용 없는 설명을 빙빙 돌려 하면 믿음직해 보이지 않는다. 몇 년 전에 전 세계 58개국의 수천 명에게 기만에 대한 태도를 묻는 조사가 진행되었는데, 응답자의 63퍼센트는 거짓말쟁이를 알아맞히는 데 가장 많이 사용하는 단서를 "시선 회피"라고 답했다.[5] 우리는 실생활에서 거짓말쟁이가 〈프렌즈〉에 등장하는 거짓말쟁이처럼 행동한다고 생각한다. 눈알을 꿈틀거리고 굴리는 식으로 자신의 내면 상태를 드러낸다고 생각하는 것이다.

이건 점잖게 말해서 터무니없는 소리다. 거짓말쟁이는 딴 데를 보지 않는다. 하지만 러바인이 말하는 요점은 기만과 결부되는 일군의 비언어적 행동에 대한 우리의 완고한 믿음이 그가 거짓말 영상에서 발견하는 패턴을 설명해준다는 것이다. 우리 모두가 제대로 판단한 사람들은 태도와 결과가 **일치하는** 이들이다. 이 사람들의 진실성 수준은 우연히 그들의 겉모습과 일치한다. 홍당무 샐리는 일치한다. 그는 거짓말쟁이가 어떻게 행동하는지에 관한 우리의 고정관념처럼 행동한다. 그리고 그는 또한 우연히 거짓말을 하고 있다. 그래서 우리 모두 그를 제대로 판단한다.

〈프렌즈〉에서 모니카가 마침내 오빠 로스에게 연애에 관한 이야기를 털어놓을 때, 로스의 손을 잡고 말한다. "이런 식으로 알게 해서 정말 미안해. 미안해. 하지만 정말이야. 나도 챈들러를 사랑해." 우리는 그 순간 모니카를 믿는다. 모니카는 정말로 미안해하고 정말 사랑에 빠졌다. 태도와 내면이 완벽하게 일치하기 때문이다. 한 점 거짓이 없고 진심인 것처럼 보인다.

하지만 거짓말쟁이가 정직한 사람처럼 행동하거나 정직한 사람이 거짓말쟁이처럼 행동하면 우리는 당황한다. 초조한 넬리는 일치하지 **않는다.** 거짓말하는 것처럼 보이는데 사실은 아니다. 그냥 초조한 것일 뿐이다! 다시 말해, 인간은 형편없는 거짓말탐지기다. **우리가 판단하는 사람의 태도와 내면이 일치하지 않는 상황에서 우리는** 형편없는 거짓말탐지기다.

해리 마코폴로스는 버니 메이도프를 추적하던 어느 순간 마이클 오크런트라는 경험 많은 경제 언론인에게 접근했다. 마코폴로스는 메이도프가 사기꾼일 가능성을 진지하게 생각하도록 오크런트를 설득했고, 결국 오크런트는 메이도프를 직접 인터뷰하기로 약속까지 잡았다. 그런데 어떤 일이 벌어졌을까?

"제가 깊은 인상을 받은 건 그의 답변이라기보다는 오히려 전반적인 태도였습니다." 몇 년 뒤 오크런트가 한 말이다.

> 그와 나란히 앉아서 그가 완전한 사기꾼이라고 믿는 건 거의 불가능했어요. 속으로 생각했던 기억이 납니다. **만약 마코폴로스가 하는 말이 맞아서 그가 폰지 사기를 치고 있는 것이라면, 그는 이제껏 내가 본 최고의 배우이거나 아니면 완전한 소시오패스일 것이다.** 죄책감이나 수치심, 후회의 기색이 조금도 없었어요. 그는 아주 차분해서 거의 인터뷰를 즐기는 것 같았습니다. 그의 태도는 이런 식이었어요. "도대체 누가 제정신으로 나를 의심할 수 있지요? 사람들이 이걸 걱정하는 게 믿기질 않는군요."[6]

메이도프는 태도와 내면이 일치하지 않았다. 그는 정직한 사람의 태도를 지닌 거짓말쟁이였다. 그리고 뭔가 잘못되었다는 걸 머리로는 알아챘지만 메이도프와의 만남에 너무 휘둘린 나머지 오크런트는 기사 작성을 중단했다. 우리는 그를 비난할 수 있을까?

첫째, 우리는 진실을 기본값으로 두기 때문에 사기꾼이 유리한 위치에 설 수 있다. 하지만 여기에 내면과 외면의 불일치 문제를 더하면, 메이도프가 그토록 오랫동안 그렇게 많은 이들을 우롱할 수 있었던 이유를 이해하는 것은 어렵지 않다.

그리고 히틀러를 직접 만난 수많은 영국 정치인은 왜 그렇게 심각한 오판을 한 걸까? 히틀러 역시 태도와 내면이 일치하지 않았기 때문이다. 히틀러가 양손으로 악수를 건네며 환영한 일에 대한 체임벌린의 언급을 기억하자. 체임벌린은 히틀러가 좋아하고 신뢰하는 사람에게만 그런 대접을 한다고 믿었다. 우리는 대부분 따뜻하고 열정적인 악수를 하는 경우에 실제로 우리가 만나는 사람에게 따뜻함과 열정을 느낀다. 하지만 히틀러는 다르다. 그는 정직하게 행동하는 부정직한 사람이다.[7]

슬픈 사람처럼 보일 것

그렇다면 아만다 녹스는 무엇이 문제였을까? 녹스도 불일치했다. 그는 유죄처럼 행동하는 무고한 사람이다. 말하자면 초조한 넬리다.

녹스는 그를 알지 못하는 사람들이 보기에 당혹스러운 사람이었다. 범죄가 일어났을 때 녹스는 스무 살이었고, 도드라진 광대뼈에 푸른 눈이 인상적인 미인이었다. 별명이 '폭시 녹시Foxy Knoxy'(여우 녹시)였다. 타블로이드판 신문들은 녹스가 잠자리를 함께한 남자들 명단을 찾아냈다. 녹스는 팜 파탈이었다. 대담하고 섹시했다. 룸메이트가 잔인하게 살해된 다음 날, 녹스가 란제리 가게에서 남자 친구와 빨간 속옷을 사는 모습이 목격되었다.

사실 '폭시 녹시'라는 별명은 섹스와 아무 관계가 없었다. 녹스가 열세 살 때 공을 몰고 경기장을 날쌔게 누빈다고 축구팀 친구들이 붙여준 것이었다. 녹스가 룸메이트가 살해된 다음 날에 빨간 속옷을 산 것은 자기 집이 범죄 현장이어서 옷가지를 갖고 나올 수 없었기 때문이다. 녹스는 팜 파탈이 아니었다.[8] 뭐든지 어색하고 여드름 많은 사춘기에서 벗어난 지 불과 몇 년 안 된 미숙한 젊은 여자였다. 대담하고 섹시하다고? 아만다 녹스는 사실 어느 정도 사회 부적응자였다.

"나는 뚱한 일본 만화 애독자나 왕따 게이, 연기 중독자theater geek 애들하고 어울리는 괴짜였다." 마침내 이탈리아 교도소에서 석방된 뒤인 2011년 녹스가 출간한 회고록에서 한 말이다.

고등학교 시절 그는 학자금 지원을 받는 중간계급 아이로 부유층 동급생에게 둘러싸여 생활했다. "일본어 수업을 들었는데, 교실을 옮기는 동안 복도에서 시끄럽게 노래를 불렀다. 나는 정말 어울리지 못해서 나인 것처럼 연기했다. 그러면 남들과 어울리는 것 같은 느낌이 들었다."

태도와 내면이 일치하는 사람들은 우리 기대에 부합한다. 그들의 의도는 행동과 일치한다. 태도와 내면이 불일치하는 사람들은 혼란스럽고 예측하기 어렵다. "나는 대부분의 10대와 어른들을 당혹스럽게 하는 일들(이집트인이나 코끼리처럼 거리를 걸었다)을 하곤 했지만, 그 애들은 자지러질 듯이 좋아했다."[9]

커처가 살해되면서 커처와 가까운 친구 집단이 행동하는 방식도 바뀌었다. 조용히 흐느끼고, 목소리를 낮추고, 중얼거리며 공감을 나타냈다. 그런데 녹스는 그러지 않았다.

영국 언론인 존 폴레인이 쓴 《페루자의 죽음》에서 무작위로 가져 온 인용문을 조금 들어보자.[10] 장담하건대, 이와 비슷한 구절이 많다. 여기서 폴레인은 살인 사건 다음 날 커처의 친구들이 경찰서에서 녹스와 솔레시토를 만났을 때 무슨 일이 벌어졌는지를 설명한다.

"아, 아만다. 정말 유감이야!" 소피가 소리치면서 본능적으로 아만다를 두 팔로 감싸 안으며 따뜻하게 포옹했다.

아만다는 소피를 끌어안지 않았다. 오히려 뻣뻣이 선 채 두 팔을 옆으로 늘어뜨리고 있었다. 아만다는 아무 말도 하지 않았다.

소피는 깜짝 놀라서 몇 초 뒤 팔을 풀고 뒤로 물러났다. 아만다의 얼굴에는 조금의 감정도 보이지 않았다. 라파엘레가 아만다에게 다가가서 손을 잡았다. 커플은 그냥 거기 선 채 소피를 무시하고 서로를 응시했다.

그러고 나서,

아만다는 라파엘레의 무릎에 다리를 올린 채 앉았다. 두 사람은 서로 어루만지며 키스했다. 때로는 웃기도 했다.

아만다는 어떻게 저렇게 행동할 수 있을까? 소피는 속으로 물었다. **신경도 안 쓰이나?**

그러고 나서,

메러디스의 친구 대부분은 눈물을 흘리거나 망연자실한 상태였지만, 아만다와 라파엘레는 입을 맞추고 서로 키스를 날리면서 입술로 쪽 쪽거리는 소리를 냈다.

그러고 나서,

"걔가 고통받지 않았기를 바라자." 나탈리가 말했다.

아만다가 맞받아쳤다. "무슨 생각을 하는 거야? 그자들이 목을 베었다고, 나탈리. 피를 흘리다가 결국 죽은 거야."

아만다의 말에 나탈리는 소름이 끼쳤다. 살인자가 여럿이라고 말하고, 또 그 어조가 차가웠기 때문이다. 아만다는 메러디스의 죽음에 신경 쓰지 않는 것 같다고 나탈리는 생각했다.

ABC뉴스의 다이앤 소여는 녹스와 한 인터뷰에서 경찰서에서 마지막으로 나눈 이 대화를 끄집어냈다. 녹스가 커처의 친구에게 쏘아붙이면서 "피를 흘리다가 결국 죽은 거야"라고 말한 일을.[11]

녹스 네. 저는 화가 났어요. 유치장 안에서 서성거리면서 메러디스가 어떤 일을 겪었는지 생각했거든요.

소여 지금은 그 일을 유감스럽게 생각하나요?

녹스 좀 더 성숙하게 대했더라면 하는 마음이죠, 그래요.

공감하는 반응을 보여야 마땅한 상황에서 녹스는 목소리를 높이고 화를 냈다. 인터뷰는 계속된다.

소여   이런 모습이 슬픈 사람처럼 보이지 않는다는 건 아시죠? 슬픈 사람 같지 않아요.

인터뷰는 커처 사건에서 사법부의 오심이 명백하게 드러나고 한참 시간이 지난 후에 진행된 것이다. 녹스는 자기 룸메이트가 살해된 뒤 우리가 흔히 생각하는 대로 행동하지 않았다는 죄 때문에 이탈리아 교도소에서 4년을 보낸 끝에 이제 막 석방된 상황이었다. 그런데 다이앤 소여는 녹스에게 무슨 말을 하는 걸까? 자기 룸메이트가 살해된 뒤 우리가 흔히 생각하는 대로 행동하지 않았다는 이유로 녹스를 질책하고 있다.

인터뷰 서두에서 뉴스 앵커는 녹스 사건이 여전히 논쟁적이라면서 그 이유로 "자기가 무죄라는 녹스의 변명이 많은 사람에게 양심의 가책을 느끼기보다는 냉정하고 계산적으로 보였다"는 점을 든다. 한층 더 이상한 말처럼 들린다. 그렇지 않나? 왜 우리는 녹스가 양심의 가책을 느끼기를 기대하는 걸까? 우리는 범죄자에게 양심의 가책을 기대한다. 녹스는 아무 짓도 하지 않았다. 하지만 그래도 그는 여전히 "냉정하고 계산적"이라고 비판받는다. 녹스는 언제나 **기묘한 사람**이라는 이유로 질책을 피하지 못한다.

녹스 무서운 일이 일어났을 때 사람들이 보이는 반응은 전부 제각각이라고 생각해요.

녹스의 말이 맞다. 왜 누군가 살인 사건에 대해 슬퍼하기보다 화를 내면 안 될까? 만약 당신이 아만다 녹스의 친구라면, 그의 이런 행동에 놀라지 않을 것이다. 당신은 아마 녹스가 코끼리처럼 거리를 걷는 모습을 보았을 것이다. 하지만 낯선 사람의 경우에 우리는 기대에 어긋나는 감정적 반응을 참지 못한다.

커처의 시신이 발견된 지 4일 뒤, 경찰의 대면 조사를 기다리는 동안 녹스는 스트레칭을 하기로 마음먹었다. 몇 시간 동안 주저앉은 상태였다. 발끝을 찍고 두 팔을 머리 위로 쭉 뻗었다. 근무 중인 경찰이 말했다. "정말 유연해 보이는데요."

내가 대꾸했다. "요가를 많이 했거든요." 그가 말했다. "좀 보여줄 수 있어요? 다른 건 뭘 할 수 있죠?" 나는 엘리베이터 쪽으로 몇 걸음 내딛다가 다리를 찢었다. 지금도 되는 걸 보니 기분이 좋았다. 다리를 벌려 앉아 있는데 엘리베이터 문이 열렸다. 전날 라파엘레하고 내가 키스했다고 질책한 경찰관 리타 피카라가 내렸다. "지금 뭐하는 거예요?" 그의 목소리는 경멸로 가득 차 있었다.[12]

사건 수사 지휘관인 에드가르도 조비는 녹스와 함께 범죄 현장을 걷는 순간부터 그를 의심했다고 말한다. 녹스는 바이크용 부츠를 신자마자 엉덩이를 돌리면서 말했다. "짜잔."

조비의 말이다. "우리는 조사 기간에 용의자가 보이는 심리 반응과 행동 반응을 면밀하게 관찰하는 식으로 유죄를 확정할 수 있었습니다. 다른 종류의 조사에 의존할 필요가 없었어요."[13]

사건 담당 검사인 줄리아노 미니니는 자기 검사실이 살인 사건을 다루는 방식에 대해 고조되는 비판을 깡그리 무시했다. 왜 사람들은 엉망이 된 DNA 분석에 그렇게 초점을 맞춘 걸까? "모든 증거에 불확실한 부분이 있었습니다." 그가 말했다. 진짜 쟁점은 태도와 내면이 불일치하는 **아만다**였다. "그의 행동이 전혀 해명되지 않았다는 걸 상기하고 싶어요. 완전히 앞뒤가 맞지 않았어요. 이건 의심의 여지가 없습니다."[14]

버니 메이도프부터 아만다 녹스까지 우리는 태도와 내면이 불일치하는 사람들을 제대로 판단하지 못한다.

내 눈동자는 증거가 아닙니다

팀 러바인의 연구 결과에서 가장 충격적인 사례는 그가 수사 경험이 15년 이상인 경험 많은 일군의 법집행 요원들에게 거짓말하는 영상을 보여준 것이다. 앞서 러바인은 보통 사람들 가운데 학생과 성인을 뽑아서 심판으로 활용했다. 그들은 제대로 판단하지 못했지만 어쩌면 그럴 것이라고 예상된 일이다. 만약 당신이 부동산 중개업자나 철학 전공자라면, 심문 조사에서 기만을 확인하는 것은 일상적으로 반드시 하는 일이 아니다. 하지만 러바인은 정확히 그런 일을 직업으로 하는 사람들은 성적이 더 좋을 것이라고 생각했다.

어떤 면에서 그들은 성적이 좋았다. '태도와 내면이 일치하는' 발신인들의 경우에 노련한 조사관들은 완벽하게 맞혔다. 당신이나 나는 아마 그 영상 테이프에서 70퍼센트나 75퍼센트를 맞혔을 것이다. 하지만 고도로 숙련된 전문가들로 이루어진 그룹에서는 **모든** 사람이 태도와 내면이 일치하는 발신인을 **전부** 맞혔다. 그런데 불일치하는 발신인들의 경우에는 이 그룹의 성적도 아주 나빴다. 20퍼센트만 정확히 맞힌 것이다. 그리고 진실한 것처럼 행동하는 거짓말쟁이의 하위범주에서는 14퍼센트를 맞혔다. 워낙 낮은 점수라 어쩌다 연방수사국 요원과 조사실에 들어가는 사람이라면 소름이 오싹 끼칠 게 분명하다. 제일 쉬운 사례인 홍당무 샐리를 마주했을 때는 완벽하게 맞혔다. 하지만 전 세계의 수많은 아만다 녹스나 버니 메이도프와 같은 사례에서는 그들 역시 불운했다.

태도와 내면이 일치하는 낯선 사람들의 경우에는 우리도 법집행 전문가들의 도움이 필요 없기 때문에 이런 결과는 참담하다. 우리 모두 이런 사람들이 우리를 현혹하거나 진실을 말할 때 제대로 판단한다. 태도와 내면이 불일치하는 낯선 사람, 즉 어려운 사례를 만날 때 도움이 필요하다. 숙달된 조사관은 혼란스러운 태도의 신호 이면을 간파하고, 초조한 넬리가 지나칠 정도로 설명을 늘어놓고 수세적이 될 때 그게 그의 실체, 즉 지나치게 설명을 늘어놓고 수세적인 사람임을 파악하는 데 유능해야 한다. 경찰관은 자신과 전혀 동떨어진 문화에 속하는 기묘하고 부적절한 여자가 "짜잔" 하고 말하는 것을 보면서 그가 자신과 전혀 동떨어진 문화에 속하는 기묘한 여자일 뿐임을 깨닫는 사람이어야 한다. 하지만 현실은 다르다. 그 대신 무죄와 유죄를 결정하는 책임을 맡은 사람들 역시 가장 어려운 사례들에 관한 한 우리 보통 사람들만큼 **또는 우리보다 훨씬 더 서투른** 것처럼 보인다.

이런 사실이 그릇된 유죄 판결을 낳는 이유의 일부일까? 사법제도는 그 본질상 태도와 내면이 불일치하는 사람들에게 정의를 실천할 능력이 없는 걸까? 판사가 보석 결정을 내리는 것이 컴퓨터에 비해서도 정확도가 떨어진다면, 왜 그런 걸까? 우리는 완전히 무해한 사람들이 재판을 기다리는 동안 단지 올바르게 보이지 않는다는 이유만으로 그들을 교도소에 보내고 있는 걸까? 우리 모두는 제도적 심판의 결함과 부정확성을 받아들이면서 그런 실수는 무작위적이라고 믿는다.

하지만 팀 러바인의 연구는 그것이 무작위적인 게 아님을 시사한다. 우리는 본인은 아무 잘못도 없는데 투명성에 관한 우리의 우스꽝스러운 관념에 위배되는 사람들을 체계적으로 차별하는 세계를 만들어낸 것이다. 아만다 녹스 이야기를 거듭 되풀이해야 하는 것은 그것이 일생에 한 번뿐인 전설적인 범죄 사건, 그러니까 아름다운 여자, 이탈리아의 그림 같은 언덕 꼭대기 도시, 소름 끼치는 살인이라는 조건에 걸맞은 사건이라서가 아니다. 언제 어디서든 일어나는 사건이기 때문이다.

"녹스의 눈동자에는 슬픈 기색이 비치지 않았고, 어쩌면 그가 관여했을 수도 있겠다는 생각이 든 걸로 기억합니다." 메러디스 커처의 친구 한 명이 한 말이다.[15]

아만다 녹스는 **여러 해 동안** 이런 말을 들었다. 전혀 모르는 사람들이 얼굴 표정을 근거로 그의 실체를 아는 척했다.

"메러디스가 살해된 방에는 내 흔적이 전혀 없습니다." 다큐멘터리 〈아만다 녹스〉 말미에 녹스가 말한다. "그런데 당신들은 내 눈동자에서 답을 찾으려 하고 있어요. 당신들은 나를 바라봅니다. 왜죠? 이건 내 눈이에요. 내 눈은 객관적인 증거가 아니에요."

08 통하지 않는 신호

내면과 태도가 불일치할 때

사교클럽 파티의 끝

검사 그리고 카파알파(스탠퍼드대학 남학생 사교클럽) 건물로 넘어가던 중에 뭔가 특이한 걸 보았습니까?

욘손 네.

검사 뭘 보았지요?

욘손 한 남자가 위에 올라탄, 아니 한 사람이 다른 사람 위에 올라탄 걸 봤습니다.

검사 거기가 어디였습니까?

욘손 카파알파 건물에서 아주 가까웠습니다.

캘리포니아주 팰로앨토. 2015년 1월 18일. 자정 가까운 시간. 스웨덴인 대학원생 두 명이 남학생 사교클럽 파티에 가기 위해 스탠퍼드대학 캠퍼스를 가로질러 자전거로 달리는 중이다. 두 사람이 잔디밭에 누워 있는 게 보인다. 파티가 한창인 사교클럽 바로 근처다. 그들은 커플을 방해하지 않으려고 속도를 늦춘다. "개인적인 순간을 즐기고 있다고 생각했습니다." 학생 중 한 명인 페테르 욘손이 법정에서 증언하면서 한 말이다. 그런데 가까이 다가가자 남자가 위에 올라탄 게 보였다. 남자 밑에는 젊은 여자가 있었다.[1]

검사 위에 있는 사람은 어떻던가요? 혹시 그 사람이 움직이거나 동작을 취하는 걸 보셨습니까?

욘손 네. 그러니까 처음에는 조금씩 움직이기만 했습니다. 그런데 점점 격하게 찔러대기 시작했습니다.

검사 밑에 있는 사람은 어떻게 움직이는지 보셨습니까?

욘손 전혀요.

욘손과 그의 친구 칼프레드리크 아른트는 자전거에서 내려 걸어서 다가갔다. 욘손이 소리쳤다. "이봐요, 괜찮아요?" 위에 있던 남자가 몸을 일으키면서 올려다보았다. 욘손이 가까이 다가갔다. 남자가 일어나서 뒤로 물러서기 시작했다.

욘손이 말했다. "이봐. 지금 뭐하고 있는 거야? 여자가 의식이 없잖아." 욘손이 말을 되풀이했다. "이봐. 지금 뭐하고 있는 거야?" 남자가 냅다 달리기 시작했다. 욘손과 친구가 쫓아가서 그를 잡았다.

욘손이 붙잡은 사람은 브록 터너였다. 열아홉 살인 스탠퍼드 신입

생이자 대학 수영팀 선수였다. 그는 한 시간이 채 안 된 조금 전에 카파알파 파티장에서 젊은 여자를 만났다. 터녀는 나중에 경찰에게 둘이 함께 춤을 추고 이야기하다가 밖으로 나와서 운동장에 누웠다고 말했다. 여자는 최근에 대학을 졸업한 이로 법의 보호에 따라 에밀리 도라는 이름으로 알려졌다. 친구들과 함께 파티에 온 참이었다.

지금 여자는 대형 쓰레기통 바로 옆 소나무 아래에 미동도 없이 누워 있었다. 치마가 허리춤까지 끌어 올려진 상태였다. 속옷은 바로 옆 바닥에 있었다. 윗도리는 한쪽이 끌어 내려져서 한쪽 가슴이 드러나 있었다. 몇 시간 뒤인 그날 아침 병원에 도착했을 때 경찰관 한 명이 아마 성폭행을 당한 것 같다고 말해주었다. 여자는 혼란스러웠다. 일어나서 화장실에 갔는데 속옷이 사라진 걸 깨달았다. 경찰이 증거로 가져간 것이었다.

검사 화장실에 갔다 온 뒤에 무슨 일이 있었습니까?

도 목이 긁힌 것 같아서 보니 솔잎이 있더군요. 나무에서 떨어진 것 같다고 생각했습니다. 왜 거기에 갔는지 몰랐으니까요.

검사 화장실에 거울이 있었나요?

도 네.

검사 거울로 머리카락을 보셨습니까?

도 네.

검사 머리카락이 어땠는지, 그러니까 어떤 모습이었는지 설명해주실 수 있나요?

도　그냥 헝클어지고 자잘한 것들이 삐져나와 있었습니다.

검사　머리가 어떻게 그렇게 된 건지 아시겠습니까?

도　전혀 모릅니다.

검사　화장실을 다 쓰고 무슨 일을 하셨나요?

도　다시 침상으로 갔습니다. 사람들이 담요를 갖다줘서 덮었습니다. 그리고 다시 잠들었어요.

제각각의 신호들

해마다 세계 각지에서 스탠퍼드대학 카파알파 클럽 앞 잔디밭에서 끔찍하게 끝난 사건과 똑같은 만남이 무수히 벌어진다. 서로를 잘 알지 못하는 두 젊은이가 만나서 대화를 나눈다. 대화는 짧게 끝날 수도 있고, 몇 시간이고 이어질 수도 있다. 함께 집으로 갈 수도 있다. 또는 그전에 끝날지도 모른다. 하지만 저녁 어느 시점에서 상황이 심각하게 뒤틀린다. 미국 여자 대학생 가운데 다섯 명 중 한 명꼴로 성폭력 피해자가 된 적이 있다고 한다.[2] 이 사건들 가운데 상당수는 이런 패턴을 따른다.

　이런 종류의 사건에서 제기되는 과제는 두 사람의 만남을 재구성하는 것이다. 두 당사자가 동의했는가? 한쪽은 거절했는데, 다른 한쪽이 거절을 무시했는가? 아니면 거절을 오해했는가? 만약 투명성 가정이 용의자를 파악하는 경찰관이나 피의자를 '판독'하려는 판사의 문제라면, 이것은 인간의 영역 가운데 가장 복잡한 곳을 헤쳐나

가는 10대와 젊은이에게도 분명 쟁점이 될 것이다.

2015년에 〈워싱턴포스트〉지와 카이저가족재단이 대학생 1천 명을 대상으로 진행한 여론조사 결과를 한번 살펴보자. 다음의 행동 가운데 "성적 행위의 **진도를 나가는** 데 있어 확고한 동의"가 무엇인지 학생들에게 물었다.[3]

1. 각자 옷을 벗는다

	그렇다	아니다	상황에 따라 다르다	모름
전체	47	49	3	1
남성	50	45	3	2
여성	44	52	3	1

2. 콘돔을 가져온다

	그렇다	아니다	상황에 따라 다르다	모름
전체	40	54	4	1
남성	43	51	4	2
여성	38	58	4	1

3. 동의의 뜻으로 고개를 끄덕인다

	그렇다	아니다	상황에 따라 다르다	모름
전체	54	40	3	3
남성	58	36	3	3
여성	51	44	3	3

4. 키스나 애무 같은 전희를 한다

	그렇다	아니다	상황에 따라 다르다	모름
전체	22	74	3	*
남성	30	66	3	*
여성	15	82	3	*

5. "안 돼"라고 말하지 않는다

	그렇다	아니다	상황에 따라 다르다	모름
전체	18	77	3	1
남성	20	75	4	1
여성	16	80	2	1

만약 모든 대학생이 콘돔을 가져오는 것은 암묵적인 성관계 동의를 의미한다는 데 의견이 일치한다면, 또는 키스나 애무 같은 전희가 진도를 더 나가자는 권유가 **아니라는** 데 의견이 일치한다면 동의는 간단한 문제일 것이다. 규칙이 분명하다면, 각 당사자는 상대방이 행동하는 방식을 보고 그가 무엇을 원하는지 쉽고 정확하게 추론할 수 있다. 하지만 여론조사에서 알 수 있는 것처럼 규칙 따위는 존재하지 않는다. 모든 문제에 대해 이렇게 생각하는 여자가 있고 저렇게 생각하는 여자가 있다. 어떤 남자는 일부 여자와는 생각이 같지만 다른 여자와는 생각이 다르다. 그리고 남녀 모두 당혹스러울 정도로 많은 이들이 아예 견해가 없다.

29. 다음 각각에 대해 이 상황이 성폭력**인지**, 성폭력이 **아닌지**, 또는 분명하지 않은지 당신의 생각을 밝혀주세요.

• 두 사람이 분명한 합의를 하지 않은 채 성적 행위를 하는 것

	그렇다	아니다	상황에 따라 다르다	모름
전체	47	6	46	-
남성	42	7	50	1
여성	52	6	42	-

전체 젊은 남녀의 절반이 성적 행위를 하는 데 분명한 합의가 필요한지에 관해 "분명하지 않다"고 대답한 것은 무엇을 의미할까? 전에 이 문제에 관해 생각해본 적이 없다는 뜻일까? 그보다는 그때그때 알아서 진행한다는 뜻일까? 때로는 명백한 동의 없이 진행할 권리를 유보하고 다른 때는 그 권리를 주장한다는 뜻일까? 아만다 녹스는 사법제도를 당혹스럽게 만들었다. 그가 행동하는 방식과 느끼는 방식 사이에 연결점이 없었기 때문이다.

하지만 이 문제는 더욱 강력한 투명성의 실패다. 대학생 둘이 만날 때는 두 사람이 모두 최선의 의도를 갖고 있는 경우라도 행동을 바탕으로 성적 의도를 추론하는 일은 사실상 동전 던지기나 마찬가지다. 법학자 로리 쇼가 묻는 것처럼, "경계가 무엇인지에 관해 합의가 전혀 존재하지 않는데, 어떻게 학생들이 경계를 존중하기를 기대할 수 있을까?"[4]

하지만 이런 많은 만남 속에는 두 번째이자 복잡한 요소가 존재한다. 우울할 정도로 만연해지는 캠퍼스 성폭력 사건의 세부 내용을 읽어보면, 두드러지는 사실은 얼마나 많은 사건이 거의 똑같은 시나리오로 펼쳐지는가 하는 것이다. 젊은 여자와 젊은 남자가 파티에서 만나는데, 결국 상대방의 의도를 비극적으로 오해한다. **그리고 둘 다 취한 상태다.**

불투명한 잔에 가득 찬 술

피고인 측 변호인 뭘 마셨습니까?

터너 롤링록 맥주를 다섯 병쯤 마셨습니다.

브록 터너는 카파알파 파티에 가기 훨씬 전부터 술을 마시기 시작했다. 초저녁부터 친구 피터의 집에 있었다.

변호인 앞서 언급한 롤링록 맥주 다섯 병 말고 피터의 방에서 다른 술을 마셨습니까?

터너 네. 파이어볼 위스키를 좀 마셨습니다.

변호인 어떻게 마셨나요?

터너 그냥 병째 마셨습니다.

파티장에 가서도 터너는 계속 술을 마셨다. 캘리포니아주에서 운전자의 법적 주취 한도는 혈중 알코올 농도 0.08이다. 이 수치를 넘으면 술에 취한 것으로 간주한다. 그날 밤 터너의 혈중 알코올 수치는 그 두 배가 넘었다.

에밀리 도는 여럿이 함께 파티에 도착했다. 여동생, 친구인 콜린, 트레아와 함께였다. 초저녁에 트레아는 샴페인 한 병을 다 비우고 다른 술도 마셨다. 친구 줄리아도 합류했는데, 그 역시 술을 마신 상태였다.

검사 저녁 식사 자리에서 술을 마셨습니까?

줄리아 네.

검사 뭐 마셨나요?

줄리아 와인 한 병요.

그러고 나서,

검사 저녁 식사 후에는 뭘 하셨습니까?

줄리아 저녁 먹고 우버를 타고 그리핀스위트라는 곳으로 갔습니다.

검사 그리핀스위트에서는 무슨 일이 있었죠?

줄리아 사전 게임요.

검사 그게 뭔가요?

줄리아 아, 죄송해요. 은어예요. 파티 전에 술 좀 마시는 거죠.

사전 게임이 끝나고 줄리아는 카파알파 파티로 향하는데, 그곳

지하실에서 아직 따지 않은 보드카 한 병을 발견한다.

줄리아　그걸 따서 컵에 가득 따라 각자 마셨죠.

이제 에밀리 도가 남는다.

검사　그러니까 위스키 스트레이트로 마시기 시작해서 그다음에 얼마나, 그러니까 집을 나서기 전에 술을 얼마나 마셨습니까?

도　네 잔요.

검사　처음 마신 것과 같은 종류의 술이었나요, 그러니까 위스키 스트레이트였나요?

도　위스키 네 잔을 마시고 샴페인도 한 잔 마셨습니다.

검사　좋습니다. 그러면 위스키 스트레이트 네 잔과 샴페인 한 잔을 마신 시간이 대략 총 어느 정도인지 아시나요?

도　아마 10시에서 10시 45분 사이일 거예요.

그리고 도와 친구들은 파티장으로 간다.

검사　좋습니다. 그러면 여러분이 시간을 때우면서 환영위원회 역할을 한 뒤 뭘 했습니까?

도　줄리아가 보드카 손잡이를 찾아냈어요.

검사　좋습니다. '보드카 손잡이'가 뭔지 좀 설명해주시겠습니까?

도 아마 이렇게 큰, 코스트코 사이즈인데.

검사 줄리아가 보드카를 내놓았을 때 무슨 일이 있었나요?

도 빨간 일회용 컵에 양껏 따랐습니다.

검사 좋습니다. 당신 컵에 보드카를 얼마나 많이 따르는지 아무튼 재셨나요?

도 쟀다고 생각했는데, 제대로 재지 못했어요. 컵에 표시된 두 번째 줄 바로 아래까지 따랐는데, 스트레이트 잔으로 두세 잔 된다고 생각했어요. 나중에 알고 보니 서너 잔이었습니다. 표시선이 약 150밀리리터였거든요.

검사 빨간색 일회용 플라스틱 컵을 말씀하시는 거죠?

도 네.

검사 파티에 가면 흔히 볼 수 있는 거요?

도 네.

검사 좋습니다. 자 그러니까, 보드카를 따르고 나서 뭘 하셨나요?

도 마셨죠.

검사 어떻게 마셨습니까?

도 그냥, 전부요.

검사 그러니까 원샷을 하셨다?

도 단번에 꽤 많이 마셨어요. 그래서 이미 취한 게 느껴졌어요. 그렇게 원샷을 할 수 있을 정도로요.

그러고 나서,

검사 얼마나, 그러니까 이 시점에서 얼마나 취했는지 우리한테 설명해주세요.

도 음, 꽤 얼빠진 상태였습니다. 일종의 허수아비처럼 돼서 머리가 텅 비고 말도 똑바로 나오지 않았어요.[5]

검사 그게 밤 몇 시인지 아십니까?

도 아마 자정쯤 됐을 거예요.

그 순간 브록 터너가 에밀리 도에게 다가갔다. 그의 말에 따르면 도는 혼자서 춤추고 있었다. 그는 도에게 다가가서 춤추는 게 마음에 든다고 이야기했다고 말한다. 그리고 도가 웃었다고 말한다. 두 사람은 잡담을 나누었다. 도에게 춤을 추자고 하자 흔쾌히 응했다. 그리고 10분 동안 춤을 추었다. 이윽고 키스하기 시작했다. 모두 터너의 말이다.

변호인 좋습니다. 상대방도 키스에 응한 것 같습니까?

터너 네.

변호인 그다음에 무슨 대화를 했는지 기억나는 게 있나요?

터너 네. 제 기숙사 방으로 가고 싶냐고 물었습니다.

변호인 좋습니다. 상대방이 대답했나요?

터너 네.

변호인 뭐라고 하던가요?

터너 "그럼"이라고 했습니다.

변호인   대략 이때가 12시 30분이 지난 게 맞습니까?

터너   네.

변호인   그날 밤 그 여자의 이름을 알고 있었나요?

터너   네. 춤을 출 때 물어봤는데 기억하지는 못했습니다.

그는 여자를 한쪽 팔로 안은 채 둘이 파티장을 나왔다고 말한다. 두 사람이 다시 잔디를 가로질러 걸어가다가 미끄러졌다고 말한다.

터너   여자가 발을 헛디뎌서 넘어졌습니다. 넘어지지 않으려고 저를 잡았는데, 그래서 저도 같이 넘어졌습니다.

변호인   그래서 어떻게 됐습니까?

터너   서로 웃음이 터졌고, 제가 괜찮냐고 물어봤습니다.

변호인   대답하던가요?

터너   네. 괜찮은 것 같다고 말했습니다.

변호인   그리고 어떻게 됐습니까?

터너   우리는 키스를 시작했습니다.

보통 성폭력 사건에서 검찰은 피고인의 설명에 관해 질문을 하려고 증인들을 출석시킨다. 하지만 '주정부 대 브록 터너People v. Brock Turner' 사건에서는 그런 일이 없었다. 그때가 되면 트레아는 너무 취해서 에밀리의 여동생과 친구 콜린이 줄리아의 기숙사 방으로 데려간 상태였다. 터너의 친구인 피터는 아예 파티에 오지도 않았다. 그 역시 취해서 터너의 다른 두 친구가 기숙사로 다시 데려가야 했다. 아마 터너의 이야기를 확인해주거나 반박할 수 있는 다른 사람들이 파티장에 있었을 수 있다. 하지만 이때쯤이면 자정이 지나서 조명이 어두워진 상태였고, 사람들은 탁자 위에 올라가 춤을 추고 있었다.

따라서 우리에게는 터너의 진술만이 있다.

변호인 그다음엔 어떻게 됐습니까?

터너 그 후 얼마 동안 서로 키스하다가 제가 상대에게 손가락으로 만져도 되냐고 물었습니다.

변호인 대답하던가요?

터너 네.

변호인 뭐라고 하던가요?

터너 좋다고 했습니다.

변호인 손가락으로 만지는 데 동의나 허락을 구한 다음에 손가락으로 만졌는데, 그다음엔 어떻게 됐습니까?

터너 잠시 손가락으로 만졌습니다. 그런데 여자가 오르가슴을 느끼는 것 같더군요. 그리고 나서, 그러니까 그 중간에 좋으냐고 물어봤습니다. 그러자 대답하더군요. "으, 흥."

그러고 나서,

변호인 그다음에는 어떻게 했습니까?

터너   제가 다시 키스했고, 서로 옷 위로 거기를 문지르기 시작했습니다.

캘리포니아 주법에 따르면, 사람이 의식이 없거나 너무 취해서 '저항하지 못하는' 경우에 성적 행위에 대한 동의를 할 수 없다. 법학자 로리 쇼의 말을 들어보자.

피해자가 어느 정도 취했다거나 술에 취해서 피해자의 성적 억제가 줄어드는 것으로는 충분하지 않다. 그보다는 취함의 정도와 그로 인한 정신적 상실이 너무 커서 피해자가 그 문제에 관한 합리적인 판단을 더는 할 수 없을 정도가 되어야 한다. 캘리포니아의 한 검사가 설명한 것처럼, "술에 취한 피해자는 심하게 '정신이 나가서' 자기가 무슨 일을 하는지, 또는 주변에서 무슨 일이 일어나는지를 이해하지 못할 정도가 되어야 한다. 피해자가 단순히 '술을 너무 많이 마신' 상황과는 다르다."

그렇다면 도는 성적 행위를 할 당시에 자의로 움직인 당사자였나, 그리고 그 후에 의식을 잃은 건가? 아니면 터너가 손가락을 안에 집어넣을 때 **이미** 동의를 할 수 없었던 건가? '주정부 대 브록 터너' 사건은 **알코올**과 관련된 문제다. 사건 전체가 에밀리 도가 어느 정도 취했는지에 달려 있었다.

결국 배심원단은 터너에게 불리한 결정을 내렸다. 그의 사건 설명에 설득력이 없었던 것이다. 만약 터너의 말대로 두 사람의 만남이 다정하고 교감 있는 만남이었다면, 두 대학원생이 따져 묻는 순간 그는 왜 곧바로 도망쳤나? 왜 여자가 의식을 잃은 뒤에도 "옷 위로 거기를 만졌나?" 자정 직후에 도는 남자친구에게 음성 메시지를 남겼다. 배심원들은 법정에서 그 대화 테이프를 들었다. 도의 말은 거의 앞뒤가 맞지 않았다. 만약 법적 기준이 "심하게 '정신이 나가서' 자기가 무슨 일을 하는지 이해하지 못할 정도"라면, 도는 그런 상태와 아주 흡사해 보였다.

재판의 마무리 발언 중에 검사는 배심원들에게 도의 사진 한 장을 보여주었다. 운동장에 누운 채 찍힌 사진이었다. 옷이 반쯤 벗겨져 있다. 머리는 마구 흐트러진 상태다. 솔잎이 깔린 바닥에 누워 있다. 도의 뒤로는 대형 쓰레기통이 보인다. "무슨 일이 벌어지는지 아는 자존심 있는 여자라면 그런 곳에서 섹스하고 싶어 하지 않습니다." 검사가 말했다. "이 사진만으로도 그가 지금 무슨 일이 벌어지고 있는지를 알지 못하는 사람을 이용했다는 걸 아실 수 있습니다." 터너는 불법적인 손가락 사용과 관련된 세 가지 중범죄, 즉 술에 취하거나 의식 잃은 사람을 강간하려는 의도를 가진 폭행, 술 취한 사람에 대한 성적 삽입, 의식 없는 사람에 대한 성적 삽입으로 유죄 판결을 받았다. 그는 6개월 징역형을 선고받고 여생 동안 성범죄자로 등록돼야 한다.

브록 터너 사건에서 **누가**에 관한 부분은 의심의 여지가 없었다. 배심원단은 **무엇을**에 대해 결정했다. 하지만 그래도 **왜**라는 부분이 남는다. 언뜻 보기에 댄스 플로어에서 무해하게 마주친 만남이 어떻게 해서 범죄로 끝난 걸까? 우리는 사람들이 투명하다는 우리의 그릇된 믿음이 낯선 이들 사이의 온갖 문제로 이어지는 것을 안다. 이 믿음 때문에 우리는 유죄인 사람과 무죄인 사람, 무죄인 사람과 유죄인 사람을 혼동한다. 최선의 상황에서라도, 투명성이 부족하면 한 남자와 한 여자가 파티에서 만나는 일이 문제적 사건이 된다. 그렇다면 알코올이 거기에 덧붙여지면 무슨 일이 벌어질까?

캄바족의 절제된 파티

1950년대 중반 예일대학 인류학과 대학원생인 드와이트 히스는 박사 논문을 쓰기 위해 볼리비아로 현지조사를 가기로 결정했다.[6] 그와 부인 애나 히스는 젖먹이 아들을 데리고 리마로 갔다가 정비사들이 비행기 엔진에 보조 추진 장치를 다는 동안 다섯 시간을 대기했다. "제2차 세계대전이 끝난 뒤 미국이 버린 비행기들이었죠." 히스가 그때 기억을 떠올린다. "원래 3천 미터 이상 올라가면 안 되는 비행기예요. 그런데 우리가 향하던 라파스는 고도 3,600미터였죠." 안데스산맥으로 날아가는 동안 아래를 내려다보니 "보조 추진 장치가 작동하지 않은 온갖 비행기들"의 잔해가 보였다고 애나 히스는 말한다.

라파스에서 부부는 볼리비아 동부 내륙 지방으로 800킬로미터를 더 가서 몬테로라는 국경 소도시에 도착했다. 아마존 분지가 차코 지대(밀림과 무성한 대초원이 광대하게 펼쳐진 지대)와 만나는 볼리비아 지역이었다. 지역에는 원주민 인디오와 에스파냐 정착민의 메스티소 후손인 캄바족이 살고 있었다. 캄바족은 현지 인디오 언어와 17세기 안달루시아 에스파냐어가 섞인 언어를 썼다. "지도상의 빈 점 같은 곳이었죠." 히스가 말한다. "철도가 연결되고 있었고, 고속도로도 깔리는 중이었습니다. 국가 정부도 이제 막 접근하는 중이었죠."

부부는 시내 바로 외곽에 있는 작은 집에서 살았다. "포장도로도 없고, 인도도 없었어요." 애나 히스가 그때를 떠올린다.

시내에 고기가 들어오면 가죽을 바로 앞에 던져놔요. 그렇게 어디에 고기가 있는지 알면 바나나 잎을 손에 들고 갑니다. 그게 접시인 거죠. 화장도료로 마감하고 기와를 올린 흙벽돌집들이 있고, 시내 광장에는 야자나무가 세 그루 있었어요. 소달구지 덜커덕거리는 소리가 들렸죠. 신부님들은 지프차가 한 대 있었어요. 몇몇 여자들이 커다란 밥 냄비와 소스를 차려내곤 했죠. 그게 식당이에요. 커피를 만드는 친구는 독일인이었어요. 우리가 볼리비아에 간 해에 전부 합쳐 85명이 그 나라에 갔어요. 인기 있는 나라는 아니었죠.

몬테로에서 히스 부부는 구식 민족지학에 몰두했다. 드와이트의 말로는 "모든 것을 비우고 모든 것을 배웠다." 부부는 공공연하게 담배를 피우는 식으로 캄바족에게 자신들이 선교사가 아님을 납득시켰다. 그리고 사진 수천 장을 찍었다. 시내를 활보하면서 만나는 사람마다 말을 걸고 나서, 드와이트는 집으로 돌아와 밤새도록 타자기로 대화를 기록했다. 1년 반이 지난 뒤 히스 부부는 사진과 노트를 꾸려서 뉴헤이븐으로 돌아왔다. 그곳에서 자리를 잡고 드와이트 히스는 박사 논문을 썼다. 그런데 그제야 자기가 연구한 공동체에 관한 가장 매혹적인 사실을 놓칠 뻔했다는 사실을 깨달았다. 그는 노트를 살펴보면서 부인에게 말했다. "우리가 볼리비아에 살면서 주말마다 술 마시러 간 거 알아?"

볼리비아에서 지내는 동안 부부는 토요일 밤이면 늘 음주 파티에 초대받았다. 파티 주인이 첫 번째 병을 사고 초대장을 보내곤 했다. 열 명가량 모이면 파티가 진행되었다. 종종 월요일 아침에 모두 일하러 갈 때까지 계속되곤 했다. 그룹 구성은 일정한 형식이 없었다. 때로는 지나가던 사람도 초대받았다.

하지만 파티의 구조는 대단히 의례적이었다. 참가자 그룹이 원을 그리며 빙 둘러앉는다. 누군가 드럼이나 기타를 연주할 수도 있다. 탁자 위에는 지역 제당소에서 만든 럼주 한 병과 작은 술잔이 놓여 있다. 일어서서 럼주로 잔을 채우고는 한 명에게 다가간다. 그러고는 '건배 상대' 앞에 서서 고개를 끄덕이고 잔을 치켜든다. 건배 상대는 미소와 고갯짓으로 화답한다. 주인이 술잔의 절반을 마시고 건배 상대에게 건네면 그가 잔을 비운다. 마침내 건배 상대가 일어서서 잔을 다시 채우고 원을 이룬 사람들 가운데 누군가와 이 의례를 되풀이한다. 너무 지치거나 취하면 바닥에 웅크리고 앉은 채 기절하고, 술이 깨면 파티에 다시 합류한다.

"사람들이 마시는 양이 엄청났어요." 애나가 그때를 떠올렸다.

"말 그대로 눈에서 눈물이 쏟아져 나왔죠. 처음 파티를 할 때 저는 바다 한가운데에 토하면 무슨 일이 생길지 궁금했어요. 캄바족도 토하는 걸 좋아한다고 말하지는 않았거든요. 캄바족 사람들도 맛이 나쁘다고 말합니다. 끔찍하죠. 다음 날 이걸 치우느라 진땀을 흘리죠. 냄새가 나요." 하지만 히스 부부는 용감하게 버텼다.

"1950년대 인류학과 대학원생은 적응해야 한다고 생각했습니다." 드와이트가 말했다. "누구의 기분도 상하게 하고 싶지 않았고, 어떤 것도 거절하고 싶지 않았지요. 이를 악물고 술을 받아 마셨습니다."

"우리는 그렇게 많이 취하지 않았어요." 애나가 말을 이었다. "다른 사람들만큼 건배 요청을 받지 않았으니까요. 우리는 이방인이었어요. 그런데 어느 날 밤에 정말 큰 파티가 있었어요. 60명에서 80명 정도가 모인 거죠. 사람들이 술을 마시다가 기절하고, 그러다 깨어나서 한동안 파티를 하곤 했죠. 그런데 사람들이 술 마시는 방식을 보다 보니 제 차례를 드와이트한테 넘길 수 있다는 걸 발견했어요. 남편은 부인 대신 술을 마실 의무가 있는 거예요. 그런데 드와이트가 콜맨 랜턴을 팔에 끼고 있어서 제가 말했죠. '드와이트, 당신 팔이 타고 있어.'" 애나가 남편이 뜨거운 랜턴에서 팔뚝을 떼어내는 흉내를 냈다. "그러더니 남편이 아주 일부러 말하더군요. '응 맞아.'"

뉴헤이븐으로 돌아온 히스 부부가 캄바족의 럼주 한 병을 분석해 보니 도수가 90도였다. 과학자들이 세포조직을 보존하는 데 사용하는 농도의 **실험용** 알코올과 같았다. 실험용 알코올을 마시는 사람은 없다. 이것이 히스 부부가 내놓은 놀라운 연구 결과 가운데 첫 번째였다. 그리고 예상되는 것처럼, 처음에는 아무도 믿으려고 하지 않았다.

"세계적으로 손꼽히는 알코올 생리학자 중 한 명이 당시 예일대학 연구소에 있었어요." 히스가 그때를 회고했다. "그 사람 이름이 리언 그린버그였는데, 저한테 이러더군요. '이봐, 이야기 지어내는 솜씨가 보통이 아닌데. 그런데 사실 그런 물질은 마실 수 없다고.' 그러면서 제가 반응을 보일 거라는 걸 알고는 놀리더군요. 그래서 말했죠. '제가 마셔볼까요? 한 병 있는데.' 그러고서 어느 토요일에 통제 조건을 두고 마셨습니다. 그가 20분마다 혈액 샘플을 뽑았는데, 마시겠다고 말한 대로 충분히 마셨죠."

그린버그는 히스를 집으로 데려가기 위해 앰뷸런스를 대기해두었다. 하지만 히스는 걸어가기로 마음먹었다. 예전 남학생 클럽 회관에 임대한 3층 건물에서 애나가 기다리고 있었다. "남편을 기다리면서 창가에 기대어 있는데, 거리를 따라서 앰뷸런스가 아주 천천히 달려오더군요. 옆에는 드와이트가 있었어요. 남편이 손을 흔드는데, 멀쩡해 보였어요. 그리고 3층을 걸어 올라와서는 '아이고, 좀 취했어' 하더니 앞으로 고꾸라졌죠. 세 시간 동안 깨지 못했죠."

세계에서 가난한 저발전 지역에 사는 이 집단은 **주말마다** 토요일 밤부터 월요일 아침까지 90도짜리 술을 마시는 파티를 연다. 캄바족은 이런 무절제의 대가를 톡톡히 치렀을 게 분명할까? 틀렸다.

"사회 병리 현상이 전혀 없었어요, 전혀요." 드와이트 히스가 말했다. "말다툼도 없고, 싸움도 없고, 성폭력도 없고, 언어폭력도 없죠.

유쾌한 대화 아니면 침묵이었어요." 그가 말을 이었다. "음주는 일에 방해되지 않았습니다. 경찰을 부르지도 않았고요. 그리고 알코올 의존증도 전혀 없었습니다."

히스가 연구 결과를 정리해서 〈알코올 연구 계간〉지에 발표한 논문은 이제 유명하다.[7] 그 후 몇 년간 수많은 인류학자가 동일한 현상을 보고했다.

알코올은 때로 사람들에게 목소리를 높이고, 싸우고, 또 평소라면 후회할 만한 말을 하도록 만든다. 하지만 다른 많은 경우에는 그런 일이 아예 없다. 아스테카인은 용설란 술(멕시코 중부의 전통적인 알코올 음료)을 '400마리 토끼'라고 불렀다. 언뜻 보기에 무한히 다양한 행동을 야기할 수 있었기 때문이다. 인류학자 맥 마셜은 남태평양의 트루크섬을 찾아가서 그곳 젊은 남자들은 술에 취하면 공격과 폭력을 일삼는다는 것을 발견했다. 하지만 섬사람들이 30대 중반에 이르면 술이 정반대 효과를 발휘했다.

멕시코 오악사카주에 사는 믹세족 인디오는 술에 취하면 거친 주먹다짐을 벌이는 것으로 알려졌다. 하지만 인류학자 랠프 빌스가 이 싸움을 관찰하기 시작했을 때, 그들은 전혀 통제 불능처럼 보이지 않았다. 그들은 모두 똑같은 대본을 따르는 것처럼 보였다.

아마 수백 번의 싸움을 지켜보았겠지만, 모든 남자가 마체테 칼을 차고 있고, 많은 이가 소총을 휴대했는데도 무기를 사용하는 것은 한 번도 보지 못했다. 대부분의 싸움은 술에 취한 다툼으로 시작된다. 목소리 음조가 일정한 지점에 이르면 모두 싸움이 벌어질 것으로 예상한다. 남자들은 무기를 구경꾼들에게 내놓고, 주먹으로 싸우기 시작한다. 거세게 주먹을 휘두르다가 한 명이 쓰러지면 승자는 패자를 일으켜 세우고 보통 서로 껴안는다.[8]

어느 하나 말이 되지 않는다. 알코올은 강력한 약물이다. 알코올은 **탈억제 작용**을 한다. 우리 행동을 제어하는 일군의 제약을 무너뜨리는 것이다. 그렇기 때문에 주취가 폭력, 자동차 사고, 성폭력 등과 강력하게 연결되는 것도 놀랍게 보이지 않는다.

하지만 만약 캄바족의 술잔치가 사회 부작용이 그토록 적고, 멕시코 믹세족 인디오가 술에 취해 싸움을 벌이는 동안에도 각본을 따르는 것처럼 보인다면, 알코올을 탈억제제로 보는 우리 인식은 잘못된 것이 된다. 알코올은 다른 무언가임이 분명하다. 드와이트와 애나 히스가 볼리비아에서 한 경험은 주취에 대한 우리 이해를 완전히 재고하게 만든다. 알코올을 연구하는 많은 사람이 더 이상 이를 탈억제제로 보지 않는다. 이제 그들은 알코올을 근시제agent of myopia로 간주한다.

술 속에 진실은 없다

근시 이론을 처음 제안한 것은 심리학자인 클로드 스틸과 로버트 조지프스였는데, 두 사람이 말하는 근시는 알코올의 주요 효과가 우리의 정서적·정신적 시야를 좁힌다는 것이다.[9] 그들의 말을 빌리자면, 알코올은 '근시 상태'를 야기한다. "피상적으로 이해할 때 근시 상태에서는 직접적인 경험의 측면이 행동과 감정에 압도적인 영향을 미친다." 알코올은 전경에 있는 사물을 훨씬 더 두드러지게 하고, 후경에 있는 사물을 한층 더 흐릿하게 한다. 또한 단기적인 고려사항을 더욱 부각하면서 인식에 집중하게 하고, 장기적인 고려사항은 멀어지게 한다.

여기 한 사례가 있다. 많은 사람이 마음이 울적할 때 술을 마신다. 술이 근심을 몰아내 줄 것이라고 생각하기 때문이다. 이것은 억제사고inhibition-thinking다. 알코올이 기분을 좋게 해줄 거라고 생각하는 것이다. 하지만 사실 그런 일은 생기지 않는다. **때로는** 알코올이 기운을 내게 해준다. 하지만 평소에는 근심 있는 사람이 술을 마시면 그저 근심이 더욱 깊어질 뿐이다.

근시 이론은 이런 수수께끼에 한 가지 답을 준다. 그 답은 근심에 빠져 술을 마시는 사람이 무엇을 하고 있는지에 달려 있다는 것이다. 만약 그가 풋볼 경기장에서 열광적인 팬들에게 둘러싸여 있다면, 주변에서 벌어지는 드라마와 흥분 때문에 그를 짓누르는 세속적인 걱정이 일시적으로 사라질 것이다. 경기는 눈앞에서 펼쳐진다. 그를 괴롭히는 걱정은 그렇지 않다. 만약 같은 사람이 어느 술집의 조용한 구석에서 혼자 술을 홀짝인다면, 그는 더 우울해질 것이다. 그의 관심을 흩뜨리는 일이 아무것도 없기 때문이다. 술을 마시다 보면 주변 환경에 휘둘린다. 술은 눈앞에서 펼쳐지는 경험 말고는 모든

것을 밀어낸다.[10]

여기 또 다른 사례가 있다. 근시 이론의 주요 관찰 결과 중 하나는 음주가 '갈등이 높은high conflict' 상황(하나는 가깝고 하나는 먼, 서로 대립하는 두 가지 고려사항이 존재하는 상황)에서 가장 큰 영향을 미친다는 것이다. 가령 당신이 성공한 코미디언이라고 가정해보자. 온 세상이 당신을 무척 재미있는 사람이라고 생각한다. 당신도 스스로 무척 재미있는 사람이라고 생각한다. 당신이 술에 취한다고 해서 자기가 훨씬 더 재미있는 사람이라고 생각하지는 않는다. 당신의 재미있는 성향을 둘러싸고 알코올로 해결할 수 있는 갈등은 전혀 없다.

하지만 당신은 자신이 무척 재미있는 사람이라고 생각하는데, 세상은 대체로 그렇게 생각하지 않는다고 가정해보자. 실제로 당신이 어떤 집단을 재미있는 이야기로 웃기려고 할 때마다 다음 날 아침 한 친구가 당신을 옆으로 불러내서 다시는 그런 짓을 하지 말라고 점잖게 이야기한다. 통상적인 상황이라면, 친구와 어색한 대화를 했다는 생각 때문에 자제하게 된다. 하지만 당신이 술에 취하면 어떻게 될까? 알코올은 이런 갈등을 쫓아내 버린다. 당신은 이제 서투른 농담을 제재해줄 반응에 관해 생각하지 않는다. 이제 당신은 자기가 실제로 재미있는 사람이라고 믿을 수 있다. 당신이 취하면, **자신의 진정한 모습에 대한 이해가 바뀐다.**

이것이 근시로서의 주취에 담긴 결정적인 함의다. 예전의 탈억제 개념은 사람이 취했을 때 드러나는 모습이야말로 취하지 않은 자아에서 거추장스러운 가식을 벗어던진 진짜 자아, 즉 사회적 체면과 예의라는 흙탕물 효과가 전혀 없는 자아임을 함축했다. 술에 취하면 당신은 진정한 당신이 된다. 오래된 속담처럼, "술 속에 진실이 있다In vino veritas."

하지만 그것은 퇴행적이다. 보통 우리의 충동을 억제해주는 갈등은 우리가 인격을 형성하는 과정에서 결정적인 역할을 한다. 우리모두는 즉각적이고 당면한 고려사항과 복잡하고 장기적인 고려사항 사이의 갈등을 관리함으로써 성격을 형성한다. 누군가 윤리적이거나 생산적이거나 책임감 있다고 할 때가 그렇다. 좋은 부모는 자신의 직접적인 이기적 욕구(혼자 있고 싶고, 잠자고 싶다)를 장기적인 목표(좋은 아이를 길러야 한다)와 기꺼이 조화하는 사람이다. 알코올이 우리의 행동에 대한 이런 장기적 제약을 벗겨낼 때, 그것은 우리의 참된 자아도 지워버린다.

그렇다면 캄바족은 실제로 어떤 사람들이었을까? 히스는 캄바족사회가 특이하게 '공동체적 표현'이 부족한 특징이 두드러졌다고 말한다. 그들은 떠돌이 농장 노동자였으며, 친족의 유대가 허약했다. 매일 하는 노동은 고독하기 십상이었고, 오랜 시간을 일했다. 마을공동체나 시민적 집단도 거의 없었다. 생활의 일상적 요구가 벅찬 까닭에 사교 생활이 어려웠다. 따라서 주말이 되면 그들은 알코올의 변형적 힘을 이용해서 월요일부터 금요일까지 견디기 어려울 정도로 부족한 '공동체적 표현'을 창조했다.

그들은 알코올의 근시를 활용해서 일시적으로 그들 자신을 위한 또 다른 세계를 만들어냈다. 그들은 엄격한 규칙을 자신에게 부과했다. 오직 주말에만 모두가 원을 그리고 앉아 한 번에 한 병씩 조직적으로 잇달아 건배하니, 절대 혼자가 아니다. 그들은 오직 일정한 구조 안에서만 술을 마셨다. 볼리비아 내륙 지방의 그와 같이 빙 둘러 앉아 술을 마시는 구조는 부드러운 음악과 조용한 대화의 세계였다. 질서, 우정, 예측 가능성, 의례가 존재하는 세계. 이것은 지상에서 가장 강력한 약물의 도움을 받아 만들어진 캄바족의 새로운 사회였다.

알코올은 억제된 것을 드러내는 물질이 아니다. 그것은 존재를 변형하는 물질이다.

불법은 없었지만

2006년, 영국에서도 브록 터너 재판과 비슷한 사건이 일어났다. 25세의 벤저민 브리라는 소프트웨어 개발자와 법정에서 'M'이라고만 지칭된 여자가 관련된 세간의 이목을 끈 사건이었다. 알코올 근시가 만들어낸 복잡한 상황의 교과서적 사례라고 할 수 있다.

두 사람은 브리의 형제가 사는 아파트에서 처음 만나 그날 밤 데이트를 했다. 저녁 시간을 보내면서 M은 1파인트짜리 사과주 두 잔〔영국에서 1파인트는 0.568리터이고, 사과주는 알코올 함량이 보통 10퍼센트 이하다〕과 레드불 음료와 섞은 보드카 4~6잔을 마셨다. 그날 이미 전작이 있던 브리도 M과 얼추 같은 양을 마셨다. 폐쇄회로 카메라 화면을 보면 두 사람이 새벽 한 시쯤 M의 아파트로 팔짱을 끼고 돌아가는 모습이 보인다. 두 사람은 섹스를 했다. 브리는 합의한 관계라고 생각했다. M은 그렇지 않다고 말했다. 브리는 강간 유죄 판결을 받고 5년 징역형을 선고받았다. 항소심에 가서야 평결이 뒤집혔다. 만약 당신이 이런 종류의 사건에 관한 다른 어떤 설명을 읽어본 적이 있다면, 세부적인 내용이 우울할 정도로 비슷할 것이다. 고통, 후회 그리고 분노로 얼룩진 사건.

브리가 자신의 관점에서 설명하는 이야기는 다음과 같다.

저는 바닥에서 잠자는 사태를 피하기를 기대했고, 어쩌면 그 여자 침대에서 그냥 옆에 누워 잘 수 있을 거라고 생각했습니다. 지금 와서 돌이켜보면 참으로 어리석은 짓이었지요.

저는 섹스하고 싶었던 게 아니라, 그저 푹신한 매트리스와 인간적인 교제를 원했어요. 여자가 잠에서 깼는데 저도 옆에 누워 있었고, 결국 우리는 끌어안다가 이내 키스했습니다.

약간 예상치 못한 일이었지만 좋았어요. 우리는 30분 정도 전희에 몰두했고, 여자도 즐기는 것 같은 소리를 냈습니다.[11]

그리고 법원의 판결문을 보자.

브리는 M 역시 자기가 진도 나가는 걸 환영하는 것 같아서 편안하게 쓰다듬다가 성적으로 어루만지게 되었다고 주장했다. M은 남자를 막으려는 말이나 행동을 하지 않았다. 남자는 상대가 동의하는지를 확실히 할 필요가 있어서 그렇게 오랫동안 쓰다듬었다고 배심원단에게 말했다. 원고는 이 전희가 얼마 동안 계속되었다는 사실을 부정하지 못했다. 결국 남자는 손가락 끝을 여자의 잠옷 바지 허리춤 안에 넣어서 여자에게 말릴 수 있는 기회를 주려고 했다. 여자는 말리지 않았다. 여자는 남자가 잠옷 바지 안에 손을 넣었을 때 특히 반응을 보였던 것 같다. 성적인 애무 끝에 남자는 여자에게 잠옷 바지를 벗으라는 동작을 했다. 남자가 약간 끌어내리자 여자는 바지를 완전히 벗었다.[12]

브리는 M의 행동으로 그의 내면 상태를 추론할 수 있다고 생각했다. M이 투명하다고 생각했다. 하지만 그렇지 않았다. 여기 법원 자료에서 인용한, M이 실제로 어떻게 느꼈는지에 관한 내용이 있다.

여자는 성관계가 얼마나 오랫동안 지속됐는지 알지 못했다. 관계가 끝났을 때 여자는 여전히 벽을 보고 있었다. 여자는 항소인이 실제로 콘돔을 사용했는지, 또는 사정했는지 여부를 알지 못했다. 그 후 남자는 여자에게 계속 집에 있어도 괜찮겠냐고 물었다. 여자는 "아니"라고 답했다. 여자는 실제로 말하지는 않았어도 속으로는 '당장 내 방에서 나가'라고 생각했다. 여자는 "무슨 말이나 생각을 해야 할지, 남자가 돌아와서 자기를 때리지는 않을지" 알지 못했다. "남자가 나가면서 문을 닫은 건 기억납니다." 여자는 일어나서 문을 잠그고 다시 침대에 몸을 웅크리고 누웠지만, 얼마나 오래 이어졌는지 기억할 수 없었다.

새벽 다섯 시, M은 눈물을 흘리면서 친구에게 전화를 걸었다. 한편 브리는 여전히 M의 내면 상태를 알아차리지 못한 채 몇 시간 뒤 여자 집 문을 노크하고는, 나가서 점심으로 피시앤드칩스를 먹겠는지 물었다.

브리는 교도소에서 몇 달을 보낸 뒤, 두 사람이 그날 밤 M의 침실에서 서로 동의했는지 알아내는 것은 불가능하다고 항소법원이 결론을 내리면서 석방되었다. 판사는 "두 사람은 모두 성인"이라면서 말했다.

어느 쪽도 과음하는 과정에서 불법적인 행동을 하지 않았다. 두 사람 다 얼마나 많이, 누구와 마실지를 자유롭게 선택했다. 두 사람 다 원하기만 하면 서로 자유롭게 성관계를 할 수 있었다. 남자와 여자가 한쪽, 또는 다른 한쪽, 또는 둘 다 자진해서 많은 양의 술을 마시고 합의에 따라 성관계를 하는 일은 전혀 비정상적이거나 놀랍거나 심지어 이례적인 게 아니다. 실제 현실을 보면, 정밀한 입법 구조와 어울리지 않는 인간 행동의 영역이 일부 존재한다.[13]

당신은 이 최종 판결에 동의할 수도 있고 동의하지 못할 수도 있다. 하지만 판사의 근본적인 불만(상대방의 의도를 이해하는 과정에 술이 추가되면 어려운 문제가 완전히 불가능한 것이 되어버린다)에 이의를 제기하기는 쉽지 않다. 알코올은 주변의 직접적인 환경의 윤곽에 따라 술 마시는 사람을 딴사람으로 개조해버리는 약물이다.

캄바족의 경우에는 그와 같은 성격과 행동의 개조가 순조롭게 이루어졌다. 그들이 놓인 직접적인 환경은 꼼꼼하고 신중하게 구성되었다. 그들은 술을 이용해서 자신들의 일시적인, 그리고 그들 생각에는 더 나은 모습을 창조하기를 원했다. 하지만 오늘날 과음하는 젊은이들은 더 나은 모습의 자아를 창조하기 위해 세심하게 구성된, 의례화되고 예측 가능한 환경 속에서 과음하는 게 아니다. 그들은 남학생 사교클럽 파티와 술집이라는, 온통 섹스에 사로잡힌 혼돈 속에서 과음을 한다.

피고인 측 변호인 전에도 카파알파에서 파티가 많이 열렸는데, 그런 파티의 분위기에 관해 어떻게 생각하십니까?

터너 수많은 부비부비와,

변호인 부비부비가 무슨 말인가요?

터너 여자들이 춤을 추면서 한 남자를 등지고 있으면, 여자 뒤에서 남자가 같이 춤추는 거죠.

변호인 좋습니다. 그러니까 두 사람 다 한 방향을 보면서 춤을 춘다는 거죠?

터너 네.

변호인 그런데 남자가 여자 뒤에 있다?

터너 네.

변호인 그러면 이렇게 부비부비 댄스를 출 때 두 사람 몸은 얼마나 가까운가요?

터너 닿아 있죠.

변호인 그러니까 피고인이 본 이런 파티에서는 그런 춤이 흔하다?

터너 네.

변호인 사람들이 탁자 위에 올라가서 춤을 췄나요? 그것도 흔한 일인 가요?

터너 네.

동의는 두 당사자가 협상하는 것이며, 그 밑바탕에는 협상을 하는 양쪽이 자기가 말하는 대로 행동하는 사람이라는 가정이 깔려 있다. 그런데 협상의 순간에 두 당사자가 각자의 진정한 자기 자신과 너무도 동떨어져 있다면, 당신은 어떻게 동의를 판정할 수 있을까?

근시의 위력

술에 취할 때 우리에게 생기는 일은 알코올이 우리 뇌 조직으로 흡수되면서 빚어지는 특정한 경로에 따른 작용이다. 그 효과는 우리 이마 뒤편의 뇌 부위로 주의력, 동기부여, 계획, 학습 등을 관장하는 전두엽에서 시작된다. 첫 잔은 이 영역의 활동을 '약화한다.' 술이 들어가면 우리는 약간 멍해지고, 상충하는 복잡한 고려사항을 다루는 능력이 떨어진다. 술은 행복감을 관장하는 영역인 뇌의 보상중추를 건드려 약간의 충격을 가한다. 계속해서 편도체로 들어간다. 편도체가 하는 일은 우리를 둘러싼 세상에 어떻게 반응할지를 말해주는 것이다. 지금 우리가 위협받고 있나? 두려워해야 하나? 알코올은 편도체를 한 단계 낮춘다.

이 세 가지 효과가 결합되면서 근시가 생겨난다. 우리의 뇌는 더 복잡하고 장기적인 고려사항을 다룰 힘이 없다. 알코올이 주는 예상치 못한 쾌락 때문에 정신이 팔려 있다. 우리 신경계의 도난 경보기가 꺼져 있다. 우리는 이 순간에 매인, 바뀐 형태의 우리 자신이 된다. 또한 알코올은 소뇌까지 도달한다. 뇌의 가장 뒤쪽에 있는 소뇌는 균형과 조정에 관여한다. 술에 취하면 비틀거리고 발을 헛디디는 것은 이 때문이다. 이런 현상은 술에 취하면 예상되는 결과다.

하지만 아주 특별한 어떤 상황에서는, 특히 빠른 시간 안에 다량의 술을 마시면 또 다른 일이 벌어진다. 알코올이 해마(뇌의 양쪽에 있는 소시지 모양의 작은 영역으로 우리 삶에 관한 기억 형성을 책임진다)를 강타한다. 혈중 알코올 농도가 법적 주취 한도인 0.08 정도가 되면 해마가 버둥거리기 시작한다. 칵테일파티 다음 날 아침 일어나서 누군가 만난 기억은 있지만 아무리 애를 써도 그 사람들의 이름이나 그들이 말한 내용이 떠오르지 않는다면, 그것은 급하게 마신 위스키 스트레이트 두 잔이 당신의 해마에 도달했기 때문이다. 조금 더 술을 마시면 간극이 더욱 넓어진다. 어쩌면 저녁의 단편적인 몇몇 부분은 떠오르지만 다른 세부적인 내용은 갖은 애를 써야 불러낼 수 있는 지경이 된다.

워싱턴DC 외곽에 있는 국립보건원의 애런 화이트는 블랙아웃(일시적 기억상실, 필름 끊김 현상)에 관해 세계적으로 손꼽히는 전문가인

데, 그는 어떤 부분은 기억나고 어떤 부분은 기억나지 않게 만드는 특별한 논리는 없다고 말한다. "감정적 현저성emotional salience은 우리의 해마가 무언가를 기록할 가능성에 영향을 미치지 않는 것으로 보인다"고 그는 말한다. "무슨 말이냐 하면, 만약 여자인 당신이 파티에 가서 아래층에서 술 마신 건 기억이 날지 몰라도 강간당한 것은 기억나지 않을 수 있습니다. 그런데 그다음에 택시를 탄 건 기억이 납니다." 다음 단계인 대략 혈중 알코올 농도 0.15에서는 해마가 완전히 기능을 멈춰버린다.

"진정하고 순수한 블랙아웃이 일어나면 그냥 아무것도 존재하지 않아요. 아무 기억도 떠올릴 수 없습니다."

블랙아웃에 관한 초창기 연구에서 도널드 굿윈이라는 알코올 연구자는 세인트루이스의 실업자 남성 10명을 모아서 네 시간 동안 각자 버번위스키 한 병을 반 이상 마시게 한 다음 기억력 실험을 수행하게 했다.

그중 한 실험은 대상자에게 뚜껑이 덮인 프라이팬을 보여주면서 아마 배가 고플 거라고 말하며 뚜껑을 열게 하는 것이었다. 프라이팬에는 죽은 쥐 세 마리가 들어 있다. 맨정신인 사람은 이 경험을 아마 평생 기억할 것이라고 자신 있게 말할 수 있다.[14]

그런데 버번위스키를 마신 사람은? 아무것도 기억하지 못했다. 30분 뒤에도 다음 날 아침에도 전혀 기억하지 못했다. 죽은 쥐 세 마리는 아예 그의 기억에 기입되지 않았다.

블랙아웃 상태에서는, 즉 해마가 다시 켜지기 전 암흑뿐인 창문 속에서는 술 취한 사람들이 마치 아무 의미 없는 존재와 같아서 아무것도 간직하지 않은 채 세계를 돌아다닌다.

굿윈은 언젠가 다음과 같은 이야기로 블랙아웃에 관한 글을 시작한 적이 있다.

39세의 외판원이 낯선 호텔 방에서 깨어났다. 약간 숙취가 있었지만 다른 면에서는 여느 때와 다를 바가 없었다. 옷은 옷장에 걸려 있었고, 깨끗하게 면도한 상태였다. 그는 옷을 입고 로비로 내려갔다. 그런데 직원에게서 지금 여기는 라스베이거스이고 자신이 이틀 전에 체크인했다는 이야기를 들었다. 직원은 그가 술을 마신 게 분명했지만 아주 취한 것 같지는 않았다고 말했다. 그날은 14일 토요일이었다. 그가 떠올린 마지막 기억은 9일 월요일에 세인트루이스의 술집에 앉아 있던 때였다. 그는 종일 술을 마셔서 취했지만, 오후 세 시 정도까지는 모든 게 기억났다. 그런데 그 순간 "마치 커튼이 내려진 것처럼" 기억이 끊겨버렸다. 5일 정도가 완전히 사라져버렸다. 그로부터 3년 뒤에도 여전히 기억나지 않았다. 이 경험에 너무 놀란 나머지 그는 2년 동안 술을 끊었다.

외판원은 세인트루이스의 그 술집을 나서서 공항으로 가 비행기 표를 산 뒤 라스베이거스로 가서 호텔을 발견하고 체크인해서 양복을 걸고 면도를 하는 등 겉으로 보기에는 세상에서 멀쩡하게 움직였다. 모두 블랙아웃 상태에서 한 일이다. 블랙아웃은 그렇게 작용한다. 0.15 정도의 수치에서는 해마가 기능을 멈추고 기억 형성이 중단되지만, 바로 이 술을 마신 사람의 전두엽과 소뇌, 편도체가 그와 동시에 어느 정도 정상적으로 기능을 지속하는 것은 전적으로 가능하다.

"우리는 술에 취했을 때 할 수 있는 어떤 일이든 블랙아웃 상태에서 할 수 있습니다." 화이트의 말이다.

단지 기억을 하지 못할 뿐이죠. 아마존에서 물건을 주문할 수도 있습니다. 사람들이 항상 저에게 이런 이야기를 해요. 사람들은 아주 복잡한 일도 할 수 있습니다. 표를 사고, 여행을 하고, 온갖 종류의 일을 하지만 다만 기억하지 못하죠.

따라서 단지 어떤 사람을 보는 것만으로 그가 블랙아웃에 빠졌는지를 분간하기란 정말 어렵다. 오로지 얼굴 표정만 보고서 어떤 사람이 두통이 있는지를 알아내려는 것과 마찬가지다. "저는 약간 취하거나 지친 것처럼 보일 수도 있지만, 당신한테 말을 할 수 있어요." 화이트의 말이다.

저는 당신과 대화를 나눌 수 있습니다. 가서 술을 가지고 올 수도 있어요. 단기적인 정보 저장이 요구되는 일들을 할 수 있습니다. 우리가 함께 자란 이야기를 할 수도 있고요. 중증 알코올 의존자의 부인들도

배우자가 블랙아웃 상태인지 아닌지를 분간하기가 정말 어렵다고 이야기합니다.[15]

1960년대에 선구적인 연구를 할 때 굿윈은 알코올 의존자들만이 블랙아웃이 될 정도로 취한다고 가정했다. 블랙아웃은 드문 현상이었다. 과학자들은 과거에 알려지지 않은 질환에 관해 쓰는 것처럼 의학 저널에 블랙아웃에 관한 글을 썼다. 대학생 음주 습관에 관한 최초의 종합적인 조사 결과를 한번 살펴보자.[16] 이 조사는 1940년대 말과 1950년대 초에 미국 각지의 27개 대학에서 수행되었다. 학생들은 평균적으로 '앉은 자리에서' 술을 얼마나 많이 마시는지 질문받았다. (질문의 취지상 음주량은 세 그룹으로 나뉘었다. '조금'은 와인 2잔, 맥주 2병 또는 혼합주 2잔을 의미한다. '중간'은 맥주나 와인 3~5병이나 3~5잔, 혼합주 4잔, '많이'는 그 이상을 의미한다.)

	맥주	
	남성(%)	여성(%)
조금	46	73
중간	45	26
많이	9	1

	와인	
	남성(%)	여성(%)
조금	79	89
중간	17	11
많이	4	0

	혼합주	
	남성(%)	여성(%)
조금	40	60
중간	31	33
많이	29	7

이런 섭취 수준에서는 블랙아웃에 이를 정도로 술을 마시는 사람이 거의 없다.

오늘날에는 이 표에서 두 가지 점이 바뀌었다. 첫째, 오늘날의 음주자들은 50년 전의 음주자들에 비해 술을 훨씬 많이 마신다. 알코올 연구자 킴 프롬은 이렇게 말한다. "학생들에게 네다섯 잔에 관해 이야기하면, 대번에 이런 말이 나옵니다. '풉, 그건 그냥 시작에 불과하죠.'" 프롬은 오늘날의 폭음 범주에는 보통 사람들이 앉은 자리에서 20잔을 마시는 게 포함된다고 말한다. 한때 드문 일이었던 블랙아웃은 이제 흔한 일이 되었다. 최근 애런 화이트는 듀크대학 학생 700여 명을 상대로 이를 조사했다.[17] 이 집단의 음주자들 가운데 절반 이상이 인생의 어느 시점에서 블랙아웃을 경험한 적이 있었고, 40퍼센트가 전년도에 블랙아웃을 겪었으며, 거의 10명 중 한 명이 지난 2주 사이에 블랙아웃을 겪었다.[18]

둘째, 한 세대 전만 해도 뚜렷했던 남성과 여성의 알코올 섭취 격차가, 특히 백인 여성 사이에서 상당히 줄어들었다.[19] (아시아계나 히스패닉, 아프리카계 미국인 사이에서는 이런 추세가 그만큼 뚜렷하지 않다.)

프롬은 "제 생각에 이것은 여권 신장 문제입니다"라고 주장한다.

저는 군대에서 많은 상담 일을 하는데, 거기서는 이런 현상을 목격하기가 더 쉽습니다. 군대에서는 신체단련과 훈련, 그 밖의 모든 일에서 남자와 똑같은 기준을 적용받기 때문이죠. 여자들은 다음과 같은 말을 하려고 아주 열심히 일하고 있습니다. "우리는 남자와 똑같고 따라서 술도 남자만큼 마실 수 있다."

이런 추세 때문에, 그리고 생리학적 이유가 겹치면서 여성의 블랙아웃의 위험성이 크게 높아지고 있다. 만약 평균 체중의 미국인 남성이 네 시간에 걸쳐 여덟 잔을 마신다면(전형적인 대학생 사교클럽 파티에서 적당히 마시는 사람이 이 정도 수준이다), 혈중 알코올 농도는 0.107이 된다. 이 수치는 운전하기에는 너무 취한 것이지만, 블랙아웃과 연결되는 0.15 수준에는 한참 못 미친다. 이와 대조적으로, 만약 평균 체중의 여성이 네 시간 동안 여덟 잔을 마신다면, 혈중 알코올 농도는 0.173이 된다. 그리고 블랙아웃 상태에 빠진다.[20]

상황은 더욱 악화된다. 여자들은 점차 와인과 혼합주를 마시고 있는데, 이런 술은 맥주보다 혈중 알코올 농도를 훨씬 빠르게 높인다. 화이트의 말이다. "여자들은 술을 마실 때 남자보다 식사를 건너뛰는 경우가 많다."

술을 마시기 전에 배를 든든히 채워두면 혈중 알코올 농도 최고치가 3분의 1 정도 줄어든다. 다시 말해, 빈속에 술을 마시면 혈중 알코올 농도가 훨씬 빠르게, 훨씬 높아지고, 만약 빈속에 술을 마시면서 혼합

주와 와인을 마시면 혈중 알코올 농도가 훨씬 더 빠르게 한층 높아진다. 그리고 만약 당신이 여자라면, 체수분이 적기 때문에 혈중 알코올 농도가 훨씬 더 빠르게 한층 더 높아진다.

그리고 블랙아웃에 빠지면 그 결과는 무엇인가? 여자들은 취약한 상태에 처하게 된다. 낯선 이와 어떤 상호작용을 하든 간에 우리 기억은 최초의 방어선이다. 우리는 파티에서 누군가와 반 시간 동안 이야기를 하면서 우리가 알게 된 것을 재본다. 우리는 기억력을 활용해서 다른 사람이 어떤 인물인지를 파악한다. 또한 다른 사람들이 우리에게 말하고 행동한 것들을 수집하며, 그에 따라 우리의 반응을 결정한다. 최선의 순간에도 이것은 오류가 없는 과정이 아니다. 하지만 특히 그 사람을 집에 데리고 갈 것인지가 당면한 문제일 때, 이것은 필요한 과정이다. 그러나 만약 당신이 방금 전에 알게 된 사실이 전혀 기억나지 않는다면, 당신은 당신 뇌 속의 해마가 제대로 작용할 때 내리는 것과 동일한 양질의 결정을 내린다는 보장이 없다. 당신은 상황에 대한 통제권을 넘겨주는 셈이다.

"한 가지 분명히 하자. 범죄자들은 범죄를 저지른 책임이 있는 사람들이며, 그들은 법의 심판을 받아야 한다"고 비평가 에밀리 요피는 〈슬레이트〉지에서 말한다.

하지만 우리는 여자들이 스스로 무방비 상태가 되면 끔찍한 일이 벌어질 수 있다는 것을 여자들에게 제대로 알리지 못하고 있다. 젊은 여자들은 남자와 술 마시기 대결을 벌일 권리가 페미니즘 문제라는 왜곡된 메시지를 듣고 있다. 진정한 페미니즘의 메시지는 당신이 자기 자신을 책임질 능력을 상실하면, 이를테면 당신의 최선의 이익을 아랑곳하지 않는 부류의 사람들이 주변에 모여들 가능성이 급격하게 커진다는 것이다. 피해자를 비난하려는 말은 아니다. 더 많은 피해자를 막기 위해서 하는 말이다.[21]

그리고 당신한테 이야기하는 낯선 사람은 어떨까? 그는 당신이 블랙아웃에 빠졌는지 모를 수도 있다. 어쩌면 그는 몸을 기울이며 당신을 만지려고 하는데, 당신은 몸이 굳어진다. 그리고 10분 뒤 그가 다시 한 바퀴 돌아서 좀 더 기교를 부린다. 보통이라면 당신은 다시 몸이 굳어질 것이다. 그 낯선 사람의 패턴을 인식하기 때문이다. 하지만 첫 번째 손길을 기억하지 못하기 때문에 두 번째에는 몸이 굳어지지 않는다. 그리고 당신이 앞서와 똑같은 방식으로 몸이 굳어지지 않는다는 사실을 보고 낯선 사람은 투명성의 가정 아래서 당신이 자신의 유혹을 환영한다고 생각한다. 보통이라면 그는 그런 가정에 입각해서 행동하는 걸 조심스러워할 것이다. 친절함은 친밀함의 유혹과 같은 것이 아니기 때문이다. 하지만 그 역시 취했다. 그는 알코올 근시에 휘말린 상태이고, 평소라면 그의 행동을 제약했을 장기적인 고려(내가 이 상황을 오독한 것이라면 내일 나한테 어떤 일이 벌어질까?)도 시야에서 사라져버렸다.

알코올은 모든 남자를 괴물로 만드는 걸까? 물론 그렇지 않다. 근시는 갈등이 높은 상황을 해결해준다. 우리 행동을 막는 고차원적인 제약을 제거해주는 것이다. 보통이라면 너무 수줍어서 자기감정을 고백하지 못하는 내성적인 남자가 얼마간 친밀감을 내뱉을 수 있다. 보통이라면 세상이 자기 농담을 재미있다고 생각하지 않는다는 것을 아는 재미없는 남자가 코미디언 놀이를 시작할 수 있다. 이런 행동은 해를 끼치지 않는다. 하지만 성적으로 저돌적인 10대(보통이라면 그런 행동이 얼마나 부적절한지를 알기 때문에 충동을 자제한다)라면 어떨까? 에밀리 요피가 여자들에게 한 것과 똑같은 훈계를 남자들에게도 할 수 있다.

하지만 우리는 남자들에게 그들이 근시 상태에 빠지면 끔찍한 일을 할 수 있다는 사실을 알려주지 못하고 있다. 젊은 남자들은 과음이 무해한 사교 활동이라는 왜곡된 메시지를 받는다. 진짜 메시지는 만약 당신이 자신을 책임질 능력을 상실하면 성범죄를 저지를 가능성이 급격하게 커진다는 것이 되어야 한다. 알코올의 역할을 인정한다고 해서 범죄자의 행동을 봐주는 것은 아니다. 단지 더 많은 젊은 남자들이 범죄자가 되는 것을 막으려는 것이다.

근시의 위력이 얼마나 저평가되는지를 알면 놀랍다. 〈워싱턴포스트〉지와 카이저가족재단의 연구에서는 학생들에게 성범죄를 줄이기 위해 가장 효과적이라고 생각하는 조치를 나열해달라고 요청했다. 학생들은 가해자에 대한 처벌 강화, 피해자를 위한 자기방어 훈련, 남자에게 여자를 더 존중하도록 교육하는 것 등을 목록 상위에 올려놓았다. 술을 덜 마시는 것이 '매우 효과적'이라고 생각하는 사람은 얼마나 많았을까? 33퍼센트였다. 캠퍼스에서 알코올에 대한 규제를 강화하는 것이 매우 효과적이라고 생각한 사람은? 15퍼센트였다.[22]

이런 답변은 서로 모순되는 명제다. 학생들은 자기방어 훈련을 받는 게 좋은 방안이라고 생각하는 반면, 음주를 단속하는 것은 그다지 좋은 방안이 **아니라고** 생각한다. 그런데 만약 당신이 인사불성으로 취한 상태라면 자기방어 기법을 아는 것이 과연 무슨 소용일까? 학생들은 남성이 여성을 더 존중하는 것이 정말로 좋은 방안이라고 생각한다.

하지만 문제는 남자들이 맨정신일 때 여자들 주변에서 어떻게 행동하는가 하는 것이 아니다. 남자들이 술에 취했을 때 어떻게 여자들 주변에서 행동하는가, 그리고 알코올 때문에 자기 주변의 세상을 아주 다르게 파악하는 사람으로 어떻게 바뀌는가 하는 것이다. 타인을 존중하려면 한쪽 당사자가 자신의 욕망을 누그러뜨리고, 자기 행동이 장기적으로 어떤 결과를 낳을지를 검토하며, 바로 눈앞에 있는 상황 말고 다른 일에 관해 생각하면서 복잡한 계산을 해야 한다. 그러나 술에 취해서 근시 상태에 빠지면 바로 이런 계산을 하기가 너무도 어려워진다.

근시의 교훈은 정말 무척 단순하다. 만약 사람들이 낯선 사람과의 사회적 조우에서 자기 자신이 되기(자신의 욕망을 정직하고 분명하게 나타내기)를 바란다면, 인사불성으로 취해서는 안 된다. 그리고 만약 인사불성으로 **취해서** 주변 환경에 휘둘린다면, 남자와 여자가 댄스 플로어에서 부비부비 춤을 추고 탁자 위로 뛰어 올라가는 환경이 가능한 최악의 장소가 된다. 카파알파 남학생 사교클럽 파티는 캄바족처럼 둥글게 둘러앉은 술자리가 아니다.

"사람들은 주취에 관해 자기가 속한 사회가 사고하는 바를 배우며, 이런 이해에 따라 행동하면서 그들은 자기 사회의 가르침을 확인하는 살아 있는 존재가 된다." 크레이그 매캔드루와 로버트 에저턴이 1969년의 고전적인 저서 《술 취한 사람의 행동》에서 내린 결론이다. "사회는 개인과 마찬가지로 술 취한 사람의 용인되는 행동을 분류하기 때문에 그 결과를 감당해야 한다."[23]

블랙아웃

경과를 더 보자. 스탠퍼드대학의 카파알파 파티장에서 자정이 지난 어느 시각에 에밀리 도는 블랙아웃 상태에 빠졌다. 저녁을 가볍게 먹고 위스키 네 잔을 원샷하고 샴페인 한 잔을 마시면서 저녁을 시작하면, 그리고 빨간색 일회용 컵으로 보드카 서너 잔을 마시면 그런 일이 생긴다.

검사 그리고 어느 순간 당신 여동생이 파티장에서 나간 걸 기억하나요?

도 아니요.

검사 밖에 있는 화장실에 갔다가 안뜰로 돌아와서 맥주를 마시고, 남자 몇이 맥주를 원샷하는 모습을 보고 나서 그다음에 기억나는 게 뭔가요?

도 병원에서 깨어난 일이에요.

에밀리 도는 브록 터너를 만난 기억이 전혀 없고, 그와 춤을 췄는지, 그와 키스했는지, 그의 기숙사로 가는 데 동의했는지, 자기도 성적 행위를 하려고 했는지에 관해서도 전혀 기억하지 못한다. 두 사람이 파티장을 나설 때 도가 저항했을까? 가지 않으려고 애썼을까? 터너에게 작업을 걸었을까? 그냥 맹목적으로 비틀거리며 그를 따라 갔을까? 우리는 절대 알지 못할 것이다. 사후에 술이 깼을 때, 도는 자기가 다른 남자와 파티장을 나갔을 리가 만무하다고 완강하게 주장했다. 도는 진지한 연애 중이었다. 하지만 브록 터너를 만난 것은 진짜 에밀리 도가 아니었다. 그 사람은 술에 취해 블랙아웃 상태에 빠진 에밀리 도였고, 술에 취해 블랙아웃 상태에 빠진 우리 자신은 맨정신인 우리 자신과 같은 사람이 아니다.

브록 터너는 자신은 그날 밤 무슨 일이 있었는지 기억하며 에밀리 도가 기꺼이 따라나선 과정을 하나하나 기억한다고 주장했다. 하지만 이것은 그가 몇 달 동안 변호사들과 사전 준비를 하면서 전략을 짠 끝에 재판에서 한 이야기다. 체포된 그날 밤 충격 상태에 빠져 지역 경찰서의 면회실에 앉아 있을 때, 그는 에밀리 도에 관해 그만큼 확실하게 말하지 못했다.

질문 두 사람은 거기서 그전에, 그러니까 장소를 옮기기 전에 성적 접촉을 했습니까?

터너 그런 것 같습니다. 그런데 솔직히 말하면 언제 키스를 시작했는지는 잘 모르겠습니다.

계속해서 경찰관은 대학원생 두 명이 운동장에서 그와 에밀리 도를 발견했을 때 왜 도망쳤는지 묻는다.

터너 도망치지 않았는데요.

질문 도망친 걸 기억하지 못한다?

터너 네.

문제는 사건이 그날 밤 **조금 전에** 벌어진 것이고, 진술하는 와중에도 터너가 도망치려고 하다가 자빠뜨려지면서 다친 손목을 치료받고 있음을 유념하자. 하지만 모두 지나간 일이다.

질문 그 여자가, 그러니까 한참 진행하는 중에 두 남자가 다가와서 당신한테 말을 걸 때 당신은 여자를 봤습니까?

터너 아뇨.

질문 그 순간에 여자가 아무 반응도 없는 게 가능한 일인가요?

터너 솔직히 말하면 모르겠습니다. 그러니까, 말하자면 정말 떠오르지 않습니다. 그러니까 제, 제 생각에는 어, 그러니까, 밖으로 나가는 순간에, 그러니까, 그 여자하고 관계를 갖던 순간, 그러니까 그 남자들하고 땅바닥에 뒹구는 순간 일종의 블랙아웃이 된 것 같습니다. 그러니까, 정말 어떻게 된 건지 떠오르지 않아요.

일종의 블랙아웃이 된 것 같습니다. 그렇다면 작업을 걸고 키스하고 에밀리 도도 자기 기숙사로 가는 데 동의했다는 이야기 전부가 허구가 된다. 그가 일어나기를 바란 일인 것이다. 실제로 벌어진 일은 영원히 수수께끼로 남을 것이다. 어쩌면 터너와 에밀리 도는 그냥 댄스 플로어에 서서 서로에게 똑같은 행동을 끝도 없이 반복하면서 자기들이 무한한 블랙아웃의 악순환에 빠져 있음을 깨닫지 못한 건지도 모른다.

재판이 끝나는 순간 에밀리 도는 법정에서 브록 터너에게 보내는 편지를 큰 소리로 낭독했다. 술집이나 남학생 사교클럽 파티에 가는 모든 젊은 남녀는 에밀리 도의 편지를 읽어야 한다. 성폭력이 어떤 결과를 낳는지를 용감하고 유창하며 강력하게 상기시키는 글이다. 두 낯선 사람이 진정한 동의를 하지 않은 채 하는 행동은 진정한 고통과 고난을 야기한다고 말하는 내용이다.

도는 그날 밤 벌어진 일 때문에 자기 자신이 결딴났다고 말했다.

지금까지 제가 즐겨온 나의 독립성, 타고난 행복, 품위, 꾸준한 생활

방식이 알아볼 수 없을 정도로 뒤틀려버렸습니다. 저는 고립되고, 화나고, 자기비하를 하고, 지치고, 걸핏하면 성을 내고, 공허해졌습니다. 때로는 고립감을 견디기 힘듭니다.[24]

직장에서 도는 늦게 출근해서는 비상계단에 나가 눈물을 흘렸다. 밤에는 울다 지쳐 잠들었고, 아침에 일어나면 붓기를 가라앉히려고 냉동실에 넣어둔 숟가락으로 두 눈을 꾹 눌렀다.

다섯 살짜리 아이처럼 밤에 불을 켜두지 않고는 혼자 잠을 이루지 못합니다. 누군가 저를 만지는데도 깨어나지 못하는 악몽을 꾸니까요. 그나마도 해가 떠서 안전하게 잠들 수 있겠다고 느껴질 때까지는 불을 켜고 잤습니다. 석 달 동안 아침 여섯 시에 잠이 들었어요.
원래 저는 독립적인 삶에 자부심을 갖고 있었습니다. 하지만 지금은 저녁에 산책을 나가는 것도 무섭고, 친구들하고 술을 마시는 사교 모임에 참석하는 것도 꺼려집니다. 제가 편안한 존재가 돼야 하니까요. 이제 저는 언제든지 누군가 옆에 있어야 하고, 남자 친구가 바로 옆에 지키고 서 있고, 제 옆에서 자고, 저를 지켜주어야 하는, 까다로운 사람이 됐습니다. 제가 얼마나 약하다고 느끼는지, 얼마나 소심하게 삶을 사는지, 언제나 보호받고, 자신을 방어할 태세를 갖추고, 언제든 화낼 준비가 되어 있다는 게 당혹스럽습니다.

계속해서 도는 술 문제를 꺼낸다. 술은 그날 밤 일어난 일의 한

요인이었을까? 물론이다. 하지만 도는 말한다.

술은 제 옷을 벗기고, 제 몸에 손을 대고, 저를 거의 벌거벗긴 채 내 머리를 땅바닥에 질질 끈 당사자가 아닙니다. 제가 술을 너무 많이 마신 건 아마추어 같은 실수였다고 기꺼이 인정하지만, 술은 범인이 아닙니다. 이 재판정에 있는 사람은 누구든 어느 날 밤 과음한 걸 후회한 적이 있을 테고, 또는 가까운 사람이 어느 날 밤 과음한 걸 후회한 적이 있을 겁니다. 술 마신 걸 후회하는 건 성폭력을 후회하는 것과는 다릅니다. 우리는 둘 다 취했습니다. 하지만 다른 점은 저는 당신의 바지와 속옷을 벗기고, 부적절하게 당신을 만지고, 도망치지 않았다는 겁니다. 그게 다른 점이에요.

터너는 법정 진술에서 학생들이 "캠퍼스 음주 문화와 그에 따른 난잡한 성관계에 반대하는 목소리를 높이기 위한" 프로그램을 만들고 싶다고 발언한 바 있었다. 도는 그의 말을 힐뜯었다.

캠퍼스 음주 문화라. 우리가 반대하는 게 그건가요? 당신은 제가 지난 한 해 동안 맞서 싸운 게 그거라고 생각하나요? 캠퍼스 성폭력이나 강간에 관한 인식, 동의를 인정하는 법을 배우기가 아니고요? 캠퍼스 음주 문화라. 잭다니엘을 타도하자. 스카이 보드카를 타도하자. 사람들한테 음주에 관해 이야기하려거든 알코올 의존자 모임에 가세요. 음주 문제하고 술을 마신 뒤 다른 사람과 강제로 섹스하려고 하는 것은 다른 문제인 걸 깨달았나요? 그러면 남자들한테 술을 적게 마시는 법이 아니라 여자를 존중하는 법을 보여주세요.

그런데 뭔가 이상하지 않은가? 마지막 구절은 "남자들한테 여자를 존중하는 법**과** 술을 적게 마시는 법을 보여주세요"가 되어야 한다. 둘은 서로 연관되기 때문이다. 브록 터너는 그날 밤 아주 중요한 일, 즉 낯선 사람의 욕망과 동기를 파악하는 일을 하라는 요청을 받았다. 그것은 최상의 상황에서도 우리 모두에게 아주 어려운 일이다. 우리가 그런 만남에서 의존하는 투명성의 가정에 커다란 결함이 있기 때문이다. 성적 욕망이 난무하는 남학생 사교클럽 파티의 난장판에서 미성숙하고 술에 취한 열아홉 살짜리에게 그런 일을 하라고 하는 것은 재앙을 부르는 셈이다.

'주정부 대 브록 터너' 사건의 결과는 에밀리 도에게 어느 정도의 정의를 안겨주었다. 하지만 술이 낯선 사람들 사이의 상호작용에 어떤 영향을 미치는지를 인정하지 않는 한, 그날 저녁 카파알파 파티장에서 벌어진 일이 되풀이될 것이다. 언제고 되풀이될 것이다.

검사 당신은 (에밀리의) 음성사서함을 들었지요? 그렇죠?
터너 네.

터너가 검사에게 반대 심문을 받는 중이다. 검사는 에밀리 도가 블랙아웃 상태에 빠지고 얼마 뒤 남자 친구에게 한 알아듣기 어려운 전화 통화에 관해 이야기하고 있다.

검사 그 음성사서함을 들으면 도가 만취한 상태라고 생각되는데, 동
의하시지요?

터너 네.

검사 그날 밤 도는 그런 상태였습니다. 맞지요?

터너 네.

검사 도는 무척 취해 있었습니다. 그렇지요?

터너 제가 함께했던 다른 사람들보다 많이 취하지는 않았습니다.

제 4 부

진실의 정체
: 또 다른 수수께끼

09 테러리스트의 자백

낯선 사람을 완벽하게 해독할 수 있을까?

가장 극단적인 낯선 사람, KSM

"처음에는 트롤(북유럽 신화에 등장하는 상상 속의 괴물)처럼 보인다고 생각했습니다." 제임스 미첼이 그때를 떠올린다. "그 사람은 화가 나 있고, 호전적이고, 나를 노려보고 있었어요. 저는 중립적인 조사를 하고 있었기 때문에 지금 당신한테 하는 것처럼 말하고 있었습니다. 후드를 벗으면서 말했죠. '호칭을 뭐라고 할까요?'"

남자가 외국인 억양이 묻어나는 영어로 대답했다. "무크타르라고 부르시오. '무크타르'는 '두뇌'라는 뜻이오. 내가 9.11 공격의 수장이었지."[1]

그때가 2003년 3월, '세계 반대편' 어딘가에 있는 중앙정보국의 비밀 장소였다고 미첼이 말했다. 무크타르는 칼리드 셰이크 모하메드, 일명 KSM으로 알려진 인물이었다. 생포된 알카에다 최고위 간부 중 한 명이었다. 옷이 벗겨지고 손과 발에 쇠고랑을 찼는데도 저항하는 기세가 대단했다. "이미 머리카락을 밀고 턱수염도 민 상태였습니다." 미첼이 말했다. "제가 평생 본 사람 중에 제일 털이 많고, 작은, 정말 작았어요, 배는 베트남 배불뚝이 돼지처럼 거대했고요. 그래서 생각했죠. 이자가 그 많은 미국인을 죽였다고?"

미첼은 달리기 선수처럼 키가 크고 마른 체구이고, 가운데 가르마를 한 기다란 백발에 턱수염은 말끔하게 깎은 얼굴이다. 가벼운 남부 말투다. "누구 삼촌 같은 외모죠." 그가 자기 외모를 두고 하는 말은 아마 지나친 자기비하일 것이다. 그는 그날 누구한테 어떤 행동을 하든, 또는 누군가 자기한테 어떤 행동을 하든 간에 항상 충분한 숙면을 취하는 사람처럼 흔들림 없는 자신감을 풍긴다.

미첼은 전문 훈련을 받은 심리학자다. 9.11 이후 그와 동료인 브루스 제슨은 '중대한' 심문에 관한 전문적인 기술이 있다는 이유로 중앙정보국의 부름을 받았다. 제슨은 미첼보다 덩치가 크고 더 조용하며 군인처럼 머리를 바짝 깎았다. 미첼은 그가 "나이 든 장클로드 반담"처럼 생겼다고 말한다. 제슨은 공개적으로 발언하지 않는다. 온라인을 뒤져보면 그와 미첼이 심문 관행 때문에 벌어진 소송에서 선서 증언을 한 동영상을 찾아볼 수 있다.[2] 미첼은 냉정하면서도 두서없이 말하는데, 소송 절차를 거의 경멸하는 듯했다. 제슨은 간결하고 신중하다. "우리는 지시받은 대로 행동하는 군인이었습니다."

쌍둥이 빌딩이 무너진 뒤 두 사람이 첫 번째로 맡은 임무는 생포된 알카에다 공작원 중 최초의 고위급 간부인 아부 주바이다의 심문을 돕는 것이었다. 그들은 세계 각지의 다양한 비밀 장소에서 8년에 걸쳐 다른 많은 '중요한' 테러리스트 용의자를 직접 심문한 바 있었다. 그중에서 KSM은 최대 거물이었다.

"그자는 머리가 좋다는 인상을 풍겼습니다." 미첼이 그때를 회고했다. 심문 과정 동안 미첼이 질문을 던지면 KSM이 대답하곤 했다. "그건 제가 물어보고 싶은 질문이 아닙니다. 당신은 답을 얻을 테고, 그 답이 유용한 걸 발견하고 그게 필요한 전부라고 생각하겠지요. 하지만 제가 정말 묻고 싶은 건 이 질문입니다." KSM 자신에 관해 KSM에게 질문하면 "그자는 훨씬 더 자세하게, 훨씬 더 글로벌한 답을 하곤 했다"고 미첼은 말한다. KSM은 테러 교전의 전술, 자신의 전략적 전망, 지하드의 목표 등에 관해 의견을 늘어놓았다. 만약 생포되지 않았더라면 KSM은 온갖 종류의 9.11 후속 계획을 알고 있었을 것이다. "저차원적 기술을 활용한 외로운 늑대형 공격에 관한 그의 설명은 무시무시했습니다." 미첼의 말이다. "그가 자리에 앉아서 인명 살상에 관한 규모의 경제를 궁리한다는 사실이 말입니다." 미첼은 고개를 가로저었다.

"대니얼 펄에 관해 이야기할 때는 정말 섬뜩하더군요. 그 사건 때문에 제일 많이 울었습니다. 지금도 끔찍해서 울고요." 대니얼 펄은 〈월스트리트저널〉지 기자로, 2002년 1월 파키스탄에서 납치되어 결국 살해당했다. KSM은 묻지도 않았는데 펄 이야기를 꺼내더니 의자에서 일어나 자기가 어떻게 펄의 목을 칼로 벴는지, 미첼이 보기에는, 약간 즐거워하며 재연했다. "더욱 끔찍한 건 그가 대니얼과 일종의 친밀한 관계를 맺은 것처럼 행동했다는 사실입니다. 그는 연인은 아니더라도 제일 친한 친구나 뭐 그런 정도인 것처럼 계속 '대니얼'이라고 지칭하더군요. 정말 소름 끼치는 일이었죠."

하지만 이 모든 것은 나중의 일, 그러니까 KSM이 마음을 터놓은 뒤의 일이다. 2003년 3월, 미첼과 제슨이 작은 몸집에 털이 북슬북슬하고 배가 불룩한 그와 처음 대면했을 때는 상황이 전혀 달랐다.

"바로 그때, 우리에게는 알카에다가 또 다른 거대한 공격의 파도를 준비한다는 믿을 만한 증거가 있었습니다." 미첼의 말이다.

말이 많았어요. 우리는 오사마 빈라덴이 핵기술을 전파하는 파키스탄 과학자들과 만난 적이 있다는 것을 알았고, 이 파키스탄 과학자들이 빈라덴에게 이렇게 말했다는 것도 알았습니다. "가장 큰 문제는 핵 물질을 들여오는 겁니다." 빈라덴은 대답했습니다. "우리가 이미 갖고 있으면 어떤가?" 이 소문이 퍼지자 정보기관 전체가 오싹한 냉기를 느꼈지요.

중앙정보국은 직원들에게 가이거계수기(방사능측정기)를 가지고 맨해튼을 돌아다니면서 방사능 폭탄을 찾게 했다. 워싱턴 당국은 삼엄한 경계를 유지했다. KSM이 처음 생포됐을 때, 누군가 공격 계획에 관해 알고 있다면 그것은 바로 그자일 것이라는 느낌이 팽배했다. 하지만 KSM은 입을 열지 않았고, 미첼은 낙관하지 못했다. KSM은 쉽지 않은 상대였다.

KSM을 조사하기 위해 투입된 첫 번째 심문관들은 친절하게 대하려고 노력했다. 그들은 그를 편안하게 해주고 차를 끓여주고 예의를 지켜가며 질문했다. 하지만 아무 성과가 없었다. KSM은 그들을 바라보며 머리를 앞뒤로 흔들 뿐이었다.

그다음에는 미첼이 '새로 온 책임자'라고 부르는 사람이 KSM을 넘겨받았다. 미첼의 말로는, 선을 넘어서 사디즘을 실천했다는 심문관이었다. 그는 KSM의 두 손을 등 뒤에서 테이프로 감은 뒤 머리 위로 들어 올려 어깨가 튀어나오게 만드는 등 갖가지 '압박하는' 자세를 만들었다. "이 친구는 남아메리카의 공산주의 반군한테서 심문 방법을 배웠다고 말하더군요." 미첼의 말이다. "그 친구는 KSM과 의지의 전쟁을 벌였습니다. 새로 온 책임자는 자기를 선생님이라고 불러야 한다고 생각했어요. 오직 호칭에만 집착했죠." KSM은 어느누구도 선생님이라고 부를 생각이 없었다. 일주일간 시도한 끝에 새로 온 책임자가 두 손을 들었다. 포로는 미첼과 제슨에게 넘겨졌다.

그다음에 벌어진 일은 커다란 논쟁거리다. KSM에게 사용한 심문 기법은 소송과 의회 조사, 끝없는 대중적 논쟁의 주제가 되었다. 그런 심문에 찬성하는 사람들은 이 방법을 '선진 심문 기법enhanced interrogation techniques(EITs)'이라고 부른다. 반대편에 있는 사람들은 고문이라고 부른다. 하지만 이런 폭넓은 윤리적 질문은 잠시 제쳐두고, KSM 심문이 두 가지 수수께끼에 관해 우리에게 무엇을 말해줄 수 있는지에 초점을 맞춰보자.

애나 몬테스와 버니 메이도프의 거짓말, 아만다 녹스를 둘러싼 혼란, 그레이엄 스패니어와 에밀리 도가 처한 곤경 등은 모두 우리가 알지 못하는 사람들을 파악하는 데 근원적인 문제가 있음을 보여주는 증거다. 진실을 기본값으로 놓는 것은 결정적으로 중요한 전략이지만 때로는 불가피하게 우리를 미혹한다. 투명성은 언뜻 보면 상식적인 가정이지만 결국 환영임이 드러난다. 하지만 둘 다 동일한 의문을 제기한다. 일단 우리가 우리의 결점을 받아들인다면, 그다음에는 어떻게 해야 할까? 샌드라 블랜드 이야기(그리고 텍사스의 그 갓길에서 정확히 무슨 일이 벌어졌는지)로 돌아가기 전에 가장 극단적인 형태의 '낯선 이에게 말 걸기' 문제에 관해 나는 이야기하고 싶다. 그것은 비밀을 지키려는 테러리스트와 그 비밀을 끄집어내기 위해 어떤 짓이든 하려는 심문관의 이야기다.

선진 신문 기법의 탄생

미첼과 제슨은 워싱턴주 스포캔에서 만났다. 둘 다 공군의 SERE(생존Survival · 회피Evasion · 저항Resistance · 탈출Escape) 프로그램에서 일하는 자문 심리학자였다. 미군에는 군종마다 핵심 인원을 대상으로 적에게 사로잡혔을 때 대처하는 법을 가르치는 SERE 프로그램 같은 것이 있다. 이 훈련은 현지 경찰이 미 공군 장교들을 비공개로 체포해서 적군의 포로수용소와 비슷하게 만든 구치소에 데려가는 것으로 시작된다. "그냥 불러세워서 체포하는 거죠." 미첼의 말이다. "그러고는 아무한테나 작전 준비 태세 테스트를 하라고 넘깁니다."

한 훈련에는 핵무기를 탑재한 폭격기의 승무원들이 참여했다. 그들에게 주어진 임무에 관한 모든 것이 기밀로 처리되었다. 만약 그들이 적 진영에서 추락하면, 그들을 포로로 잡은 이들이 폭격기에 들어 있는 것에 관해 얼마나 궁금해할지 쉽게 상상이 된다. SERE 프로그램은 비행 승무원이 향후에 벌어질 사태에 대비할 수 있도록 하는 것이었다. 승무원들은 며칠 동안 상자 안에 갇힌 채 춥고 배고픈 상황에서 버텨야 했다. 그러고는 심문이 시작되었다. "그들에게서 정보를 빼낼 수 있는지 알아보는 겁니다." 미첼의 말이다. 이 훈련이 "현실과 아주 흡사하다"고 했다. SERE에서 개발된 특히 효과적인 기법은 '벽치기'였다. 머리를 지탱하기 위해 목에 수건을 두른 뒤 특별하게 제작된 벽에 부딪히게 하는 것이다. "가짜 벽에 하는 거죠."

벽 뒤에 딱따기 같은 게 있어서 엄청난 소리가 납니다. 탄성이 커서 귀가 왕왕 울리고요. 사람한테 상처를 입히는 방식으로 하는 건 아닙니다. 그러니까 소리만 시끄러운 레슬링 매트 같은 거죠. 통증은 없고 그냥 혼란스러울 뿐이에요. 생각의 흐름이 끊어지고 균형을 잃게 됩니다. 신체 균형뿐만 아니라 그냥 평정심을 잃어버리는 겁니다.

미첼이 맡은 일은 SERE 프로그램 설계를 돕는 것이었는데, 이따금 훈련 과정을 직접 경험하기도 했다. 한번은 심문 분야에서 가장 오래된 트릭 중 하나가 포함된 SERE 훈련의 일원으로 직접 참여했다. 심문자가 조사 대상의 동료를 위협하는 것이다. 미첼이 경험한 바로는, 남녀가 이 시나리오에 아주 다르게 반응한다. 남자는 두 손을 들고 항복하는 경향이 있는데, 여자는 그렇지 않다. "만약 당신이 여성 조종사인데, 그자들이 다른 승무원한테 어떤 짓을 하겠다고 말하면, 여자들은 '그거 안됐군' 이런 식의 태도를 보입니다." 미첼이 말했다. "'당신은 당신 일을 하는 거고, 나는 내 일을 하는 거요. 나는 기밀을 지킬 테고. 당신한테 이런 일이 생겨서 유감이지만 입대 서류에 서명할 때 이런 일이 생길 걸 알았겠지.'" 미첼은 사막의 폭풍 작전(1991년 걸프전) 당시 포로로 억류됐던 여자들에게 보고를 들을 때 이런 현상을 처음 보았다.

그자들은 여자들을 끌어내서 남자들이 입을 열지 않을 때마다 여자들을 패겠다고 위협하곤 했습니다. (여자들은) 남자들이 버티지 못하자 화를 내면서 말했죠. "어쩌면 내가 좀 맞았을 테고 성추행을 당했을 테지만, 그래 봐야 한 번이었을 거야. 그런데 왕국의 열쇠를 얻는 방법이 나를 끌어내는 거라는 걸 보여주니까 매번 그렇게 됐지. 그러니 내 일은 내가 하게 내버려둬. 너는 네 일을 하고."

SERE 훈련에서 미첼은 공군 고위 장교인 여군과 짝이 되었다. 심문관들은 그 여군에게, 입을 열지 않으면 미첼을 고문하겠다고 말했다. 반응은 예상대로였다. "내가 말할 리가 있나." 미첼이 말한다.

땅에 묻어놓은 약 210리터짜리 드럼통에 그들은 저를 넣고 뚜껑을

씌운 다음 흙으로 덮었습니다. 드럼통 위에는 뚜껑 틈으로 차가운 물이 콸콸 나오는 호스가 삐져나와 있었어요. 저는 몰랐습니다만 맨 위에 배수 구멍이 있긴 했습니다. 콧구멍 높이 정도에요.

드럼통에 서서히 물이 찼다.

미첼 그들이 다음에 훈련소에 오는 심리학자를 죽이진 않을 거라는 건 확실했지만, 그걸 확신할 순 없었죠. 무슨 말인지 아시겠지요?

글래드웰 그 일이 벌어질 때 어떤 심정이었나요?

미첼 좋지는 않았죠. 가슴에 무릎이 딱 붙어 있어서 빠져나올 수가 없으니까요. 두 팔은 옆으로 붙어 있고요. 옴짝달싹할 수가 없어요. 하반신에 줄을 묶어서 그 안으로 내려보내거든요.

글래드웰 언제 풀려났습니까?

미첼 한 시간 정도 뒤에요.

글래드웰 물 높이는 얼마나 됐나요?

미첼 바로 코까지 차요. 바로 위까지 차오르니까 정말 모르는 거죠. 그러니까 물이 바로 목까지 차오르고, 귀까지 차오른다니까요.

글래드웰 캄캄한 어둠 속에서요?

미첼 아, 네. 어쩌면 한 시간이 아닐 거예요, 어쩌면 한 시간이 안 됐을 거예요. 확실한 게, 한 시간이 넘었으면 저체온증에 걸렸겠죠. 그런데 한 시간처럼 느껴졌어요. 어쨌든 통 안에 들어가서 밑으로 내려가는데, 이런 생각이 들죠. '아, 나를 통 안에 집어넣고 있구나. 폐소공포증이 있는지 알아보려는 거지. 난 그런 거 없으니까 큰 문제 아닐 거야.' 아, 아니에요. 호스를 끼워 넣고 작은 금속제 마개를 연 다음 돌멩이로 덮어요.

글래드웰   사전에 어떻게 한다는 걸 말해주나요?

미첼   그렇게 하는 순간에 말해줍니다.

글래드웰   SERE 프로그램 훈련생들한테 하는 모든 걸 당신한테도 한 건가요?

미첼   아, 물론이죠.

미첼이 말하는 것처럼, "많은 사람이 그 통 안에서 시간을 보냈다." 당시에는 그게 표준 과정의 일부였다.

미첼   저는 고등 과정도 훈련받았습니다. 기본 과정이 험악하다고 생각하신다면, 차라리 말을 말죠.

고통을 즐기는 테러리스트

여기가 중앙정보국의 '선진 심문' 프로그램이 탄생한 곳이다. 중앙정보국은 미첼과 제슨을 찾아와서 조언을 구했다. 두 사람은 오랫동안 일하면서 상상 가능한 가장 효과적인 심문 기법이라고 생각하는 것을 설계하고 실행했으며, 중앙정보국은 무엇이 효과를 발휘하는지 알고 싶어 했다. 따라서 미첼과 제슨은 목록을 작성했는데, 맨 위에는 잠 안 재우기, 벽치기, 물고문 등이 있었다. 물고문이란 기울어진 간이침대에 머리를 아래쪽으로 해서 눕힌 뒤, 천을 얼굴에 덮어씌우고 입과 코로 물을 부어서 물에 빠진 것 같은 감각을 느끼게 하는 것이다. 공교롭게도 물고문은 미첼과 제슨이 SERE 프로그램에서 사용하지 **않은** 몇 안 되는 기법 중 하나였다. 공군의 시각에서 보면, 물고문은 지나치게 효과가 좋았다. 공군은 고문에 저항하는 게 가능하다고 가르치려 했기 때문에 대다수 사람이 도저히 저항할 수 없는 기법에 노출되도록 하는 것은 말이 되지 않는 일이었다.[3] 하지만 테러리스트 용의자에게 이 기법을 사용하는 것은? 중앙정보국의 많은 사람은 그래도 된다고 생각했다. 미첼과 제슨은 예방적 조치로 먼저 자신들이 시험해보기로 했다. 서로에게 물고문을 해본 것이다. 가장 과감한 규정을 따라 각자 두 차례 40초씩 계속 물을 부었다.

미첼은 말했다. "우리는 의사들이 안전 조치를 개발하고 경비원들이 자신이 할 일을 알도록 확실히 해두고 싶었고, (피구금자가) 어떤 경험을 하게 될지를 알고 싶었습니다."

글래드웰 그래서 어땠는지 좀 설명해주시죠.

미첼 엄청나게 높은 빌딩에 올라가서 뛰어내릴 수도 있다고 생각해본 적 있으시죠? 실제로 뛰어내리지 않을 거라는 걸 알면서도 뛰어내릴 수도 있다고 말이죠. 꼭 그런 느낌이더군요. 죽을 것 같지는 않은데, 죽을까 봐 두렵다는 느낌은 확실했습니다.

법무부가 고위 검사 두 명을 심문 장소에 파견해서, 고려 중인 이 기법의 적법성 여부를 확인했을 때 미첼과 제슨은 그들에게도 물고문을 했다. 미첼이 기억하기로 검사 한 명은 그 후 몸을 일으켜 앉아 머리를 말리고는 한마디만 했다. "음, 엿 같군요."

미첼과 제슨은 시행 규칙을 만들었다. 피구금자가 질문에 답하려 하지 않으면, 우선 가장 가벼운 '선진 조치'로 시작한다. 피구금자가 계속 버티면 단계를 높인다. 벽치기가 특히 선호되었고, 잠 안 재우기도 순위가 높았다. 법무부 규정상 최대치는 72시간 잠 안 재우기였지만, 미첼과 제슨은 그것도 불필요하다는 걸 깨달았다. 두 사람이 선호한 건 잠을 자게 하면서도 충분한 수면 시간을 빼앗는 것이었다. 즉, 렘REM 수면 사이클을 체계적으로 깨뜨리는 것이다.

물고문은 최후에 동원하는 기법이었다. 두 사람은 병원 침대를 45도 기울여서 사용했다. 법무부는 세 번 숨 쉴 수 있게 20~40초 간격을 두고 총 20분 동안 물 붓는 것을 허용했다. 두 사람은 40초 동안 한 번 물을 붓고, 20초 동안 두 번 부은 다음 나머지는 3~10초 동안 붓는 것을 선호했다.

관건은 폐에 물이 차지 않게, 부비강에만 물이 들어가게 하는 겁니다. 용의자를 익사시킬 필요는 없으니까요. 원래 1리터짜리 물병을 사용했는데, 의사들이 식염수를 쓰라고 하더군요. 어떤 놈들은 그 물을 삼키는데, 수분 중독[4]에 걸리면 안 된다는 이유에서였죠.

처음 물을 붓기 전에 두 사람은 검은색 티셔츠를 대상자의 얼굴에 씌워 코를 덮었다. "이런 식으로 씌우는 겁니다." 미첼이 셔츠를 덮어씌우는 동작을 해 보이며 말했다.

그런 다음 옷을 끌어올리고, 다시 끌어내리고, 그런 다음 끌어올리고, 다시 끌어내리고, 그런 다음 끌어올리고, 다시 끌어내립니다.

말 그대로, 옷을 끌어올릴 때 물 붓는 사람은 물 붓는 걸 멈춥니다. 스톱워치를 가진 사람이 위쪽에 서서 초를 세면 나는 몇 초 경과했는지 알 수 있죠. 의사도 바로 옆에 있었고요.

방 안은 북적였다. 일반적으로 기지 책임자가 들어오고, 사건 담당 정보분석가, 심리학자 한 명 등등이 지켜보았다. 또 다른 그룹은 바깥에서 대형 TV 모니터로 과정을 지켜보았다. 다른 중앙정보국 전문가들, 변호사 한 명, 경비원들 등 대규모 그룹이었다. 물고문이 진행되는 동안에는 어떤 질문도 없었다. 질문은 나중에 해야 했다.

미첼 그자한테 소리를 지르는 게 아닙니다. 말 그대로 물을 부으면서, 그다지 대화조는 아니지만 공격적이지는 않은 투로 말하는 겁니다. "이런 식으로 할 필요는 없어. 우리는 미국 내에서 진행되는 작전을 멈추기 위한 정보가 필요해. 당신이 정보를 전부는 아니어도 어느 정도 갖고 있다는 건 알지." 물고문을 하면서 이렇게 말하는 거죠. "이런 식으로 할 필요는 없어. 당신 선택하기 나름이지."

글래드웰 어떻게 아십니까, 일반적으로 선진 심문 기법을 구사하는 상황에서 필요한 정도만큼 진행했다는 걸 어떻게 아시죠?

미첼 입을 열기 시작하니까요.

입을 연다는 건 구체적인 내용, 즉 세부사항, 이름, 사실 등을 실토한다는 것을 의미했다.

미첼 사진을 한 장 주면서 말하는 겁니다. "이자는 누구지?" 그럼 이렇게 대답하죠. "음, 이 사람은 이 사람인데, 알잖아요, 뒤에 있는 사람, 뒤에 있는 사람이 이 사람이고, 이거는 그 사람이 있던 곳…." 알다시피 이런 식으로 질문한 것 말고도 술술 말하는 거죠.

미첼과 제슨은 굴복에 초점을 맞췄다. 두 사람은 대상자가 입을 열어 자발적으로 정보를 내놓고 질문에 답하기를 원했다. 그리고 KSM의 경우에는 처음부터 그의 입을 열려면 비축해놓은 기법을 모두 동원해야 할 것임을 확신했다. 그는 모호하게 테러 활동에 참여하는 알카에다 주변부의 일개 졸병이 아니었다. 졸병들은 쉽다. 그들은 말할 것도 별로 없다. 그리고 말해도 잃을 게 별로 없다. 졸병들은 입을 여는 게 자유를 얻는 가장 좋은 기회라는 걸 알기 때문에 심문관에게 협조한다.

하지만 KSM은 다시는 햇빛을 보지 못하리라는 걸 알았다. 그는 협조할 이유가 없었다. 미첼은 선진 심문을 신봉하지 않는 사람들이 사용하는 온갖 심리학적 심문 기법을 알고 있었다. 그가 말하는 "미국인과 싸우는 일상적인 지하드 전사처럼 전장에서 생포한 일반적 테러리스트"에게는 이런 기법이 잘 통한다고 생각했다. 하지만 '골수분자'에게는 통하지 않았다.

그리고 KSM은 골수분자였다. 미첼과 제슨은 그의 입을 열기 위해 벽치기와 잠 안 재우기만 사용할 수 있었다. 물고문은 그에게 통하지 않았기 때문이다. 웬일인지 KSM은 자기 스스로 부비강을 열수 있어서 코에 물을 부어도 그냥 입으로 쏟아져 나왔다. 아무도 그게 어떻게 가능한지 알지 못했다. 미첼은 그것을 마술 트릭이라고 부른다. 몇 차례 물고문을 받고 나자 KSM은 물 붓는 박자를 파악했다. 손가락으로 몇 초가 남았는지를 세는 식으로 심문관들을 우롱하곤 했다. 그리고 끝나면 손을 휘두르는 동작을 했다.

한번은 고문 중간에 미첼과 제슨이 심문실을 빠져나와 동료와 의견을 나눴다. 두 사람이 돌아와 보니 KSM은 코를 골고 있었다. "잠이 든 거죠." 미첼이 그때를 떠올리며 웃었다. "사람들이 끔찍해할 수 있는 이런 모습을 보고 웃는 거라는 건 알지만 이런 경우도 있는 겁니다." 그가 놀란 표정으로 머리를 저었다. "그런 일은 들어본 적이 없어요. 중앙정보국이 사전조사를 할 때 합동인명구조기구Joint Personnel Recovery Agency(JPRA)에 전화했거든요." JPRA는 각 군종이 운영하는 다양한 SERE 프로그램을 모니터하는 국방부 기관이다. 이 기관에는 물고문에 관한 자료가 있었다. "중앙정보국이 문의한 담당자는 우리 훈련생들한테 100퍼센트 효과가 있었다고 말했어요. 끝까지 버티는 사람은 한 명도 없었죠."

미첼과 제슨은 KSM을 상대로 3주 동안 최대치의 심문 기법을 동원했다. 마침내 그가 저항을 멈췄다. 하지만 어렵게 얻어낸 KSM의 굴복은 그의 사례가 이제 단순명쾌하다는 것을 의미하지 않았다. 실제로 난관은 이제 막 시작되고 있었다.

극심한 스트레스가 미치는 영향

9.11이 일어나기 몇 년 전, 찰스 모건이라는 정신과 의사가 군에서 개최한 신경과학 회의에 참석했다. 그는 외상후 스트레스 장애를 연구하면서 왜 일부 참전군인은 외상후 스트레스 장애를 겪는데, 정확히 똑같은 경험을 하는 다른 참전군인은 멀쩡한지 그 이유를 파악하려고 했다. 모건은 이 문제를 연구하는 게 얼마나 어려운지 동료들에게 토로하고 있었다. 왜냐하면 일군의 사람들이 외상적 경험을 하기 **전에** 그들을 확인해서 실시간으로 그 반응을 추적해야 했기 때문이다. 그런데 어떻게 할 수 있었을까? 당시에는 진행되는 전쟁이 없었고, 연구 대상자 전부를 동시에 권총 강도를 당하게 하거나 뭔가 심각한 상실을 겪게 할 수도 없었다. 모건은 자신이 떠올린 최선의 아이디어는 결혼식을 하루 앞둔 커플을 연구하는 것이었다고 농담조로 말한다.

하지만 그 후 육군 대령 한 명이 모건을 찾아와서 말했다. "제가 당신 문제를 해결해줄 수 있을 것 같습니다." 대령은 노스캐롤라이나주 포트브래그 기지에 있는 SERE 교장에서 일하고 있었다. 그는 모건에게 기지를 찾아오라고 초대했다. 제슨과 미첼이 일한 스포캔 공군 교장의 육군판이었다. "좀 초현실적이더군요." 모건의 말이다. 육군은 포로수용소를 그대로 복제해놓았다. 북한이나 구소련의 외딴 지역에서 볼 법한 풍경이었다. "아무것도 진행되지 않을 때 시설 전체를 돌아봤습니다. 그러니까 정말로 안개 낀 잿빛 아침이었어요. 이런 강제수용소가 나오는 전쟁 영화에서 보던 풍경이 떠올랐습니다. 다만 사람이 하나도 없었죠." 계속 모건의 말을 들어보자.

각 훈련 과정은 항상 전쟁포로 출신의 사람이 반원들에게 이렇게 말하는 걸로 끝났습니다. "이게 저한테 벌어진 일입니다. 여러분은 조그만 우리에 갇혀 세 시간을 보냈습니다. 저는 4년을 그렇게 살았습니다. 그자들이 저한테 이런 식으로 농간을 부린 겁니다."

모건은 그 모습에 매료되면서도 의심을 품었다. 그는 외상후 스트레스에 관심이 있었다. SERE 교장은 적에게 포로로 잡혀서 심문받는 것이 무슨 의미인지를 보여주는 현실적인 시뮬레이션이었다. 어쨌든 결국 모든 참가자는 여전히 노스캐롤라이나에 있었고, 일과 후에 외출해서 맥주를 마시고 친구들과 영화도 볼 수 있었다. 그가 물었다. "사람들은 교육받고 있다는 걸 알고, 훈련 중이라는 걸 압니다. 어떻게 여기서 스트레스를 받을 수 있겠습니까?" SERE 교관들은 그의 말에 미소만 지었다. "그러더니 저한테 다시 와서 6개월 동안 교육 과정을 모니터할 수 있다고 말하더군요. 그래서 매달, 2주 동안 찾아갔는데, 흡사 인류학자가 노트에 기록하는 것 같았습니다."

모건은 훈련의 심문 단계에서부터 시작해 질문을 받은 군인들한테서 피와 타액 샘플을 채취했다. 여기 모건이 학술 저널 〈생물학적 정신의학〉지에 그 결과를 설명한 내용이 있다.

훈련 실험실의 현실적인 스트레스는 코르티솔, 테스토스테론, 갑상선 호르몬의 급격하고 심대한 변화를 낳았다. 이런 변화의 규모는 대규모 수술이나 실제 전투와 같은 신체적 스트레스 요인을 겪은 사람들에게서 기록된 것에 비견할 만하다.[5]

이것은 모조 심문이었다. 심문 과정은 30분 동안 지속되었다. 많은 참가자가 그린베레와 특전대 대원, 그러니까 정예 병사들이었다. **그리고 그들은 실제 전투 중인 것처럼 반응했다.** 모건은 군인들이 차례로 울음을 터뜨리는 모습을 충격 속에서 지켜보았다. "깜짝 놀랐습니다." 모건의 말이다. "그 이유를 알아내기가 어려웠어요."

음, 그전에는 이 친구들이 전부 강인한 이들이라고 생각했습니다. 일종의 게임처럼 할 거라고 봤지요. 그래서 사람들이 그렇게 괴로워하거나 우는 모습을 볼 거라고 예상하지 못했어요. 그리고 신체적 압박 때문에 그런 게 아닙니다. 누군가 당신을 난폭하게 다뤄서 그런 게 아니에요.

그들은 조직적이고 규율이 있고 의욕적인 군인이었고, 모건은 그들을 불안하게 하는 것은 그들이 처한 상황의 불확실성임을 깨달았다.

그 사람들은 대부분 항상 "저는 어떻게 해야 하는지를 알아야 하기 때문에 교범을 알아야 한다"는 원칙에 따라 움직였습니다. 그리고 제가 시간이 흐르면서 깨달은 것처럼, 많은 스트레스는 주로 "정답이 뭔지 모르겠다"는 진정한 내적인 불안감 때문에 생겨난 겁니다.

그래서 모건은 SERE 훈련생들에게 레이오스테리스 복합 도형Rey-Osterrieth Complex Figure 검사를 해보기로 결정했다. 다음과 같은 그림이 주어진다.[6]

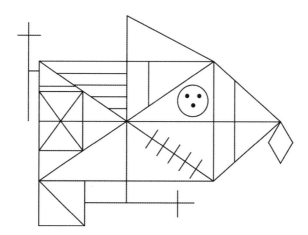

당신은 우선 이 그림을 그대로 따라 그려야 한다. 그다음에는 원본 그림 없이 기억에 의존해서 그려야 한다. 대다수 성인은 이 일에 아주 능하며, 동일한 전략을 구사한다. 그림의 윤곽을 그리는 것부터 시작해서 나머지 세부 내용을 채운다. 반면 어린아이들은 그림을 조각조각 그리는 방법을 쓴다. 아이들은 한 부분을 무작위로 그린 후 그다음 부분을 그린다. 심문을 받기 전에 SERE 훈련생들은 의기양양하게 테스트를 통과했다. 금세 기억해서 복잡한 시각 표시를 그대로 그릴 수 있는 것은 어쨌든 그린베레와 특전대 대원들이 훈련받는 대로다. 여기 한 군인이 심문을 받기 전에 기억에 의존해 그린 레이 오스테리스 그림의 전형적인 사례가 있다. 이 친구들은 유능하다.

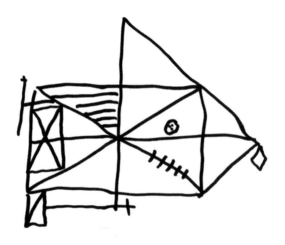

그런데 심문을 받고 15분 후에 이 군인이 그린 그림을 보라.

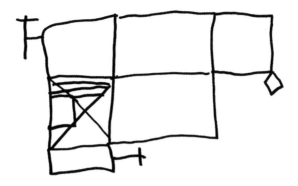

이런 식의 실험 중 하나에서, 스트레스를 유발하는 질문을 받은 뒤 참가자 표본의 80퍼센트가 그림을 조각조각 그렸다고 모건은 말한다. "마치 사춘기 이전 아이, 그러니까 전전두엽 피질이 아직 닫혀 있는 아이 같았죠."

심문 분야에 종사하는 사람이라면 누구나 모건의 연구가 심각한 골칫거리였다. 심문의 관건은 대상자의 입을 여는 것이었다. 대상자의 기억을 억지로 열어서 그 안에 있는 내용을 알아내는 것이 중요했다. 하지만 만약 굴복을 확보하는 과정이 대상자에게 너무도 많은 스트레스를 유발해서 그가 실제로 기억하는 능력에 영향을 미칠 정도임이 밝혀졌다면 어떻게 되는 걸까? 모건은 성인이 아이로 변하는 모습을 지켜보고 있었다. "저는 얼마 전 시설에 가서 온갖 다른 훈련생들한테서 타액을 모으고 있었습니다." 모건은 SERE를 찾은 초창기에 일어난 한 사건을 떠올린다.

그리고 이제 문을 열어줘서 다시 밖으로 나왔는데, 가족들이 있는 겁니다. 다들 인사를 해요. 그리고 제가 훈련생 두어 명에게 다가갔어요. "자, 이제 그런 상황이 아닌 데서 보니까 반갑네요."

그런데 그중 몇 명이 이렇게 말했어요. "여기는 언제 오셨습니까?"

그래서 제가 물었죠. "여기 언제 왔냐니, 무슨 말이에요? 20분 전에 당신 타액을 받았잖아요. 당신한테 채우라고 했는데."

"기억나지 않는데요."

그래서 내가 말했죠. "요전 날 밤에도 심문받을 때 봤잖아요."

그러면 이럽니다. "아뇨, 전혀 기억이 없는데요."

저는 교관을 바라보면서 말했습니다. "말도 안 돼요." 그러면 교관은 이렇게 말해요. "자주 있는 일입니다. 그들은 저도 기억하지 못하는데요. 30분 전에 자기들한테 고래고래 소리를 질렀는데 말입니다."

모건은 깜짝 놀라 즉석에서 현장 실험을 해보기로 결정했다. 경찰이 목격자에게 범인을 지목하게 하려고 용의자를 줄 세우는 것처럼 사람들을 세웠는데, 교관과 장교 그리고 가끔 기지를 방문하는 외부인을 섞어놓았다. "부대 군의관이 휴가를 갔다가 얼마 전에 복귀했거든요. 제가 말했죠. '당신도 오늘 용의자 줄에 설 겁니다.' 그리고 줄에 끼워 넣었습니다."

모건은 군인들에게 지침을 주었다. "우리는 수용소를 운영하면서 여러분 모두에게 징벌을 지시하는 사람에 관심이 있습니다. 그 사람이 여기 없으면 그냥 '없다'고 말하면 됩니다." 그는 군인들이 사령관, 즉 책임자를 확인하기를 원했다. "훈련생 52명 가운데 20명이 이

군의관을 지목했습니다. 그러니까 군의관이 말하죠. '그런데 난 여기 없었어! 난 하와이에 있었다고!'"[7]

군인 한 명이 잘못 지목했다면 이해할 만한 일이다. 사람은 실수를 하게 마련이니까. 두 명이 잘못 지목하거나 세 명이 틀려도 그럴 수 있다. 하지만 **20명**이 틀렸다. 어느 법정에서든 이 불운한 군의관은 결국 교도소에 갇히게 될 것이다.

9.11 이후 모건은 중앙정보국으로 자리를 옮겼다. 거기서 그는 동료들에게 자기 연구 결과의 의미를 각인시키려고 애썼다. 중앙정보국은 세계 각지에 스파이와 비밀 정보원을 두고 있었다. 그들은 생포하거나 협조를 강요한 사람들한테서 정보를 수집했다. 이런 정보원은 종종 대단히 자신 있게 말하는 이들이었다. 일부는 매우 신뢰받았다. 일부는 신뢰성이 높다고 여겨지는 정보를 제공했다. 하지만 모건이 주장하는 요지는 만약 그들이 공유하는 정보가 스트레스 상황에서 획득한 것이라면, 만약 그들이 방금 전에 이라크나 아프가니스탄, 시리아 등에서 악몽과도 같은 상황을 겪었다면 그들이 말하는 내용이 부정확하거나 오해의 여지가 있고, 해당 정보원은 그 사실을 알지 못한다는 것이었다. 그들은 군의관이 1,600킬로미터 떨어진 곳에 있었는데도 **군의관이에요! 군의관이었다고요**라고 말하곤 했다. "저는 다른 분석가들한테 말했죠. '알다시피, 이 사례의 함의는 정말 놀라운 겁니다.'"

그렇다면 찰스 모건은 미첼과 제슨이 외딴 비밀 장소에서 KSM을 상대로 하려는 일에 관해 들었을 때 어떻게 생각했을까?

저는 사람들한테 말했습니다. 중앙정보국에서 일하기 전의 일인데, 거기 갔을 때 사람들한테 말했습니다. "잠을 안 재우면서 용의자한테서 정보를 얻어내려고 하는 건 대형 쇠망치로 라디오를 때려 부수면서 소리가 잘 나오게 주파수를 조정하는 것과 같아요. 전혀 의미 없는 일입니다."

영원히 캘 수 없는 진실

KSM은 파키스탄 이슬라마바드에서 중앙정보국에 생포된 지 4년이 지난 뒤인 2007년 3월 10일 오후에 처음으로 공개적으로 자백했다.[8] 쿠바 관타나모만에 있는 미 해군 기지에서 열린 재판 심리에서였다. KSM 외에도 여덟 명이 더 참석했다. 포로에게 배당된 '개인 대변인', 통역관, 미 육해공군과 해병대에서 각각 파견한 장교 등이었다.

재판부가 KSM에게 이 절차의 성격을 이해하는지 물었다. 그는 안다고 대답했다. 그에게 제기된 기소 내용이 큰 소리로 낭독되었다. 그는 대변인을 통해 몇 가지 사소한 사항을 수정했다. "증거 개요에 제 이름이 잘못 기재돼 있습니다. 제목란에 있는 것처럼, Shaykh가 아니라 Shaikh나 Sheikh로 해야 합니다." 그러고는 코란의 한 구절을 통역해달라고 요청했다. 행정상의 몇 가지 문제가 더 논의되었다. 뒤이어 KSM의 개인 대변인이 그의 자백을 읽었다.

이 문서를 통해 나는 아무 강제도 받지 않은 채 다음의 사실을 인정하고 확인한다. 나는 셰이크 오사마 빈라덴에게 지하드를 수행하겠다고 충성을 맹세했다. 나는 셰이크 오사마 빈라덴을 위해 9.11 작전을 조직, 계획, 보완, 실행한 작전 책임자였다. 나는 셰이크 아부 하프스 알마스리 수비 아부 시타가 사망한 뒤, 탄저균을 비롯한 생물학무기 생산 세포를 관리, 보완하고 미국 땅을 겨냥한 더러운 폭탄 작전Dirty Bomb Operations('더러운 폭탄'은 재래식 폭탄에 방사능 물질을 첨가한 폭탄이다)을 완수하는 책임을 직접 맡았다.

계속해서 그는 자신의 표현대로 자기가 "책임 있는 참가자나 주요 계획자, 훈련 담당자, (군사평의회재정부Military Council Treasury를 통해) 재정 담당자, 실행자 그리고(또는) 개인적 참가자"였던 알카에다의 모든 작전을 나열했다. 총 31개 항목이 있었다. 시카고 시어스타워, 런던 히스로공항, 런던 빅벤, 무수히 많은 미국과 이스라엘 대사관, 빌 클린턴과 교황 요한 바오로 2세 암살 시도 등등이 끔찍할 정도로 자세히 나열되었다. 예를 들어 25~27번 항목은 다음과 같다.

25. 나는 미국 여러 주에서 전력을 생산하는 원자력발전소를 공격하는 데 필요한 감시를 맡았다.
26. 나는 유럽 나토 본부를 공격하기 위한 계획을 수립하고 조사하고 재정을 마련하는 일을 맡았다.
27. 나는 승객을 가득 태운 미국 항공기 열두 대를 격추하기 위해 고안된 보진카 작전Bojinka Operation을 실행하는 데 필요한 계획 수

립과 조사를 맡았다. 나는 직접 팬암 항공편으로 마닐라-서울 왕복 여행을 모니터했다.

발언이 끝났다. 판사가 KSM 쪽으로 고개를 돌렸다. "말을 계속하기 전에, 칼리드 셰이크 모하메드 씨, 방금 개인 대변인이 읽은 발언이 당신 말이 맞지요?" KSM은 그렇다고 말하고는 자기가 한 행동에 관해 장황하고 열렬하게 설명하기 시작했다. 자신은 전쟁에서 싸운 전사일 뿐이며 다른 어떤 병사와도 다르지 않다는 것이었다.

카인이 아벨을 죽였을 때 아담에서부터 시작된 전쟁이 지금까지 계속된다. 전쟁은 인명 살상을 결코 멈추지 않을 것이다. 언어는 이런 식이다. 미국은 혁명전쟁을 시작한 뒤 멕시코에 이어 스페인에서, 제1차 세계대전, 제2차 세계대전을 일으킨다. 당신들은 역사를 읽는다. 당신들은 전쟁을 막을 길이 없다는 걸 안다. 삶이란 이런 것이다.

KSM의 이례적인 자백은 미첼과 제슨의 업적이었다. 2003년에 처음 만났을 때 분노하고 반항적이던 사람이 이제 기꺼이 자기 과거를 까발리고 있었다. 하지만 KSM이 협조했어도 결정적인 질문에 대한 답은 여전히 수수께끼였다. 그가 말한 내용은 **사실**일까? 일단 사람이 그와 같은 스트레스 상태에 빠지면, 찰스 모건의 영역으로 들어가게 된다. KSM이 그 모든 범죄를 자백한 것은 단지 미첼과 제슨의 심문을 중단시키기 위한 것이었을까? 일부 설명에 따르면, 미첼과 제슨은 KSM을 일주일 동안 잠을 재우지 않았다. 그 모든 학대를 당한 뒤에도 KSM은 무엇이 자신의 진짜 기억인지 제대로 알았을 까? 신경과학자 셰인 오마라는 저서《왜 고문은 효과가 없나》에서 장기간 잠을 재우지 않으면 "일종의 표면적인 복종을 유도할 수 있 다"고 말한다. 하지만 "심문자가 접근하기를 원하는 뇌의 기능을 지 탱하는 바로 그 뇌 시스템의 구조가 장기적으로 개조되는" 대가가 따른다.[9]

중앙정보국의 전 고위 관리 로버트 베어는 이 자백을 읽고는 KSM이 "말을 지어내고 있다"고 결론지었다.[10] 그가 나열한 공격 목표 중 하나는 시애틀 도심에 있는 플라자은행 건물이었다. 그런데 플라자은행은 KSM이 체포되고 몇 년 뒤까지도 설립되지 않았다. 중 앙정보국에서 오래 일한 또 다른 전임 요원 브루스 라이델은 애초에 KSM의 협조를 끌어내기 어렵게 만든 사실(그가 평생 교도소를 벗어나 지 못할 것이라는 사실) 때문에 그의 주장을 의심할 수밖에 없다고 주장 했다. "그는 악명 높은 테러리스트로 기억되는 것 말고는 삶에 다른 어떤 것도 없다"라고 라이델은 말했다. "그는 자신의 중요성을 드높 이기를 원한다. 이런 사실은 그가 생포될 때부터 줄곧 문제였다."[11] 만약 그가 남은 평생을 감방에서 지내게 된다면, 역사책에 실리게 장난질이나 하면 어떨까? KSM의 자백은 줄줄이 이어졌다.

9. 나는 파나마운하를 폭탄으로 파괴하는 작전을 계획하고 훈련하 고 조사하고 자금 마련하는 일을 맡았다.

10. 나는 카터 대통령을 비롯해 몇몇 전직 미국 대통령을 암살하기
    위해 조사하고 자금 마련하는 일을 맡았다.

KSM이 자기 공적이 **아니라고** 주장한 게 뭐가 있을까?

이런 비판자들 중 어느 누구도 KSM을 심문할 필요성에 의문을
던지지 않았다. 낯선 사람을 이해하기 어렵다고 해서 이해하려는 시
도조차 하지 않아야 하는 것은 아니다. 폰지 사기꾼과 소아성애자가
활보하게 내버려두어서는 안 된다. 이탈리아 경찰은 아만다 녹스를
이해할 책임이 있었다. 그리고 왜 네빌 체임벌린은 히틀러를 만나기
위해 그렇게 애썼을까? 세계대전의 위협적인 그림자가 엄습하는 가
운데 적과 평화를 이루기 위해 노력하는 것은 필수적이기 때문이다.

하지만 우리가 낯선 사람들이 자신의 정체를 드러내도록 아무리
애를 써도 그들의 정체는 점점 오리무중이 된다. 체임벌린은 히틀러
를 아예 만나지 않았더라면 더 나은 판단을 내렸을 것이다. 차라리
국내에 머무르면서 히틀러의 책《나의 투쟁》을 읽었어야 했다. 샌더
스키 사건 담당 경찰은 2년 동안 피해자를 찾기 위해 이곳저곳 샅샅
이 뒤졌다. 그들의 노력은 어떤 결과를 낳았나? 사태가 분명해지기
는커녕 혼란만 가중되었다. 이야기들이 계속 바뀌고, 이런저런 주장
이 나왔다가 사라졌으며, 피해자가 자녀를 대동하고 샌더스키를 만
나더니 이내 갑자기 끔찍한 범죄자라며 그를 고발했다.

제임스 미첼도 같은 처지였다. 중앙정보국은 알카에다가 9.11 이
후 두 번째 공격을 계획하고 있다고 믿을 이유가 있었다. 이번에는

핵무기가 사용될 가능성도 있었다. 미첼은 KSM이 입을 열게 **해야 했다**. 하지만 그가 KSM의 입을 열게 하려고 노력하면 할수록 의사소통의 질은 더욱 나빠졌다. 그는 KSM을 일주일 동안 잠을 재우지 않을 수 있었고, 결국 KSM은 모든 범죄를 만천하에 자백했다. 하지만 KSM이 **정말** 파나마운하를 폭파하려고 했을까?

우리가 우리 사이에 있는 낯선 사람에 관해 알아내려고 하는 것이 무엇이든 그것은 확고하지 않다. 아만다 녹스나 제리 샌더스키, KSM에 관한 '진실'은 우리가 깊숙이 땅을 파면서 열심히 들여다보기만 하면 캐낼 수 있는 어떤 단단하고 반짝거리는 물체가 아니다. 우리가 낯선 사람에 관해 알고 싶어 하는 진실은 단단하지 않다. 생각 없이 밟으면 뭉개질 것이다. 그리고 이런 사실에서 두 번째 주의표시가 나온다. 우리는 낯선 사람을 이해하기 위한 탐색에 실제적인 한계가 있다는 사실을 받아들일 필요가 있다. 우리는 절대 진실의 전부를 알지 못할 것이다. 온전한 진실에 미치지 못하는 어떤 수준에서 만족해야 한다. 낯선 이에게 말을 거는 올바른 방법은 조심스럽고 겸손하게 하는 것이다. 만약 우리가 이런 교훈을 가슴 깊이 새겼다면, 지금까지 내가 묘사한 위기와 논쟁 가운데 얼마나 많은 것을 막을 수 있었을까?

이제 우리는 텍사스주 프레리뷰에서 브라이언 엔시니아가 샌드라 블랜드의 차를 멈춰 세웠을 때 일어난 사건으로 곧 돌아갈 것이다. 하지만 그에 앞서 마지막 한 가지를 검토해보자. 이상하게 간과된 결합 현상이 그것이다.

TALKING TO STRANGERS

MALCOLM GLADWELL

제 5 부

결합의 파괴

: 낯선 사람을 파악하기 위한 세 번째 도구

10 시인의 죽음

특정 방법과 연결되는 행동

자주 예고된 이별

1962년 가을, 미국 시인 실비아 플라스는 영국 시골의 작은 집을 떠나 런던으로 향했다. 새출발을 할 필요가 있었다. 남편 테드 휴스는 다른 여자 때문에 플라스를 버리면서 어린아이 둘만 남겨놓고 떠났다. 플라스는 런던 프림로즈힐 동네에서 한 아파트를 찾아냈다. 타운하우스 꼭대기 두 층이었다. "지금 런던에서 편지를 보내는 거예요. 너무나 좋아서 말로 표현할 수가 없네요." 플라스가 어머니에게 한 말이다. "게다가 짜잔. W. B. 예이츠가 살던 집이에요. 문 위에 걸린 파란 명판에 예이츠가 살았다고 쓰여 있어요!"[1]

프림로즈힐에서 플라스는 아이들이 잠든 이른 아침에 글을 쓰곤 했다. 놀라운 생산성이었다. 12월에 플라스는 시집을 한 권 완성했고, 출판사는 퓰리처상은 떼놓은 당상이라고 말했다. 플라스는 세계에서 내로라하는 젊은 시인으로 떠오르는 중이었다. 이후에도 이런 명성은 높아지기만 했다.

하지만 12월 말, 극심한 추위가 영국을 덮쳤다. 300년 만에 가장 혹독한 겨울이었다. 눈이 내리기 시작해서 멈추지 않았다. 사람들은 템스강에서 스케이트를 탔다. 수도관이 얼어붙었다. 정전 사태와 노동자 파업이 일어났다. 플라스는 평생 우울증과 싸웠는데, 어둠이 다시 돌아왔다. 친구인 문학평론가 앨프리드 앨버레즈가 크리스마스 이브에 플라스를 보러 왔다. 그는 회고록 《야만적인 신》에서 "플라스는 전과 달라 보였다"고 회고했다.[2]

보통 여교사처럼 단단하게 쪽진 머리를 했는데, 이때는 머리가 헝클어져 있었다. 머리가 마치 텐트처럼 허리춤까지 길게 늘어져서 창백한 얼굴과 여읜 몸집이 기묘하게 쓸쓸하고 넋이 빠진 분위기를 풍겼다. 자기를 숭배하는 의례에 속이 비어버린 여사제 같았다. 복도를 따라 내 앞으로 걸어왔을 때 머리카락에서 짐승의 냄새 같은 강렬한 냄새가 풍겼다.

아파트는 황량하고 추웠는데, 가구가 거의 없고 아이들을 위한 크리스마스 장식도 눈에 띄지 않았다. "불행한 사람들에게 크리스마스는 언제나 좋지 않은 시간이다. 사방에서 들려오는 끔찍한 가짜 환희, 호의와 평화와 가족의 기쁨을 찬미하는 떠들썩한 소리는 외로움과 우울을 특히 견디기 어렵게 만든다. 나는 실비아가 그렇게 불편한 모습을 본 적이 없었다."

두 사람은 와인 한 잔씩을 마셨고, 매번 그러는 것처럼 플라스가 최근에 쓴 시를 읽어주었다. 두 사람 다 어두웠다. 새해가 왔건만 날씨는 더욱 나빠졌다. 플라스는 전남편과 싸웠다. 입주 가사 도우미를 해고했다. 아이들을 챙겨서 근처에 사는 질리언과 게리 베커 부부 집에 잠시 지내러 갔다. "끔찍했어요." 플라스가 말했다. 우울증 약을 조금 먹고 잠이 들었다가 이내 눈물에 젖어 깨어났다. 그날이 목요일이었다. 금요일에 플라스는 전남편 테드 휴스에게 편지를 썼다. 훗날 휴스는 이 편지를 '고별 편지'라고 부르게 된다. 일요일에 플라스는 게리 베커가 자기와 아이들을 아파트까지 태워다줘야 한다고 고집을 부렸다. 베커는 플라스가 아이들을 재우는 것을 보고 초저녁에 헤어졌다. 이후 몇 시간 동안 플라스는 아이들 방에 음식과 물을 조금 남겨두고 창문을 열어놓았다. 자기 담당 의사 이름과 전화번호를 적어서 복도에 있는 유모차에 붙여두었다. 그러고는 수건과 행주, 테이프를 꺼내서 부엌문 틈새를 막았다. 가스오븐을 틀고 머리를 오븐 안에 넣고는 스스로 목숨을 끊었다.

저주받은 천재의 집착

시인들은 요절한다. 그저 상투적인 말은 아니다. 하나의 집단으로 볼 때 시인의 기대수명은 극작가나 소설가, 논픽션 작가 등에 비해 한참 짧다. 시인은 배우, 음악가, 작곡가, 소설가보다 '정서장애' 비율이 더 높다. 그리고 모든 직종 가운데 시인은 월등하게 자살률이 높다. 일반인에 비해 무려 다섯 배나 높다.[3] 시를 쓰는 일의 어떤 특성이 상처 입은 사람들을 끌어당기거나 새로운 상처를 내는 것 같다. 그리고 이와 같은 저주받은 천재의 이미지를 실비아 플라스만큼 완벽하게 구현하는 인물은 거의 없다.[4]

플라스는 자살에 집착했다. 자살에 관해 글을 쓰고, 자살에 관해 생각했다. "플라스는 다른 어떤 위험하고 힘겨운 활동에 관해 말하는 것과 똑같은 어조로 자살에 관해 이야기했다. 다급하고 심지어 맹렬했지만 자기연민은 전혀 없었다." 앨버레즈의 말이다. "플라스는 죽음을 자신이 다시 한번 극복한 신체적 도전으로 보는 것 같았다. 죽음은 스키 타는 법을 제대로 알지도 못하면서 위험한 슬로프를 질주하는 것과 별반 다르지 않은 경험이었다."

플라스는 모든 자살 고위험군 기준에 들어맞았다. 전에도 자살을 시도한 적이 있다. 한때 정신질환자였다. 외국 문화권에서 사는 미국인이었다. 가족과 친구들한테서 떨어져 있었다. 결손가정 출신이었다. 그리고 자신이 우상화하는 남자에게 방금 전 버림받았다.[5]

세상을 떠나던 날 밤, 플라스는 코트와 열쇠를 베커 부부 집에 두고 갔다. 질리언 베커는 플라스에 관한 책(플라스를 아는 모든 사람이 간접적으로라도 그에 관한 책을 적어도 한 권은 썼다)에서 이 행동을 플라스가 최종적인 결정을 내렸다는 신호로 해석한다.[6]

실비아는 게리나 내가 그날 밤에 코트와 열쇠를 가지고 뒤따라올 것이라고 생각했을까? 아니다. 실비아는 스스로 초래한 죽음의 마지막 순간에 구조받기를 기대하거나 원하지 않았다.

검시관은 플라스가 단단히 결심한 것처럼 최대한 깊숙이 오븐 속으로 머리를 집어넣었다고 기록했다. 계속해서 베커의 말이다.

실비아는 층계참과 거실로 이어지는 문 밑바닥의 틈을 막았고, 모든 가스 잠금장치를 활짝 열었으며, 행주를 깔끔하게 접어서 오븐 바닥에 깔고 그 위에 뺨을 올렸다.

플라스가 무엇을 의도했는지 과연 의심할 수 있을까? 스스로 목숨을 끊기 며칠 전에 쓴 시를 한번 읽어보자.

여자는 완성되었다.
여자의 죽은
몸은 성취의 미소를 띤다.
여자의 벗은
발은 흡사 말을 하는 것 같다:
이제 우리 여기까지 왔으니, 끝이다.**7**

우리는 실비아 플라스의 시와 그의 파란만장한 생애를 바라보고, 그의 내면의 삶을 얼핏 보며, 그를 이해한다고 생각한다. 하지만 우리가 잊고 있는 게 있다. 낯선 사람과의 조우에서 우리가 범하는 세 번째 실수가 그것이다.

일산화탄소와 금문교

제1차 세계대전 이후 몇 년간, 많은 영국 가정은 가스레인지와 온수기를 작동하기 위해 이른바 '도시가스town gas'를 사용하기 시작했다. 석탄으로 만든 도시가스에는 다양한 합성물이 혼합되어 있었다. 수소, 메탄, 이산화탄소, 질소 그리고 가장 중요한 것으로 냄새가 전혀 없지만 치명적인 일산화탄소가 있었다(현재 우리나라에서 사용하는 도시가스는 액화천연가스(LNG)를 사용하기 때문에 유독한 일산화탄소가 거의 없다). 바로 이 일산화탄소가 사실상 모든 사람에게 자기 집 안에서 자살할 수 있는 간단한 수단을 제공했다. "절대다수의 사례에서 피해자들은 코트나 담요를 머리에 뒤집어쓰고, 그 안에 가스 꼭지에서 끌어온 고무관을 넣은 채로 발견된다." 1927년 한 의사가 도시가스의 치명적 성질에 관해 쓴 최초의 설명에서 한 말이다.

몇몇 사례에서 사람들은 의자에 앉아 가스관을 입 안이나 가까이에 놓은 채, 그리고 손으로 여전히 자세를 잡은 채 발견되었다. 가스오븐 바닥에 머리를 놓은 채 발견되기도 했다. 한 사례에서는 여자가 찻주전자 커버로 만든 마스크를 얼굴에 묶고, 가스관을 커버 구멍으로 끼워 넣은 상태로 발견되었다.[8]

실비아 플라스가 목숨을 끊은 1962년, 잉글랜드와 웨일스에서 5,588명이 자살했다. 그중에서 2,469명(44.2퍼센트)이 실비아 플라스와 같은 방법으로 자살했다. 그때까지 일산화탄소 중독은 영국에서 죽음을 초래하는 주요한 자해 원인이었다. 다른 어떤 것(약 과다복용이나 다리에서 뛰어내리기 등)도 비슷한 수준에 다다르지 못했다.[9]

하지만 같은 시기인 1960년대에 영국 가스산업은 일대 변화를 겪었다. 도시가스는 점차 비싸고 더러운 연료가 되었다. 북해에서 대규모 천연가스가 발견되었고, 도시가스에서 천연가스로 국가 에너지를 전환하는 결정이 내려졌다. 천연가스는 도시가스와 화학적 성질이 뚜렷하게 달랐다. 깨끗하게 타기 위해 산소가 두 배 더 많이 필요했고, 불꽃이 훨씬 천천히 움직였으며, 가스 압력을 더 높일 필요가 있었다. 이런 사실들이 결합된 결과, 사실상 영국의 모든 가정에 있는 레인지의 가스 구멍과 연소기의 크기와 모양이 이제 구식이 되어버렸다. 계량기, 조리기, 온수기, 냉장고, 휴대용 히터, 보일러, 세탁기, 고체 연료 벽난로 등 영국의 모든 가스 기구를 개량하거나 교체해야 했다. 정제소를 새로 건설하고, 가스 공급 본관도 새로 구축해야 했다. 당시 한 관리는 조금도 과장하지 않고 이 과제를 "영국 역사상 최대의 평시 작전"이라고 지칭했다.[10]

1965년 런던에서 약 50킬로미터 떨어진, 가스 사용자가 7,850명인 작은 섬에서 시범 사업이 진행되면서 장기적인 과정이 시작되었다. 요크셔와 스태퍼드셔가 다음 주자였다. 버밍엄이 그 뒤를 이었다. 그리고 서서히 영국의 모든 아파트, 주택, 사무실, 공장이 차례대로 전환되었다. 10년의 시간이 걸렸고, 1977년 가을에 이르러 이 과업이 마침내 완료되었다.[11] 도시가스(수소, 메탄, 이산화탄소, 질소, 일산화탄소)는 천연가스로 대체되었다. 천연가스는 메탄, 에탄, 프로판, 소량의 질소, 이산화탄소, 황화수소 등이 주성분이고 일산화탄소는 전혀 없었다. 1977년 이후에는 오븐에 머리를 집어넣고 가스를 틀어도 일어날 수 있는 최악의 일은 가벼운 두통과 목근육경련이었다.

1960년대와 1970년대를 거치면서 도시가스가 서서히 사라짐에 따라 가스 자살 건수가 어떻게 변했는지 한번 살펴보자.

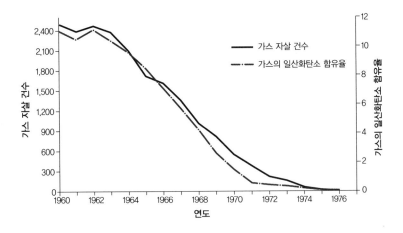

따라서 여기서 질문이 제기된다. 일단 영국 제1의 자살 방식이 생리학적으로 불가능해졌을 때, 자살하려는 사람들은 다른 방법으로 눈을 돌렸을까? 아니면 오븐에 머리를 집어넣었을 사람들이 이제 아예 자살을 하지 않았을까?

사람들이 그냥 다른 자살 방법을 택했을 것이라는 가정은 대치

displacement라고 한다. 대치는 사람들이 자살과 같은 심각한 일을 하려고 할 때 멈추기가 매우 어렵다고 가정한다. 한 선택지를 막는다고 해서 크게 달라지지 않는다. 예를 들어, 실비아 플라스는 정서불안의 오랜 이력이 있었다. 대학에 다닐 때부터 우울증 때문에 전기충격 치료를 받았다. 1953년에 첫 번째 자살 시도를 했다. 보스턴 외곽에 있는 매클린병원에서 6개월 동안 정신과 치료를 받았다. 그로부터 몇 년 뒤, 플라스는 일부러 차를 강으로 돌진시켰다. 그러고는 전형적인 방식으로 그 사건에 관한 시를 썼다.

그리고 고양이처럼 나는 아홉 번 죽지요.
이번이 세 번째.

플라스는 문틈을 꼼꼼하게 막고, 가스 잠금장치를 활짝 열었으며, 오븐 안으로 최대한 머리를 밀어 넣었다. 굳은 결심이었다. 오븐을 이용해 자살할 수 없었다면, 과연 다른 방식을 시도할 수 없었을까?
다른 가능성은 자살이 특정한 맥락과 **결합된**coupled 행동일 수 있다는 것이다. 결합이란 어떤 행동이 아주 특정한 상황 및 조건과 연결된다는 사고다. 아버지는 나와 형제들이 어렸을 때 찰스 디킨스의 《두 도시 이야기》를 읽어주었는데, 막바지에 가서 시드니 카턴이 찰스 다니의 집에서 죽을 때 눈물을 흘렸다. 아버지는 눈물이 많은 사람이 아니었다. 감정적으로 의미가 있는 모든 순간에 감정을 억제하지 못하는 사람이 아니었다. 슬픈 영화를 보아도 울지 않았다. 자식들이 대학에 다니러 집을 떠나도 울지 않았다. 어쩌면 남몰래 가끔 눈가가 촉촉해졌겠지만, 어머니 말고는 어느 누구도 눈치채지 못했다. 아버지가 눈물을 흘리기 위해서는 자식들이 소파에 앉아 귀를 기울이고, 역사상 가장 감상적인 소설가로 손꼽히는 작가의 작품이 있어야 했다. 둘 중 한 가지라도 빠지면 아무도 아버지의 눈물을 절대 보지 못할 것이다. 그런 게 결합이다. 만약 자살이 결합된다면, 그것은 단순히 우울한 사람이 하는 행동이 아니다. 그것은 우울한 사람이 극도로 취약한 어떤 특정한 상황에서 특히 치명적이고 쉽게 이용할 수 있는 수단과 조합을 이뤄 실행하는 행동이다.

그렇다면 이것은 무엇일까, 대치일까 결합일까? 영국 가스의 현대화는 이 질문을 시험하기 위한 거의 완벽한 수단이다. 만약 자살이 대치의 경로를 따른다면(자살자들이 워낙 결심이 굳어서 한 방법을 봉쇄하면 그냥 다른 방법을 시도한다면), 자살률이 시간이 흘러도 꾸준한 수준을 유지하면서 주요한 사회적 사건이 있을 때만 변동해야 한다. (자살은 전시에 감소하고 경제적 고통의 시기에 증가하는 경향이 있다.) 다른 한편으로 만약 자살이 결합되는 것이라면, 특정한 자살 시도 방법의 용이성에 따라 변해야 한다. 도시가스처럼 새롭고 손쉬운 방법이 등장하면 자살이 증가해야 하고, 그런 방법이 사라지면 자살이 감소해야 한다. 자살 곡선은 롤러코스터 같은 모양이 되어야 한다.

다음 도표를 한번 보자. 롤러코스터 같은 모양이다.

도시가스가 처음 영국 가정에 도입될 때 자살 곡선이 올라간다. 그리고 1960년대 말 천연가스로 전환되기 시작하면서 곤두박질친

다. 그 10년 동안 도시가스가 서서히 사라짐에 따라 수천 명의 죽음
이 예방되었다.

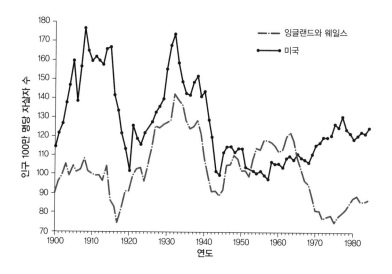

"도시가스는 치명적인 수단으로 독특한 이점이 있었다." 범죄학
자 로널드 클라크가 최초로 일관된 결합론을 펼쳐 보인 1988년의
고전적인 글에서 한 말이다.

도시가스는 (영국 가정의 약 80퍼센트에서) 널리 사용되었는데, 전문 지
식이나 별다른 준비가 필요하지 않아서 움직임이 적은 사람이나 갑
자기 극심한 스트레스를 받은 사람에게 손쉬운 선택 수단이 되었다.
고통이 없고, 신체가 추하게 일그러지지 않았으며, 집 안이 지저분해
지지도 않았다(여자들은 특히 지저분해지는 것을 싫어했다). 목을 매거나,

질식하거나 물에 뛰어드는 식으로 죽으려면 보통 더 많은 계획이 필요하며, 총을 쏘거나, 칼로 베고 쑤시거나, 자동차 사고를 내거나, 높은 데서 뛰어내리거나, 기차나 버스 앞으로 뛰어드는 등 더 폭력적인 방법으로 죽으려면 더 큰 용기가 필요했다.

이 문단에는 지독할 만치 무미건조한 사실이 담겨 있다. 그렇지 않은가? 클라크는 논문 어디에서도 자살자에게 공감하는 말을 하거나 그들에게 고통을 준 근본적인 원인을 고찰하지 않는다. 그는 공학자가 기계적 문제를 바라보는 방식으로 자살 행위를 분석한다. "이런 사고 전반은 정신의학자와 사회복지사 사이에서 전혀 인기가 없었습니다." 클라크가 그때를 떠올린다.

그들은 이런 사고가 매우 피상적이라고, 즉 이 사람들은 완전히 냉정을 잃고 의기소침해진 상태라 단지 자살 시도를 더 어렵게 만들어서 이 문제를 다룰 수 있다고 생각하는 것은 일종의 모욕이라고 생각했습니다. 여기저기서 많은 반발이 일었습니다.[12]

하지만 우리는 이런 식으로 자살에 관해 이야기하지 않는다. 우리는 마치 이 방법이 부적절하기라도 한 것처럼 행동한다. 1920년대에 영국 가정에 처음 가스가 도입됐을 때, 이 신기술의 함의를 검토하기 위해 정부에서 위원회 두 개를 구성했다. 두 위원회 모두 도시가스가 자살 증가로 이어질 가능성을 언급하지 않았다. 가스 현대화

프로그램에 관한 영국 정부의 공식 보고서(1970)는 천연가스로 전환하는 경우 긍정적인 부대 효과 중 하나가 인명 사고의 감소일 것이라고 언급했다. 보고서는 자살을 언급조차 하지 않았다. 고의로 가스로 자살하는 사람의 수가 우연히 가스 때문에 사망하는 사람의 수보다 월등히 많았는데도 말이다. 1981년 이 주제에 관한 가장 종합적인 학술 연구서인《영국 가스산업의 역사》가 출간되었다. 이 책은 영국인의 생활에서 가스 난방과 가스레인지가 도래하고 성장한 과정의 모든 측면을 대단히 자세하게 살펴본다. 지나가는 길에라도 자살에 관해 언급하고 있을까? 그렇지 않다.

또는 샌프란시스코 금문교의 불가해한 전설을 생각해보자. [13] 1937년에 개통한 뒤 이 다리는 1,500명이 넘는 사람이 자살한 현장이었다. 세계 어느 장소도 그 정도 기간에 그토록 많은 자살을 목격하지 못했다. [14]

결합 이론은 금문교에 관해 무엇을 말해주나? 만약 자살 방지 구조물이 있어서 사람들이 뛰어내리는 것을 막는다면, 또는 그물이 설치되어 있어서 사람들이 떨어지기 전에 걸린다면 큰 차이가 생길 것이라고 말한다. 다리에서 자살하는 것이 가로막힌 사람들은 다른 곳에서 뛰어내리러 이동하지 않는다. 자살하려는 결심은 그 특정한 다리와 **결합**된다.

심리학자 리처드 사이던이 통계자료를 갖고 탁월하게 수행한 검출 연구에 따르면, 확실히 바로 이것이 사실이다. 사이던은 1937년에서 1978년 사이에 다리에서 뛰어내리려고 시도한 515명을 추적했는데, 예상치 못한 결과를 얻었다. 515명 중 불과 25명만이 다른 어떤 방식으로든 자살 시도를 계속한 것이다.[15] 어떤 순간에 금문교에서 뛰어내리려고 하는 사람들의 압도적으로 많은 수가 바로 그 순간에 그 다리에서만 뛰어내리기를 원한다.

그렇다면 금문교를 관리하는 지자체 당국은 결국 언제 자살 방지 구조물을 설치하기로 결정했을까? 다리가 개통하고 80년도 더 지난 2018년이다. 존 베이트슨이 저서 《마지막 도약》에서 지적하는 것처럼, 그사이에 교량 관리 당국은 수백만 달러를 들여 다리를 건너는 자전거를 보호하기 위한 구조물을 만들었다. 금문교에서 운전자가 자전거 이용자 사망 사고를 낸 적이 한 번도 없는데 말이다. 또한 '공공 안전'을 이유로 양방향 차로를 가르는 중앙분리대를 만드는 데 수백만 달러를 투입했다. 다리 남쪽 끝에는 다리 밑에 있는 예전 군 시설인 포트베이커에 쓰레기가 떨어지지 않도록 막는 약 2.4미터 높이의 사이클론 펜스를 세웠다. 처음에 다리를 건설하는 동안에는 노동자들의 추락사를 방지하려고 막대한 비용을 들여 보호 그물을 설치하기도 했다. 그물 덕분에 19명이 목숨을 건졌다. 공사가 끝나자 그물은 철거되었다. 그런데 자살에 대해서는 어땠을까? 80여 년 동안 아무 조치도 없었다.

자, 왜 이렇게 된 걸까? 다리를 관리하는 사람들이 비정하고 냉혹하기 때문일까? 천만의 말씀이다. 우리가 어떤 행동이 어떤 장소와 그렇게 밀접하게 결합될 수 있다는 생각을 받아들이는 게 정말 어렵기 때문이다. 여러 해에 걸쳐 교량 관리 당국은 자살 방지 구조물 설치를 지지하는지 정기적으로 일반 대중에게 물었다. 답변지는 대체로 두 범주로 나뉘었다. 찬성하는 쪽은 사랑하는 사람이 자살한 경험이 있어서 자살의 심리학을 어느 정도 이해하는 이들이었다. 나머지(사실상 다수)는 결합 문제를 전혀 고려하지 않았다.

"만약 다리 위에 물리적 방지 구조물을 세운다면, 석 달 뒤에 자살하려는 사람이 뛰어내릴 수 없다는 사실에 좌절해서 권총을 들고 북쪽 타워로 걸어가 머리에 총을 겨눈다 해도 놀라지 않을 겁니다. 그러면 자살 방지 구조물을 세우는 데 쏟아부은 몇 백만 달러는 어떻게 되는 겁니까?"

"자살하려는 사람들은 오만 가지 방법을 찾아낼 겁니다. 약물, 목 매달기, 익사, 동맥 절단, 다른 다리나 건물에서 뛰어내리기 등 방법이야 많죠. 다리에서 뛰어내리는 소수를 걱정하는 대신 그 돈을 차라리 다수의 정신건강 치료에 쓰는 게 훨씬 낫지 않을까요?"

"자살 방지 구조물을 만드는 데 반대합니다. 돈만 낭비하고 아무 성과도 없을 테니까요. 금문교에서 뛰어내리지 못한 사람들은 다른 더 파괴적인 자살 방법을 찾을 겁니다. 그리고 고층 건물에서 뛰어내리는 사람이 다리에서 물로 뛰어내리는 사람보다 거리를 걷는 행인을 죽일 가능성이 훨씬 높을 겁니다."

"그렇게 해봐야 돈만 들고 다리 외관만 흉해집니다. 자살하는 방법에는 여러 가지가 있어요. 한 방법을 막아봤자 다른 방법으로 자살하면 그만입니다."[16]

전국 단위의 어떤 여론조사에 따르면, 미국인의 4분의 3이 금문교에 자살 방지 구조물을 설치하면 다리에서 죽으려고 했던 사람들 대부분이 다른 식으로 자살할 것이라고 예상했다.[17] 하지만 전혀 잘못된 생각이다. **자살은 결합된다.**

우리가 낯선 사람과 조우할 때 저지르는 첫 번째 오류, 즉 진실을 기본값으로 놓는 오류와 투명성의 환상은 낯선 사람을 한 개인으로 파악하지 못하는 우리의 무능력과 관계가 있다. 하지만 우리는 이런 오류들에 또 다른 오류를 덧붙이는데, 이 때문에 낯선 사람과 겪는 문제가 위기로 확대된다. 우리는 그 낯선 사람이 움직이는 배경이 되는 **맥락**의 중요성을 이해하지 못한다.

골목에만 머무르는 드라큘라

브루클린 72관구는 북쪽의 프로스펙트 고속화도로에서 남쪽의 베이리지까지 그린우드 묘지를 둘러싼 동네를 관할한다. 묘지 서쪽 둘레와 부둣가 사이의 좁고 기다란 구역에는 내리막 도로들이 줄지어 바다를 향한다. 낡아빠진 고가 간선도로가 한가운데를 굽이쳐 지나간다. 오늘날 이곳은 젠트리피케이션이 진행되는 동네다. 40년 전에 데이비드 와이스버드가 1년 동안 이 거리들을 오르락내리락했을 때는 사정이 달랐다.[18]

"다른 세상이었습니다." 와이스버드가 그때를 떠올린다. "무서운 곳이었어요. 아파트 건물에 들어가면 복도에 냉장고들이 나와 있고,

쓰레기가 널려 있었지요. 아파트 건물에 뒷마당이 있는데 쓰레기가 1.5미터 깊이로 묻혀 있었죠. 거리에는 겁나는 사람들 천지였습니다." 와이스버드는 범죄 전문가였다. 예일대학에서 이스라엘 요르단 강 서안 지역 유대인 정착민들의 폭력 행동에 관해 논문을 썼다. 그 자신이 브루클린 태생이었다. 예일을 떠난 뒤 고향인 브루클린 자치구에서 연구 프로젝트를 진행하는 일자리를 얻었다.

연구는 4번 애비뉴에 있는 경찰 지서를 근거지로 삼아 진행되었다. 납작한 모더니즘 건물은 마치 침략군을 물리치기 위해 설계된 것 같았다. 경찰관 아홉 명이 참여했는데, 각각 10~30개 블록을 순찰구역으로 맡았다. "그들이 하는 일은 이 순찰구역을 돌아다니면서 사람들과 대화하고, 문제점을 해결하는 방법을 마련하는 것이었다." 와이스버드는 관찰자이자 기록자로서 알게 된 사실을 기록하는 책임을 맡았다. 1년간 한 주에 나흘씩 따라다녔다. "항상 정장에 타이를 매고, 경찰 신분증을 갖고 있었습니다. 거리에서 만난 사람들이 제가 형사라고 생각하면 저는 '아 아닙니다'라고 말하곤 했지요."

그는 도서관에서 범죄를 연구한 적이 있다. 이제 지상으로 내려와서 순찰 경관들과 나란히 거리를 걸었다. 그리고 처음부터 뭔가 이상하다고 느껴졌다. 상식적으로 보면 언제나 범죄는 일정한 동네와 연결되었다. 빈곤, 마약, 가족 붕괴와 같은 문제들이 있는 곳에 범죄가 있었다. 경제적·사회적으로 불리한 광범위한 조건이 불법과 무질서가 판치는 지역사회를 낳았다.

로스앤젤레스에서는 사우스센트럴이 그런 동네였다. 파리에서는 교외 외곽이었다. 런던에서는 브릭스턴 같은 곳이었다. 와이스버드는 그런 동네의 뉴욕판에 있었다. 다만 이 동네는 그가 전에 상상한 것과 전혀 달랐다. "제가 금세 발견한 사실은 일단 이 지역을 알게 되자 우리가 한두 거리에서 항상 시간을 보냈다는 겁니다." 그의 말이다. "그곳은 도시에서 열악한 동네였는데, 대부분의 거리에서 범죄가 전혀 일어나지 않았습니다."

얼마 뒤 순찰구역의 모든 거리를 걷는 게 거의 무의미해 보였다. 대부분의 거리에서 아무 일도 일어나지 않았기 때문이다. 그는 이해하지 못했다. 범죄자들은 사회적 제약을 벗어나서 움직이는 이들이었다. 그들은 자신의 어두운 충동인 정신질환, 탐욕, 절망, 분노에 따라 움직였다. 와이스버드는 범죄자들이 그런 행동을 하는 이유를 이해하기 위한 최선의 방법은 그들이 **어떤 사람**인지를 이해하는 것이라고 배운 바 있었다. "저는 그걸 드라큘라 모델이라고 부릅니다." 와이스버드가 말했다. "드라큘라 같은 사람들이 있습니다. 범죄를 저질러야만 하는 사람들이죠. 범죄를 저지를 동기가 매우 높아서 다른 어떤 것도 사실 중요하지 않다고 말하는 모델입니다."

하지만 만약 범죄자들이 폭력을 야기하려는 탐욕스러운 욕망에 따라 움직이는 드라큘라와 같다면, 그들은 72관구 곳곳을 배회했어야 한다. 드라큘라가 피를 빨아먹고 살 것 같은 사회적 환경은 도처에 존재했다. 하지만 드라큘라는 모든 곳에 있지 않았다. 드라큘라는 특정한 거리에만 있었다. 그리고 와이스버드가 말하는 '거리'란 한 블록, 즉 거리의 한 구역을 의미했다. 어떤 구역에는 범죄가 많이 일어나는데 다음 구역, 즉 교차로 건너편은 멀쩡했다. 그만큼 명확했다. 범죄자들은 다리가 없나? 차가 없나? 아니면 지하철표가 없나?

"그리하여 범죄학에 관한 생각을 재고하게 됐습니다." 와이스버드가 말했다. "다른 대다수 사람과 마찬가지로, 제 연구도 **사람**에 관한 거였죠. 그런데 저는, 어쩌면 우리가 **장소**에 더 관심을 기울여야 할 것이라고 말했습니다."

언제 어디서 그를 대면했는가

브루클린에서 주어진 일을 끝냈을 때, 와이스버드는 또 다른 젊은 범죄학자인 래리 셔먼과 팀을 꾸리기로 결심했다. 셔먼 역시 이런 식으로 생각을 펼치고 있었다.[19] "당시 저는 미국 에이즈 지도를 보고 느낀 바가 많았습니다." 셔먼이 당시를 떠올린다. "지도를 보면 미국 에이즈 환자의 절반 이상이 5만 개 인구조사 표준 지역 가운데 50개에 집중되어 있었습니다." 그가 보기에 에이즈는 미국 전역에 걷잡을 수 없이 무작위로 퍼지는 전염병이 아니었다. 일정한 부류의 사람들과 아주 특정한 장소 사이의 상호작용처럼, 그러니까 고유한 내적 논리가 있는 유행병처럼 보였다.

범죄의 지리적 구성요소를 연구하는 데 필요한 종류의 데이터를 수집하는 일은 쉽지 않았다. 범죄는 언제나 관구별(범죄가 발생한 일반 지역별)로 보고되었다. 하지만 와이스버드는 얼마 전까지 72관구를 걸어 다녔고, 구체적이지 않은 지역은 도움이 되지 못한다는 것을 알았다. 그들에게는 **주소**가 필요했다. 다행히도 셔먼은 미니애폴리스의 경찰 책임자와 아는 사이였는데, 그가 기꺼이 도움을 주었다. "우리가 미니애폴리스를 선택한 건 우리가 하려는 일을 허용할 만큼 제정신이 아닌 사람을 찾을 수 있는 곳이 거기뿐이었기 때문입니다." 와이스버드가 웃으며 말했다.[20]

셔먼은 수치를 계산하면서 믿기 어려워 보이는 사실을 발견했다. 72관구 면적의 고작 3.3퍼센트에 해당하는 특정 구역에서 신고된 범죄 건수가 이 관구 전체 범죄 신고의 50퍼센트 이상을 차지한다는 사실이었다. 와이스버드와 럿거스대학에서 그가 지도하는 대학원생들은 미니애폴리스 지도를 벽에 걸어놓고 범죄가 일어난 곳마다 작은 종잇조각을 붙였다. 믿기 어려운 결과가 나왔지만 간단히 처리할 수는 없었다. 72관구를 걸어 다니던 시절부터 와이스버드는 범죄가 어느 정도 집중될 것이라고 생각했지만, 이 정도는 아니었다. "래리하고 제가 그 점에 대해 이야기하는데, 정말 입을 모았지요. '하느님 맙소사!'"

거의 같은 시기에 보스턴에서 또 다른 범죄학자가 비슷한 연구를 진행했다. 도시에서 발생한 범죄의 절반이 도시 블록의 3.6퍼센트에서 일어난 것이었다.[21] 그리하여 두 가지 사례가 만들어졌다. 와이스버드는 최대한 많은 곳을 살펴보기로 결정했다. 뉴욕과 시애틀, 신시내티를 살펴보았다. 셔먼은 캔자스시티와 댈러스를 살펴보았다. 누군가 물을 때마다 두 사람은 계산을 하곤 했다. 살펴보는 지역마다 똑같은 현상이 나타났다. 모든 도시에서 범죄는 극소수의 거리 구역에 집중되었다.

와이스버드는 문화적·지리적·경제적으로 다른 외국 도시를 시험해보기로 했다. 그의 가족이 이스라엘인이었기 때문에 텔아비브를 생각했다. 똑같았다. "저절로 탄식이 나왔습니다. '세상에나. 저거 봐! 도대체 왜 텔아비브 전체 거리의 5퍼센트에서 범죄의 50퍼센트가 발생하는 거지? 전혀 다른 장소에서도 이런 식으로 나오는군.'" 와이스버드는 이런 현상을 범죄 집중 법칙Law of Crime Concentration이라고 부른다.[22]

자살과 마찬가지로 범죄 역시 아주 특정한 장소 및 배경과 연결된다. 72관구와 미니애폴리스에서 와이스버드가 한 경험은 특이한 게 아니다. 그 경험은 인간 행동에 관한 근본적인 진실에 가까운 어떤 것을 포착한다. 따라서 낯선 사람을 대면할 때 당신은 그 사람을 언제 어디서 대면하는지를 스스로 물어야 한다. 이 두 가지가 낯선 사람의 정체에 관한 당신의 해석에 강한 영향을 미치기 때문이다.

10년만 늦게 태어났다면

다시 실비아 플라스로 돌아가자. 노골적인 자서전이라 할 수 있는 《벨 자The Bell Jar》에서 플라스의 주인공인 에스터 그린우드는 자신이 광기로 빠져드는 과정을 묘사한다. 그리고 그린우드는 바로 로널드 클라크(도시가스와 자살의 연관관계를 밝힌 장본인)가 예상하는 것처럼 자살에 관해 생각한다. 에스터는 어떻게 자기 목숨을 거둘 것인가의 문제에 무척 민감하다. "자살할 작정이라면 어떻게 죽고 싶어요?" 에스터가 해변에서 옆에 누워 있는 칼에게 묻는다.

칼은 즐거워 보였다. "자주 그런 생각을 해요. 총으로 머리통을 날려 버리죠, 뭐." 실망스러웠다. 남자 아니랄까 봐 총으로 자살한다니. 나는 총을 손에 넣을 기회가 없었다. 또 총을 구한다고 해도 어느 부위를 쏴야 할지 알 수 없었다.

바로 그날 아침 에스터는 어머니 목욕가운에 달린 비단 끈으로 목을 매 죽으려고 했지만 제대로 되지 않았다. "하지만 끈을 바싹 당겨서 귀가 벌게지고 얼굴에 피가 쏠리는 기분이 들 때마다 손에서 힘이 빠져 느슨해졌고, 그러면 다시 괜찮아지곤 했다." 에스터와 칼은 해변으로 헤엄쳐 간다. 에스터는 물에 빠져 죽기로 마음먹는다. 그리고 바다 밑바닥으로 다이빙을 한다.

몇 번이고 다이빙했지만, 매번 코르크 마개처럼 수면으로 떠올랐다. 잿빛 바위가 부표처럼 느긋하게 수면을 오르내리며 나를 조롱했다. 기진맥진해졌을 때 깨달았다. 몸을 돌렸다.[23]

플라스의 주인공은 자살하려는 게 아니었다. 자살할 **방법**을 찾고 있었다. 그리고 그냥 아무 방법이나 되는 게 아니었다. 바로 이것이 결합의 요지다. 행동은 구체적이다. 그는 딱 맞는 방법을 찾아야 했다. 그리고 그 추운 2월의 밤에 실비아 플라스에게 딱 맞는 방법이 공교롭게도 바로 거기, 부엌에 있었다.

베일이 어떻게 나의 일상을 죽이는지 네가 알아만 준다면.
너에겐 베일이 단지 투명한 것, 깨끗한 공기일 뿐이지.

플라스가 런던에서 고뇌에 찬 마지막 몇 달을 시작하던 1962년
9월에 쓴 〈생일 선물〉이라는 시다.

하지만 맙소사, 구름은 목화솜 같아.
구름 떼. 그것은 일산화탄소지.
달콤하게, 달콤하게 들이마시며
보이지 않는 것들로 내 혈관을 채우지.

1958년부터 1982년까지 25~44세(플라스는 서른 살에 죽었다) 영국
여성의 자살률을 보여주는 다음 그래프를 살펴보자.

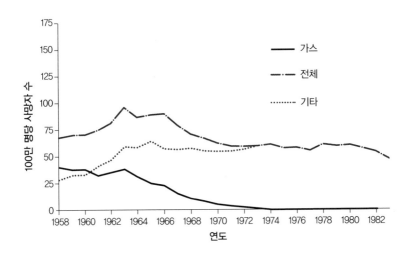

플라스가 자살한 1960년대 초, 영국에서 같은 연령대 여성의 자살률은 10만 명당 10명이라는 경이적인 수치에 도달했다. 비극적으로 많은 가스 중독 사망자 때문이었다. 영국 여성 자살률로 역대 최고치다.[24] 천연가스로 전환이 완료된 1977년에 이르면 같은 연령대 여성의 자살률은 절반 정도로 떨어졌다. 플라스는 정말 운이 나빴다. 10년 뒤에 태어났더라면 그가 "달콤하게, 달콤하게 들이마실" 일산화탄소 같은 구름이 없었을 것이니.

낯선 사람의 세상

결혼하고 나서 2년 뒤인 1958년 가을, 실비아 플라스와 남편 테드 휴스는 보스턴으로 이사했다. 플라스가 시를 써서 유명해지기 몇 년 전이었다. 플라스는 매사추세츠종합병원 정신과에서 접수원으로 일했다. 저녁에는 보스턴대학에서 열리는 글쓰기 세미나에 참여했다. 거기서 앤 섹스턴이라는 젊은 시인을 만났다. 섹스턴은 플라스보다 4년 연상이었다. 매력적이고 카리스마 있으며 눈에 띄게 아름다웠다. 후에 섹스턴은 《사느냐 죽느냐》라는 책으로 시 부문 퓰리처상을 받으면서 손꼽히게 뛰어난 당대 미국 시인으로 명성을 굳혔다. 플라스와 섹스턴은 친구가 되었다. 두 사람은 수업이 끝나고도 남아서 또 다른 젊은 시인인 조지 스타벅과 함께 술을 마시러 갔다.

"우리 셋이 내 낡은 포드차 앞좌석에 몸을 욱여넣어 앉고, 내가 운전해서 차량들 사이를 잽싸게 뚫고 리츠호텔이나 그 근처로 가곤 했다." 플라스가 세상을 떠난 뒤 쓴 글에서 섹스턴이 회고한 말이다.

나는 **승하차 전용 구역**loading only zone에 불법주차를 하면서 유쾌하게 말하곤 했다. "괜찮아요. 우리도 그냥 취하러get loaded 가는 거니까!" 차에서 내리면 둘이 양쪽에서 조지의 팔을 잡고는 리츠로 들어가서 마티니 서너 잔, 아니면 두 잔을 마셨다.

섹스턴과 플라스는 둘 다 젊었고, 불가사의할 정도로 재능이 뛰어났으며, 죽음에 집착했다.

종종, 아주 자주 실비아와 나는 우리의 첫 번째 자살에 관해 오랫동안 이야기를 나누곤 했다. 오랫동안, 자세하게, 중간중간 공짜 감자칩을 먹으며 깊이 있는 이야기를 나누었다. 자살은 어쨌든 시와 대립되는 것이다. 실비아와 나는 종종 대립물에 관해 이야기했다. 우리는 불타는 듯 열정적으로 죽음을 이야기했다. 우리 둘 다 전등 불빛에 달려드는 부나방처럼 죽음에 이끌렸다.[25]

섹스턴은 가족에게 정신병력이 있었다. 그는 극심한 감정기복과 식욕부진, 우울증, 알코올의존증을 겪었다. 적어도 다섯 차례 자살 시도를 했다. 부모 약장에서 과다복용하면 치명적인 넴뷰탈(최면 · 진정제인 펜토바르비탈의 상표명)을 한 병 훔쳐 지갑 안에 넣고 다녔다. 섹스턴의 전기를 쓴 다이앤 우드 미들브룩이 설명하는 것처럼, 그는

"자살할 기분만 들면 언제든 실행에 옮길 수 있기"를 원했다.

40대 초반에 섹스턴은 사양길에 접어들었다. 음주량은 늘었고 결혼은 실패로 끝났다. 글을 쓰지도 못했다. 1974년 10월 4일 아침, 섹스턴은 오랜 친구와 아침 식사를 하고 또 다른 친구와 점심을 먹었다. 마치 안녕이라도 고하듯이. 미들브룩은 말한다.

섹스턴은 손가락에서 반지를 빼 커다란 지갑에 던져넣고는 코트 옷장에서 어머니가 입던 오래된 모피 코트를 꺼냈다. 햇빛 쨍쨍한 오후였지만 공기는 차가웠다. 닳아빠진 새틴 안감 덕분에 금세 살갗이 따뜻해졌다. 죽음은 마치 포옹처럼, 익숙한 사람의 품에 안겨 잠이 드는 것처럼 느껴질 것이었다.

섹스턴은 보드카를 들이켜고 스스로 목숨을 끊었다. 친구 실비아 플라스처럼, 섹스턴도 영원히 저주받은 천재의 반열에 들 것이다. "앤 섹스턴을 잘 아는 사람 가운데 그의 자살에 놀라는 이는 아무도 없었다"라고 미들브룩은 말한다.

하지만 지금쯤이면 이 글을 읽는 당신도 섹스턴의 죽음에 대한 이런 설명에 만족하지 못할 것이라고 생각한다. 만약 자살이 결합된 행위라면, 섹스턴의 성격과 병적 측면은 그에게 일어난 일에 대한 부분적인 설명에 불과한 게 분명하다. 플라스의 경우도 마찬가지다. 그의 친구 앨프리드 앨버레즈는 너무 많은 이들이 플라스를 "예술을 위해 자신을 바친 희생자로서의 시인"으로 그린다고 생각했다. 앨버레즈의 평가는 정말로 옳다. 그런 묘사는 플라스의 실제 모습을 왜곡하며, 그의 정체성이 오로지 자기파괴적 성격하고만 연결되었다고 말한다. 반면 결합하는 요인들은 우리에게 모호하고 복잡하기 짝이 없는 플라스의 모습 속에서 낯선 이를 보게 해준다.

와이스버드의 지도는, 내 생각에 이 점을 한층 더 강력하게 보여준다. 다음은 맨해튼에서 허드슨강 바로 건너편에 있는 저지시티의 지도다.**26**

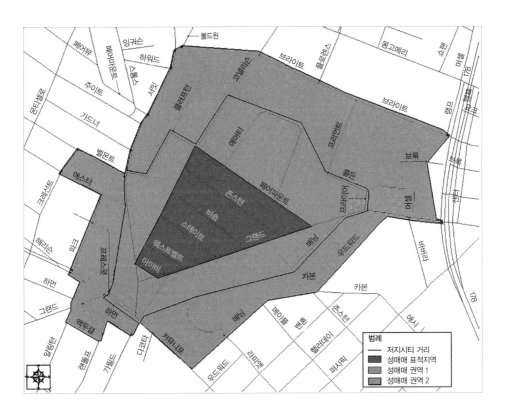

한가운데 짙은 지역, 즉 코넬리슨 애비뉴와 그랜드 스트리트, 페어마운트 애비뉴로 둘러싸인 지역은 성매매 빈발 지점으로 한동안 그런 상태였다. 몇 년 전, 와이스버드는 경찰관 10명(이례적으로 많은 수다)을 추가로 배치해서 이 몇 블록을 순찰하게 하는 실험을 진행했다. 예상된 것처럼, 이 지역의 성매매 건수는 3분의 2가 감소했다.

하지만 와이스버드는 삼각형 바로 바깥에 있는 지도의 연한 부분에서 어떤 일이 생겼는지에 가장 관심이 많았다. 경찰이 단속했을 때 성 노동자들은 그냥 한두 거리 옮겨갔을까? 와이스버드는 그 지역에 훈련받은 관찰자들을 배치해서 성 노동자들과 이야기하게 했다. 이동이 있었나? 그렇지 않다. 알고 보니 대다수는 장소를 변경하기보다는 다른 시도(그 업종을 아예 떠나든가 행태를 바꾸든가)를 하려고 했다. 그들은 장소에 결합되어 있지 않았다. 장소에 **정박**해 있었다.

그 사람들은 우리한테 말하곤 했습니다. "나는 이 지역 소속이에요. 자리를 옮기고 싶지 않아요. 그러면 고객들이 어려워질 테니까요." "아뇨. 그러면 다시 사업을 구축해야 해요." 그들이 움직이지 않는 데는 이 모든 객관적인 이유들이 있어요. 또 다른 이유는 이런 겁니다. "내가 다른 데로 가면 마약한텐, 마약을 파는 덴 좋겠죠. 거기엔 이미 사람들이 있어서 나를 죽일 거예요."

성 노동자를 이해하는 가장 쉬운 방법은 그가 어쩔 수 없이 몸을 파는 사람, 즉 경제적·사회적 환경의 포로라고 말하는 것이다. 성 노동자는 우리 같은 일반인과 다른 사람이다. 하지만 자신들이 보인 행동을 설명해달라고 요청할 때 그들이 처음 말하는 것은 무엇일까? 그런 이동은 정말 스트레스가 심했다. **모든 사람**이 이동에 관해 말하는 것과 똑같다. 와이스버드는 계속 말을 잇는다.

그 사람들은 자리를 옮기면 장사가 얼마나 어려울지 이야기했습니다. 자리를 옮기면 다시 자리 잡아야 한다는 거였죠. 그들은 위험에 관해, **모르는 사람들**에 관해 이야기했습니다. 모르는 사람들이란 무슨 의미일까요? "여기서는 누가 경찰에 신고하고 누가 하지 않을지 알거든요." 그게 그들한테는 큰 문제예요. 같은 장소에 있으면 사람들에 관해 높은 수준으로 정확한 예측을 하기 시작합니다. 새로운 장소로 가면 어떨까요? 이 사람들이 어떤 이들인지 알지 못합니다. 악질처럼 보이는 사람이 좋은 사람일 수 있어요. 호인처럼 보이는 사람이 그들 눈에는 악질일 수 있고요.

인터뷰어가 말했습니다. "음, 그냥 네 블록만 가면 되잖아요? 거기도 사창가가 있는데." 대답이 이렇더군요. "걔들은 내 타입이 아니에요. 거기 가면 마음이 편하지 않아요." 그래서 깨달았죠. 이렇게 엄청난 문제를 가진 사람들, 삶에서 엄청난 곤란을 겪는 사람들도 당신이나 나처럼 많은 똑같은 일에 반응하는구나.

그들 중 일부는 자녀가 근처 학교에 다니고, 식품점에서 먹을거리를 사고, 가까이 살고 싶은 친구가 있고, 들여다봐야 할 부모가 있을 것이다. 그리고 그 결과로 장사 근거지를 옮기면 안 될 온갖 이유가 있다. 지금 당장 그들의 직업은 성 노동자다. 하지만 무엇보다도 그들은 어머니이고 딸이며, 친구이고 시민이다. 결합하는 요인들은 우리에게 낯선 사람을 모호하고 복잡한 존재 자체로 보도록 강요한다.

과연 섹스턴은 가능한 어떤 수단으로든 목숨을 끊으려고 결심했을까? 천만의 말씀이다. 그는 총을 쓰려는 마음은 추호도 없었다. "어니스트 헤밍웨이가 총을 입에 넣고 쏜 일이야말로 제가 생각할 수 있는 제일 대단한 용기예요." 섹스턴이 심리치료사에게 한 말이다. "저는 죽기 직전, 그 죽음의 공포가 걱정돼요. 약을 먹고 죽으면 공포가 없겠지만, 총을 사용하면 그 직전에 끔찍한 공포가 닥칠 거예요. 그 공포를 피할 수만 있다면 어떤 짓이든 할 거예요." 섹스턴이 선택한 방법은 술과 함께 약을 들이켜는 것이었다. '여자의 해결책'이라고 생각한 방법이었다. 다음 도표를 보면서 각기 다른 자살 방법의 사망률을 비교해보자.[27]

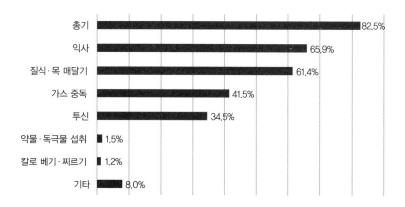

약을 과다 복용하는 사람들은 전체의 1.5퍼센트가 사망한다. 섹스턴은 사망 가능성이 아주 낮은 자살 방법과 결합되었다. 우연의 일치가 아니다. 자살 성향이 있는 많은 사람처럼, 섹스턴도 스스로 목숨을 끊는 것을 대단히 주저했다. 거의 매일 밤 수면제를 먹으면서 복용과 과다복용의 구분선 가까이까지 갔지만 절대 넘지는 않았다. 그의 시 〈중독자〉에서 스스로 말하는 근거를 들어보자.**28**

잠에 몰두하는 자,

죽음에 몰두하는 자,

매일 밤 손바닥에 캡슐 약을 올려놓고,

달콤한 약병에서 매번 여덟 알

자그마한 여행을 준비하지.

나는 이런 상태의 여왕.

나는 여행 전문가.

그런데 남들은 중독자라 하네.

이제 그들은 이유를 묻는다.

왜 그러냐고!

그들은 알지 못해

내가 죽기로 약속한 것을!

나는 계속 연습하는 중.

그저 몸 관리를 할 뿐.

약은 어머니이지만, 더 좋고,

온갖 색깔에 새콤한 알사탕만큼 좋은 것.

지금 나는 죽음으로부터 다이어트 중.

하지만 플라스의 죽음을 계기로 섹스턴은 자신의 선택지를 재고하게 되었다. 섹스턴은 심리치료사에게 속내를 털어놓았다. "실비아의 죽음에 너무 매혹됐어요. 완벽하게 죽는다는 생각에." 그는 플라스가 훨씬 더 좋은 '여자의 방식'을 선택했다고 느꼈다. 플라스는 '잠자는 숲속의 공주'가 되어 떠났다. 죽음의 순간에도 순결하게. 섹스턴은 고통 없이 아무 상처도 없이 자살하고 싶었다. 그리고 1974년에 이르러 자동차 배기가스로 죽는 게 그런 기준에 딱 맞는다는 것을 확신했다. 그것은 자기만의 도시가스가 될 터였다. 그런 죽음에 관해 생각하면서 친구들에게도 말했다. 그리하여 섹스턴은 반지를 빼고 어머니가 입던 모피 코트를 걸친 뒤 그런 방법으로 목숨을 끊었다. 차고로 가서 문을 닫고, 1967년형 빨간색 머큐리 쿠거 앞좌석에 앉아 시동을 걸었다. 수면제와 일산화탄소 중독 사이에 차이점이 있다면, 수면제는 거의 치명적이지 않지만 일산화탄소는 언제나 치명적이라는 것이다. 섹스턴은 15분 만에 사망했다.

하지만 여기서 섹스턴의 이야기는 다시 한번 플라스의 이야기와 한 점에서 만난다. 1975년(섹스턴이 자살한 이듬해)을 시작으로 미국에서 판매되는 자동차는 배기 계통에 촉매 컨버터 설치가 의무화되었다. 촉매 컨버터는 배기관을 빠져나가기 전에 일산화탄소를 비롯한 불순물을 태우는 2차 연소실이다. 섹스턴의 1967년형 쿠거에서 나온 배기가스는 일산화탄소로 가득했을 것이다. 그 때문에 그는 문을 닫은 차고에 앉아 엔진을 켜고 15분 만에 죽을 수 있었다. 1975년형 쿠거에서 나오는 배기가스는 일산화탄소가 기껏해야 절반 정도였을 것이다. 오늘날의 자동차는 일산화탄소가 거의 배출되지 않아서 일산화탄소는 자동차 배기가스에 기록되지도 않는다. 요즘은 자동차 시동을 걸고 차고 문을 닫는 식으로 자살하기가 훨씬 어렵다.[29]

친구 실비아 플라스처럼 섹스턴도 운이 나빴다. 그는 자살 충동을 치명적인 방법과 결합했다. 그 방법이 치명적이지 않게 되기 불과 1년 전의 일이었다. 그가 1974년에 힘든 게 아니라 1984년에 힘들었더라면, 그 또한 훨씬 오래 살았을 것이다.

우리는 탁월한 젊은 시인 둘이 리츠호텔의 술집에 앉아 각자 첫 번째로 한 자살 시도에 관해 열정적으로 이야기하는 걸 엿들으면서 이 두 사람은 오래 살지 못할 것이라고 말한다. 하지만 결합 이론은 우리에게 정반대의 가르침을 준다. 낯선 사람을 보고 곧바로 결론을 내리지 말라. 낯선 사람의 세상을 살펴보라.

11 도시의 범죄

특정 장소와 연결되는 행동

1차 캔자스시티 범죄 소탕 작전

100여 년 전에 O. W. 윌슨이라는 미국의 전설적인 법 집행관이 '예방 순찰' 개념을 내놓았다.[1] 윌슨은 경찰차가 도시 거리 곳곳을 끊임없이 예측 불가능하게 돌아다니면 범죄가 억제될 것이라고 믿었다. 모든 잠재적 범죄자는 경찰차가 바로 모퉁이 뒤에 있는 건 아닌지 항상 불안해할 것이 분명했다. 그런데 한번 생각해보자. 당신이 사는 동네의 거리를 걸을 때, 경찰이 바로 모퉁이 뒤에 있다는 **느낌**이 드는가? 도시는 대단히 넓고 불규칙하게 뻗은 장소다. (제아무리 규모가 대단하더라도) 경찰이 사방 어디에나 있다는 느낌을 창출할 수 있는지는 분명하지 않다.

바로 이것이 1970년대 초 캔자스시티 경찰청이 직면한 문제였다. 경찰청은 경찰관을 추가 채용하려는 참이었는데, 그들을 어떻게 배치할지를 놓고 의견이 갈렸다. 윌슨의 조언을 따라서 도시 곳곳을 무작위로 순찰하게 해야 할까? 아니면 학교나 문제가 많은 동네같이 특정한 장소에 배치해야 할까? 이 문제를 풀기 위해 시 당국은 조지 켈링이라는 범죄학자를 채용했다.

"한 그룹은 차를 타고 돌아다니는 것으로는 아무것도 개선되지 않는다고, 어떤 효과도 없다고 말했습니다." 켈링이 당시를 떠올린다. "다른 그룹은 그게 절대적으로 필요하다고 말했고요. 두 의견이 팽팽했습니다. 그래서 제가 오게 된 거죠."

켈링이 내놓은 안은 도시 남부에서 15개 순찰구역을 선정해 세 그룹으로 나누자는 것이었다. 그곳은 거대한 지역이었다. 80제곱킬로미터, 15만 명, 살기 좋은 동네와 나쁜 동네, 심지어 변두리에는 작은 농지도 있었다. 세 그룹 가운데 하나는 통제 그룹이었다. 언제나처럼 경찰 업무를 계속한다. 두 번째 동네에서는 어떤 예방 순찰도 하지 않을 예정이었다. 경찰관은 신고 전화가 올 때만 대응한다. 세 번째 동네에서는 거리를 도는 순찰차를 두 배, 어떤 경우에는 세 배 늘릴 예정이었다.

"전에는 치안 유지 활동에서 이런 일이 한 번도 없었습니다." 켈링이 그때를 회고한다. "그때가 1970년이었어요. 경찰 전술에 관해 글로 쓰인 게 아무것도 없었습니다. 치안 유지 활동에서 아주 원시적인 단계였죠." O. W. 윌슨 같은 사람들은 발상과 예감이 있었다. 하지만 경찰 업무는 신약처럼 평가할 수 있는 과학이 아니라 예술로 여겨졌다. 켈링은 많은 이들이 자신의 실험이 실패로 끝날 것이라

말했다고 한다. "경찰은 조사연구를 할 준비가 전혀 안 되어 있고, 저도 그런 연구를 할 수 없다고 말했죠. 경찰이 태업을 할 거라고 했습니다." 하지만 켈링에게는 시 경찰청장의 든든한 지원이 있었다. 경찰청장은 연방수사국에서 경력의 대부분을 보낸 사람이었는데, 경찰청이 자신들이 하는 일을 제대로 파악하지 못하는 것 같다는 걸 알고 깜짝 놀랐다. 그는 "경찰청에 속한 많은 사람이 우리나 다른 누구도 제대로 알지 못하는 일에 대해 사람들을 훈련하고, 장비를 주고, 배치한다는 느낌이 있었다"고 훗날 인정했다.[2] 그는 켈링에게 밀어붙이라고 말했다.

켈링은 1년 동안 실험을 진행하면서 연구 대상인 세 지역에서 벌어지는 범죄에 관한 온갖 통계를 최대한 수집했다. 결과는 어땠을까? 아무것도 없었다. 세 동네 모두에서 절도 건수가 똑같았다. 차량 절도, 강도, 공공 기물 파손도 마찬가지였다. 순찰을 강화한 지역의 시민은 순찰이 전혀 없는 지역의 주민보다 조금도 안전하다고 느끼지 않았다. 그들은 심지어 어떤 일이 일어났는지 전혀 눈치채지 못한 것 같았다. "결과는 모두 같은 방향이었고, 그러니까 아무 차이도 없었습니다." 켈링이 말했다. "시민 만족도에도 중요하지 않았고, 범죄 통계에도 중요하지 않았습니다. 그냥 아무 효과가 없었습니다."

전국 모든 경찰청장이 그 결과를 읽었다. 처음에는 불신하는 분위기였다. 일부 도시 경찰청은 여전히 철두철미한 윌슨주의자였다. 켈링은 어느 전국 법집행 기관 회의에서 로스앤젤레스 경찰청장이 일어서서 한 말을 기억한다. "만약 그런 연구 결과가 사실이라면, 캔자스시티의 모든 경찰관은 임무를 소홀히 했겠군요. 로스앤젤레스에서는 전혀 딴판이라는 걸 장담할 수 있으니까 말입니다."

하지만 서서히 저항이 줄어들고 포기가 자리를 잡았다. 이 연구는 미국에서 강력범죄가 무려 20년에 걸쳐 확고하게 급증하기 시작한 시점에 나온 것이었고, 법집행 분야 종사자들 사이에 그들 앞에 놓인 과제가 압도적이라는 느낌을 점차 불어넣었다. 그전까지 경찰 순찰로 범죄를 예방할 수 있다고 생각했지만, 이제 캔자스시티 경찰청은 그런 가정을 경험적으로 시험했고, 순찰은 허구에 불과하다는 것이 드러났다. 만약 순찰이 효과가 없다면 무엇이 효과가 있을까?

뉴욕시 경찰청장 리 브라운은 크랙 대유행crack epidemic[크랙은 코카인에 탄산나트륨과 베이킹파우더를 첨가해서 부풀려 단단하게 만든 백색의 결정체로 담배처럼 흡연한다. 1980년대 초에서 1990년대 초까지 미국 각지 대도시에서 크랙 흡입이 크게 유행했다] 시절에 한 유명한 인터뷰에서 거의 두 손을 들었다. "이 나라의 사회문제는 경찰 자체적으로 다룰 수 있는 역량을 훌쩍 넘어서는 수준입니다." 그는 조지 켈링의 캔자스시티 보고서를 읽은 적이 있다. 절망적인 내용이었다. 도시에 아무리 많은 경찰관이 있어도 "범죄를 억제하기 위한 전통적인 치안 유지 기법을 사용하는 데 절대 충분한 수준이 되지 못한다"는 것이었다. "도시 전역에 24시간 내내 경찰관이 순찰하지 않으면, 경찰관이 순찰 중간에 범죄 현장을 마주칠 확률은 극히 낮습니다."[3]

1990년에 조지 H. W. 부시 대통령이 캔자스시티를 찾았다. 대통령은 도시에서 가장 가난하고 폭력적인 동네로 손꼽히는 곳에서 아침을 보내고는 지역 경찰관들을 상대로 연설했다. 낙관적으로 보이려 노력하는 모습이 역력했다. 하지만 허사였다. 그해에 캔자스시티의 살인율은 전국 평균의 세 배였다. 1991년에 다시 높아졌고, 1992년에 또 높아졌으며, 1993년에 다시 높아졌다. 할 말이 많지 않았다. 발언을 하다 보니 어느새 이 도시 거리에서 벌어지고 있는 끔찍한 일들을 나열할 뿐이었다.

네 살짜리 아이가 크랙 판매 장소로 의심되는 곳에서 총에 맞아 사망하고, 열한 살짜리가 또 다른 마약 소굴 앞에서 총격에 쓰러졌습니다. 열네 살짜리 경비원이 범인으로 추정됩니다. 시내 술집에서는 애 엄마가 크랙을 사려고 아이를 팔고, 화염병이 터져 할머니와 어린아이 셋을 포함한 3대가 죽습니다. 신문 헤드라인을 보면 끔찍하고 역겹고 화가 납니다.[4]

하지만 1차 캔자스시티 실험이 이루어지고 20년 뒤인 1990년대 초에 캔자스시티는 다시 실험을 해보기로 결정했다. 시 당국은 로렌스 셔먼이라는 또 다른 뛰어난 젊은 범죄학자를 채용했다. 조지 켈링의 경우와 마찬가지로 이번에도 재량권을 주었다. 이제 2차 캔자스시티 실험을 할 때였다. 왜 아니겠는가? 다른 어떤 것도 효과를 보지 못했다.

2차 캔자스시티 범죄 소탕 작전

로렌스 셔먼은 총기에 초점을 맞춰야 한다고 생각했다. 도시에 있는 총기의 수 자체가 폭력 전염병의 연료가 된다고 믿었기 때문이다. 그가 세운 계획은 전에 켈링이 한 것처럼 몇 가지 구상을 연달아 시험해보고 각각의 효과를 평가한 뒤 최선책을 고른다는 것이었다. 그는 도시 고참 경찰관들과 기획회의를 소집했다. 그들은 144순찰구역을 시험장으로 선택했다. 남쪽으로는 39번가, 서쪽으로는 71번 간선도로와 접한, 약 1.7제곱킬로미터 면적의 작고 평범한 단독주택 동네였다. 144순찰구역은 1990년대 초에 캔자스시티 최악의 지역이었다. 살인율은 전국 평균의 20배였다. 이 지역은 평균적으로 강력 중범죄가 하루 한 건 벌어지고, 달리는 차에서 총격을 가하는 사건이 1년에 24건 벌어졌다. 부지의 3분의 1이 빈터였다.

불과 몇 달 전에 경찰관 한 명이 144구역을 순찰하던 중에 아이 몇 명이 길에서 농구하는 것을 보았다. 경찰관은 차를 세우고 내려 아이들에게 다른 데 가서 하라고 했다. 그러자 한 명이 농구공을 그의 머리에 던지고 나머지 둘이 달려들었다. 그런 동네였다.[5]

셔먼의 첫 번째 구상은 2인이 한 팀을 이루어 석 달 동안 동네에 있는 집집마다 노크를 하는 것이었다. 문이 열리면 경찰관이 자기소개를 하고 총기 폭력에 관해 이야기하면서 주민에게 800번호[미국의 무료 전화번호. 우리나라의 080에 해당한다]가 적힌 전단을 주는 식이었다. 총소리 비슷한 게 나면 언제든지 익명으로 전화할 수 있다는 안

내였다. 이 계획은 순조롭게 진행되었다. 여러 차례 방문에서 범죄학을 전공하는 대학원생 제임스 쇼가 경찰관들 뒤를 추적했는데, 그가 하는 일은 프로그램의 효과를 평가하는 것이었다. 때로는 체포하러 올 때 말고는 집을 찾아오는 일이 없었던 경찰관들이 무려 20분이나 머무르면서 사람들과 잡담을 나누었다. 후속 보고에서 쇼는 본심을 토로했다.

경찰은 때로 한 차례 이상 그 동네에 있는 모든 주거지에 가서 전혀 위협적이지 않은 친절한 말투로 주민과 이야기를 나누었다. 그러자 사람들은 무척 반가워했고 경찰이 집집마다 찾아다니는 모습에 기뻐했다. 사람들은 종종 이런 식의 반응을 보였다. "행운을 빌어요. 전에도 이런 프로그램이 있었으면 좋았을 텐데요." "고마워요! 이렇게 오실 줄은 생각도 못 했네요."[6]

결국 경찰이 방문한 사람의 88퍼센트는 총이 눈에 띄기라도 하면 곧바로 직통 신고 전화를 하겠다고 말했다. 그렇다면 석 달 넘게 858차례 호별 방문을 한 뒤에 얼마나 많은 전화가 왔을까? 두 통이었다. 둘 다 다른 동네에 총이 있다는 신고였다.

도움을 주려는 의지가 144구역 주민에게 없는 것이 아님을 얼마 지나지 않아 다들 깨달았다. 주민의 의지는 충분했다. 그런데 문제는 그들이 집 밖으로 나서는 일이 없다는 것이었다. 한 집주인은 "이 동네가 마치 베이루트라도 된 것 같은 소리가 들리기 시작한다"라고 쇼에게 말했는데, 그렇게 겁이 나서 집 밖으로 나가지 못할 정도라면 도대체 어떻게 누가 총을 갖고 있는지를 알 수 있겠는가? 쇼는 다음과 같이 말했다.

다른 많은 도심 동네 주민과 마찬가지로, 이 사람들도 자기 집에서, 우리에 갇힌 동물 신세가 되고 있다. 창문에 쇠창살을 다는 게 일반적이다. 2층 창문에 쇠창살이 달린 것을 보아도 놀랍지 않다. 하지만 더욱 우울한 사실은 창문마다 블라인드를 내리고 커튼까지 단단히 여며놓아서 바깥세상을 전혀 볼 수 없다는 것이다. 이 노인들은 스스로를 가두고 차단해버렸다. 그들은 바깥세상의 소리를 듣는데, 마치 교전 지역 같은 소리가 들린다. 하지만 아무것도 볼 수 없다.

연구 그룹이 다음으로 내놓은 안은 경찰관에게 숨겨둔 무기를 찾는, 쉽지 않은 기술을 훈련하는 것이었다. 이런 추진력은 로버트 T. 갤러거라는 뉴욕시 경찰관한테서 나왔는데, 그는 18년 동안 근무하면서 무려 1,200명에게 무기를 압수한 인물이었다. 갤러거는 여러 해에 걸쳐 정교한 이론을 구축한 상태였다. 거리 범죄자들은 압도적 다수가 허리띠에(오른손잡이는 왼쪽에) 총을 차는데, 걸어 다닐 때 보면 미묘하게 구별되는 모습이 눈에 띈다. 총이 있는 쪽 다리가 반대쪽 다리보다 보폭이 짧아서 반대쪽 팔도 비슷하게 휘두르는 폭이 제약된다. 갤러거는 총기 소지자는 누구랄 것 없이 인도에서 내려서거나 차에서 내릴 때 총을 힐끗 보거나 무의식적으로 슬쩍 만진다고 생각했다.

갤러거는 직통전화 실험이 실패로 끝난 다음 달에 환호성을 내지르며 캔자스시티로 날아갔다. 세미나를 열고 동영상을 찍었다. 경찰관들은 기록했다. 텔레비전 프로그램 〈20/20〉은 촬영팀을 보내 캔자스시티 거리에서 실험 중인 기법을 녹화했다. 아무도 어떤 것도 발견하지 못했다. 〈20/20〉이 다시 왔다. 똑같은 일이 벌어졌다. 아무 일도 없었던 것이다. 로버트 T. 갤러거가 제아무리 마술 같은 기술을 갖고 있을지언정 캔자스시티 순찰 경관들에게 그 기술을 전수할 수는 없었다. 총기 폭력을 억제하기 위해 연구팀이 내놓은 두 가지 최선의 안은 실패로 끝났다. 이제 하나밖에 남지 않았다.

기적을 재현하려 '시도'하다

캔자스시티 총기 실험에서 우승한 안은 믿기 어려울 정도로 단순했다. 미국 사법제도의 기이한 허점에 근거한 것이었다.

미국 헌법 수정조항 제4조는 '불합리한 압수와 수색'으로부터 시민을 보호한다. 그 때문에 경찰은 영장 없이 당신 집을 수색하지 못한다. 마찬가지로 거리에서도 경찰관이 몸수색을 하려면 타당한 이유('합리적인 의심')가 있어야 한다.[7] 하지만 만약 당신이 차 안에 있으면, 경찰관이 그 기준을 충족하는 게 전혀 어렵지 않다. 미국(과 사실상 대다수 나라) 도로교통법에 따르면 경찰관은 말 그대로 수백 가지 이유를 들어 자동차 운전자를 멈춰 세울 수 있다.

"주행 중 교통 위반이 있다. 과속과 정지신호 위반. 장치 위반이 있다. 전조등 고장이나 타이어 이상." 법학자 데이비드 해리스의 말이다.

그리고 포괄적인 조항들이 있다. 기록된 모든 법규에는 부합하지만 상황상 경찰관이 '경솔하다'거나 '비합리적'이라고 판단하는 행동을 이유로 운전자를 멈춰 세울 수 있는 규정, 또는 불법이 너무도 포괄적인 언어로 규정되어서 사실상 검토하기 어려운 경찰관의 개인적 판단에 따라 위반이 결정되는 규정이 그것이다.[8]

심지어는 노스캐롤라이나의 어느 경찰관이 브레이크등 한쪽이 고장 났다는 이유로 수상한 운전자라고 생각한 사람을 멈춰 세웠던 대법원 사건도 있었다. 알고 보니 노스캐롤라이나주에서는 한쪽 브레이크등이 고장 나도 나머지 하나가 작동하면 주행하는 데 아무 문제가 없었다. 그렇다면 차량 운전자가 불법적으로 정차를 당했다고 주장하면서 고소한 뒤 어떤 일이 벌어졌을까? 대법원은 경찰관 손을 들어주었다.[9] 한쪽 브레이크등이 고장 난 채 운전하는 것은 법률 위반 행위처럼 보인다고 경찰관이 **판단**한 것으로 충분했다. 다시 말해, 미국 경찰관은 사실상 무한한 목록의 법적 이유를 마음대로 대면서 자동차 운전자를 정차시킬 수 있을 뿐만 아니라 합리적으로 보이기만 한다면 상상할 수 있는 다른 어떤 이유든 마음대로 추가할 수 있다. 그리고 일단 운전자를 멈춰 세우면 경찰관은 운전자가 무장했거나 위험하다고 믿을 만한 이유가 있기만 하면 법률에 따라 차량을 수색하는 게 허용된다.

캔자스시티는 이런 재량권을 활용하기로 결정했다. 셔먼이 내놓은 제안은 경찰청이 경관 네 명을 순찰차 두 대로 파견하자는 것이었다. 담당 구역은 144구역이었다. 경관들은 이 지역 약 1.7제곱킬로미터를 벗어나지 말라는 지시를 들었다. 그 외에는 모든 법집행 의무를 면제받았다. 무선호출에 응답하거나 사고 현장에 달려가지 않아도 되었다. 그들에게 내려진 지시는 분명했다. 의심스러워 보이는 운전자를 주의하라. 도로교통법에서 어떤 구실이든 끌어내 의심스러운 운전자를 정차시켜라. 그래도 수상쩍으면 차량을 수색하고 발견되는 무기를 모두 압수하라. 경관들은 200일 연속으로 매주 7일, 오후 일곱 시부터 오전 한 시까지 매일 밤 일했다. 그래서 어떤 일이 벌어졌을까? 평상시처럼 경찰 업무가 수행된 144구역 바깥에서는 범죄 발생률이 여느 때와 똑같이 높은 수준이었다. 그런데 144구역 안에서는? 새롭게 집중된 경찰의 활동으로 총기 범죄(총격, 살인, 상해)가 **절반**으로 줄었다.

이 시점이 되면 경찰이 두 손을 들었다는 사실을 기억하자. 직통전화? 아무도 전화를 걸지 않는다. 몸에 숨긴 총기 탐지? 〈20/20〉 촬영팀이 두 번이나 왔다가 빈손으로 돌아간다. 뉴욕시에서는 리 브라운이 강력범죄에 대해 진지한 시도를 전혀 하지 못하는 경찰의 무력함을 개탄하고 있었다. 전에 진행된 캔자스시티 실험으로 법집행 기관들이 20년의 절망에 빠져든 일을 모두가 기억했다. 하지만 이제 바로 그 도시가 돌아왔고, 이번에는 승리를 선언하고 있었다. "왜 여태까지 총기에 초점을 맞추자는 생각을 하지 못했는지 모르겠습니다." 캔자스시티 경찰청장이 결과가 나온 뒤 말했다. 그는 단지 순찰차 두 대를 추가해서 얻은 성과를 보고 다른 사람들처럼 깜짝 놀랐다. "우리는 보통, 범죄가 일어난 뒤 악당을 잡는 데 초점을 맞춥니다. 아마 총기 뒤를 쫓는 일은 너무 단순해 보였던 것 같습니다."**10**

1차 캔자스시티 실험에서는 예방 순찰이 아무 쓸모가 없다고, 경찰 순찰차를 늘려도 아무 차이가 없다는 결과가 나왔다. 2차 캔자스시티 실험에서는 그런 입장이 바뀌었다. 실제로 순찰차를 추가로 투입했더니 차이가 **생겼다**. 다만 경찰관들이 재량권을 갖고 의심스럽다고 생각되는 사람을 누구든지 정차시켜 최대한 많은 사람을 차에서 내리게 하고, 무기를 찾기 위해 비상한 노력을 기울여야 했다. 경찰관들이 **바쁘게** 일해야만 순찰이 효과가 있었다.

실험 최종 보고서에 나온 통계자료를 살펴보면 눈이 휘둥그레진다. 7개월에 걸쳐 각 순찰차가 교대조당 평균 5.45건의 교통 범칙금을 부과했다. 또한 매일 밤 평균 2.23명을 연행했다. 불과 200일 만에 경찰관 네 명이 그 시대의 대다수 경찰관이 평생 하는 것보다 더 많은 '단속'을 했다. 교통 범칙금 부과 1,090건, 차량 정차 948건, 연행 616건, 보행자 검문 532건, 총기 압수 29건이었다. 40분마다 한 번씩 경찰이 개입한 것이다. 어떤 날 밤에는 약 1.7제곱킬로미터 넓이의 144구역에서 각 순찰차가 약 43킬로미터를 돌았다. 경찰관들은 거리 모퉁이에 주차하고 도넛을 먹지 않았다. 계속 움직였다.

경찰관도 일반인과 전혀 다르지 않다. 그들 역시 자신의 노력이 중요하고, 자신이 하는 일이 의미가 있으며, 자기가 하는 고된 일이 보상받을 것이라고 느끼기를 원한다. 144구역에서 생긴 일은 법집행 직종이 그때까지 추구했던 바로 그것, 즉 정당성을 제공해주었다.

"총기를 발견한 경찰관은 동료들 사이에서 유명세를 얻었기 때문에 총기 회수가 성공의 잣대가 될 정도였다." 쇼가 연구 프로그램에 관한 설명에서 한 말이다. "경찰관들은 이런 말을 종종 했다. '오늘 밤에는 총을 하나 압수해와야지.' '아직 총을 압수하지 못했네. 오늘 밤에는 한 건 하겠지!'"

1991년 〈뉴욕타임스〉지는 캔자스시티에서 일어난 기적에 관한 1면 기사를 내보냈다.[11] 로렌스 셔먼은 이후 며칠 동안 쉴 새 없이 전화가 울렸다고 말한다. 어떻게 그런 성과를 냈는지 알려달라는 요청이 전국 각지의 300개 경찰청에서 쇄도한 것이다. 전국 각지의 경찰청은 차례대로 선례를 따랐다. 한 예를 들자면, 노스캐롤라이나주 고속도로 순찰대는 7년 만에 한 해 차량 검문 건수가 40만 건에서 80만 건으로 늘어났다.[12]

마약단속국DEA은 '송유관 작전Operation Pipeline'을 개시하고 전국 각지의 지역 경찰관 수만 명에게 캔자스시티 방식의 차량 검문을 활용해 마약 운반자 잡는 법을 가르쳤다. 이민국 관리들은 경찰의 검문을 활용해 미등록 이민자를 잡기 시작했다. 오늘날 미국 경찰관들은 한 해에 대략 2천만 건의 차량 검문을 한다. **하루에** 5만 건 수준이다. 미국 각지에서 법집행 기관은 144순찰구역의 기적을 재현하려고 **시도**한다. 이 문장에서 핵심 단어는 시도한다는 것이다. 캔자스시티에서 전국 각 지역으로 확산되는 과정에서 로렌스 셔먼 실험의 핵심적인 내용이 빠졌기 때문이다.

확대하기와 초점 맞추기

캔자스시티로 간 로렌스 셔먼은 몇 년 전 미니애폴리스에서 데이비드 와이스버드와 함께 연구하면서 범죄 집중 법칙을 만든 래리 셔먼과 동일인이다. 두 사람은 친구였다. 둘은 럿거스대학에서 한동안 함께 학생들을 가르쳤는데, 당시 학과장이 다름 아닌 로널드 클라크였다. 자살에 관한 선구적인 연구를 한 바로 그 클라크 말이다. 클라크와 와이스버드, 셔먼은 각각 영국의 도시가스, 미니애폴리스 범죄 지도, 캔자스시티의 총기에 관심을 가진 채 모두 똑같이 혁명적인 결합 이론을 연구하고 있었다.

그런데 결합 개념에 담긴 주요한 함의가 무엇이었을까? 법집행을 확대할 필요는 없고 초점을 맞추어야 한다는 것이었다. 만약 압도적으로 많은 범죄자가 몇몇 집중된 범죄 빈발 지점에서 활동한다면, 도시의 이 결정적인 곳을 다른 어느 곳보다 중점적으로 단속해야 한다. 그런 지역에서 경찰이 사용하는 범죄 대처 전략도 사실상 범죄가 전혀 일어나지 않는 광대한 도시 지역에서 사용하는 것과는 완전히 달라야 한다.

"만약 범죄가 몇 퍼센트의 도시 거리에 집중된다면, 도대체 왜 모든 곳에 자원을 낭비하고 있는 걸까?" 와이스버드는 물었다. "만약 범죄가 그런 장소들과 결합되고 쉽사리 이동하지 않는다면 더더욱 그렇다." 결합 이론가들은 자신들이 예방 순찰의 초기 시절을 그토록 당혹스럽게 만든 문제를 해결했다고 믿었다. 경찰관 몇 백 명을 가지고 광대한 도시 지역을 어떻게 효과적으로 순찰하겠는가? 더 많은 경찰관을 채용하거나 전체 도시를 감시 국가로 뒤바꾸지 않고서? 모든 범죄가 일어나는 몇몇 특정한 장소에 집중하면 가능하다.

하지만 노스캐롤라이나의 통계자료를 기억해보자. 한 해에 차량 검문 40만 건에서 7년 뒤에는 80만 건으로 늘어나면, 집중적이고 초점을 맞춘 단속처럼 보일까? 아니면 노스캐롤라이나주 고속도로 순찰대가 훨씬 더 많은 경찰관을 채용해 모든 곳에서 모든 경찰관이 훨씬 더 많은 운전자를 정차시키라고 말한 것처럼 보일까? 법집행 기관들이 캔자스시티에서 얻은 교훈은 예방 순찰은 한층 더 적극적으로 할 때만 효과가 있다는 것이었다. 하지만 그들이 놓친 부분은 적극적인 순찰은 범죄가 집중되는 장소에만 국한해야 한다는 것이었다. 캔자스시티는 **결합** 실험이었던 것이다.

와이스버드와 셔먼은 지도와 숫자를 펼쳐 보이면서 동료들에게 범죄 집중 법칙을 납득시키려고 노력했지만, 별 효과를 보지 못했다고 말한다. 와이스버드는 연구를 시작한 브루클린 72관구 시절에 그 동네를 종일 돌아다닌 끝에 같이 걸어 다니던 경찰관들을 보면서 이렇게 말하곤 했다. "같은 블록들로 계속 돌아오는 게 좀 이상하지 않나요?" 경찰관들은 초점 없는 눈으로 그를 바라보았다.

"이스라엘 경찰 부청장하고 회동하는 자리였습니다." 와이스버드가 그때를 회상한다.

모임에 참여한 누군가가 말했죠. "음, 데이비드는 범죄가 모퉁이를
돌아 이동하지 않는다는 걸 발견합니다. 그러니까 초점을 좀 더 맞춰
야 한다는 말이죠." 이 친구가 돌아서서 말했습니다. "제 경험으로 볼
때, 그건 사실이 아니에요. 저는 그렇게 생각하지 않습니다." 그게 끝
이었죠.[13]

이스라엘의 경찰 부청장에게 뭔가 문제가 있는 걸까? 천만의 말
씀이다. 그가 보이는 반응은 노스캐롤라이나주 고속도로 순찰대나
금문교 관리 당국, 또는 실비아 플라스의 저주받은 재능에 관해 자
신 있게 말하는 문학 연구자들의 행태와 전혀 다르지 않기 때문이
다. 결합 개념, 즉 낯선 이의 행동이 장소와 맥락에 밀접하게 연결된
다는 개념에는 우리가 포착하기 어려운 무언가가 존재한다. 이런 문
제 때문에 우리는 결국 위대한 몇몇 시인을 오해하고, 자살하는 사
람들에 대해 무관심하며, 경찰관들에게 헛수고를 시킨다.
그렇다면 어떤 경찰관이 그런 근본적인 오해를 품고 있을 때, 그
리고 진실을 기본값으로 놓는 문제와 투명성의 문제가 거기에 덧붙
여질 때 어떤 일이 생길까?
여기 샌드라 블랜드가 있다.

12 당신이 샌드라 블랜드를 만났을 때

오해의 시작

엔시니아의 세 가지 실수

2015년 7월 10일 16시 27분, 텍사스주 월러 카운티, FM 1098 구역에서, 텍사스주 경찰관이 샌드라 블랜드의 차를 정지시켰다. 블랜드는 일리노이주 번호판이 붙은 은색 현대 아제라('그랜저'의 수출형 이름)를 몰고 있었다. 스물여덟 살의 그는 이제 막 고향 시카고를 벗어나 프레리뷰대학에서 새 일을 시작하고 있었다. 경찰관의 이름은 브라이언 엔시니아였다. 그는 블랜드의 현대차 뒤에 차를 세운 다음 보도를 따라 천천히 접근해서 열린 차창을 통해 블랜드에게 말을 걸려고 몸을 숙였다.

엔시니아 안녕하세요, 선생님. 우리는 텍사스 고속도로 순찰대고, 당신을 멈춰 세운 건 차선 변경 깜빡이를 켜지 않았기 때문입니다. 면허증하고 차량 등록증 갖고 계시지요? 뭐 문제가 있나요? 텍사스에는 얼마나 오랫동안 계셨습니까?

블랜드 바로 어제 왔어요.

엔시니아 좋아요. 면허증 있으시죠? (잠시 침묵) 좋습니다. 지금 어디 가시는 길인가요? 잠깐 걸립니다.

엔시니아가 면허증을 가지고 순찰차로 간다. 몇 분이 흐른다. 이내 그가 돌아오는데, 이번에는 운전석 쪽으로 다가온다.

엔시니아 좋습니다. 선생님. (잠시 침묵) 괜찮으시죠?

블랜드 경관님을 기다렸어요. 이게 경관님 일이죠. 계속 기다렸어요. 언제 보내주실 건가요?

엔시니아 모르겠습니다. 선생님은 아주, 정말 화가 나 보이는데요.

블랜드 네. 정말 화가 났어요. 딱지를 끊는다니 무슨 헛소린가 싶어요. 저는 차선을 비켜준 거예요. 당신이 속도를 내면서 따라와서 제가 한쪽으로 옮겼을 뿐인데 저를 세운 거잖아요. 그래요, 약간 화가 났는데, 그렇다고 딱지를 안 끊지는 않을 테니 딱지를, (들리지 않음)

블랜드 사건에 관한 많은 사후 분석에서 이 부분이 대체로 엔시니아가 처음 저지른 실수로 인정된다. 블랜드의 분노는 꾸준히 높아지고 있다. 엔시니아는 그의 분노를 흩뜨리려고 했을 수 있다. 나중에 조사 과정에서 엔시니아가 블랜드에게 딱지를 끊을 생각이 전혀 없었음이 드러났다. 그냥 경고만 하려고 했다는 것이다. 블랜드에게 그렇게 말할 수도 있었다. 하지만 그러지 않았다. 조심스럽게 차선 변경 신호를 해야 하는 이유를 설명할 수도 있었다. 미소를 지으며 농담을 건넬 수도 있었다. **아 선생님, 그거 때문에 딱지를 끊을 거라고 생각하는 건 아니지요?** 블랜드는 할 말이 있고 상대가 들어주기를 원한다. 엔시니아는 듣고 있다고 인정할 수도 있었다. 하지만 그는 지루하고 불편한 순찰을 기다리고 있다.

엔시니아　말씀 다 하셨나요?

이것이 첫 번째로 날아간 기회다. 뒤이어 두 번째 기회가 나온다.

블랜드　뭐 문제가 있냐고 물으셨죠, 이제 말했어요.
엔시니아　네.
블랜드　이제 내 말은 끝났어요.

블랜드는 말을 다 했다. 자기 할 말을 다 했다. 자기 분노를 표현했다. 그러고는 담배를 꺼내 불을 붙인다. 긴장을 풀려고 하는 중이다. 동영상에서 우리는 이 부분을 전혀 볼 수 없다. 카메라가 엔시니아 순찰차의 계기반 위에 설치돼 있기 때문이다. 블랜드의 차 뒷모습과 차 문 옆에 서 있는 엔시니아의 모습만 보인다. 테이프를 멈춰 100명에게 보여주면, 99명은 상황이 끝났다고 생각할 것이다.

하지만 그렇지 않다.

엔시니아 담배 좀 꺼주겠습니까? 좀 꺼주시죠?

그의 목소리는 생기가 없고 조용하지만 단정적이다. **좀 꺼주시죠, 라는 말에 날이 서 있다.**

두 번째 실수였다. 그는 잠시 숨을 고르고, 블랜드가 마음을 진정하도록 했어야 했다.

블랜드 여기는 제 차 안이에요. 왜 제가 담배를 꺼야 하죠?

물론 블랜드의 말이 맞다. 경찰관은 담배를 피우지 말라고 말할 권한이 전혀 없다. 그는 이렇게 말했어야 한다. "네, 맞습니다. 그런데 우리 얘기를 마무리할 때까지 좀 기다려주시겠습니까? 저는 담배 연기를 좋아하지 않거든요." 아니면 이 문제를 아예 들먹이지 않을 수도 있었다. 그냥 담배일 뿐이다. 하지만 그는 그러지 않았다. 블랜드가 말하는 어조가 뭔가 엔시니아를 짜증 나게 만들었다. 그의 권위가 도전받고 있는 것이다. 그가 딱딱거리며 말한다.

세 번째 실수.

엔시니아 그럼 차에서 내리시죠.
블랜드 차에서 내려야 할 이유가 없어요.

엔시니아   차에서 내려요.

블랜드   대체 내가 왜.

엔시니아   차에서 내려요!

블랜드   아뇨. 당신은 그럴 권리가 없어요. 그럴 권리가 없어요.

엔시니아   차에서 내려요.

블랜드   당신은 그럴 권리가 없어요. 나한테 내리라고 할 권리가 없어요.

엔시니아   저는 권리가 있어요. 당장 내리지 않으면 끌어낼 겁니다.

블랜드   내 신원을 밝히는 것 말고는 당신하고 얘기하지 않겠어요. (혼선) 깜빡이를 켜지 않았다고 차에서 끌어낸다고요?

엔시니아   내리지 않으면 끌어낼 겁니다. 적법한 지시를 하는 겁니다.

사건이 발발한 뒤 경찰관들이 많이 찾는 인터넷 게시판에서는 누군가 엔시니아의 행동을 지지했다. 하지만 그만큼 많은 이들이 이 마지막 사태 전환에 할 말을 잃었다.

이봐, 젠장, 경고하고 그냥 가라고. **그럴 만한 일이 아니잖아.** 여자가 쫄아서 그놈의 담배를 끄지 않는다고 자존심이 상한다는 이유로 우리가 여자를 차에서 끌어내리나???? 이런 질문을 해보자. 내리라고 했을 때 여자가 내렸다고 해봐. **그럼 어떻게 할 건데???** 담배 피우지 말라고 훈계할 거야??? 도대체 무슨 생각이었던 거야?? 여자를 끌어 내서 어떻게 할 거였냐고?[1]

하지만 이제 엔시니아는 적법한 지시를 했고, 블랜드는 무시하고
있다.

엔시니아 당장 내리지 않으면 끌어내겠습니다.

블랜드 그럼 변호사를 부르겠어요.

엔시니아 내가 끌어내주지요. (차 안으로 손을 뻗는다)

블랜드 좋아요, 내 차에서 나를 *끄*집어내겠다고요? 좋아, 좋아요.

엔시니아는 이제 허리를 숙여 블랜드의 차 안으로 팔을 뻗어서
여자를 잡아당긴다.

블랜드 그래, 해봅시다.

엔시니아 그럼, 물론이죠. (블랜드를 붙잡는다)

테이프에는 찰싹 하는 소리가 나고 블랜드가 한 대 맞은 것처럼
비명을 지른다.

블랜드 손대지 말아요!

엔시니아 차에서 내려요!

블랜드 손대지 말아요. 손대지 말라고요! 난 체포되는 게 아녜요. 당
신은 나를 차에서 끌어낼 권리가 없다고요.

엔시니아 당신은 체포됐습니다!

블랜드　내가 체포됐다고요? 왜죠? 왜? 무슨 이유로요?

엔시니아　(파견 요청) 2547 카운티 FM 1098. (들리지 않음) 다른 팀 출동 바람. (블랜드에게) 차에서 내려요! 당장 내려요!

블랜드　내가 왜 체포되는 거죠? 깜빡이 켜지 않았다고 딱지 떼려 한 거잖아요.

엔시니아　차에서 내리라고 했습니다!

블랜드　내가 왜 체포되는 거예요? 왜 차 문을 여는 거예요.

엔시니아　법에 따라 지시하는 겁니다. 불응하면 끌어낼 겁니다.

블랜드　그러니까 내 차에서 나를 끌어내겠다고 위협하는 거예요?

엔시니아　차에서 내려요!

블랜드　그러니까 나를 (혼선) 한다고요?

엔시니아　흠씬 패줄 거요! 나와요! 당장! (전기충격기를 꺼내 블랜드에게 겨눈다)

블랜드　이야. 이야. (블랜드가 차에서 나온다)

엔시니아　내려요. 당장. 차에서 내려요!

블랜드　깜빡이 하나 안 켰다고? 깜빡이 안 켰다고 이렇게 하는 거예요?

엔시니아　저쪽으로 가요.

블랜드　좋아요. 그래요, 법정으로 갑시다, 한번 해보죠.

엔시니아　앞으로 가요.

두 사람의 대화는 몇 분 더 계속된다. 블랜드는 점점 과열된다. 엔시니아가 수갑을 채운다. 두 번째 팀이 도착한다. 고함과 몸싸움이 계속, 계속된다.

엔시니아 그만해요! 그만하라고! 저항하지 않으면.

여자 경찰관 저항하지 마세요, 선생님.

블랜드 (울부짖는다) 그놈의 딱지 때문에 겁쟁이처럼 구는 거죠. 당신은 겁쟁이야.

여자 경찰관 아뇨, 선생님이 겁쟁이예요. 싸우면 안 됩니다.

엔시니아 바닥에 엎드려요!

블랜드 깜빡이 때문에!

엔시니아 당신은 나를 밀치면서 벗어나려고 했어요. 체포에 저항하고 있는 겁니다.

블랜드 기분 나쁘죠, 그렇죠? 여자가 딱지 때문에 그러니까. 기분이 나쁜 거죠, 엔시니아 경관님? 이제 진짜 사나이가 되셨네. 방금 나를 메다꽂고 내 머리를 땅에 처박았어. 간질이 생겼다고, 이 새끼야.

엔시니아 좋아요. 좋아.

블랜드 좋다고? 좋다고?

블랜드는 강력 폭행 혐의로 구금되었다. 그로부터 사흘 뒤 유치장에서 비닐봉투로 만든 올가미에 목을 매 사망한 상태로 발견되었다. 간략한 조사가 끝난 뒤 엔시니아는 텍사스주 순찰대 일반 지침 05.17.00편 5장을 위반한 이유로 해임되었다.

공공안전부 직원은 국민과 다른 직원들을 정중하게 대해야 한다. 직원은 직무 수행에서 빈틈이 없어야 하고, 행동을 통제해야 하며, 최대한 인내하고 신중해야 한다. 직원은 극단적인 도발을 당하는 경우에도 설전을 벌여서는 안 된다.[2]

브라이언 엔시니아는 어조를 구분할 줄 모르는 깡패였다. 2015년 7월 10일 오후에 벌어진 사태의 교훈은 경찰이 낯선 이에게 말을 걸 때 존중하고 정중해야 한다는 것이다. 사건 종료. 됐나?

아니다.

이 시점에서 나는 우리가 더 나아질 수 있다고 생각한다.

의심하라, 또 의심하라

캔자스시티 차량 검문은 일종의 건초더미에서 바늘 찾기다. 경찰관은 통상적인 위반 행위를 구실로 삼아 보기 드문 것(총기와 마약)을 찾는다. 캔자스시티에서 완성된 착상이 세계 각지로 퍼지기 시작하면서 처음부터 이런 식의 단속을 하려면 새로운 사고방식이 필요하다는 게 분명했다.

예를 들어, 공항에서 당신 수화물을 뒤지는 사람 또한 건초더미 수색을 하는 셈이다. 그리고 이따금 교통안전청TSA은 각기 다른 공항들에서 감사를 진행한다. 총이나 가짜 폭탄을 짐에 슬쩍 넣어둔다. 결과는 어떨까? 95퍼센트 정도는 총과 폭탄이 발견되지 않는다. 공항 검색 담당자들이 게으르거나 무능해서가 아니다. 그보다는 건초 더미 수색이 진실을 기본값으로 놓는 인간의 성향에 직접적으로 도 전하는 것이기 때문이다. 공항 검색 담당자는 뭔가를 발견하는데 어 쩌면 약간 의심스러워 보일지 모른다. 하지만 참을성 있게 줄을 서 서 기다리는 아주 평범해 보이는 여행객들을 보고는 2년 동안 일하 면서 실제 총을 한 번도 본 적이 없다는 사실을 떠올린다. 사실 담당 자는 교통안전청이 평균적으로 한 해에 휴대용 가방 17억 개를 검색 하는데 그중에서 불과 몇 천 정의 권총이 발견된다는 사실을 안다. 적중률이 0.0001퍼센트인 셈이다. 결국 이 담당자가 앞으로 50년을 계속 일해도 총을 한 자루도 보지 못할 가능성이 있는 것이다. 따라 서 담당자는 교통안전청 감사관들이 끼워 넣은 의심스러운 물체를 보고도 그냥 통과시킨다.[3]

캔자스시티 차량 검문이 효과를 발휘하려면, 경찰관이 그런 식으 로 생각해서는 안 되었다. 경찰관은 다가가는 모든 차량에 대해 최 악의 상황을 의심해야 했다. 진실을 기본값으로 놓는 것을 **중단**해야 했다. 해리 마코폴로스처럼 생각해야 했던 것이다.

캔자스시티 사례 이후 경찰 단속의 경전처럼 받들어지는 책은 찰 스 렘스버그가 쓴 《범죄 순찰 전술》이다. 1995년에 나온 책인데, 기 본값을 두지 않는 새로운 순찰 경관에게 무엇이 필요한지를 아주 자 세히 펼쳐 보인다. 렘스버그에 따르면, 경찰관은 주도권을 쥐고 "위 반 딱지를 넘어서 나아가야 한다."[4] 무슨 말이냐 하면, 무엇보다도 렘스버그가 말하는 '호기심 자극점curiosity tickler'(잠재적인 범죄의 가능성을 제기하는 이례적인 모습)을 알아차려야 한다.

열악한 동네에서 어떤 운전자가 빨간 신호등에 멈춰서 옆자리에 있는 뭔가를 열심히 내려다본다. 그게 뭘까? 어떤 경찰관이 언뜻 보기에 아무 특색 없는 차량의 패널 사이로 작은 포장 봉투 조각이 튀어나온 걸 발견한다. 어쩌면 감춰둔 짐 꾸러미의 끄트머리일까? 경찰관이 한쪽 브레이크등이 고장 났다는 이유로(노스캐롤라이나 주법에 위배된다고 잘못 생각해서) 운전자를 정차시킨 노스캐롤라이나주의 악명 높은 사건에서 그의 의심을 산 것은 운전자가 "부자연스럽고 불안해 보인다"는 점이었다.[5] 약삭빠른 범죄자라면 눈에 잘 띄는 사소한 위반이라도 범하지 않으려 주의를 기울일 것이다. 따라서 교통경찰은 무엇을 찾아야 하는지에 관해 창의적이어야 했다. 앞유리에 금이 간 차, 깜빡이를 켜지 않은 채 차선을 변경하는 차, 앞차에 지나치게 붙어서 주행하는 차 등을 주목해야 했다.

램스버그는 이렇게 말한다. "한 경찰관은 자기 도시에서 가장 인기 있는 마약 시장이 막다른 거리와 골목이라는 걸 알고 그냥 그런 곳에 주차하고 지켜본다. 종종 운전자들이 순찰차를 보기 전까지 다가오다가 갑자기 멈춰 서거나(도로에서 부적절한 정차) 서둘러 후진한다(도로에서 부적절한 후진). '그 차를 추적하기 전에 이미 위반 사항이 두 건'이라고 경찰관은 말한다."

이 새로운 유형의 경찰관이 멈춰 선 차에 다가갈 때는 아무리 작은 단서라도 단단히 주의를 기울여야 했다.[6] 마약 운반책들은 마약 냄새를 지우기 위해 종종 방향제, 특히 작은 전나무 모양 방향제를 사용한다. (나무 방향제는 '중범죄 숲felony forest'이라고 알려져 있다.) 차 안에 먹다 남은 패스트푸드가 있으면, 운전자가 바쁘고 차(와 소중한 화물)를 방치해둘 생각이 없다는 뜻이다. 은밀한 칸막이 안에 마약이나 총을 숨겨두었다면, 뒷자리에 연장이 있을 것이다. 차의 주행거리가 얼마인가? 보통 해당 모델의 연식에 비해 주행거리가 많은가? 낡은 차에 새 타이어가 끼워져 있나? 차 열쇠 구멍에 열쇠가 뭉텅이로 달려 있나, 아니면 운전자 혼자만을 위해서 준비해놓은 것처럼 열쇠가 하나뿐인가? 짧은 여행을 하는 것처럼 보이는데, 짐이 지나치게 많은가? 아니면 운전자는 긴 여행 중이라고 하는데 짐이 지나치게 적은가?

조사를 위해 검문하는 경찰관은 최대한 많은 정보를 끄집어내라는 지시를 받는다. **어디서 오셨습니까? 어디로 가시나요? 시카고요? 거기 가족이 있나요? 어디에요?** 경찰관은 말을 더듬거나 초조해 보이거나 말이 되지 않는 답을 하거나 운전자의 대답이 보이는 것과 다른지 등을 찾는 중이다. 그리고 다음 단계를 취해서 차량을 수색할지 여부를 결정하려고 애쓴다.

차 안에 음식물과 방향제가 있고, 주행거리가 많고, 낡은 차에 새 타이어가 끼워져 있고, 짐이 지나치게 많거나 적은 사람 가운데 압도적 다수는 총기나 마약을 밀반입하는 게 아니다. 하지만 만약 경찰관이 건초더미에서 범죄자라는 바늘을 찾으려고 한다면, 세상은 무척 정직한 곳이라고 생각하는 우리 대부분이 하는 합리적 계산에 맞서 싸워야 한다.

그렇다면 브라이언 엔시니아는 어떤 사람인가? 그는 진실을 기본값으로 놓지 않는 경찰관이다. 여기 무작위로 뽑은 브라이언 엔시니아의 하루 일과가 있다. 2014년 9월 11일이다.[7]

15시 52분 교대조 근무 시작. 트럭 운전사를 멈춰 세워 트레일러에 반사 테이프가 제대로 붙어 있지 않다는 이유로 위반 딱지를 발부한다.

16시 20분 번호판 위치가 적절하지 않은 여자 운전자를 멈춰 세운다.

16시 39분 번호판 위치가 적절하지 않은 또 다른 여자 운전자를 멈춰 세운다.

16시 54분 등록 만료된 운전자를 발견해서 정차시키고 면허 기한 만료에 대해 출두를 명령한다.

17시 12분 가벼운 속도위반(제한속도 위반 10퍼센트 이하)으로 여자 운전자를 멈춰 세운다.

17시 58분 중대한 속도위반으로 어떤 사람을 멈춰 세운다.

18시 14분 등록 만료된 운전자를 발견해서 정차시키고 면허 위반과 차 안에 뚜껑을 딴 술이 있는 것까지 합쳐서 딱지를 세 장 발부한다.

20시 29분 '대형차량 표시등이 없거나 부적절'하고 '차폭등이 없거나 부적절'한 차의 남자 운전자를 멈춰 세운다.

이런 식으로 계속된다. 10분 뒤 그는 비규격 헤드라이트를 장착한 자동차의 여자 운전자를 멈춰 세우고, 이어서 30분 동안 가벼운 과속 위반 딱지 두 건을 뗀다. 오후 열 시에 '안전 체인'(차량에 트레일러 등을 연결할 때 안전용으로 견인봉에 추가로 안전 체인을 연결해야 한다) 때문에 차를 멈춰 세우고, 뒤이어 교대근무가 끝날 때 비규격 헤드라이트 때문에 다시 멈춰 세운다.

이 목록을 보면, 심각한 위반은 한 건뿐이다. 오후 5시 58분에 제한속도를 10퍼센트 이상 위반한 과속이다. 어떤 경찰관이든 그렇게 대응할 것이다. 하지만 그날 엔시니아가 한 다른 많은 일은 현대적인 예방적 단속 범주에 들어간다. 반사 테이프가 제대로 붙어 있지 않다고 트럭 운전자를 세우거나 "차폭등이 없거나 부적절하다"는 이유로 운전자를 세우면서 다른 무언가를 찾는다. 렘스버그가 말하는 것처럼, '위반 딱지를 넘어서 나아가기' 위해 의식적으로 살피는 것이다.

예방 순찰 경관들을 편견이나 인종 프로파일링racial profiling(인종이나 피부색을 기반으로 용의자를 추적하는 수사 기법)이라는 비난에서 보호하기 위해 그들에게 주어지는 핵심적인 조언 가운데 하나는 모든 사람을 멈춰 세우는 데 주의해야 한다는 것이다. 누군가를 멈춰 세우기 위해 사소하고 과장된 이유를 구실로 삼는다면, 항상 그런 식으로 행동해야 한다. "프로파일링이나 핑계를 이유로 검문한다는 비난을 받는다면, 기록 일지를 법정에 제출해서 '깐깐한' 이유 때문에 운전자를 멈춰 세우는 것이 피고인의 사례에서 편의적으로 꺼내온 명백한 예외가 아니라 습관적인 패턴의 일부임을 증명할 수 있다." 렘스버그의 말이다.

엔시니아가 한 행동이 그런 식이었다. 그는 매일같이 2014년 9월

11일처럼 행동했다. 부적절한 흙받기나 안전벨트 미착용, 차선 침범 주행, 애매한 차량 등燈 규정 위반을 이유로 운전자를 잡았다. 두더지 잡기 게임처럼 순찰차를 뻔질나게 들락거렸다. 근무한 지 1년도 되지 않아 1,157건의 딱지를 뗐다. 샌드라 블랜드를 멈춰 세우기 전 26분 동안, 그는 다른 세 명을 정차시켰다.

자, 그래서 엔시니아는 7월 10일 오후에 샌드라 블랜드를 발견한다. 텍사스 공공안전부의 감찰관실에서 후속 조사하는 과정에서 엔시니아가 진술한 내용에 따르면, 그는 블랜드가 프레리뷰대학에서 나오면서 정지신호를 무시하는 것을 보았다. 그것이 호기심 자극점이다. 엔시니아는 그 시점에서 블랜드를 멈춰 세우지 못했다. 정지신호는 대학 소유지에 있기 때문이다. 하지만 블랜드가 스테이트루프 1098도로로 들어서자 따라붙는다. 그는 블랜드 차에 일리노이주 번호판이 붙은 것을 알아챈다. 이게 두 번째 호기심 자극점이다. 나라 반대편 끝에서 온 사람이 이스트텍사스에서 뭘 하고 있는 거지?

"자동차 회사나 모델 같은 차량의 상태, 번호판이 있는지 여부, 그 밖에 다른 상태들을 점검하고 있었습니다." 엔시니아가 증언한 말이다. 그는 여자를 멈춰 세울 구실을 찾고 있었다. "그전에도 차량 상태를 점검하기 위해 그렇게 속도를 높여서 차를 따라붙은 적이 있습니까?" 조사관 클리브 렘프로가 엔시니아에게 묻자 그가 대답한다. "네 있습니다." 그로서는 일반적인 관행인 셈이다.[8]

블랜드는 백미러로 빠른 속도로 다가오는 엔시니아를 보면서 그가 지나가도록 차선을 옮긴다. 하지만 깜빡이를 켜지는 않는다. 빙고! 이제 엔시니아에게는 정당한 근거가 생겼다. 텍사스주 도로교통법 7편 C조 545.104항 a절은 다음과 같다. "운전자는 방향을 전환하거나 차선을 바꾸거나 주차 위치에서 출발한다는 의도를 나타내기 위해 545.106항에서 인정한 신호를 사용해야 한다."[9] 설령 블랜드가 마지막 순간에, 그러니까 차선을 바꾸기 직전에 깜빡이 신호를 사용했다 할지라도 엔시니아에게는 예비 옵션이 있었다. 545.104항 b절은 "차량 방향을 오른쪽이나 왼쪽으로 바꾸려는 운전자는 방향 전환 전에 차량이 이동하는 마지막 30미터 이상 지속적으로 신호를 해야 한다"라고 되어 있다. 엔시니아는 차선 변경 신호를 하지 않았다고, 또는 신호를 충분히 오랫동안 하지 않았다고 정차시킬 수 있었다.[10]

엔시니아는 순찰차에서 내려 블랜드의 현대차 조수석 쪽으로 천천히 다가가 약간 상체를 숙이면서 차 안에 뭐가 있나 살펴본다. 시각적 몸수색을 하는 중이다. 뭔가 어울리지 않는 게 있나? 바닥에 널브러진 패스트푸드 포장지? 백미러에 걸린 중범죄 숲 방향제? 뒷자리에 있는 연장? 열쇠고리에 하나뿐인 열쇠? 블랜드는 방금 전에 시카고에서 텍사스로 왔다. 물론 차 바닥에는 패스트푸드 포장지가 있다. 일반적인 상황 진행이라면, 우리 대부분은 차창 안을 들여다보면서 의구심을 떨쳐버린다. 하지만 브라이언 엔시니아는 새로운 유형의 경찰관이다. 그리고 이제 우리는 우리의 지도자와 수호자가 의심을 간단히 떨쳐버리기보다는 계속 추적하기를 바란다. 엔시니아는 창문 안으로 몸을 숙여서 정차시킨 이유를 말해주는데, 그러자 곧바로 그의 의심이 더욱 커진다.

범죄자는 범죄자처럼 행동할 것이다

렌프로 좋습니다. 블랜드에게 면허증을 달라고 한 뒤 어디로 가느냐고 묻자 이렇게 대답했다죠. "그건 중요하지 않아요." 당신은 보고서에 썼습니다. "이 시점에서 그의 태도로 볼 때 뭔가 문제가 있다는 걸 알았다."

엔시니아는 텍사스주 조사관 클리브 렌프로에게 질문을 받는 중이다.

렌프로 뭔가 문제가 있다고 생각했다는 기록을 설명해보시죠.
엔시니아 공격적인 몸짓하고 태도였습니다. 뭔가 괜찮지 않은 것처럼 보였습니다.

브라이언 엔시니아는 투명성을 믿었다. 즉, 사람들이 보이는 태도가 그들의 감정과 성격을 말해주는 믿을 만한 길잡이라고 믿었다. 우리는 서로에게 이런 투명성을 가르친다. 아니 정확히 말하자면, 우리는 **경찰관**들에게 이런 투명성을 가르친다. 예를 들어, 리드 기법Reid Technique이라고 불리는 세계에서 가장 영향력 있는 법집행 훈련 프로그램은 연방수사국과 세계 각지의 무수한 법집행 기관들은 말할 것도 없고 미국 주경찰청의 3분의 2 정도에서 활용된다. 리드 시스템은 투명성 개념에 **직접적으로** 근거한다. 경찰관들에게 처음 보는 사람을 대할 때 태도를 무죄와 유죄를 판단하는 길잡이로 삼으라고 가르친다.

리드 훈련 매뉴얼은 시선 접촉에 관해 다음과 같이 언급한다.

서구 문화에서 상호 눈맞춤(시선 접촉 유지)은 허심탄회함과 솔직함, 신뢰를 나타낸다. 거짓말을 하는 용의자는 보통 수사관을 직접 바라보지 않는다. 바닥을 보거나 옆을 보거나, 또는 질문에 답할 때 하느님의 가르침이라도 구하는 것처럼 천장을 본다.

반면 진실을 말하는 용의자는 시선이나 행동에서 방어적이지 않으며, 조사관과 쉽게 눈맞춤을 유지할 수 있다.[11]

캔자스시티 이후의 교과서인 《범죄 순찰 전술》은 차량 검문을 하는 경찰관들에게 용의자를 처음 관찰하면서 얻을 수 있는 내용에 근거해서 '은밀한 조사'를 수행하라고 가르친다.

조용히 상대의 이야기와 말하는 태도, 몸짓 언어를 분석하면서 거짓말의 단서를 찾는 동안 당신은 그를 전혀 의심하지 않는 것처럼 확신을 주려고 노력할 것이다. 당신이 실제로 상대와 그의 차량, 이동하는 이유 등을 평가하고 있다는 사실을 상대가 알아채는 것을 최대한 미룰수록, 상대가 무의식중에 유죄의 증거를 드러낼 가능성이 커진다.

엔시니아가 하는 행동이 바로 이런 것이다. 그는 블랜드가 발을 구르면서 앞뒤로 움직이는 것을 눈치 챈다. 그래서 대화를 질질 끌기 시작한다. 텍사스에 얼마나 오래 있었는지 물어본다. 블랜드가 말한다. "바로 어제 왔어요." 엔시니아의 불안감이 고조된다. 차는 일리노이 번호판이다. 이 여자는 텍사스에서 무엇을 하고 있는 걸까?

렘프로 그 시점에서 안전이 걱정됐나요?

엔시니아 뭔가 문제가 있는 건 알았는데 그게 뭔지는 몰랐습니다. 범죄가 진행 중인지 이미 저질러졌는지 등을 알지 못했습니다.

그는 블랜드의 면허증과 등록증을 확인하러 순찰차로 돌아오는데, 고개를 들어 블랜드 차의 뒤 유리로 관찰할 때, 여자가 "한동안 시야에서 사라지는 등 수상한 움직임을 여러 차례 보였다"라고 말한다. 이것이 결정적인 점이며, 동영상으로 볼 때 의아한 사실도 이로써 설명된다. 왜 엔시니아는 처음에는 조수석 쪽으로 다가가는데, 두 번째는 운전석 쪽으로 다가가는 걸까? 걱정이 되기 때문이다. 보고서에서 쓴 것처럼, "경찰관 안전 훈련을 받으면서 위반자가 차량 조수석 쪽으로 나를 쏘는 게 훨씬 더 쉽다는 것을 배웠음."

렘프로 그러면 기록에 대해 설명해보시죠. 처음에는 "당신이 보기에 협조적이지 않은 화난 사람이나 흥분한 사람과 관련된 일상적인 정차 명령"이라고 보았다가 경찰관 피격 사건에 관한 훈련 때문에 운전석 쪽에서 접근해야겠다고 판단할 정도로 생각이 바뀐 과정이 어떻게 된 겁니까?

엔시니아 좋습니다. 제가 아직 순찰차 안에 있을 때 오른쪽으로, 콘솔 박스로, 여자 몸의 오른쪽이 시야에서 사라지는 등 많은 움직임을 보았습니다.

곧바로 이런 생각이 들었다. **무기를 꺼내는 걸까?** 그래서 이번에는 신중하게 다가간다.

엔시니아 여자 차 창유리에 먼지 하나 없어서 어깨를 돌리지 않아도 손에 뭘 들고 있는지 훤히 보이더군요. 그래서 그쪽으로 다가간 겁니다.

엔시니아가 보기에, 블랜드의 태도는 잠재적으로 위험한 범죄자의 특징과 들어맞는다. 흥분하고 동요하며, 성미가 급하고 대결적이며, 변덕스럽다. 그는 블랜드가 뭔가를 숨기고 있다고 생각한다.

이런 사고는 아무리 좋을 때라도 위험할 정도로 결함 있는 생각이다. 인간은 투명하지 않다. 그런데 이런 식의 사고가 가장 위험한 것은 언제일까? 우리가 관찰하는 사람들의 태도와 내면이 일치하지 않을 때다. 그 사람들이 우리가 기대하는 대로 행동하지 않을 때 말이다. 아만다 녹스는 겉모습과 내면이 일치하지 않았다. 범죄 현장에서 그는 바이크용 부츠를 신고 엉덩이를 돌리면서 말했다. "짜잔." 버니 메이도프는 태도와 내면이 일치하지 않았다. 그는 훌륭한 사람처럼 차려입은 소시오패스였다.

샌드라 블랜드는 어떤 사람일까? 그 역시 태도와 내면이 일치하지 않는다. 그는 엔시니아의 눈에 마치 범죄자처럼 보인다. 하지만 범죄자가 아니다. 그냥 화가 났을 뿐이다. 블랜드가 죽은 직후, 그가 성인이 된 뒤 경찰과 열 차례나 마주친 경험이 있음이 드러났다. 정차 지시를 다섯 번 받은 것을 포함해 8천 달러에 육박하는 범칙금을 아직 내지 못했다. 그는 1년 전에 아이를 잃은 뒤 자살 시도를 한 적이 있었다. 팔뚝에는 위아래로 무수히 많은 칼자국이 있었다. 텍사스로 떠나기 불과 몇 달 전, 매주 진행하는 〈샌디의 발언〉 비디오 포스트에서 블랜드는 자신이 겪은 고난을 언급했다.

사과드립니다. 미안해요, 왕과 여왕 여러분. 벌써 2주나 됐네요. 저는 전투 중 행방불명이었어요. 그런데 여러분한테는 솔직해야겠네요. 저는 여러분 가운데 일부가 지금 겪고 있는 그런 일을 겪고 있어요. 외상후 스트레스 장애하고 약간 우울증도 있답니다. 지난 몇 주 동안 정말 스트레스에 시달렸거든요.[12]

그리하여 여기 의학적·정신의학적 병력을 안은 채 자기 삶을 가다듬으려고 애쓰는 힘든 사람이 있다. 그는 새로운 도시로 이사를 갔다. 새로운 직장에서 일을 시작하는 중이다. 인생에서 새로운 장을 시작하기 위해 막 도착했는데, 경찰관이 차를 멈춰 세운다. 심각한 빚을 남긴 시나리오가 다시 펼쳐질 참이다. 그런데 무엇 때문에? 경찰차가 뒤에서 빠른 속도로 다가와서 차선을 바꾸는 데 깜빡이를 켜지 않았다고. 가뜩이나 아슬아슬한 새출발에 갑자기 의구심이 드리워진다. 스스로 목숨을 끊기 전에 유치장에서 보낸 사흘 동안, 샌드라 블랜드는 마음이 괴로워 끊임없이 눈물을 흘렸고, 여기저기 전화를 걸었다. 그는 위기에 빠져 있었다.

하지만 엔시니아는 투명성에 대한 믿음 때문에 생겨나는 온갖 그릇된 확신으로 무장한 채 블랜드의 감정적이고 변덕스러운 모습을 뭔가 불길한 징조를 나타내는 증거로 읽는다.

렌프로가 결정적인 순간, 즉 엔시니아가 블랜드에게 담배를 꺼달라고 요청한 순간에 관해 묻는다. 왜 그냥 이렇게 말하지 않았나? "이봐요, 담뱃재가 나한테 날아오잖아요?"

엔시니아 그저 담배를 나한테 던지지 않고 *끄거나* 아무튼 손에서 떼게 하려고 한 겁니다.

렌프로는 계속해서, 만약 그렇다면 왜 그 즉시 블랜드가 체포된 이유를 말해주지 않았는지 묻는다.

엔시니아 혹시 모를 상황을 대비하고 여자를 통제하려고 했으니까요.

그는 이 여자가 무섭다. 그리고 담배를 쥔 완전히 무고한 낯선 사람을 무서워하는 것은 진실을 기본값으로 놓지 않은 탓에 치르는 대가다. 해리 마코폴로스가 완전무장을 하고 집 안에 몸을 숨긴 채 증권거래위원회가 기습하기를 기다린 것도 이 때문이다.

렌프로 전에는 이 질문을 하지 않았는데 이제 해야겠군요. 블랜드가 "그래, 해봅시다"라고 말할 때 당신은 "그럼, 물론이죠"라고 대답합니다. 이게 무슨 의미인가요?

엔시니아 여자가 몸을 기울이는 행동을 보고 알 수 있었는데, 나한테 손을 휘둘렀거든요. 경찰이 아니더라도 누군가 주먹을 불끈 쥐는 걸 보면 저 자신이나 다른 사람한테 대항하거나 잠재적으로 해를 끼치려고 하는 거죠.

렌프로 바로 땅바닥으로 끌어내리지 않은 이유가 있습니까?

엔시니아 네.

렌프로 왜죠?

엔시니아 이미 저한테 주먹을 한 번 휘둘렀거든요. 다시 주먹을 휘둘러서 저를 방해하지 못하게 막을 수가 없었습니다.

다른 조사관들이 끼어든다.

루이스 산체스 겁이 났습니까?

엔시니아 한 차례 이상 제 안전이 위험에 빠졌습니다.

계속 들어보자.

산체스 유도심문을 하려는 건 아닌데, 그러니까 이 일이 일어나고 나서 얼마나 오랫동안 심박수가 올라가고 아드레날린이 치솟았습니까? 이다음에 언제 마음이 진정됐나요?

엔시니아 아마 집으로 오면서, 그러니까 몇 시간 뒤에 진정된 것 같습니다.

블랜드 사후에 엔시니아를 공감 능력 없는 경찰관으로 그리는 게 흔한 일이었다. 하지만 이렇게 성격을 규정해버리면 요점을 놓치는 셈이다. 공감 능력이 없는 사람은 상대방의 감정에 무관심하다. 엔시니아는 블랜드의 감정에 무관심하지 않다. 그는 블랜드의 차에 다가가 처음 말을 건네면서 이렇게 묻는다. "뭐 문제가 있나요?" 면허증을 조회하고 블랜드의 차로 돌아와서는 다시 묻는다. "괜찮으시죠?" 그는 블랜드가 감정적으로 불안하다는 사실을 곧바로 알아챈다. 다만 블랜드가 느끼는 감정의 의미를 완전히 잘못 해석할 뿐이다. 그는 이제 막 위험한 여자와 무서운 대결에 빠져들고 있다고 확신하게 된다.

그리고 이런 상황에서《범죄 순찰 전술》이 경찰관에게 지시하는 행동은 어떤 것일까? "오늘날 많은 경찰관이 통제 행사하기를 두려워하며 누구에게든 행동 지시 내리기를 꺼린다. 사람들은 마음대로 움직이고, 내키는 대로 아무 데나 서 있는데, 경찰관은 용의자가 행동하는 대로 적응하려고 노력한다." 엔시니아는 그런 일이 벌어지게 내버려두지 않는다.

엔시니아 그럼 차에서 내리시죠. 내리지 않으면 끌어낼 겁니다. 적법한 지시를 하는 겁니다.

브라이언 엔시니아는 위반 딱지를 넘어서 나아가려고 했다. 그의 눈앞에는 딱 들어맞는 호기심 자극점들이 있었다. 그는 시각적 몸수색과 은밀한 조사에 관해 낱낱이 알고 있었다. 그리고 상황이 자신의 통제를 벗어나려고 하는 것처럼 보이자 단호하게 개입했다. 그날 도로에서 샌드라 블랜드와 예상치 못한 일이 발생했다면, 그것은 브라이언 엔시니아가 훈련받은 대로 행동하지 않았기 때문이 아니다. 정반대다. 그가 훈련받은 그대로 행동했기 때문이다.

훈련받은 대로 하라

샌드라 블랜드가 텍사스주 프레리뷰의 유치장에서 사망하기 한 해 전인 2014년 8월 9일, 미주리주 퍼거슨에서 마이클 브라운이라는 18세의 아프리카계 미국인 남자가 백인 경찰관의 총에 맞아 숨졌다. 브라운은 근처에 있는 식품점에서 벌어진 강도 사건의 용의자였다. 경찰관 대런 윌슨이 그와 마주쳤을 때 두 사람은 몸싸움을 벌였다. 브라운은 윌슨의 순찰차 운전석 창문 안으로 몸을 들이밀어 그에게 주먹을 날렸다. 윌슨은 결국 그에게 총을 쏴서 여섯 발을 맞췄다. 17일 동안 폭동이 이어졌다. 검찰은 윌슨 경관을 기소하지 않았다.

퍼거슨 사건은 경찰의 행동방식이 갑자기 전면에 대두됐을 때 미국인의 생활에서 낯선 간주곡을 연주하기 시작한 사건이었다. 그리고 이 사건은 일종의 경고로 작용했어야 했다. 미국 법무부는 거의 곧바로 조사팀을 퍼거슨으로 파견했다. 그리고 6개월 뒤 조사팀은 이례적인 보고서를 발표했다.[13] 법무부 조사팀의 지휘자 중 한 명은 시락 베인스라는 변호사였는데, 그가 거의 즉시 인상적으로 느낀 점은 퍼거슨의 분노가 단지 브라운의 죽음, 또는 브라운과 관련된 전반적인 문제 때문만은 아니라는 것이었다. 그보다는 여러 해 동안 도시에서 계속된 특정한 방식의 단속 활동이 문제였다. 퍼거슨 경찰청은 캔자스시티식 단속의 대표적인 사례였다. 퍼거슨의 법집행 철학 전반은 최대한 많은 이유를 들어 가능한 한 많은 사람을 검문하는 것이었다.

"아주 충격적이었습니다." 베인스가 그때 기억을 떠올린다.

한 경찰관이 말하더군요. "그건 결국 법원 문제입니다." 다른 경찰관도 이렇게 말했죠. "네, 매달 게시를 해요. 상관들이 벽에 경관 명단하고 그달에 얼마나 많은 딱지를 뗐는지를 붙여놓는 거죠." 우리는 생산성이 목표라는 걸 이해했습니다.

퍼거슨 경찰청에는 브라이언 엔시니아와 같은 경찰관 천지였다. 베인스는 계속 말을 이었다.

그 사람들은 자기가 할 일이 딱지를 떼고 벌금이나 수수료를 내지 않은 사람들을 체포하는 것이며, 그 실적에 따라 평가받는다는 걸 알고 있었죠.

베인스는 가장 충격적이었던 사건을 하나 말해주었다. 운동장에서 농구를 하던 한 젊은 흑인과 관련된 사건이었다. 농구를 한 뒤 젊은이는 차에서 몸을 식히고 있었는데, 경찰차가 뒤에 와서 섰다. 경찰관이 운전석 쪽으로 다가와 신분증 좀 보자고 하면서 운전자에게 아동 추행 혐의가 있다고 말했다.

(경찰관은) 이런 의미로 말한 것 같습니다. "여기 애들도 있는데 당신이 공원에 있으니 당신 정체가 뭐야? 소아성애자 아냐?" 뒤이어 경찰관이 차에서 내리라고 지시하자 그 친구가 말합니다. "저, 저는 아무 행동도 하고 있지 않은데요. 그러니까 저도 헌법상의 권리가 있어요. 그냥 여기서 농구하는 건데요."
그러자 경찰관은 실제로 총을 꺼내 청년에게 겨누면서 차에서 내리라고 위협합니다. 결국 사건은 경찰관이 젊은이에게 안전벨트 미착용, 공원 정차, 면허증 미소지, 정지 면허 소지 등 총 여덟 개의 딱지를 작성하는 것으로 끝나요. 그리고 모든 혐의에 대해 기소를 하는 데 성공합니다.

젊은이는 심지어 '허위 진술'에 대해서도 딱지를 받았다. 실제 이름이 '마이클'인데 '마이크'라고 말했다는 이유에서였다.

그는 꽤 오랫동안 수많은 기소를 당합니다. 퍼거슨시 법률 여덟 건 위반으로 기소당하고 법정에서 싸우려고 애를 씁니다. 결국 현장에서 체포됐어요. 그리고 결국 연방정부 계약직 일자리를 잃어버립니다. 그 체포 때문에 정말로 인생이 망가진 거죠.

마이크의 체포는 샌드라 블랜드 사건과 똑같은 사례 아닌가? 경찰관이 정말 아무것도 아닌 구실로 민간인에게 다가가 건초더미에서 바늘 찾듯 샅샅이 뒤지는 것이다. 결국 그토록 많은 무고한 사람이 의심의 파고에 휘말려서 경찰과 지역사회 사이의 신뢰가 사라져버린다. 퍼거슨 거리에서 항의시위가 벌어진 것도 그 때문이다. 여러 해 동안 경찰관들이 농구하는 사람을 소아성애자로 오인한 것이다.[14]

이런 사건이 과연 미주리주 퍼거슨이나 텍사스주 프레리뷰만의 문제일까? 당연히 아니다. 노스캐롤라이나주 고속도로 순찰대의 차량 검문 건수가 극적으로 늘어난 사실을 생각해보라. 7년 만에 40만 건에서 80만 건으로 증가했다.[15] 자, 이런 증가는 그 시기에 노스캐롤라이나주 운전자들이 갑자기 빨간 신호에 내달리고, 술을 더 많이 마시고, 더 자주 제한속도를 어기기 시작했기 때문일까? 당연히 아니다. 주 경찰이 전술을 바꿨기 때문이다. 경찰이 건초더미 수색을 한층 더 철저히 하기 시작했다. 그리고 경찰관들에게 진실을 기본값으로 놓는 타고난 성향을 무시하라고, 이제부터 최악의 상황을 상상하라고 지시했다. 면접을 보러 온 젊은 여자들이 무기를 소지한 위험인물일 수 있고, 즉석 농구 게임을 한 뒤 땀을 식히는 젊은 남자들이 소아성애자일 수 있다고 상상해야 하는 것이다.

　노스캐롤라이나주 고속도로 순찰대는 이렇게 늘어난 40만 건의 수색으로 얼마나 많은 총기와 마약을 추가로 발견했을까? 17건이다. 썩은 사과 17개를 골라내기 위해 39만 9,983명의 마이크와 샌드라를 소외하고 낙인찍는 게 정말 해볼 만한 일일까?

　래리 셔먼은 캔자스시티 총기 실험을 설계할 때 이 문제를 잘 알고 있었다. "우리가 담낭이 좋지 않은지를 알아보려고 의사들한테 거리에 나가서 사람들을 절개해보라고 말하지 않잖아요." 셔먼의 말이다. "위험한 수술을 하기 전에 우선 여러 진단을 해야 하는 겁니다. 그리고 차량 검문검색은 일종의 위험한 수술이죠. 경찰에 대한 반감을 일으킬 수 있으니까요." 셔먼이 보기에 의사가 하는 히포크라테스 선서, 즉 "무엇보다도 해를 입히지 말라"는 법집행에도 똑같이 적용된다. "나는 얼마 전에 히포크라테스 대리석 흉상을 샀습니다. 매일 들여다보면서 단속 활동의 피해를 최소화해야 한다는 사실을 강조하려고요." 그가 계속 말을 이었다. "우리는 경찰이 하는 모든 일이 어떤 면에서는 누군가의 자유를 침해한다는 사실을 헤아려야 합니다. 그러니까 그냥 경찰을 범죄 빈발 지점에 투입하는 문제가 아닙니다. 범죄 안심 지점에서는 자유 침해를 딱 필요한 만큼만 하고 그 이상은 절대 해서는 안 됩니다."

　셔먼의 캔자스시티 실험에 참여한 경찰관들이 특별 훈련을 받은 것도 그 때문이다. "우리는 예방 단속이 경찰에게 정당성 위험 요소가 된다는 걸 알았고, 이 점을 거듭 강조했습니다." 셔먼의 말이다.[16]

더욱 결정적으로, 바로 이것이 캔자스시티 총기 실험이 144순찰구역에 국한된 이유다. 그 구역이 **범죄가 발생하는 곳**이었다. "우리는 범죄 빈발 지점이 어디인지 재구성하려는 시도를 검토했습니다." 셔먼의 말이다. 도시 가운데 최악의 동네에서 그는 한 단계 더 파고들어가 자신과 와이스버드가 미니애폴리스에서 범죄가 가장 집중되는 특정한 거리 구역을 파악하기 위해 사용한 정교한 분석을 적용했다. 순찰 경관들에게는 그런 장소에 힘을 집중하라고 말했다. 셔먼은 교전 지역이 아닌 동네에서는 절대 적극적으로 총기를 찾으려고 하지 않았다.

144순찰구역에서는 '마이크와 샌드라 문제'가 사라지지 않았다. 하지만 캔자스시티 총기 실험을 최악의 동네 중에서 최악의 구역에 국한한 중요한 이유는 건초더미를 조금 더 작게 만들고, 또한 범죄에 대항하는 일과 무고한 시민을 괴롭히는 일 사이의 불가피한 상쇄 관계를 조금이라도 더 관리할 수 있도록 하기 위함이었다. 일반적인 지역사회에서는 셔먼이 원하는 것처럼 경찰이 적극적이고 공격적으로 행동하면 문젯거리만 생겨날 것이다. 다른 한편으로는 전체 거리 가운데 범죄가 만연한, 즉 경찰 신고 전화가 1년에 무려 100건 또는 심지어 200건에 달하는 3~4퍼센트 지역에서 고통받는 사람들에게는 결합 이론에 따라 계산이 달라질 것이다.

"범죄 빈발 지점 단속 활동에서 무슨 일이 생길까요? 경찰한테 이렇게 말합니다. '그 동네의 거리 100곳 또는 1,000곳 중에서 10곳에 나가 거기서 시간을 보내세요.' 모든 일이 거기서 벌어지니까요."

와이스버드가 말한다. "그리고 그렇게 하면, 동네에서 이런 반응이 나올 가능성이 충분합니다. '그런 침해는 충분히 당할 만한 가치가 있습니다. 내일 총에 맞고 싶지 않으니까요.'"

브라이언 엔시니아에게 던지는 첫 번째 질문은 이런 것이다. 그는 적절하게 대응한 걸까? 하지만 두 번째 질문 역시 그만큼 중요하다. 그는 적절한 장소에 있었던 걸까?

가지 말아야 할 곳으로 가라

샌드라 블랜드가 정차를 당한 텍사스주 프레리뷰는 때로 휴스턴 '외곽'이라고 언급된다. 마치 교외인 것 같지만 실상은 그렇지 않다. 휴스턴은 약 80킬로미터 떨어져 있다. 프레리뷰는 시골이다.

도시는 작다. 인구가 1천 명이 채 되지 않고, 짧은 거리에는 양옆으로 소박한 농가가 늘어서 있다. 대학은 주요 도로 FM 1098 한쪽 끝에 자리하는데, 캠퍼스 서쪽 가장자리가 이 도로에 면한다. 외곽 순환도로를 따라 학교를 한 바퀴 돌다 보면, 왼쪽에는 작은 성공회 교회가 있고, 오른쪽에는 대학 풋볼 경기장, 그리고 그다음에는 이따금 말이나 소가 어슬렁거리는 목초지가 펼쳐진다. 프레리뷰가 위치한 월러 카운티는 공화당원, 백인, 중산층, 노동계급이 압도적으로 많다.

렌프로 좋아요, 그 지역에 관해 말해보세요. 범죄율이 높은 지역인가요?

엔시니아　FM 1098의 그 구역은 범죄와 마약이 빈발하는 지역입니다. 그 지역에서 제가 경험한 바로는, 비슷한 상황에서 마약, 무기 그리고 경찰 지시에 협조하지 않는 사람들을 많이 보고 만났습니다.

엔시니아는 계속해서 렌프로에게 "거의 (전부) 그 인근에서 영장과 마약, 무수한 무기" 때문에 여러 차례 체포를 한 적이 있다고 말한다.

하지만 엔시니아의 공식 기록을 보면 전혀 그렇지 않다. 2014년 10월 1일부터 샌드라 블랜드 사건이 일어나는 이듬해 7월 10일 사이에 그는 1.6킬로미터 길이의 그 간선도로 구간에서 운전자 27명을 멈춰 세웠다. 그중 여섯 명이 과속 딱지를 떼였다. 이것은 필수 정차 사항이었다. 우리는 캔자스시티 시대 이전에도 주의 깊게 단속하는 경찰관이라면 똑같은 조치를 취했을 것이라고 가정할 수 있다. 하지만 나머지는 대부분 엔시니아가 의욕이 앞서서 차를 살펴보려고 세운 것이었다. 2015년 3월에 그는 한 흑인 남자에게 '차선 준수 위반'으로 출두를 명했다. 'FMVSS 571.108' 위반 혐의로 다섯 차례 차량을 정차시켰는데, 이것은 방향지시등과 번호판등, 브레이크등에 관한 연방 자동차 안전 기준 조항이다. 목록에서 최악의 사례는 음주운전 두 건인데, 이곳이 대학 캠퍼스에 면한 도로라는 사실을 염두에 두자.

이게 전부다. FM 1098은 '범죄와 마약이 빈발하는 지역'이 아니다.[17] 인근에서 범죄 빈발 지점과 조금이나마 비슷한 곳을 찾으려면 약 5킬로미터 떨어진 로리레인까지 가야 할 것이다. 트레일러 주택이 약 800미터 거리에 늘어선 곳이다.

"범죄가 전혀 일어나지 않는 장소에서 왜 차를 세우는 거죠?" 와이스버드의 말이다. "아무리 생각해도 말이 안 돼요."

셔먼 역시 충격을 받았다. "그 시간 그 장소에서 차선 변경을 이유로 (샌드라 블랜드를) 잡았다는 건 변명의 여지가 없군요." 셔먼은 초창기 캔자스시티 총기 실험(프레리뷰보다 100배는 열악한 동네에서 진행되었다) 중에도 특별한 경찰관들이 오로지 밤에만 정차 검문을 했다고 말했다. 적극적인 단속을 정당화할 만큼 범죄율이 높은 시간대는 그때뿐이었다. 샌드라 블랜드는 햇빛이 쨍쨍한 오후에 정차 지시를 받았다.

브라이언 엔시니아는 샌드라 블랜드를 대한 방식을 정당화하기 위해 그 도로 구간의 위험성을 고의로 과장했을 것이다. 하지만 그는 범죄가 장소와 아주 밀접하게 연결되어 일어난다는 **생각**을 꿈에도 하지 못했을 가능성이 크다. 문학 이론가들과 교량 공학자들, 경찰청장들은 결합 이론과 분투한다. 순찰 경관들이라고 뭐 다를 게 있을까?

그리하여 브라이언 엔시니아는 결국 가지 말아야 할 곳에 가서 정차 검문을 받지 않아도 될 사람을 멈춰 세우고는 결코 끌어내지 않아야 할 결론을 끌어냈다. 샌드라 블랜드의 죽음은 사회가 낯선 이에게 말 거는 법을 알지 못할 때 일어나는 일이다.

한계

이 책은 어떤 어려운 문제에 관한 책이다. 특히 우리가 사는 현대의 경계 없는 세상에서 우리는 낯선 이에게 말을 거는 것 말고 달리 선택의 여지가 없다. 우리는 이제 마을에 살지 않는다. 경찰관들은 알지 못하는 사람을 멈춰 세워야 한다. 정보요원들은 기만과 불확실성을 다루어야 한다. 젊은이들은 분명히 낯선 사람을 만나기 위해 파티에 가고 싶어 한다. 그런 파티는 낭만적인 발견이 안겨주는 스릴의 일부다. 하지만 우리는 이처럼 가장 필요한 과제에서 서투르다. 우리는 대가나 희생을 치르지 않고 낯선 사람을 익숙하고 아는 사람으로 바꿀 수 있다고 생각하지만 현실은 그렇게 녹록하지 않다. 그러면 어떻게 해야 할까?

우선 진실을 기본값으로 놓는 데 대해 서로에게 벌을 주지 않는 것으로 시작할 수 있다. 설령 당신이 방 안에 있는데도 아이가 낯선 이에게 학대를 당하더라도 당신이 나쁜 부모가 되는 것은 아니다. 그리고 만약 당신이 대학 총장인데 직원 한 명에 관한 모호한 보고를 받았을 때 곧바로 최악의 시나리오로 건너뛰지 않았다고 해서 당신이 범죄자가 되지는 않는다. 다른 사람에 관해 최선의 가정을 하는 것은 현대사회를 만들어낸 속성이다. 타인을 신뢰하는 우리의 본성이 모독을 당하는 사태는 비극적이다. 하지만 그 대안, 즉 약탈과 기만에 맞서는 방어 수단으로 신뢰를 포기하는 것은 더 나쁘다.

또한 우리는 낯선 이를 해독하는 우리의 능력에 한계가 있다는 사실을 받아들여야 한다. KSM을 심문하는 과정에서 두 편이 있었다. 제임스 미첼과 그의 동료 브루스 제슨은 KSM의 입을 열려는 욕망에 휘둘렸다. 다른 편에 선 찰스 모건은 사람들의 입을 강제로 여는 데는 대가가 따른다고 우려했다. 포로의 입을 열기 위해 강제하는 과정에서 그의 기억을 손상하거나 그가 말하는 내용의 신빙성을 떨어뜨린다면 어떻게 될까? 한결 신중한 모건의 기대는 우리 대다수를 위한 좋은 본보기다. 중앙정보국이 조직 한가운데에 침투한 스파이를 찾아내거나, 투자자들이 모사꾼이나 사기꾼을 발견하거나, 우리 보통 사람들이 알지 못하는 사람의 심중을 투시력으로 꿰뚫어 보는 완벽한 기법이란 존재하지 않는다. 우리에게 필요한 것은 자제와 겸손이다.

우리는 순간적인 충동이 영원한 결과를 낳는 것을 어렵게 만들기 위해 다리에 구조물을 설치할 수 있다. 또한 젊은이들에게 남학생 사교클럽 파티에서처럼 무모하게 술을 마시면 타인을 읽는 능력을 거의 잃어버리게 된다고 가르칠 수 있다. 낯선 이를 파악하기 위한 단서들이 존재한다. 하지만 이 단서들을 제대로 처리하려면 관심과 주의가 필요하다.

나는 이 책 서장에서 샌드라 블랜드의 죽음을 무시하고 싶지 않다고 말했다. 지금까지 나는 블랜드와 엔시니아가 조우하는 동영상을 수없이 봤다. 그리고 볼 때마다 이 사건이 '해결'된 방식에 점점 화가 난다. 사건은 실제보다 훨씬 작은 일로 바뀌었다. 나쁜 경찰관과 기분이 상한 젊은 흑인 여자 사이에 벌어진 일로 말이다. 하지만 실상은 그렇지 않다.

그날 텍사스주 프레리뷰 FM 1098 도로에서 악화된 상황은 일종의 집단적 실패다. 누군가 브라이언 엔시니아에게 모든 사람을 의심하라고 바보같이 부추기는 훈련 매뉴얼을 만들었고, 그는 이 매뉴얼을 마음에 새겼다. 텍사스주 고속도로 순찰대 지휘 계통의 상층부에 있는 누군가는 증거를 잘못 읽고서 엔시니아와 동료들에게 범죄율이 낮은 동네에서 캔자스시티식 차량 검문을 수행하도록 하는 게 좋은 생각이라고 판단했다. 엔시니아가 속한 세계의 모든 사람은 텍사스주의 그 지역 거리를 오가는 운전자들의 목소리 톤과 침착하지 않은 움직임, 패스트푸드 봉투 등을 근거로 정체를 확인하고 분류할 수 있다는 가정에 입각해서 행동했다. 그리고 이 모든 사고의 배후에는 우리 대다수가 공유하는, 그리고 우리 가운데 극소수만이 애써 재고해본 가정이 도사리고 있다.

렌프로 좋아요. 만약 블랜드가 백인 여자였더라도 동일한 일이 발생했을까요?

진술 조서의 마지막 부분이다. 엔시니아와 조사관은 여전히 그날 무슨 일이 벌어졌는지를 알아내기 위해 소득 없이 애쓰는 중이다.

엔시니아 피부색은 중요하지 않습니다. 우리는 어떤 식의 인종이나 성별에 근거해서가 아니라 법률을 위반하는 차량과 사람들을 멈춰 세우는 겁니다. 우리는 위반에 대해 정차 지시를 합니다.

"우리는 위반에 대해 정차 지시를 합니다"라는 말은 두 사람의 대화를 통틀어 가장 정직한 발언일지 모른다. 하지만 렌프로는 빤히 보이는 후속 질문("왜 우리는 모든 위반에 대해 정차 지시를 하는 걸까?")을 던지는 대신 계속 우물쭈물한다.

렌프로　만약 어떤 사람이 잔뜩 화난 상태인데 당신이 "괜찮으시죠?" 라고 물으면 어떤 반응이 나올 거라고 생각하나요? 그리고 상대가 그런 식의 반응을 하면 당신은 다시 말하죠. "말씀 다 하셨나요?" 그러니까 그런 식의 대화가 어떻게 신뢰감을 쌓을까요?

렌프로는 확고하지만 이해심이 있다. 마치 저녁 식사에 초대된 손님에게 무례하게 구는 아이를 꾸짖는 아버지 같다. 두 사람은 샌드라 블랜드의 비극적인 죽음을 개인적 조우가 이상하게 어긋난 사건으로 규정하는 데 동의했고, 이제 렌프로가 엔시니아의 식탁 예절을 비판하는 단계에 이르렀다.

엔시니아　저는 절대 그 여자의 대답에 무례하게 굴거나 가볍게 무시하려고 한 적이 없습니다. 그냥 말을 다 한 건지 물어본 겁니다. 필요한 대답을 얻었는지 확인하려고요. 그리고 그렇게 해서 차량 검문을 마무리하고 그 지역에 뭔가 있는지 확인한 다음에 일을 계속할 수 있었습니다.

렌프로　블랜드가 그런 과정을 비꼬는 것으로 받아들일 수도 있었다고 보는 게 온당할까요?

엔시니아 네, 그럴 수도 있겠군요. 제가 의도한 바는 아니었지만요.

아 그러니까 **블랜드의** 실수였다, 이 말인가? 분명 블랜드는 그의 어조를 잘못 해석했다. 만약 당신이 낯선 사람에 대해 우리가 저지르는 실수의 밑바탕에 존재하는 관념, 그리고 그 관념을 중심으로 우리가 구축하는 제도와 실천을 알지 못한다면, 당신에게 남는 것이라곤 개인적인 것뿐이다. 쉽게 속아 넘어가는 등반가, 부주의한 그레이엄 스패니어, 불운한 아만다 녹스, 저주받은 운명의 실비아 플라스 등등. 그리고 이제 샌드라 블랜드는 FM 1098 도로에서 이루어진 그 운명적인 정차 지시에 대한 긴 사후 조사 끝에 어쨌든 이야기 속의 악당이 된다.

렌프로 그 시점에서 훈련 과정을 돌아보면서 그냥 경찰을 좋아하지 않는 사람을 멈춰 세운 것일지도 모른다고 생각해보셨나요? 그런 생각이 들었습니까?

엔시니아 네, 그렇습니다. 그럴 수도 있겠네요. 그 여자는 경찰을 좋아하지 않았을 수도 있겠군요.

낯선 이와 이야기하는 법을 제대로 알지 못하는 가운데 만약 낯선 이와의 대화가 틀어졌을 때 우리는 어떻게 할까? 그 낯선 이를 비난한다.

감사의 말

《타인의 해석》은 여느 책과 마찬가지로 한 팀이 힘을 모아 만든 책이며 우리 팀 동료들이 최고의 인재들이라는 사실에 감사한다. 리틀브라운출판사의 사람들과 함께 일하는 것은 즐거운 경험이었다. 뛰어난 편집자 에이시아 뮤크닉, 나의 챔피언 레이건 아서, 그리고 처음부터 이 책을 지지해준 모든 이들, 엘리자베스 개리가, 패멀라 마셜, 앨런 펠로, 그 밖에 미국 최고의 출판사에서 일하는 수많은 이들에게 감사한다. 펭귄UK출판사의 헬렌 콘포드는 가장 영국적인 말을 했다. "아, 이 수많은 제3의 레일third rail〔전차에 전기를 공급하기 위해 주행 궤도 옆쪽에 부설한 레일. 전기가 흐르기 때문에 만지면 위험하다. 비유적으로 '뜨거운 감자' 같은 의미로 쓰인다〕정말 좋아요!" 결코 지치는 법이 없는 팩트체커 엘로이스 린턴, 각종 질문에 답을 해준 캐밀 뱁티스타, 그리고 아마 그가 아니었더라면 지금도 어딘가 난방도 안 되는 다락방에서 양피지에 손으로 글을 쓰고 있었을 나를 구원해준 에이전트

티나 베넷에게 특별히 고맙다는 말을 하고 싶다. 많은 친구가 시간을 내 초고를 읽고 조언을 해주었다. 애덤 앨터, 앤 밴쇼프, 탈리 파라디안, 헨리 파인더, 말라 가온카, 에밀리 헌트, 린턴 가족들, 브릿 말링, 케이트 무어, 웨슬리 네프, 케이트 테일러, 릴리와 제이컵 와이스버그 부부, 데이브 위트샤프터에게 감사한다.

빠뜨린 이가 없었으면 한다.

명쾌하고 평이하게 글 쓰는 법을 가르쳐준 어머니께는 언제나 각별히 감사한다. 애석하게도 이 책을 탈고하기 전에 아버지께서 세상을 떠나셨다. 아버지가 살아 계셨더라면 꼼꼼하게 책을 읽고, 내용을 숙고한 다음 뭔가 사려 깊은 말이나 재미있는 이야기를 해주셨을 것이다. 아니 둘 다 해주셨을 것이다. 아버지의 의견이 더해지지 않아서 다소 시시한 책이 되어버렸다.

미주

이 책은 3년에 걸쳐 쓴 책이다. 조사를 하는 과정에서 나는 수많은 인터뷰를 하고 수백 권에 달하는 책과 기사를 읽었다. 본문 내 출처를 밝히지 않은 인용문은 인터뷰에서 따온 것이다. 다음에 이어지는 주석들이 내 사고에 영향을 미친 모든 것에 대한 결정적인 설명이라고 할 수는 없다. 그저 가장 중요한 출처라고 생각하는 것들의 목록일 뿐이다. 십중팔구 내가 빠뜨린 것들이 있을 것이다. 빠뜨린 내용이나 내가 명백하게 착오를 범한 사례를 발견하면 lbpublicitygeneric@hbgusa.com으로 연락해주시기를 부탁드린다. 기꺼이 기록을 바로잡을 것을 약속드린다.

00 | 당신이 모르는 사람을 만났을 때

1 샌드라 블랜드 사건은 2018년 HBO 다큐멘터리 〈그의 이름을 말하라: 샌드라 블랜드의 삶과 죽음Say Her Name: The Life and Death of Sandra Bland〉(케이트 데이비스, 데이비드 하일브로너 감독·제작)에서 다루어진 주제다. 〈그의 이름을 말하라〉는 블랜드의 유족의 적극적인 협조하에 제작되었는데, 그의 생애를 묘사하고 그의 정신을 포착하는 과제를 훌륭하게 완수한다. 하지만 블랜드의 죽음과 관련해서 수상쩍은 데가 있다는, 인터넷 곳곳에 흔히 돌아다니는 억측을 부추긴다. 내가 보기에 이런 의심은 설득력이 없으며, 〈그의 이름을 말하라〉는 의심을 뒷받침하는 어떤 실질적인 증거도 제시하지 않는다. 당신

이 바로 읽게 될 것처럼, 샌드라 블랜드가 느낀 비탄은 그보다 더욱 복잡하다. 그리고 비극적이게도 더욱 체계적이다.

2 "Sandy Speaks on her birthday! February 7th, 2015," YouTube, February 7, 2015, https://www.youtube.com/watch?v=KfrZM2Qjvtc(2019년 1월 10일 접속).

3 텍사스주 공공안전부Department of Public Safety 동영상(조회수 96만 3천 건), 〈월스트리트저널〉의 1차 동영상(조회수 4만 2천 건)과 2차 동영상(조회수 3만 7천 건), 그 밖에 nytimes.com와 NBCnbc.com 등 조회수 집계가 없는 사이트 등을 참조하라.

4 대화 기록: "Sandra Bland Traffic Stop," Texas Department of Public Safety, YouTube, 2015, https://www.youtube.com/watch?v=CaW09Ymr2BA.

5 Rachel Clarke and Christopher Lett, "What happened when Michael Brown met Officer Darren Wilson," CNN, November 11, 2014, https://www.cnn.com/interactive/2014/08/us/ferguson-brown-timeline/.

6 Peter Herman and John Woodrow Cox, "A Freddie Gray primer: Who was he, how did he die, why is there so much anger?" *Washington Post*, April 28, 2015, https://www.washingtonpost.com/news/local/wp/2015/04/28/afreddie-gray-primer-who-was-he-how-did-he-why-is-there-so-much-anger. 필랜도 캐스틸에 관해서는 Mark Berman, "Minnesota officer charged with manslaughter for shooting Philando Castile during incident on Facebook," *Washington Post*, November 16, 2016, https://www.washingtonpost.com/news/post-nation/wp/2016/11/16/prosecutors-to-announce-update-on-investigation-into-shooting-ofphilando-castile/?utm_term=.1e7914da2c3b를 참조하라. 에릭 가너에 관해서는 Deborah Bloom and Jareen Imam, "New York man dies after chokehold by police," CNN, December 8, 2014, https://www.cnn.com/2014/07/20/justice/ny-chokehold-death/index.html을 참조하라. 월터 스콧에 관해서는 Michael Miller, Lindsey Bever, and Sarah

Kaplan, "How a cellphone video led to murder charges against a cop in North Charleston, S.C.," *Washington Post*, April 8, 2015, https://www.washingtonpost.com/news/morning-mix/wp/2015/04/08/how-a-cell-phone-video-led-to-murder-charges-against-a-cop-in-northcharles-ton-s-c/?utm_term=.476f73934c34를 참조하라.

7 "Sandy Speaks"(Black Lives Matter), YouTube, April 8, 2015, https://www.youtube.com/watch?v=CIKeZgC8lQ4.

8 코르테스와 몬테수마의 대면: William Prescott, *History of the Conquest of Mexico*(New York: Modern Library, 1980).

9 Bernal Diaz del Castillo, *The Discovery and Conquest of Mexico*(London: George Routledge & Sons, 1928), p. 270, https://archive.org/details/in.ernet.dli.2015.152204/page/n295.

10 Hugh Thomas, *Conquest: Cortes, Montezuma, and the Fall of Old Mexico*(New York: Simon & Schuster, 1995), p. 279.

11 몬테수마가 코르테스를 신으로 여겼다는 견해는 역사학자 카밀라 타운센드에 의해 순전히 허구임이 낱낱이 밝혀졌다. 타운센드는 나우아족이 코르테스와 그의 부하들을 '테오틀teotl'이라는 단어로 지칭한 사실 때문에 이런 오해가 생겼을 것이라고 주장한다. 에스파냐인은 이 단어를 '신'으로 번역했다. 하지만 타운센드는 그들이 이 단어를 사용한 것은 단지 "에스파냐인을 무언가로 불러야 하는데, 무엇으로 불러야 할지 전혀 알지 못했기 때문"이라고 주장한다. "이때까지 존재한 나우아족의 세계에서 사람은 언제나 특정한 마을이나 도시국가 출신, 또는 주어진 사회적 역할을 수행하는 사람(공물 징수인, 왕자, 하인)이라는 딱지가 붙었다. 이 새로운 사람들은 어디에도 들어맞지 않았다." Camilla Townsend, "Burying the White Gods: New Perspectives on the Conquest of Mexico," *American Historical Review* 108, no. 3(2003): 659-87.

12 Thomas, *Conquest*, p. 280.

13 Matthew Restall, *When Montezuma Met Cortes: The True Story of the*

Meeting That Changed History(New York: Harper Collins, 2018), p. 345.

14 코르테스와 몬테수마의 이야기에 관심이 있다면, 레스탈의 책과 타운센드의 논문을 강력히 추천한다. 레스탈의 책은 경이롭다. 그리고 타운센드는 역사학자로는 드물게도 학술 저널에 학문적인 역사를 서술하면서도 모든 이를 독자로 염두에 둔 듯 술술 읽히는 글을 쓴다.

01 | 이중간첩의 활약

1 이 설명은 Brian Latell, *Castro's Secrets: Cuban Intelligence, the CIA, and the Assassination of John F. Kennedy*(New York: Palgrave Macmillan, 2013), p. 26에서 가져온 것이다.

2 Herald Staff, "Spy work celebrated at museum in Havana," *Miami Herald*, July 16, 2001, http://www.latinamericanstudies.org/espionage/spy-museum.htm.

3 Benjamin B. Fischer, "Doubles Troubles: The CIA and Double Agents during the Cold War," *International Journal of Intelligence and Counterintelligence* 21, no. 1(2016): 48-74.

4 I. C. Smith, *Inside: A Top G-Man Exposes Spies, Lies, and Bureaucratic Bungling Inside the FBI*(Nashville: Nelson Current, 2004), pp. 95-96.

5 Herald Staff, "Spy work celebrated at museum in Miami," *Miami Herald*, July 16, 2001.

6 중앙정보국은 요원들을 대상으로 정기적으로 거짓말탐지기 심사를 한다. 아스피야가가 설명한 것과 같은 변절 행위를 대비하기 위해서다. 중앙정보국의 쿠바 스파이들이 섬을 벗어날 때마다 중앙정보국은 일일이 호텔 방에서 비밀리에 만나 거짓말탐지기 조사를 했다. 때로는 쿠바인들이 조사를 통과했다. 거짓말탐지기 부서 책임자가 직접 확인서를 발급해준 쿠바 첩자 가운데 여섯 명이 결국 이중간첩으로 밝혀졌다. 가끔은 쿠바인들이 조사를 통과하지 못했다. 이 경우에 어떻게 됐을까? 쿠바 지부를 운영하는 사람들이 간단히 처리해버렸다. 중앙정보국의 전 거짓말탐지기 조사관 중 한 명인 존 설리번은 자기

팀이 쿠바 정보 제공자들을 너무 많이 탈락시키자 회의에 소환된 일을 기억한다. "그 사람들이 우리를 매복 습격했습니다. 가차 없이 질책하더군요. 공작 책임자 전부가 이렇게 말했습니다. '당신네들은 자기가 무슨 일을 하는 건지 모르는 거야' 이러쿵저러쿵. '마더 테레사도 당신네 탐지기는 통과하지 못할 걸.' 무슨 말이냐 하면, 그 사람들 정말 험악하게 굴더라고요."

그런데 그들을 탓할 수 있을까? 공작 책임자들은 낯선 이를 파악하는 한 가지 방법(거짓말탐지기를 연결하는 방법)을 다른 방법, 즉 자신들이 직접 판단하는 방법으로 바꾸기로 택한 것이었다. 이런 선택은 지극히 타당하다.

거짓말탐지기는 아무리 좋게 말해도 부정확한 기술이다. 공작 책임자는 담당 첩자를 수년간 겪었을 것이다. 그들과 직접 만나고, 이야기를 나누고, 그들이 올린 보고의 질을 분석한 것이다. 노련한 전문가가 여러 해에 걸쳐 내린 평가는 호텔 방에서 급하게 만나서 내놓은 결과보다 더 정확한 게 분명하다. 그렇지 않은가? 물론 이 경우는 예외였다.

"우리 공작 책임자들은 대부분 이렇게 생각하죠. '나는 유능한 공작 책임자니까 나를 속이지는 못하지.' 특별히 생각나는 한 친구가 있는데, 굉장히 유능한 공작 책임자였거든요. 중앙정보국에서 제일 뛰어난 공작 책임자로 손꼽히는 친구였죠." 설리번의 말이다. 등반가에 관해 이야기하는 게 분명했다. "쿠바인들이 그를 탈탈 털었어요. 비밀 연락 장소에서 기다리고 있다가 찍은 거예요. 말도 안 되는 일이죠."

7 Markus Wolf and Anne McElvoy, *Man Without a Face: The Autobiography of Communism's Greatest Spymaster*(New York: Times Books/Random House, 1997), p. 285.

02 | 총통과의 회담

1 체임벌린과 히틀러에 관한 설명은 많은 자료에서 가져왔지만 주로 데이비드 페이버의 탁월한 저서에 의존했다. David Faber, Munich, *1938: Appeasement and World War II*(New York: Simon & Schuster, 2008), pp. 272-96; "너무도 파격적이고 대담했기 때문에 (외무장관) 핼리팩스 경이 깜짝 놀랄

정도였다," p. 229; 국민의 70퍼센트가 총리의 여행이 '평화를 위해 좋은 일'이라고 생각했다. 체임벌린의 건강을 위해 건배, pp. 284-85; 체임벌린의 헤스턴공항 연설과 그에 대한 반응, p. 296; "광기의 신호는 전혀 보지 못했고 다만 흥분한 기색은 많이 엿보였다. (…) 일정한 수준을 넘어서는 반대를 용납하지 않았다," p. 302; "사교 회합과 야단법석," p. 300; "놀람과 혐오, 동정심이 뒤섞인," p. 40. 영국 외교관 이본 커크패트릭은 회고록에서 당시 상황에 관해 설명하면서 페이버의 말을 인용한다. Ivone Kirkpatrick, *The Inner Circle*(London: Macmillan & Company, 1959), p. 97; "경계선을 넘어 정신착란에 빠진 것 같다," p. 257.

2 예외가 있다면 캐나다 총리 윌리엄 라이언 매켄지 킹이다. 그는 1937년에 히틀러를 만났다. 그는 히틀러를 **사랑했다**. 히틀러를 잔다르크에 비유할 정도였다. 킹이 히틀러를 존경한 사실에 관해서는 *W.L.Mackenzie King's Diary*, June 29, 1937, National Archives of Canada, MG26 J Series 13, https://www.junobeach.org/canada-inwwii/articles/aggression-and-impunity/w-l-mackenzie-kings-diary-june-29-1937/을 참조하라.

3 "Diana Mosley, *A Life of Contrasts: The Autobiography of Diana Mosley*(London: Gibson Square, 2002), p. 124.

4 Neville Chamberlain to Ida Chamberlain, September 19, 1938, in Robert Self, ed., *The Neville Chamberlain Diary Letters: Volume Four: The Downing Street Years, 1934-1940*(Aldershot, UK: Ashgate, 2005), p. 346; "요컨대 (…) 확인했다고 생각했다," p. 348; "히틀러의 외모 (…) 우호적인 감정 표현" "히틀러는 걸핏하면 소리를 쳤다," Neville Chamberlain to Hilda Chamberlain, October 2, 1938, p. 350.

5 핼리팩스의 베를린 방문에 관한 훌륭한 설명으로는 Lois G. Schwoerer, "Lord Halifax's Visit to Germany: November 1937," *The Historian* 32, no. 3(May 1970): 353-75를 참조하라.

6 Peter Neville, *Hitler and Appeasement: The British Attempt to Prevent the Second World War*(London and New York: Hambledon Continuum,

2006), p. 150.

7 Abraham Ascher, *Was Hitler a Riddle? Western Democracies and National Socialism* (Stanford: Stanford University Press, 2012), p. 73.

8 헨더슨이 훨씬 제대로 파악한 나치 관리는 히틀러의 부관인 괴링이다. 헨더슨은 괴링과 사슴 사냥을 다니곤 했다. 두 사람은 긴 대화를 나눴다. 헨더슨은 괴링 또한 평화를 원하며, 나치식 허세의 꺼풀 속에는 점잖은 남자가 있다고 확신했다. 전쟁 발발과 동시에 쓴 베를린 시절을 회고한 글에서 헨더슨은 괴링이 "동물과 어린이를 사랑하며, 아이가 생기기 전에도 카린할(베를린 동북쪽에 괴링이 소유한 사냥터 별장) 꼭대기 층에는 현대 어린이에게 소중한 온갖 기계 장난감을 갖춘 널따란 오락실이 있었다"고 말했다. "오락실에 올라가서 장난감을 갖고 노는 게 그에게는 가장 큰 즐거움이었다. 장난감 가운데 무방비 상태의 도시나 마을에 중폭탄을 투하하는 항공기 모델도 있었던 것은 사실이다. 하지만 내가 이 문제에 관해 비난했을 때 그가 말한 것처럼, 지나칠 정도로 문명화되거나 어린이들에게 결벽증을 가르치는 것은 나치의 인생관의 일부가 아니었다." (의아해하는 독자가 있다면, 나치즘은 실제로 강인한 정신의 육아를 추구했다는 사실을 유념하자.) *Sir Nevile Henderson, Failure of a Mission: Berlin 1937-39* (New York: G. P. Putnam and Sons, 1940), p. 82.

9 D. R. Thorpe, *The Life and Times of Anthony Eden, First Earl of Avon, 1897-1997* (New York: Random House, 2003)을 참조하라.

10 나는 이것이 어느 정도 타당하다고 생각한다. 사기에 속아 넘어가려면 우선 사기에 노출될 필요가 있는 것이다. 다른 한편 히틀러에게 속아 넘어간 사람들은 모두 똑똑하고, 세계 문제에 경험이 많았으며, 히틀러와 회동할 때도 많은 의심을 품었다. 대면적인 만남에서 히틀러에 관해 모을 수 있는 추가 정보가 많았는데도 왜 그에 대한 견해에서 정확도가 높아지지 않았을까? Faber, *Munich, 1938*, pp. 285, 302, 351; 체임벌린의 세 번째이자 마지막 독일 방문, p. 414; "히틀러 씨가 진실을 말하고 있다." p. 302; "오늘 아침 저는 독일 총리 히틀러와 다시 회담을 했습니다." p. 4; "침대에 누워 조용히 잠을 청하세요." pp. 6-7.

11 그 후로 법이 바뀌었다. 최소한 18세 이상이어야 피의자를 라이커스로 보낼 수 있다.

12 센딜 멀레이너선의 연구에 관해서는 Jon Kleinberg et al., "Human Decisions and Machine Predictions," NBER Working Paper 23180, February 2017을 참조하라. 이 글은 Kleinberg et al., "Human Decisions and Machine Predictions," *The Quarterly Journal of Economics* 133, no. 1(February 2018): 237-93의 초기 판본이다.

13 피의자 40만 명의 목록 겨루기에 관해서는 두 가지 기술적인 논점이 있다. 멀레이너선이 컴퓨터가 작성한 목록이 판사가 작성한 목록보다 범죄율이 25퍼센트 낮다고 말할 때, 그는 재판일에 출석하지 않은 것도 범죄로 집계한다. 둘째, 당신도 멀레이너선이 재판 전에 석방된 동안, 결국 범죄를 저지르거나 저지르지 않을지를 어떻게 그렇게 확실하게 계산할 수 있는지 의아해할 게 분명하다. 그에게 수정 구슬이 있기 때문은 아니다. 그것은 매우 정교한 통계분석을 토대로 이루어진 추정치다.

여기 간단한 버전이 있다. 뉴욕시 판사들은 보석 심문을 교대로 맡는다. 피의자들은 본질적으로 무작위로 심문에 배당된다. 뉴욕의 판사들은 (여느 관할 구역과 마찬가지로) 피의자를 석방하는 확률과 엄청나게 높은 보석금을 책정하는 확률이 굉장히 다양하다. 일부 판사는 매우 관대하고, 다른 판사는 엄격하다. 엄격한 판사들이 피의자 1천 명을 심리해서 그중 25퍼센트를 석방한다고 생각해보자. 관대한 판사들은 피의자 1천 명을 심리하는데, 모든 면에서 앞의 1천 명과 똑같은 이들인데도 그중 75퍼센트를 석방한다. 각 그룹에서 석방된 피의자의 범죄율을 비교해보면, 엄격한 판사들이 얼마나 많은 무해한 사람들을 수감했는지, 그리고 관대한 판사들이 얼마나 많은 위험한 사람들을 석방했는지 알 수 있다. 거꾸로 이런 추정치를 인공지능의 예측에도 적용할 수 있다.

인공지능이 피의자 1천 명에게 판결을 내릴 때, 엄격한 판사나 관대한 판사보다 얼마나 더 훌륭한 판결이 나올까? 이런 의문은 아주 복잡하게 들리는데, 실제로 복잡하다. 하지만 확고하게 정착된 방법론이다. 더 완벽한 설명을 원한다면 멀레이너선의 논문을 직접 읽어보길 바란다.

14 Emily Pronin et al., "You Don't Know Me, But I Know You: The Illusion of Asymmetric Insight," *Journal of Personality and Social Psychology* 81, no. 4 (2001): 639-56, APA PsychNET.

여기서는 프로닌의 결론 일부만 인용했는데, 문단 전체를 곱씹어볼 만하다. "남이 나를 아는 것보다 내가 남을 더 잘 안다. 그리고 내가 그에게 없는 그에 관한 통찰을 갖고 있을 수 있다(하지만 그 반대는 아니다)는 확신이 있으면, 귀를 기울여야 할 때 이야기를 하고, 또 남들이 자신이 오해를 받거나 부당한 평가를 받는 사람이라는 확신을 표명할 때 마땅히 가져야 하는 것보다 인내심을 갖지 못하기 쉽다. 똑같은 확신 때문에 우리는 우리의 개인적인 생각이나 감정, 사건 해석이나 동기를 알지 못하는 남들로부터 조언받는 것을 꺼릴 수 있지만, 그러면서도 남들의 생각이나 감정, 해석이나 동기에 충분히 관심을 기울이지 않은 채 그들의 과거 행동에 관한 우리의 견해에 입각해서 그들에게 기꺼이 조언하려고 한다. 실제로 여기서 증명된 편견은 개인 간, 집단 간 갈등에 수반하는 좌절과 분노의 감정을 누그러뜨리는 데 크게 기여할 수 있는 유형의 정보 교환, 특히 신중하고 정중한 경청에 장애물을 야기할 수 있다." 현명한 말들이다.

03 | 펜타곤을 주무른 여왕

1 다큐멘터리 〈격추Shoot Down〉(크리스티나 쿨리 감독, Palisades Pictures, 2007)에서 옮긴 내용. 후안 로케가 형제구조단 내부에 있는 쿠바인들의 소식통이었다는 사실도 이 다큐멘터리에서 나온 것이다.

2 미국 정부는 격추 사건이 벌어지기 전부터 한동안 **형제구조단의 작전을 둘러싸고 쿠바에서 분노가 커지고** 있음을 알았고, 주로 그 지도자인 호세 바술토에게 직접 연락하는 식으로 경고한 바 있었다. 1995년 여름과 가을 내내 국무부와 연방항공청FAA은 공개적인 발언을 하면서 쿠바로 향하는 어떤 비행 계획도 수용할 수 없다고 형제구조단에 주의를 주었다. 어느 시점에서 연방항공청은 바술토의 조종사 자격증을 무효화하려고 했다. 하지만 정부의 경고는

1996년 가을에, 즉시 대응 체제로 가동되지 않았다. 계속 경고하면 "바술토를 진정시키기는커녕 오히려 자극할 수 있다"고 관리들이 느꼈기 때문이다. 이 시기에 이르면, 클린턴 행정부와 형제구조단은 불화하는 상태였다. 클린턴이 1995년 '젖은 발, 마른 발 정책wet feet, dry feet policy'〔배에서 내려 미국 땅을 밟은 난민은 체류할 기회를 주고, 미국 땅을 밟지 못한 채 해상에서 발견된 난민은 본국이나 제3국으로 보내는 정책〕으로 쿠바 뗏목 난민을 본국으로 송환했기 때문이다.

3 국무부는 공식 통로를 통해 형제구조단에 쿠바를 종착지로 삼는 어떤 비행 계획도 수용할 수 없음을 통고한 바 있었다. 하지만 분명 그런 경고는 작용하지 않았다.

"CNN 제독님, 국무부가 형제구조단에 이 문제에 관해 또 다른 경고를 보낸 게 맞지요?

캐럴 효과적인 경고는 아니었습니다. 그들은 형제구조단이 허위 비행 계획을 제출한 뒤 쿠바로 가는데, 이런 행동이 쿠바의 분노를 사는 것임을 알고 있었습니다. 정부는 규정을 강제하지 않았어요."

4 Scott Carmichael, *True Believer: Inside the Investigation and Capture of Ana Montes, Cuba's Master Spy*(Annapolis: Naval Institute Press, 2007), p. 5.

5 국무부는 23일 유진 캐럴 소장과 만난 뒤 격추 위협에 관해 알고 있었지만, 정부는 형제구조단과 접촉하지 않았다. 그 대신 국무부는 공격 전날 밤 연방 항공청에 "(형제구조단이) 내일 쿠바 영공으로 승인받지 않은 비행을 시도할 가능성이 없지 않다"라고 경고했다. 이에 대응해서 연방항공청은 레이더 센터에 플로리다해협을 지나가는 항공기들에 특별히 주의를 기울이도록 조치했다. 하지만 24일 레이더 모니터에 미그기가 탐지됐을 때도 조종사들에게 아무런 경고가 전달되지 않았다. F15 제트전투기들이 이미 행동 준비를 한 상태였지만 비행기들을 보호하기 위한 승인은 떨어지지 않았다. 미국 정부는 후에 형제구조단 조종사들을 보호하지 못한 것을 소통 문제 탓으로 돌렸다. 사건에서 살아남은 바술토는 쿠바 지도자들과 미국 정부가 음모를 꾸민 결과로 공격이 이루어졌다고 말했다. 이 설명은 Marifeli Pérez-Stable, *The*

United States and Cuba: Intimate Enemies(New York: Routledge, 2011), p. 52에서 따온 것이다.

6 "CNN Interview with Admiral Eugene Carroll—U.S. Navy Rear Admiral(Ret.)," CNN, February 25, 1996, Transcript #47-22, http://www. hemanos.org/CNN%20Interview%20with%20Admiral%20Eugene%20 Carroll.htm.

7 국방정보국은 그의 옷장 안에 있던 지갑과 라디오에서 암호를 발견했다; 사후에 나온 말인 "그의 담당자들은 아바나를 위해 일한다." Jim Popkin, "'Queen of Cuba' Ana Montes did much harm as a spy. Chances are you haven't heard of her," *Washington Post*, April 8, 2013.

8 이 내용은 실제로 사실이었다. 몬테스는 식단을 엄격하게 지키고, 한때는 '양념을 하지 않은 찐 감자만' 먹었다. 중앙정보국이 주도하는 심리학자들은 후에 그가 경계선 강박장애라고 결론지었다. 또한 그는 각기 종류가 다른 비누를 써가며 아주 오랫동안 샤워했고 장갑을 끼고 운전했다. 이런 상황에서 사람들이 그가 종종 이상한 행동을 하는 것에 대해 의심을 털어버린 것도 놀라운 일이 아니다.

9 팀 러바인이 진행한 속이기 실험의 전체 목록으로는 "Deception and Deception Detection," https://timothy-levine.squarespace.com/deception (2019년 3월 7일 접속)을 참조하라.

10 러바인의 이론은 그의 저서 *Duped: Truth-Default Theory and the Social Science of Lying and Deception*(Tuscaloosa, AL: University of Alabama Press, 2019)에 정리되어 있다. 속이기가 어떻게 작용하는지를 이해하고 싶다면, 이 책을 우선 읽는 게 제일 좋다.

11 필립을 비롯한 참가자들의 면담 동영상에 관해서는 T. R. Levine, *NSF funded cheating tape interviews*(East Lansing, Mich.: Michigan State University, 2007-2011)를 참조하라.

12 동영상을 본 사람들은 거짓말쟁이를 56퍼센트 정확히 맞혔다. Timothy R. Levine, *Duped: Truth-Default Theory and the Social Science of Lying and*

Deception (Tuscaloosa, AL: University of Alabama Press, 2019), Chapter 13, 27번 실험을 참조하라. 다른 심리학자들이 동일한 실험을 비슷한 형태로 진행한 평균 결과는 54퍼센트다. C. F. Bond, Jr. and B. M. DePaulo, "Accuracy of deception judgments," *Review of Personality and Social Psychology* 10(2006): 214-34.

13 《블링크》에서 나는 소수의 사람들은 성공적으로 거짓말쟁이를 알아내는 능력이 있다는 폴 에크먼의 주장에 관해 썼다. 에크먼과 러바인의 논쟁에 관한 더 많은 내용으로는 주석에 있는 자세한 논평을 참조하라.

14 Timothy Levine, "Truth-Default Theory(TDT): A Theory of Human Deception and Deception Detection," *Journal of Language and Social Psychology* 33, no. 4(2014): 378-92.

15 스탠리 밀그램의 복종 실험: Stanley Milgram, "Behavioral Study of Obedience," *Journal of Abnormal and Social Psychology* 64, no. 4(1963): 371-78.

16 밀그램 실험의 두 번째 교훈에 관한 설명은 대부분 지나 페리의 결정적인 저서에서 가져온 것이다. Gina Perry, *Behind the Shock Machine: The Untold Story of the Notorious Milgram Psychology Experiments*(New York: The New Press, 2013); "온화하고 유순한 사람," pp. 55-56; "내가 의자에 앉아 있던 남자를 죽였을지 모른다는 공포 때문에요," p. 80; "'와, 정말이었는가 보네,'" pp. 127-29.

17 밀그램 실험에서 나온 전체 통계: Stanley Milgram, *Obedience to Authority: An Experimental View*(New York: HarperTorchbooks, 1969), p. 172.

18 Security Analyst File Environment의 약자다. 나는 사람들이 약어에서 출발해서 거꾸로 전체 명칭을 만들어내는 걸 보면 쾌감을 느낀다.

04 | 천재 사기꾼을 무너뜨린 바보 성자

1 이하 메이도프에 대한 인용문들의 출처는 U.S. Securities and Exchange Commission, Office of Investigations, "Investigation of Failure of the SEC to Uncover Bernard Madoff's Ponzi Scheme—Public Version," August 31, 2009, www.sec.gov/news/studies/2009/oig-509.pdf다. "자신 있게 우리한테 말했습니다," "처남이 메이도프의 회계감사," p. 146; "어느 것 하나 앞뒤가 맞지 않는 것 같다," p. 149; "나는 그가 하는 일을 (…) 증거를 찾지 못했습니다," p. 153; "그게 정말 사기라는 생각," p. 158; "솔라조는 (…) '우스꽝스러운 것'은 아니라고 보았다," p. 211.

2 "Opening Statement of Harry Markopolos," Public Resource Org, You-Tube, video provided courtesy of C-SPAN, February 4, 2009, https://www.youtube.com/watch?v=AF-gzN3ppbE&feature=youtu.be (2019년 3월 8일 접속).

3 마코폴로스의 생애: Harry Markopolos, *No One Would Listen: A True Financial Thriller*(Hoboken, N.J.: John Wiley & Sons, 2010), p. 11; 갈색 봉투를 들고 스피처에게 접근하려 한 상황에 관한 설명, pp. 109-111.

4 Timothy R. Levine, *Duped: Truth-Default Theory and the Social Science of Lying and Deception*(University of Alabama Press, 2019), Chapter 11.

5 하지만 잠깐. 우리는 방첩 요원들이 바보 성자이기를 바라지 않는가? 이 직종의 종사자는 모든 사람을 의심하는 게 당연한 것 아닌가? 전혀 그렇지 않다. 스콧 카마이클의 악명 높은 전임자 중 한 명은 제임스 앵글턴인데, 그는 냉전의 마지막 몇 십 년 동안 중앙정보국의 방첩 활동을 지휘했다. 앵글턴은 중앙정보국 고위층에 소련의 이중간첩이 숨어 있다고 확신했다. 그가 착수한 조사는 결국 중앙정보국 관리 120명으로 확대됐다. 끝내 스파이를 찾지 못했다. 실망한 앵글턴은 소련 부서의 많은 요원에게 짐을 싸라고 지시했다. 수백 명의 사람(미국의 주적에 대한 막대한 지식과 경험을 갖춘 소련 전문가들)이 다른 곳으로 보내졌다. 사기가 곤두박질쳤다. 공작 책임자들은 첩자를 새로 발탁하는 일을 멈췄다.

결국 앵글턴보다 고위직에 있는 간부들은 10여 년 동안 벌어진 피해망상 때문에 막대한 대가를 치렀음을 깨닫고 마지막으로 피해망상의 결론에 도달했다. 만약 당신이 소련이고 중앙정보국에 타격을 가하기를 원한다면, 가장 효율적인 방법은 자기 쪽 이중간첩이 오랫동안 파괴적이고 소모적인 이중간첩

사냥을 주도하게 하는 것이다. **결국 앵글턴이 이중간첩임이 분명하다.**

제임스 앵글턴이 벌인 마녀사냥의 마지막 희생자는 누구였을까? 제임스 앵글턴 자신이었다. 그는 31년 복무한 끝에 1974년 중앙정보국에서 쫓겨났다. 스콧 카마이클이 제임스 앵글턴처럼 행동해서 모든 사람이 스파이라고 의심했다면, 아마 국방정보국은 중앙정보국의 소련 부서처럼 피해망상과 불신의 분위기가 팽배한 가운데 무너졌을 것이다.

앵글턴이 중앙정보국에서 이중간첩을 색출하려고 한 시도에 관한 설명과 인용은 Tom Mangold, *Cold Warrior: James Jesus Angleton: The CIA's Master Spy Hunter*(New York: Simon & Schuster, 1991), pp. 263-64에서 가져온 것이다.

05 | 학대 혹은 친절

1 다음 자료의 출처는 *Commonwealth of Pennsylvania vs. Graham Basil Spanier* vol. 1(March 21, 2017)이다. 매쿼어리의 증언 기록: "검사: 배가 등에 붙어 있었다? 매쿼어리: 네," pp. 105-8; 매쿼어리 아버지의 증언, pp. 141-42; "눈동자가 슬퍼진 것 같습니다," pp. 115-16; 검찰 쪽 최후 발언, pp. 86-87; 피고인 측 변호사의 드라노브 심문, pp. 155, 163-65; 웬델 코트니의 증언, pp. 174-75, 189; 게리 슐츠의 증언, p. 442.

2 당시 이 액수는 미국 대학의 성폭력 사건에서 최고 기록이었다. 하지만 이 기록은 얼마 지나지 않아 미시건주립대학의 래리 나사르 사건에서 깨졌다. 학교가 최종적으로 지불할 배상금은 5억 달러에 달할 수도 있다.

3 기소 죄목에는 위증(금세 기각되었다)과 아동 위험 상태 방치도 포함되었다. 결국 두 사람은 '아동 위험 상태 방치'에 대해서만 유죄를 인정했고, 그에 따라 다른 죄목은 모두 기각되었다.

4 이 책이 마무리되는 시점에서 연방 판사는 스패니어의 유죄 판결을 기각했다. 그가 마침내 교도소에 수감되기 전날이었다. 검찰이 판결에 상고할지 여부는 현시점에서 아직 알려지지 않았다.

5 샌더스키가 코스타스와 한 인터뷰: "Sandusky addresses sex abuse allega-

tions in 2011 interview," NBC News, June 21, 2012, https://www.nbc-news.com/video/sandusky-addresses-sex-abuse-allegations-in-2011-interview-44570179907(2019년 3월 12일 접속).

6   Malcolm Gladwell, "In Plain View," *The New Yorker*, September 24, 2012, https://www.newyorker.com/magazine/2012/09/24/in-plain-view.

7   Joe Posnanski, *Paterno*(New York: Simon & Schuster, 2012), p. 251.

8   Jerry Sandusky, *Touched: The Jerry Sandusky Story*(Champaign, Ill.: Sports Publishing Inc., 2000), pp. 33, 210.

9   Jack McCallum, "Last Call: Jerry Sandusky, the Dean of Linebacker U, is leaving Penn State after 32 years to devote himself to a different kind of coaching," *Sports Illustrated*, December 20, 1999, https://www.si.com/vault/1999/12/20/271564/last-call-jerry-sandusky-the-dean-of-line-backer-u-is-leaving-penn-state-after-32-years-to-devote-himself-to-a-different-kind-of-coaching.

10 Bill Lyon, "Penn State defensive coordinator Jerry Sandusky is the Pied Piper of his time," *Philadelphia Inquirer*, December 27, 1999.

11 샌더스키로서는 이례적인 행동이 아니었다. 그는 세컨드마일 소년들과 운동을 한 뒤 매번 샤워를 했고, 라커룸 게임을 즐겼다. "장난을 치다가 (…) 결국 그가 비누 싸움 같은 일을 벌이게 됐습니다." 세컨드마일에 참가한 적이 있는 사람이 샌더스키 재판에서 증언한 내용이다. "샤워기마다 물비누 통이 있었는데, 그가 손에 한가득 비누를 짜서 뿌리곤 했지요." *Commonwealth v. Gerald A. Sandusky*, June 11, 2012, p. 53; Brett Swisher Houtz testimony, June 11, 2012, p. 70; Dorothy Sandusky testimony, June 19, 2012, p. 257.

12 사건에 관한 수많은 사후 분석 중 하나에 따르면, "그 아이는 샌더스키를 '곤란'에 빠뜨리기를 원치 않으며 샌더스키가 자기 행동에 어떤 의미도 담지 않은 게 분명하다고 말했다. 아이는 누구도 샌더스키와 이야기하기를 원하지 않았다. 그렇게 되면 더 이상 풋볼 경기에 초청받지 못할 수 있었기 때문이다." Freeh Sporkin & Sullivan, LLP, *Report of the Special Investigative*

Counsel Regarding the Actions of the Pennsylvania State University Related to the Child Sexual Abuse Committed by Gerald A. Sandusky, July 12, 2012, https://assets.documentcloud.org/documents/396512/report-final-071212.pdf, p. 42; "성적인 함의는 전혀 없었다." "하느님께 맹세코, 아무 일도 없었습니다." pp. 43-46.

13 애런 피셔의 생애에 관한 정보와 샌더스키의 몇 가지 행동에 대한 불편한 느낌: Aaron Fisher, Michael Gillum, and Dawn Daniels, *Silent No More: Victim 1's Fight for Justice Against Jerry Sandusky* (New York: Ballantine Books, 2012).

14 Mark Pendergrast, *The Most Hated Man in America: Jerry Sandusky and the Rush to Judgment* (Mechanicsburg, Penn.: Sunbury Press, 2017), pp. 90, 52, 55; 자꾸 이야기를 바꾸는 피셔, p. 59; "마이어스는 (⋯) 돈을 좀 받으려고 하는 것일 뿐이라고 말함," Pennsylvania State Police interview with Allan Myers, September 2011, p. 147에서 재인용; 앨런 마이어스에 관한 검찰 보고서와 관련된 각주는 펜더그라스트의 책 p. 168에 인용된 Anthony Sassano, Supplemental Report on Allan Myers, April 11, 2012, Penn State Police에서 가져온 것이다. 《미국에서 가장 혐오스러운 남자》의 전체 구절은 다음과 같다.

"코리첼리는 앤드루 슈빈 변호사가 마이어스가 샌더스키에게 구강성교, 항문성교, 손가락 삽입 등을 당한 사실을 자신에게 이야기했다고 토로한 사실을 언급했다.' 검찰 특별수사관 앤서니 사사노가 보고서에서 쓴 말이다. '슈빈은 코리첼리에게 마이어스가 샌더스키에게 당한 성적 접촉을 술회했다고 주장하는 세 쪽짜리 문서를 보여주었다. 코리첼리는 문서를 검토해보니 앤드루 슈빈이 작성한 것으로 의심된다고 내게 말했다. 나는 슈빈 변호사가 작성한 것으로 의심되는 문서 사본은 필요 없다고 조언했다.' 사사노는 이렇게 결론지었다. '이 시점에서 나는 앨런 마이어스에 관한 추가적인 조사를 기대하지 않는다.'"

억압된 외상적 기억을 둘러싼 논쟁(본문 각주 75)에 관한 더 자세한 내용으로는, 예를 들어 C. J. Brainerd and V. F. Reyna, *The Science of False Memory*(Oxford: Oxford University Press, 2005); E. F. Loftus and K. Ketcham, *The Myth of Repressed Memory: False Memories and Allegations of Sexual Abuse*(New York: St Martin's Press, 1994); R. J. McNally, *Remembering Trauma*(Cambridge, Mass.: Harvard University Press, 2003); R. Ofshe and E. Watters, *Making Monsters: False Memories, Psychotherapy, and Sexual Hysteria*(New York: Scribner, 1994); D. L. Schacter, *The Seven Sins of Memory: How the Mind Forgets and Remembers*(Boston: Houghton Mifflin, 2001) 등을 참조하라.

15 외상적 기억이 억압되며 치료의 지휘 아래서만 복원될 수 있다는 사고는 줄 잡아 말해도 논쟁적이다. 이 점에 관한 더 자세한 논의로는 바로 앞의 14번 주석을 참조하라.

16 Geoffrey Moulton, Jr., *Report to the Attorney General of the Investigation of Gerald A. Sandusky*, May 30, 2014, Appendix J, http://filesource.aba-cast.com/commonwealthofpa/mp4_podcast/2014_06_23_REPORT_to_AG_ON_THE_SANDUSKY_INVESTIGATION.pdf.

분명히 해두자. 샌더스키 사건은 알면 알수록 **기이하다.** 샌더스키가 체포되어 유죄 판결을 받은 뒤로 소규모 집단의 사람들이 계속 그가 무고하다고 주장한다. 가장 거리낌 없이 말하는 사람은 라디오 토크쇼 진행자이자 보수 성향의 언론인인 존 지글러다. 지글러는 다른 세 명과 함께 www.framingpaterno.com 웹사이트에 관여하는데, 이 사이트는 샌더스키에 대한 검찰 측 주장에서 허점을 찾는 데 집중한다.

내가 샌더스키 사건에 관해 논하면서 언급하는 것처럼, 지글러는 매퀴어리가 샤워장에서 샌더스키를 목격했다는 시점과 펜실베이니아주립대학 고위층 사람에게 그에 관해 말한 시점 사이에 최소한 5주의 간격이 있다고 설득력 있게 주장하는 사람이다. John Ziegler, "New Proof that December 29, 2000, Not February 9, 2001, was the Real Date of the McQueary Episode," *The Framing of Joe Paterno* (blog), February 9, 2018, http://www.framingpaterno.com/new-proof-december-29-2000-not-february-9th-2001-was-real-date-mcqueary-episode를 참조하라. 지글러는 바로 이 점이 매퀴어리가 자신이 보았다고 생각한 광경을 본 게 아니라는 증거라고 생각한다. 반면 나는 진실을 기본값으로 놓는다는 맥락에서 그것이 매퀴어리가 자신이 본 광경에 대해 **의심**을 품었음을 시사한다고 생각한다. 말할 필요도 없이, 이 두 해석 사이에는 커다란 차이가 존재한다.

지글러는 수많은 다른 사실을 밝혔는데, 지면의 한계와 초점의 차이 때문에 이 장에는 포함하지 않았다. (샌더스키 사건은 아주 깊숙하고 구불구불한 토끼 굴이다.) 지글러의 보도에 따르면, 샌더스키의 피해자 가운데 적어도 일부는 신뢰할 만한 사람이 아니다. 그들은 펜실베이니아주립대학이 제시한 많은 액수의 합의금과 그 대상자를 선정하는 데 대학이 비교적 느슨한 기준을 적용한다는 사실에 이끌린 것처럼 보인다.

이 장을 서술하는 과정에서 나는 지글러와 여러 차례 연락하면서 전화로 이야기를 나누었다. 그는 너그럽게 수많은 문서를 나와 공유했다. 그중에는 사설탐정 커티스 에버하트가 쓴 메모도 있다. 나는 지글러가 최종적으로 내린 결론, 즉 샌더스키가 무죄라는 것을 확신하지 않는다. 하지만 이 사건이 언론의 상투적인 설명에서 보여주는 것보다 훨씬 더 모호하고 이례적이라는 점에서는 그에게 동의한다. 만약 당신이 샌더스키 사건이라는 토끼 굴을 따라 내려가고 싶다면, 지글러에서 출발하는 게 좋을 것이다.

샌더스키 사건에 관한 두 번째(이자 주류에 더 가까운) 회의론자는 2017년에 《미국에서 가장 혐오스러운 남자: 제리 샌더스키와 성급한 판단》을 출간한 저술가 마크 펜더그라스트다. 펜더그라스트는 샌더스키 사건이 '도덕적 패닉 상태'와 인간 기억력의 허점을 보여주는 고전적인 사례라고 주장한다. 나는 애런 피셔와 앨런 마이어스의 사례에 관해 설명하면서 펜더그라스트의 책에 많이 의존했다. 펜더그라스트의 책에서 주목할 만한 부분 하나는 뒤표지라는 말을 하고 넘어가야겠다. 전 세계에서 기억에 관한 가장 영향력 있고 평판 좋은 전문가 두 명의 추천사가 적혀 있다. 샌프란시스코대학의 리처드 리오와 캘리포니아대학 어바인캠퍼스의 엘리자베스 로프터스가 그들이다.

여기 로프터스의 추천사가 있다. "《미국에서 가장 혐오스러운 남자》는 정말로 놀라운 이야기를 들려준다. 샌더스키 사건을 다룬 모든 언론 보도에서 어느 누구도 심리치료와 소송을 통해 복원된 그 모든 '기억'을 비롯한 이 수많은 문제에 주목하거나 그에 관해 글을 쓰지 않았다는 점이 놀랍다. 우리는 결국 이 수많은 문제에 담긴 어리석은 사고와 행동의 전모가 드러날 것이라고 생각한다."

나는 어떻게 생각하느냐고? 나도 모르겠다. 샌더스키 사건의 실체와 상충하는 증거와 추측과 모호함의 구렁텅이를 파헤치는 일은 다른 누군가에게 맡기고 싶다. 내가 관심을 기울이는 것은 단순하다. 만약 이 사건이 이렇게 혼란덩어리라면, 도대체 어떻게 스패니어와 컬리와 슐츠를 수감할 수 있는가?

17 이 점에 관해 지글러가 수집한 증거는 설득력이 있다. 예를 들어, 드라노브가 스패니어 재판에서 증언했을 때 그는 그해 2월 말에 전혀 다른 일 때문에 게리 슐츠와 만나서 샌더스키 문제를 꺼낸 적이 있다고 말했다. "사건이 일어나고 아마 3개월 뒤였는데 후속 과정을 듣지 못했기 때문입니다." 나중에라도 정확한 날짜를 알 수 있을까? 가능성은 희박하다.

지글러는 샌더스키가 부당하게 죄를 덮어썼다고 믿는 사람들 중 가장 목소리가 크다. Mark Pendergrast, *The Most Hated Man in America*도 참조하라. 지글러의 주장 중 일부는 다른 주장보다 설득력이 있다. 샌더스키 사건에 대한 회의론자들의 자세한 논의로는 주석을 참조하라.

18 Sandusky Grand Jury Presentment, November 5, 2011, https://cbsboston.files.wordpress.com/2011/11/sandusky-grand-jury-presentment.pdf, pp. 6-7.

19 매퀴어리가 조넬 에시바크에게 보낸 전자우편은 펜실베이니아주립대학 지역 블로거인 레이 블레어가 입수했다. Ray Blehar, "Correcting the Record: Part 1: McQueary's 2001 Eyewitness Report," *Second Mile—Sandusky Scandal (SMSS): Searching for the Truth through a Fog of Deception* (Blog), October 9, 2017, https://notpsu.blogspot.com/2017/10/correcting-record-part-1-mcquearys-2001.html#more.

20 레이첼 덴홀랜더의 발언: "Rachael Denhollander delivers powerful final victim speech to Larry Nassar," YouTube, January 24, 2018, https://www.youtube.com/watch?v=7CjVOLToRJk&t=616s.

21 "Survivor reported sexual assault in 1997, MSU did nothing," YouTube, January 19, 2018, https://www.youtube.com/watch?v=OYJIx_3hbRA.

22 Melissa Korn, "Larry Nassar's Boss at Michigan State Said in 2016 That He Didn't Believe Sex Abuse Claims," *Wall Street Journal*, March 19, 2018, https://www.wsj.com/articles/deans-comments-shed-light-on-culture-at-michigan-state-during-nassars-tenure-1521453600.

23 〈믿음 Believed〉 팟캐스트 인용문: Kate Wells and Lindsey Smith, "The Parents," *Believed*, NPR/Michigan Radio, Podcast audio, November 26, 2018, https://www.npr.org/templates/transcript/transcript.php?storyId=669669746.

24 Kerry Howley, "Everyone Believed Larry Nassar," *New York Magazine/The Cut*, November 19, 2018, https://www.thecut.com/2018/11/how-did-larry-nassar-deceive-so-many-for-so-long.html.

25 "Lifelong friend, longtime defender speaks against Larry Nassar," YouTube, January 19, 2018, https://www.youtube.com/watch?v=H8Aa2MQORd4.

26 Allan Myers interview with Curtis Everhart(Criminal Defense Investigator), November 9, 2011.

27 *Commonwealth v. Gerald A. Sandusky*(Appeal), November 4, 2016, p. 10.

28 코트니는 샌더스키가 과연 무죄인지 의심을 품었다. 하지만 결국 샌더스키의 대표적인 이미지가 너무도 설득력이 있었다. **항상 아무 데서나 세컨드마일 아이들과 빈둥거리는 사람.** 뒤이어 컬리는 세컨드마일의 사무국장 존 레이코비츠에게 전화를 걸었다. 레이코비츠는 샌더스키와 이야기를 하면서 다시는 캠퍼스에 애들을 데리고 오지 말라고 못 박아 두겠다고 약속했다. "변명으로 들릴지 모르겠지만, 저는 제리가 사람 사이의 경계 문제, 판단력 문제가 좀 있

고, 그걸 고쳐야 한다고 생각했습니다." 컬리의 설명이다. 그가 느끼기에 샌더스키가 좀 더 조심하지 않으면 사람들이 그를 소아성애자로 생각할 수 있었다. 레이코비츠는 이렇게 말했다. "운동이 끝나고 다른 사람과 샤워를 하러 갈 때 수영복을 입는 게 아무래도 좋겠다고 그에게 말했습니다. 그렇게 말한 건 보이스카우트나 교회에서 그런 성격의 사건이 있었다는 이야기가 많이 흘러나오던 때였기 때문입니다."

29 이 구절은 스패니어가 말한 내용을 그대로 받아 적은 것이 아니라 그의 기억을 토대로 재구성한 것이다. Jeffrey Toobin, "Former Penn State President Graham Spanier Speaks," *The New Yorker*, August 21, 2012, https://www.newyorker.com/news/news-desk/former-penn-state-president-graham-spanier-speaks.

06 | 〈프렌즈〉의 연기

1 *Friends*, "The One with the Girl Who Hits Joey"(episode 15, season 5), directed by Kevin Bright, NBC, 1998.

2 이 시스템은 내 두 번째 저서 《블링크》에서 언급한 전설적인 심리학자 폴 에크먼이 개발한 것이다. 그 후로 에크먼의 연구에 관한 나의 견해가 어떻게 바뀌었는지에 관한 설명으로는 주석을 참조하라. Paul Ekman and Wallace V. Friesen, *Facial Action Coding System, parts 1 and 2*(San Francisco: Human Interaction Laboratory, Dept. of Psychiatry, University of California, 1978).

《블링크》의 6장 '블링크의 오류 줄이기'에서 나는 많은 부분을 지난 세기의 가장 중요한 심리학자로 손꼽히는 폴 에크먼의 연구에 관한 논의에 할애했다. 그는 안면 동작 부호화 시스템의 공동 창안자로, 나는 제니퍼 퍼게이트에게 이 시스템을 활용해서 〈프렌즈〉 다섯 번째 시즌의 15화를 분석해달라고 요청했다. 안면 동작 부호화 시스템은 인간의 감정이 어떤 식으로 얼굴에 드러나는지를 이해하고 분류하기 위한 탁월한 기준이 되었다. 에크먼의 주요한 과학적 공헌은 '누설' 개념, 즉 우리가 느끼는 감정이 종종 무심결에 안면 근육의 몇몇 독특한 윤곽을 통해 우리 얼굴에 나타난다는 개념을 보여준 것이다. 만약 당신이 얼굴의 '언어'를 훈련받고, 어떤 사람의 표정이 찍힌 동영상을 1천 분의 1초 단위로 분해할 수 있다면, 이런 윤곽을 확인할 수 있다.

《블링크》에서 나는 이렇게 말했다. "우리가 기본적인 감정을 느낄 때마다 얼굴 근육이 자동적으로 감정을 표현한다. 그 반응은 몇 분의 1초 동안 어른거리는가 하면, 심지어 얼굴에 전자 감지기를 부착해야 할 정도로 짧게 나타나는 경우도 있다. 그러나 어쨌든 감정은 언제나 얼굴 근육에 나타난다."

여기서 에크먼은 두 가지 대담한 주장을 펼친 셈이다. 첫째, 감정은 필연적으로 얼굴에 나타난다. 당신이 감정을 느끼면 드러나게 마련이다. 그리고 둘째, 이런 종류의 감정 표현은 보편적이다. 모든 곳에서 모든 사람이 똑같은 방식으로 자기감정을 얼굴에 드러낸다.

이런 주장은 언제나 일부 심리학자들을 불편하게 만들었다. 하지만《블링크》가 출간된 이래 심리학계에서 에크먼의 입장에 대한 반발이 점점 커지고 있다. 가령 왜 에크먼은 감정이 보편적이라고 믿었을까? 1960년대에 그와 두 동료는 사진 30장을 싸들고 파푸아뉴기니로 갔다. 기본적인 감정, 즉 분노와 슬픔, 경멸, 혐오, 놀람, 행복, 공포에 해당하는 얼굴 표정을 짓고 있는 서구인들의 얼굴 사진이었다.

에크먼 그룹이 방문한 뉴기니 부족은 포레족이었다. 10여 년 전까지도 포레족은 세계와 완전히 차단된 채 사실상 석기시대 생활을 했다. 에크먼은 만약 포레족이 뉴욕이나 런던에 사는 사람과 똑같이 사진 속 얼굴을 보고 분노나 놀람을 곧바로 확인할 수 있다면, 감정은 보편적인 것이 분명하다고 생각했다. 확실히 그들은 사진을 보고 곧바로 감정을 확인할 수 있었다.

에크먼과 동료들은 명망 있는 학술 저널로 손꼽히는 〈사이언스〉지에 발표한 논문에서 "우리의 조사 결과는 얼굴의 감정 표현은 진화적 기원을 갖기 때문에 문화권과 상관없이 인간들 사이에서 비슷하다고 본 다윈의 견해를 뒷받침한다"라고 말했다. P. Ekman et al., "Pan-Cultural Elements in Facial Display of Emotions," *Science* 164(1969), pp. 86~88을 참조하라.

이 사고, 즉 인간의 감정적 반응에는 보편적 집합이 존재한다는 사고는 우리가 낯선 사람을 이해하기 위해 활용하는 전체 범주의 도구들의 이면에 존재하는 원리다. 사랑에 빠진 커플이 서로의 눈을 뚫어져라 응시하는 것도 이런 이유 때문이다. 네빌 체임벌린이 히틀러를 만나기 위해 대담하게 독일을 방문한 것도 이 때문이다. 그리고 솔로몬 판사가 아동학대 사건에서 피의자의 얼굴을 유심히 본 것도 이 때문이다. 하지만 여기에는 문제가 있다. 에크먼은 포레족에게서 관찰한 사실에 과도하게 의존했다. 그러나 그가 포레족과 한 감정-인지 연습은 그가 말한 것처럼 결정적인 것은 아니었다.

에크먼은 역시 심리학자인 월리스 프리즌, 인류학자인 리처드 소런슨과 함께 뉴기니에 갔다. 에크먼이나 프리즌이나 포레족 언어를 할 줄 몰랐다. 소런슨은 아주 간단한 말만 알아듣거나 구사할 수 있었다. James Russell, "Is There Universal Recognition of Emotion from Facial Expression? A Review of the Cross Cultural Studies," *Psychological Bulletin* 115, no. 1(1994), p. 124를 참조하라.

따라서 현지에서 그들은 얼굴 표정을 짓는 백인들 사진을 포레족에게 보여주면서 통역자에게 완전히 의존한다. 그들은 각 사진에서 무슨 일이 일어나고 있다고 생각하는지 한 사람 한 사람에게 자유연상을 시킬 수 없다. 어떻게 이해할 수 있겠는가? 문제를 간단하게 만들어야 한다. 따라서 에크먼과 그의 그룹은 이른바 '강제 선택'이라는 방법을 사용한다. 포레족에게 한 명씩 사진을 보여주면서 각각의 사진에 대해 짤막한 감정 목록에서 올바른 답을 고르라고 요청한다. 당신이 지금 보는 사진은 분노, 슬픔, 경멸, 혐오, 놀람, 행복, 공포 중 어느 것입니까? (포레족에게는 사실 **혐오**나 **놀람**을 묘사하는 단어가 없기 때문에 세 연구자는 즉석에서 말을 만들어냈다. **혐오**는 **고약한 냄새가 나는 것**, **놀람**은 **새로운 것**이라고 설명했다.)

자, 과연 강제 선택은 좋은 방법일까? 예를 들어, 내가 당신이 어느 도시가 캐나다 수도인지 아는지를 파악하고 싶다고 해보자. (내 경험으로 보건대, 놀랄 만큼 많은 미국인이 그 답을 모른다.) 나는 당신에게 직접 물어볼 수 있다. 캐나다 수도가 어디인가요? 이것은 **자유 선택** 질문이다. 이 질문에 정확하게 답하려면 당신은 정말로 캐나다의 수도를 알아야 한다. 이제 이 질문을 강제 선택 형태로 바꿔보자.

"캐나다의 수도는? ① 워싱턴DC ② 쿠알라룸푸르 ③ 오타와 ④ 나이로비
⑤ 토론토"

당신은 추측할 수 있는가? 워싱턴DC는 아니다. 세계지리를 전혀 모르는 사람이라 할지라도 아마 워싱턴DC가 미국 수도라는 건 알 것이다. 쿠알라룸푸르나 나이로비도 아니다. 이 이름은 캐나다 말처럼 **들리지** 않기 때문이다. 따라서 토론토냐 오타와냐로 압축된다. 당신이 캐나다 수도를 전혀 알지 못한다 해도 올바른 답을 맞힐 확률은 50퍼센트가 된다. 에크먼의 포레족 조사에서도 이런 일이 일어났을까?

세르히오 하리요와 카를로스 크리베이(두 연구자는 이 책 6장에서 다시 나온다)는 에크먼의 연구 결과를 그대로 반복하는 식으로 연구를 시작했다. 두 사람의 생각은 이러했다. 에크먼의 실험에서 결함을 바로잡고 여전히 유효한지 살펴보자. 첫 번째 단계는 적어도 한 명(하리요)이 언어와 문화를 잘 아는 고립된 부족(트로브리안드 원주민)을 고르는 것이었다. 이것이 두 사람이 에크먼에 비해 가진 첫 번째 이점이었다. 그들은 에크먼 그룹에 비해 자신들이 이야기하는 사람들에 관해 훨씬 더 많은 사실을 알았다. 두 사람은 또한 '강제 선택' 방법을 사용하지 않기로 했다. 그들은 훨씬 더 엄격한 자유 선택 방법을 사용하기로 했다. 그리하여 얼굴 사진(행복하고, 슬프고, 화나고, 겁먹고, 혐오스러워 보이는 사람들의 사진)을 펼쳐 보이면서 물었다. "이 중 어느 것이 슬픈 얼굴입니까?" 그리고 다음 사람에게 물었다. "이 중 어느 것이 성난 얼굴입니까?" 이런 식으로 계속 이어졌다. 그리고 마지막으로 전체 응답을 집계했다. 그 결과는 어땠을까? 에크먼의 기본적 실험(이번에는 신중하고 엄격하게 진행되었다)을 다시 해보니 보편주의를 뒷받침하는 논거가 사라진다. 지난 몇 년간 수문이 활짝 열리면서 이 장에서 내가 설명한 많은 연구가 쏟아져 나오고 있다.

몇 가지 논점이 더 있다. 에크먼이 처음에 〈사이언스〉지에 발표한 논문은 곰곰이 생각해보면 약간 이상하다. 그는 포레족에게서 자신이 발견한 내용이 보편주의의 증거라고 주장했다. 하지만 그의 데이터를 검토해보면, 그가 설명

하는 보편주의처럼 보이지 않는다.

포레족은 실제로 행복한 얼굴을 정확히 확인하는 데는 능했지만, 그들 중 절반만이 '공포에 질린' 얼굴을 공포의 표정으로 정확히 확인했다. 45퍼센트는 놀란 얼굴을 공포에 질린 얼굴이라고 생각했다. 56퍼센트는 슬픔을 분노로 읽었다. 이것이 보편주의인가?

크리베이는 보편주의 개념을 매우 선호하는 (에크먼 같은) 사람들에 관해 이야기하면서 아주 통찰력 있는 발언을 했다. 그들 대부분이 제2차 세계대전 직후에 성장한 세대였다. 그들은 인간의 차이에 사로잡힌 세계(흑인은 유전적으로 열등하다고 간주되고 유대인은 결함이 있고 악의를 품은 것으로 여겨졌다)에 태어나서 우리 모두가 똑같다고 주장하는 이론에 강력하게 이끌렸다.

하지만 반보편주의자들의 연구가 에크먼의 공헌에 대한 반박이 **아님**을 유념하는 게 중요하다. 인간 감정을 연구하는 분야의 모든 사람들은 중요한 의미에서 그의 어깨 위에 올라서 있다. 하리요와 크리베이 같은 사람들은 단지 문화를 고려하지 않고는 감정을 이해할 수 없다고 주장할 뿐이다.

심리학자 리사 펠드먼 배럿(에크먼의 견해에 도전하는 선도적 인물로 손꼽힌다)의 말을 빌리자면, "감정은 만들어지는 것이지 촉발되는 게 아니다"(Barrett, *How Emotions Are Made*, New York: Houghton Mifflin Harcourt, 2017, p. xiii을 참조하라). 우리 개개인은 살아가는 동안 우리가 속한 문화와 환경에 근거해서 우리 얼굴에 대한 일군의 조작 지시operating instruction를 각기 나름대로 만들어낸다. 얼굴은 우리 인간이 얼마나 비슷한지가 아니라 얼마나 다른지를 보여주는 상징이다. 따라서 만약 당신 사회가 얼굴 읽기에 근거해서 낯선 이를 이해하기 위한 규칙을 만들었다면 큰 문제가 된다.

이런 새로운 연구 방향을 탁월하게 요약한 글로는 L. F. Barrett et al., "Emotional expressions reconsidered: Challenges to inferring emotion in human facial movements," *Psychological Science in the Public Interest*(in press)와 앞에서 인용한 Barrett, *Emotions*를 참조하라.

3 팬암 미소와 뒤셴 미소: Jason Vandeventer and Eric Patterson, "Differentiating Duchenne from non-Duchenne smiles using active appearance models," *2012 IEEE Fifth International Conference on Biometrics: Theory, Applications and Systems(BTAS)*(2012): 319-24.

4 로스가 문틈으로 들여다보는 장면에 대한 안면 동작 부호화 시스템 분석: Paul Ekman and Erika L Rosenberg, eds., *What the Face Reveals: Basic and Applied Studies of Spontaneous Expression Using the Facial Action Coding System(FACS)*, Second Edition(Oxford University Press: New York, 2005), p. 14.

5 Charles Darwin, *The Expression of the Emotions in Man and Animals* (London: J. Murray, 1872). 에크먼은 감정 표현에 관한 이해에 다윈이 공헌한 바에 대해 광범위하게 글을 쓴 바 있다. Paul Ekman,ed., *Darwin and Facial Expression*(Los Altos, Calif.: Malor Books, 2006)을 참조하라.

6 원고는 지나 무하마드였다. 그는 이렇게 답했다. "음, 무엇보다도 저는 무슬림이며 이건 제 삶의 방식입니다. 저는 신성한 코란을 믿고, 알라신은 제 삶의 첫 번째입니다. 판사님이 여자라면 저는 아무 문제 없이 베일을 벗을 수 있습니다. 그래서 궁금한데, 제가 앞에 설 수 있는 여자 판사님이 없습니까? 그러면 아무 문제가 없는데요. 그렇지 않으면 그 지시에 따를 수 없습니다" *Ginnah Muhammad v. Enterprise Rent-A-Car*, 3-4(31st District, 2006).

7 트로브리안드제도 원주민에 관한 하리요와 크리베이의 연구에 관한 소개로는 Carlos Crivelli et al., "Reading Emotions from Faces in Two Indigenous Societies," *Journal of Experimental Psychology: General* 145, no. 7(July 2016): 830-43, doi:10.1037/xge0000172를 참조하라. 트로브리안드 원주민과 마드리드 학생의 성공률을 비교한 표도 여기서 가져온 것이다.

8 Carlos Crivelli et al., "Are smiles a sign of happiness? Spontaneous expressions of judo winners," *Evolution and Human Behavior* 2014, doi:10.1016/j.evolhumbehav.2014.08.009.

9 Carlos Crivelli et al., "Facial Behavior While Experiencing Sexual Excitement," *Journal of Nonverbal Behavior* 35(2011): 63-71.

10 Job van der Schalk et al., "Moving Faces, Looking Places: Validation of the Amsterdam Dynamic Facial Expression Set(ADFES)," *Emotion* 11, no. 4(2011): 912. Researchgate.

11 나미비아 연구: Maria Gendron et al., "Perceptions of Emotion from Facial Expressions Are Not Culturally Universal: Evidence from a Remote Culture," *Emotion* 14, no 2(2014): 251-62.

12 Mary Beard, *Laughter in Ancient Rome: On Joking, Tickling, and Cracking Up*(Oakland: University of California Press, 2015), p. 73.

13 Achim Schützwohl and Rainer Reisenzein, "Facial expressions in response to a highly surprising event exceeding the field of vision: A test of Darwin's theory of surprise," *Evolution and Human Behavior* 33, no. 6(Nov. 2012): 657-64.

14 17퍼센트 수치에는 세 표정 모두를 보여준 대상자 세 명(5퍼센트)이 포함된다. 정확히 두 가지 표정을 보여준 것은 일곱 명뿐이다. 또한 절대다수의 사람들은 자신이 놀람을 표현했다고 믿었지만, 이례적으로 자기를 인식하는 한 사람은 자신의 놀람이 전혀 드러나지 않았다고 생각한다고 말했다.

15 여기서 쉬츠볼은 선행 연구에서 결론을 이끌어낸다. R. Reisenzein and M. Studtmann, "On the expression and experience of surprise: No evidence for facial feedback, but evidence for a reverse self-inference effect," *Emotion*, no. 7(2007): 612-27.

16 Associated Press, "'Real Smart Kid' Jailed, This Time for Killing Friend," *Spokane(Wash.) Spokesman-Review*, May 26, 1995, http://www.spokesman.com/stories/1995/may/26/real-smart-kid-jailed-this-time-for-killing-friend/.

17 Kleinberg et al., "Human Decisions," op. cit.

07 | 유죄의 근거

1 *Amanda Knox*, directed by Rod Blackhurst and Brian McGinn (Netflix, 2016). 다음의 내용도 이 다큐멘터리에서 따온 것이다. 녹스의 연인 명단(각주); "아만다가 손바닥으로 양쪽 귀를 (…) 그를 의심하기 시작했습니다"(각주); "모든 증거에 불확실한 부분들이 (…) 의심의 여지가 없습니다"; ""메러디스가 살해된 방에는 내 흔적이 전혀 없습니다." 아만다 녹스 다큐멘터리 말미에 녹스가 말한다. "당신들은 내 눈동자에서 답을 찾으려 하고 있어요. (…) 내 눈은 객관적인 증거가 아니에요."

2 Peter Gill, "Analysis and Implications of the Miscarriages of Justice of Amanda Knox and Raffaele Sollecito," *Forensic Science International: Genetics* 23 (July 2016): 9-18. *Elsevier*, doi:10.1016/j.fsigen.2016.02.015.

3 Levine, *Duped*, Chapter 13.

4 Levine, *Duped*, Chapter 13의 27번 실험을 가리킨다. Timothy Levine, Kim Serota, Hillary Shulman, David Clare, Hee Sun Park, Allison Shaw, Jae Chul Shim, and Jung Hyon Lee, "Sender Demeanor: Individual Differences in Sender Believability Have a Powerful Impact on Deception Detection Judgments," *Human Communication Research* 37 (2011): 377-403 또한 참조하라. 태도와 결과가 일치하는 발신인과 불일치하는 발신인에 관한 훈련된 심문자의 성적도 이 출처에서 가져온 것이다.

5 The Global Deception Research Team, "A World of Lies," *Journal of Cross-Cultural Psychology* 37, no. 1 (January 2006): 60-74.

6 Markopolos, *No One Would Listen*, p. 82.

7 여기 또 다른 사례가 있다. 2013년 보스턴마라톤대회에서 살상용 폭탄을 연달아 터지게 설치한 체첸인 형제 중 한 명인 조하르 차르나예프다. 차르나예프의 재판에서 주요 쟁점은 그가 과연 사형을 피할 것인가 하는 것이었다. 검사 네이딘 펠레그리니는 그가 저지른 행동에 대해 전혀 후회를 하지 않기 때문에 사형에 처해야 한다고 강력하게 주장했다. 언젠가 펠레그리니는 차르나예프가 감방에서 찍힌 사진 한 장을 배심원들에게 보여주었다. 구석에 있는

비디오카메라에 가운뎃손가락을 들어 보이는 사진이었다. "그가 마지막으로 보낸 메시지입니다." 펠레그리니는 차르나예프가 "태연자약하고 뉘우치지 않으며 전혀 변하지 않았다"라고 지적했다. 평결 전날 세스 스티븐슨은 〈슬레이트〉지에 다음과 같이 썼다.

"그리고 비록 구부정한 자세와 안면경련에 너무 큰 의미를 부여하는 것은 위험한 일이지만, 차르나예프는 확실히 배심원 앞에서 누그러지고 뉘우치는 모습을 보이려는 노력을 많이 하지 않았다. 화요일에 법정에서 미디어실로 중계된 폐쇄회로 카메라는 고화질이 아니어서 100퍼센트 장담할 수는 없다. 하지만 펠레그리니가 중지를 치켜세우는 사진을 보여준 뒤 나는 차르나예프가 능글맞게 웃었다고 확신한다." Seth Stevenson, "Tsarnaev's Smirk," *Slate*, April 21, 2015, https://slate.com/news-and-politics/2015/04/tsarnaev-trial-sentencing-phase-prosecutor-makes-case-that-dzhokhar-tsarnaev-shows-no-remorse.html.

아니나 다를까, 차르나예프는 유죄 판결을 받고 사형이 선고되었다. 그 후 배심원 12명 가운데 10명이 그가 양심의 가책을 느끼지 않는 것으로 믿었다고 말했다.

하지만 심리학자 리사 펠드먼 배럿이 지적하는 것처럼, 차르나예프가 자기 행동을 후회하는지 여부에 관한 이 모든 논의는 투명성 함정을 보여주는 전형적인 사례다. 배심원단은 차르나예프가 마음속으로 어떻게 느끼든 그의 얼굴에 자동적으로 나타날 것이라고 생각했다. 감정이 어떻게 드러나는가에 관한 미국인들의 사고와 일치하는 견해다. **하지만 차르나예프는 미국인이 아니었다.** 배럿은 다음과 같이 말한다.

"보스턴 마라톤 폭탄 사건에서 만약 차르나예프가 자기 행동을 뉘우쳤다면, 어떤 모습을 보였을까? 드러내놓고 울었을까? 피해자들에게 용서를 빌었을까? 자기가 어떤 잘못된 행동을 했는지 자세히 설명했을까? 그가 후회를 표현하는 미국식 고정관념을 따랐다면, 또는 할리우드 영화에서 벌어진 재판이라면, 아마 그랬을 것이다. 하지만 차르나예프는 이슬람을 믿는 체첸 출신 젊은이다. (…) 체첸 문화는 남자가 역경에 부딪힐 때 극기할 것을 기대한다. 체첸인들은 전투에서 지면 용감하게 패배를 받아들인다. '체첸 늑대'라고 알려진 사고방식이다. 따라서 만약 차르나예프가 양심의 가책을 느꼈다면, 그는 냉랭한 얼굴을 유지했을 것이다." *Barrett, How Emotions Are Made*, p. 231.

8 녹스의 연인 명단 역시 겉으로 보인 것과 달랐다. 이탈리아 경찰은 녹스를 협박하기 위한 일환으로 그에게 거짓말을 하면서 HIV 양성 반응이 나왔다고 말했다. 가뜩이나 유치장에 혼자 갇혀 겁에 질린 녹스는 이 말이 어떻게 사실일수 있는지를 알아내려고 과거 성관계 상대자 명단을 작성했다.

9 Amanda Knox, *Waiting to Be Heard: A Memoir*(New York: Harper, 2013), pp. 11-12; "정말 유연해 보이는데요." (…) 경멸로 가득 차 있었다." p. 109; "그런데 시애틀에서는 웃음을 자아낸 일이 (…) 차이를 받아들이지 못하는 사람들"(각주), p. 26; 녹스가 "짜잔" 하는 순간, p. 91.

10 John Follain, *Death in Perugia: The Definitive Account of the Meredith Kercher Case from Her Murder to the Acquittal of Raffaele Sollecito and Amanda Knox*(London: Hodder and Stoughton, 2011), pp. 90-91, 93, 94.

11 다이앤 소여의 인터뷰: "Amanda Knox Speaks: A Diane Sawyer Exclusive," ABC News, 2013, https://abcnews.go.com/2020/video/amanda-knox-speaks-diane-sawyer-exclusive-19079012.

12 이런 식의 일이 끝도 없이 많다. 사건 검사가 보기에 결정적인 순간은 그가 혹시 없어진 게 없나 하고 칼 정리 서랍을 보기 위해 녹스를 주방으로 데려간 때였다. "아만다가 손바닥으로 양쪽 귀를 때리기 시작했습니다. 마치 소음과 소리, 비명의 기억이라도 떠오르는 것처럼. 메러디스의 비명 말이죠. 그 순간 확실히 그를 의심하기 시작했습니다."

또는 이런 식이다. 메러디스의 친구들과 어느 식당에서 저녁을 먹을 때 아만다가 갑자기 노래를 부르기 시작했다. "그런데 시애틀에서는 웃음을 자아낸 일이 페루자에서는 당혹스러운 눈길을 받았다." 녹스가 쓴 글이다. "고향 친구들은 사랑스럽게 받아준 엉뚱한 행동이 차이를 받아들이지 못하는 사람들 한테는 실제로 거슬릴 수도 있겠다는 생각을 미처 하지 못했다."

13 Ian Leslie, "Amanda Knox: What's in a face?" *The Guardian*, October 7,

2011, https://www.theguardian.com/world/2011/oct/08/amanda-knox-facial-expressions.

14 "아만다 녹스와 관련해서 흥미로운 점은 그를 끌어들인 것은 바로 이런 약간의 거리감, 즉 학교 운동장과 직장 어디서나 발견되는 일상적인 거리감이라는 사실이다." 비평가 톰 디블리가 이 사건에 관한 통찰력 있는 에세이에서 한 말이다. "바로 이런 약간의 거리감이 중얼거리는 의심과 뒷공론을 일깨우고, 이런 약간의 거리감이 우리의 일상생활 속을 면면히 흐르면서 누구와 관계를 맺고 누구와 거리를 두어야 하는지를 선택하게 만든다." Tom Dibblee, "On Being Off: The Case of Amanda Knox," *Los Angeles Review of Books*, August 12, 2013, https://lareviewofbooks.org/article/on-being-off-the-case-of-amanda-knox.

15 Nathaniel Rich, "The Neverending Nightmare of Amanda Knox," *Rolling Stone*, June 27, 2011, https://www.rollingstone.com/culture/culture-news/the-neverending-nightmare-ofamanda-knox-244620/?print=true.

08 | 통하지 않는 신호

1 욘손의 증언과 사건 설명은 *People v. Turner*, vol. 6(March 18, 2016), pp. 274-319에서 가져온 것이다. 병원에서 깨어난 일에 관한 에밀리 도의 증언, vol. 6, p. 445; 음주량에 관한 브록 터너의 증언, vol. 9(March 23, 2016), pp. 836, 838; 터너의 혈중 알코올 농도에 관한 경찰의 추정, vol. 7(March 21, 2016), p. 554; 음주량에 관한 줄리아의 증언, vol. 5(March 17, 2016), pp. 208-9, 213; 도와 터너의 혈중 알코올 농도(각주), vol. 7, pp. 553-54; 음주량에 관한 도의 증언, vol. 6, pp. 429, 433-34, 439; 점점 진행된 성적 행위에 관한 터너의 증언, vol. 9, pp. 846-47, 850-51, 851-53; 검사 측 마무리 발언, vol. 11, March 28, 2016, pp. 1072-73; 문지른 행동에 관한 터너의 증언, vol. 9, pp. 831-32; 의식 상실에 관한 도의 증언, vol. 6, pp. 439-40; 의식 상실에 관한 터너의 증언, vol. 11, pp. 1099-1100; 도의 음성 메시지에 관한 터

너의 증언, vol. 9, p. 897.

2 이 수치는 2015년 〈워싱턴포스트〉지와 카이저가족재단Kaiser Family Foundation 의 여론조사를 포함하여, 1987년 이후 진행된 수십 건의 연구로 뒷받침된 다. 미국대학협회Association of American Universities(AAU)가 2015년에 수행한 연 구에서는 여자 대학생의 23퍼센트가 대학 재학 중에 성폭력을 당한다는 사 실이 밝혀졌다. 2016년 미국 법무부가 공개한 연구에서는 그 수치가 훨씬 높 아서 25.1퍼센트, 즉 4명 중 1명꼴이다. David Cantor et al., "Report on the AAU campus climate survey on sexual assault and sexual misconduct," Westat, 2015, https://www.aau.edu/sites/default/files/%40%20Files/Cli-mate%20Survey/AAU_CampusClimate_Survey_12_14_15.pdf; Christopher Krebs et al., "Campus Climate Survey Validation Study Final Technical Reports," U.S. Department of Justice, 2016, http://www.bjs.gov/content/pub/pdf/ccsvsftr.pdf 등을 참조하라.

3 동의 확인과 성폭력 정의에 관한 여론조사: Bianca DiJulio et al., "Survey of Current and Recent College Students on Sexual Assault," *Washington Post*/Kaiser Family Foundation, June 12, 2015, pp. 15-17, http://files.kff.org/attachment/Survey%20Of%20Current%20And%20Recent%20Col-lege%20Students%20On%20Sexual%20Assault%20-%20Topline.

4 Lori E. Shaw, "Title IX, Sexual Assault, and the Issue of Effective Con-sent: Blurred Lines—When Should 'Yes' Mean 'No'?," *Indiana Law Journal* 91, no. 4, Article 7(2016): 1412. "피해자가 어느 정도 취했다거 나 피해자가 단순히 '술을 너무 많이 마신' 상황과는 다르다." p. 1416. 쇼는 *People v. Giardino* 98, Cal. Rptr. 2d 315, 324(Cal. Ct. App. 2000)와 Valerie M. Ryan, "Intoxicating Encounters: Allocating Responsibility in the Law of Rape," 40 CAL. W.L. REV. 407, 416(2004)에서 인용한다.

5 사건 당시에 도의 혈중 알코올 농도는 0.249였다. 터너는 0.171이었다. 도는 법적 한도의 세 배였고, 터너는 두 배였다. 이 수치는 전문가 증인의 증언에 따른 것이다.

6 볼리비아의 드와이트 히스 이야기에 관해 내가 처음 쓴 글은 "Drinking Games," *The New Yorker*, February 15, 2010, https://www.newyorker.com/magazine/2010/02/15/drinking-games다.

7 Dwight B. Heath, "Drinking patterns of the Bolivian Camba," *Quarterly Journal of Studies on Alcohol* 19(1958): 491–508.

8 Ralph Beals, *Ethnology of the Western Mixe*(New York: Cooper Square Publishers Inc., 1973), p. 29.

9 Claude Steele and Robert A. Josephs, "Alcohol Myopia: Its Prized and Dangerous Effects," *American Psychologist* 45, no. 8(1990): 921–33.

10 타라 맥도널드가 이끄는 캐나다 심리학자 그룹은 최근 술집을 잇달아 들어 가서 단골손님들에게 짤막한 글을 읽어보라고 요청했다. 단골손님들은 술집 에서 매력적인 사람을 만나서 집에까지 바래다주다가 결국 잠자리를 같이하 게 된다고 상상해야 한다. 그런데 두 사람 모두 콘돔이 없다는 걸 깨닫는다. 실험 대상자들은 계속해서 다음과 같은 명제에 대해 1(전혀 그렇지 않다)부 터 9(매우 그렇다)까지 점수로 답해야 한다. "이런 상황에 처하면 나는 섹스 를 할 것이다." 아마 당신은 술을 많이 마신 실험 대상자일수록 섹스를 한다 고 대답할 가능성이 크다고 생각할 것이다. 실제로도 그랬다. 술에 취한 사람 들은 9점 만점에 평균 5.36점이었다. 취하지 않은 사람들은 평균 3.91점이었 다. 술에 취한 사람들은 콘돔을 사용하지 않은 섹스가 장기적으로 어떤 결과 를 가져올지를 자세히 살펴볼 수 없었다. 하지만 곧이어 맥도널드는 다시 술 집들을 찾아가서 몇몇 단골손님들의 손에 "죽음을 부르는 에이즈"라는 구 절을 스탬프로 찍어주었다. 손에 스탬프가 찍힌 술 취한 사람들은 취하지 않 은 사람들보다 그 상황에서 섹스를 하고 싶어 하는 비율이 약간 낮았다. 그 들은 에이즈의 위험성을 무시하는 데 필요한 합리적 이유를 자세히 살펴볼 수 없었다. 규범과 기준이 명쾌하고 명백한 경우에 술 취한 사람이 취하지 않 은 사람보다 더 규칙을 준수할 수 있다. Tara K. MacDonald et al., "Alcohol Myopia and Condom Use: Can Alcohol Intoxication Be Associated With More Prudent Behavior?," *Journal of Personality and Social Psychology*

78, no. 4(2000): 605-19.

11 Helen Weathers, "I'm No Rapist ... Just a Fool," *Daily Mail*, March 30, 2007, www.dailymail.co.uk/femail/article-445750/Im-rapist-just-fool.html.

12 *R v Bree*[2007] EWCA Crim 804 [16]-[17]; "여자는 성관계가 (…) 얼마나 오래 이어졌는지 기억할 수 없었다," [8]; "두 사람은 모두 성인 (…) 정밀한 입법 구조," [25]-[35]; 이하의 판결문 인용(각주), [32], [35], [36].

13 술에 취해서 동의했다면 그래도 동의한 것일까? 판결문은 계속해서 그렇다고 말한다. 만약 그렇지 않다면 술에 취해서 즐겁게 섹스를 한 절대다수가 술에 취해서 한 섹스가 범죄행위가 되는 소수의 사람들과 나란히 교도소에 갇힐 것이다. 게다가 만약 M이 자신은 취한 상태였기 때문에 자기가 내린 결정에 대한 책임이 없다고 말할 수 있다면, 벤저민 브리 역시 똑같이 말할 수 있지 않을까? 판결문이 지적하는 것처럼, "술에 취해서 동의했다고 해도 동의한 것"이라는 원칙은 "강간을 하려고 마음먹은 술 취한 사람이 실제로 강간을 한다고 할 때, 그의 의도가 술에 취한 의도라는 사실이 변명이 되지 못한다는 점을 상기시키는 작용도 한다." 그렇다면 브리 판결은 캘리포니아의 동의에서 상정한 질문에 다다른다. 한쪽 당사자가 **정말로** 취한 것이라면 어떻게 되는가? 글쎄, 도대체 어떻게 하면 우리는 '**정말로** 취한' 것이 무엇인지 정의할 수 있을까? 우리는 입법자들이 우리가 침실의 프라이버시 속에서 언제 섹스를 할 수 있고 언제 할 수 없는지를 결정하는 모종의 정교한 다변수 알고리즘을 만들어내기를 원하지 않는다. 판사는 다음과 같이 결론짓는다. "이 문제들은 법적 원칙으로부터 생겨나는 게 아니라 인간 행동의 무한한 상황에 존재한다. 인간 행동은 대개 독립적인 증거가 없이 사적인 공간에서 이루어지며 따라서 매우 심각한 이런 범죄를 입증하는 데는 곤란이 따른다."

14 죽은 쥐 세 마리를 가지고 한 기억력 실험: Donald Goodwin, "Alcohol Amnesia," *Addiction*(1995): 90, 315-17. (오늘날이라면 어떤 윤리위원회도 이런 실험을 승인하지 않을 것이다.) 5일간 기억상실을 경험한 외판원 이야기도 이 출처에서 가져온 것이다.

15 그런데 또한 어떤 사람이 그냥 분명히 취한 것인지를 분간하는 것도 놀라울 정도로 어렵다. 명백한 시험 사례는 경찰의 음주 검문이다. 한 경찰관이 금요일 밤 늦은 시간 분주한 도로에서 수많은 사람을 멈춰 세워서 각 운전자에게 말을 걸고 각각의 차량을 살펴본다. 그러고는 법정 한도를 초과할 정도로 취했다고 생각되는 사람에게 음주측정기를 불게 한다. 어떤 사람이 음주측정기를 불게 할 만큼 충분히 취한 것처럼 보이는지를 알아내는 것은 **정말** 어려운 일임이 밝혀졌다. 최상의 증거는 술 취한 운전자의 절반이 훌쩍 넘는 수가 음주 검문 지점을 의기양양하게 통과한다는 것이다. 캘리포니아주 오렌지카운티에서 진행된 한 연구에서는 어느 날 밤늦은 시간에 1천 명이 넘는 운전자를 주차장으로 인도했다. 그러고는 그날 저녁에 관한 설문조사를 작성해달라고 한 뒤, 음주 감지 훈련을 받은 대학원생들에게 질문을 하게 했다. 운전자는 어떻게 말했나? 걸음걸이는 어땠나? 숨 쉬는데 술 냄새가 났는가? 차 안에 술병이나 맥주 캔이 있었나? 인터뷰어들이 진단을 한 뒤, 운전자들의 혈중 알코올 농도를 측정했다. 술 취한 운전자들 가운데 인터뷰어들이 제대로 골라낸 비율은 20퍼센트였다. 경찰 음주 검문: Joann Wells et al., "Drinking Drivers Missed at Sobriety Checkpoints," *Journal of Studies on Alcohol* (1997): 58, 513-17.

16 Robert Straus and Selden Bacon, *Drinking in College* (New Haven: Yale University Press, 1953), p. 103.

17 Aaron M. White et al., "Prevalence and Correlates of Alcohol-Induced Blackouts Among College Students: Results of an E-Mail Survey," *Journal of American College Health* 51, no. 3 (2002): 117-31, doi:10.1080/07448480209596339.

18 노스캐롤라이나대학 학생인 애시턴 캐서린 캐릭은 〈뉴욕타임스〉지에 쓴 훌륭한 글에서 '수갑 채우고 원샷cuff and chug'이라고 불리는 술 마시기 게임을 묘사한다. 두 사람이 손목에 수갑을 차고 독주 다섯 잔을 단번에 들이켜야 풀려난다. "경쟁심으로 똘똘 뭉친 이들은 형광펜을 사용해서 팔뚝에 비운 잔 수를 기록했다. 블랙아웃에 이르는 데 걸리는 시간 대비 마신 잔 수를 기록해서

그 비율이 높을수록 남학생들 사이에서는 자부심의 원천이 되었다." 계속 캐릭의 말을 들어보자.

"친구가 블랙아웃에 빠졌을 때 우리 대학생들이 그를 대하는 방법 또한 블랙아웃 현상이 만연하게 만든 데 책임이 있다. 우리는 실제로 그게 재미있다고 생각한다. 우리는 다음 날 우리 친구가 화장실 바닥에 기절해 있거나 춤을 추면서 스냅챗Snapchat[스마트폰으로 사진이나 동영상을 공유하는 소셜미디어 서비스 앱]을 하거나 아무 남자하고나 스킨십을 하는 게 얼마나 우스꽝스러운지에 관해 농담을 한다. 그러면서 그의 행동의 정당성을 인정하고 다시 그런 행동을 하도록 부추긴다. 블랙아웃은 워낙 일반적인 일이 되었기 때문에 당신 자신이 블랙아웃에 빠지지는 않더라도 남들이 그렇게 되는 이유를 이해한다. 서로 인정해주는 스트레스 풀기 방법이다. 블랙아웃을 다른 어떤 문제로 다루는 것은 심판을 하는 셈이다." Ashton Katherine Carrick, "Drinking to Blackout," *New York Times*, September 19, 2016, www.nytimes.com/2016/09/19/opinion/drinking-to-blackout.html.

19 William Corbin et al., "Ethnic differences and the closing of the sex gap in alcohol use among college-bound students," *Psychology of Addictive Behaviors* 22, no. 2(2008): 240-48, http://dx.doi.org/10.1037/0893-164X.22.2.240.

20 이것은 또한 체중의 문제만이 아니다("Body Measurements," National Center for Health Statistics, Centers for Disease Control and Prevention, U.S. Department of Health & Human Services, May 3, 2017, https://www.cdc.gov/nchs/fastats/body-measurements.htm). 남성과 여성이 알코올을 분해하는 대사 작용 방식에서도 유의미한 차이가 있다. 여성은 남성보다 체내에 수분이 훨씬 적기 때문에 알코올이 혈류에 훨씬 더 빠르게 들어온다. 만약 몸무게가 90킬로그램쯤 되는 여자가 같은 몸무게의 남자와 네 시간 동안 똑같이 술을 마신다면, 남자의 혈중 알코올 농도는 0.107이 된다. 여자는 0.140이 된다. 수치는 온라인 혈중 알코올 농도 계산기를 이용해 찾아낸 것이다(http://www.alcoholhelpcenter.net/program/bac_standalone.

aspx).

21 Emily Yoffe, "College Women: Stop Getting Drunk," *Slate*, October 16, 2013, http://slate.com/human-interest/2013/10/sexual-assault-and-drinking-teach-women-the-connection.html.

22 성인들은 상당히 다르게 생각한다. 성인의 58퍼센트는 '술을 덜 마시는 것'이 성범죄를 줄이는 데 매우 효과적이라고 생각한다. 통계수치는 〈워싱턴포스트〉지와 카이저가족재단 여론조사에서 가져온 것이다.

23 Craig MacAndrew and Robert B. Edgerton, *Drunken Comportment: A Social Explanation*(Chicago: Aldine Publishing Company, 1969), pp. 172-73.

24 Emily Doe's Victim Impact Statement, pp. 7-9, https://www.sccgov.org/sites/da/newsroom/newsreleases/Documents/B-Turner%20VIS.pdf.

09 | 테러리스트의 자백

1 James Mitchell, *Enhanced Interrogation: Inside the Minds and Motives of the Islamic Terrorists Trying to Destroy America*(New York: Crown Forum, 2016), p. 7.

2 Sheri Fink and James Risen, "Psychologists Open a Window on Brutal CIA Interrogations," *New York Times*, June 21, 2017, https://www.nytimes.com/interactive/2017/06/20/us/cia-torture.html.

3 하지만 해군 SERE 교장에서는 물고문을 받은 경험이 많았다. 해군 교장에서는 훈련 철학이 약간 달랐기 때문이다. "해군의 견해는 사람들이 버틸 수 있다고 예상하면서 그런 상황에 들어가면, 자만심에 찰 수 있다는 거였습니다. 당신한테 그런 일(버티지 못하는 일)이 생기면, 결국 심신이 무너져서 딛고 일어서지 못합니다." 미첼의 말이다. "그래서 해군 교장에서 시도하는 과정의 일부는 훈련생들에게 결국 언젠가는 굴복하게 되어 있음을 보여주는 것입니다. 하지만 미군 병사로서 당신이 할 일은 최선을 다해 버티는 겁니다." 해군은 훈련생들에게 상황이 얼마나 나빠질 수 있는지를 보여주고자 했다. 공군

은 훈련생들이 아예 모르는 게 더 낫다고 여겼다.

4 위키피디아: "수분중독. 물중독, 과수분공급증, 과도수분증, 물중독증이라고
  도 한다. 물을 과도하게 섭취해서 체내의 정상적인 전해질 균형이 안전 한계
  를 넘어설 때 그 결과로 뇌 기능에 잠재적으로 치명적인 교란이 일어나는 상
  황이다."

5 Charles A. Morgan et al., "Hormone Profiles in Humans Experiencing
  Military Survival Training," *Biological Psychiatry* 47, no. 10(2000): 891-
  901, doi:10.1016/s0006-3223(99)00307-8.

6 심문 전후에 그린 레이오스테리스 그림: Charles A. Morgan III et al.,
  "Stress-Induced Deficits in Working Memory and Visuo-Constructive
  Abilities in Special Operations Soldiers," *Biological Psychiatry* 60,
  no.7(2006): 722-29, doi:10.1016/j.biopsych.2006.04.021. 레이오스테리스
  그림은 앙드레 레이Andre Rey가 처음 개발해서 논문에 발표한 것이다. Rey, "L'
  examen psychologique dans les cas d'encephalopathie traumatique (Les
  problemes)," *Archives de Psychologie* 28(1941): 215-85.

7 모건은 규모를 확대한 또 다른 연구에서 군인 114명 중 77명이 나열된 사진
  에서 심문관을 제대로 지목하지 못했음을 발견했다. 심문 24시간 **이후에** 진
  행된 조사였다! 이 군인들에게 자기가 고른 답이 얼마나 자신 있는지를 물
  어보니, 자신감과 정확성 사이에 아무런 관련이 없었다. Charles Morgan et
  al., "Accuracy of eyewitness memory for persons encountered during
  exposure to highly intense stress," *International Journal of Law and
  Psychiatry* 27(2004): 264-65.

8 *Verbatim Transcript of Combatant Status Review Tribunal Hearing for
  ISN 10024*, March 10, 2007, http://i.a.cnn.net/cnn/2007/images/03/14/
  transcript_ISN10024.pdf.

9 Shane O'Mara, *Why Torture Doesn't Work: The Neuroscience of Interro-
  gation* (Cambridge, Mass.: Harvard University Press, 2015), p. 167.

10 Robert Baer, "Why KSM's Confession Rings False," *Time*, March 15, 2007,

http://content.time.com/time/world/article/0,8599,1599861,00.html.

11 Adam Zagorin, "Can KSM's Confession Be Believed?" *Time*, March 15, 2007, http://content.time.com/time/nation/article/0,8599,1599423,00.html.

10 | 시인의 죽음

1 Sylvia Plath to Aurelia Plath, November 7, 1962, in Peter K. Steinberg and Karen V. Kukil, eds., *The Letters of Sylvia Plath Volume II: 1956-1963* (New York: Harper Collins, 2018), p. 897.

2 Alfred Alvarez, *The Savage God: A Study of Suicide* (New York: Random House, 1971), pp. 30-31; "플라스는 다른 어떤 위험하고 (…) 별반 다르지 않은 경험이었다," pp. 18-19; "예술을 위해 자신을 바친 희생자로서의 시인," p. 40.

3 Mark Runco, "Suicide and Creativity," *Death Studies* 22 (1998): 637-54.

4 그 역시도 뛰어난 시인인 스티븐 스펜더는 언젠가 이렇게 말했다. "시인은 어느 정도 의식적으로 자기 직업의 요구에 적응해야 하며, 따라서 많은 사람이 말한 시인의 기벽과 영감의 조건은 광기에 가깝다." Stephen Spender, *The Making of a Poem* (New York: Norton Library, 1961), p. 45.

5 어니스트 슐먼은 이렇게 말했다. "서른 살에 자살했을 때 실비아는 자살할 확률이 높아지는 몇 가지 범주에 들어맞았다. 전에 자살을 시도한 사람들은 전체 인구의 5퍼센트 정도를 차지하지만, 자살자의 3분의 1은 이전에도 자살을 시도한 적이 있다. 실비아도 여기에 포함된다. 정신병력이 있는 사람은 자살의 상당한 비율을 차지한다. 실비아는 여기에도 해당한다. 이혼한 여성은 자살률이 기혼 여성보다 몇 배 높다. 실비아는 이혼 절차를 밟고 있었다. 세계 어느 나라에서든 외국인은 자살률을 높인다. 실비아는 익숙한 장소와 사람들로부터 멀리 떨어진 영국에 살고 있었다. 극심한 스트레스를 받는 고립된 사람들이 자살하는 경향이 있다. 실비아는 여기에도 해당되었다. 결손가정 출신은 자살이 압도적으로 많다. 실비아는 결손가정 출신이었다." 슐먼은 계속해서 말한다. "실비아는 위대한 인물로 추앙하며 그로부터 자신의 영광스러

운 꿈을 키울 수 있었던 남자와 다시는 엮일 수 없었다." 플라스가 여덟 살 때
세상을 떠난 아버지에 대해 예전에 제대로 하지 못한 애도는 말할 것도 없다.
"죽음에 대한 불완전한 애도 때문에 어린이의 발달이 저해된다면, 그 어린이
는 완전한 정체성을 구축하고 강한 정서적 유대를 유지하는 데 필요한 상호
관계를 획득하는 데 불리해진다." 슐먼은 계속 말을 잇는다. "실비아의 나르
시시즘이 궁극적으로 그가 실패한 원인이었다." Ernest Shulman, "Vulner-
ability Factors in Sylvia Plath's Suicide," *Death Studies* 22, no. 7(1988):
598-613.

6 Jillian Becker, *Giving Up: The Last Days of Sylvia Plath*(New York: St.
Martin's Press, 2003), pp. 80, 291.

7 실비아 플라스의 시: "여자는 완성되었다 (…) 끝이다." from "Edge," in *The
Collected Poems of Sylvia Plath*, edited by Ted Hughes(New York: Harp-
er Perennial Modern Classics, 2008), p. 272; "그리고 고양이처럼 (…) 이번
이 세 번째," from "Lady Lazarus," pp. 244~45; "베일이 어떻게 나의 일상
을 (…) 내 혈관을 채우지," from "A Birthday Present," p. 207.

8 Douglas J. A. Kerr, "Carbon Monoxide Poisoning: Its Increasing Medico-
Legal Importance," *British Medical Journal* 1, no. 3452(March 5, 1927):
416.

9 1962년 영국의 자살률: Ronald V. Clarke and Pat Mayhew, "The British
Gas Suicide Story and Its Criminological Implications," *Crime and Jus-
tice* 10 (1988): 88, doi:10.1086/449144; 가스 자살 건수 그래프 "잉글랜드
와 웨일스의 가스 자살과 가정용 가스의 일산화탄소 함유량, 1960~77," p.
89; 그래프 "잉글랜드 · 웨일스와 미국의 (100만 명당) 총 자살률, 1900~84,"
p. 84; "'(도시) 가스는 치명적인 수단으로 (…) 더 많은 용기가 필요했다," p.
99; "잉글랜드와 웨일스에서 25~44세 여성이 가정용 가스와 기타 방법으로
자살한 건수" 그래프, p. 91.

10 Malcolm E. Falkus, *Always under Pressure: A History of North Thames
Gas Since 1949*(London: Macmillan, 1988), p. 107.

11 1965~1977년 도시가스의 천연가스 전환 과정: Trevor Williams, *A History of the British Gas Industry*(Oxford: Oxford University Press, 1981), p. 190.

12 지금까지 나는 자살이 생명을 앗아간다는 단순한 사실을 우리가 얼마나 이해하지 못하는지에 관한 가장 커다란 사례도 언급조차 하지 않았다. (예를 들어 Kim Soffen, "To Reduce Suicides, Look at Gun Violence," *Washington Post*, July 13, 2016, https://www.washingtonpost.com/graphics/business/wonkblog/suicide-rates/를 참조하라.) 매년 미국인 약 4만 명이 자살을 하는데, 그중 절반이 총기 자살이다. 권총은 미국에서 선택되는 자살 방법이다. 그리고 물론 여기서 문제는 권총이 매우 치명적이라는 점이다. 권총은 미국의 도시가스다. 만약 미국이 영국처럼 어떤 식으로든 주요한 자살 원인을 근절한다면 어떤 일이 벌어질까? 상상하기 어렵지 않다. 자살자와 그들이 선택한 방법의 결합이 분리될 것이다. 그리고 다시 자살 시도를 하기로 마음먹은 소수는 치명도가 훨씬 떨어지는 방법을 선택할 수밖에 없을 것이다. 가령 약물 과다 복용 같은 방법은 총기를 사용하는 것보다 죽음을 초래하는 확률이 55배 떨어진다. 아주 보수적인 추정치로 보아도, 권총을 금지하면 해마다 자살 방지 효과만으로 1만 명의 목숨을 구할 것이다. 적지 않은 수다.

13 John Bateson, *The Final Leap: Suicide on the Golden Gate Bridge* (Berkeley: University of California Press, 2012), p. 8; 교량 자살 방지 구조물의 역사(또는 그 부재의 역사), pp. 33, 189, 196.

14 금문교에서 워낙 빈번하게 자살이 일어나는 탓에 2004년 영화감독 에릭 스틸은 다리 양쪽 끝에 카메라를 설치했는데, 결국 그해 동안 22건의 자살을 필름에 담았다. 스틸이 이후 만든 다큐멘터리 〈다리The Bridge〉(More4, 2006)에서 대표적인 사례로 다룬 죽음에서, 카메라는 진 스프레이그라는 이름의 34세 남자가 다리 위아래를 서성거리다가 결국 뛰어내리기까지 93분간 그의 뒤를 쫓는다. 만약 당신이 그 다리 위에 오랫동안 서 있기만 하면 누군가 뛰어내리는 모습을 볼 것으로 **기대**할 수 있다.

15 Richard H. Seiden, "Where are they now? A follow-up study of suicide attempters from the Golden Gate Bridge," *Suicide and Life-Threatening*

Behavior 8, no. 4(1978): 203-16.

16 이 다섯 개의 인용문은 교통국의 자살 방지 그물 설치 제안서에 대한 대중 여론 수렴 결과에서 가져온 것이다. http://goldengatebridge.org/projects/documents/sds_letters-emails-individuals.pdf.

17 Matthew Miller et al., "Belief in the Inevitability of Suicide: Results from a National Survey," *Suicide and Life-Threatening Behavior* 36, no. 1(2006). 실제로 34퍼센트는 다리에서 자살에 실패한 **모든 사람**이 그냥 다른 방법으로 자살할 것이라고 예상했다.

18 David Weisburd et al., "Challenges to Supervision in Community Policing: Observations on a Pilot Project," *American Journal of Police* 7(1988): 29-50.

19 Larry Sherman et al., *Evidence-Based Crime Prevention*(London: Routledge, 2002). 셔먼과 와이스버드 모두 상당히 글을 많이 쓴다. 여기서는 그들이 내놓은 연구의 일부만을 포함했다. 관심 있는 독자라면 읽을거리가 훨씬 더 많다!

20 L. W. Sherman et al., "Hot spots of predatory crime: Routine activities and the criminology of place," *Criminology*(1989): 27-56.

21 Glenn Pierce et al., "The character of police work: strategic and tactical implications," *Center for Applied Social Research Northeastern University*, November 1988. 이 연구의 저자들은 자신들의 데이터가 범죄 집중 법칙을 뒷받침한다는 사실을 알지 못했지만, 와이스버드는 그들의 결론을 보면서 조각들을 끼워 맞췄다.

22 와이스버드가 그린 시애틀의 범죄 패턴 지도를 살펴보자. 지도에 찍힌 점들은 시애틀의 범죄 '빈발 지점hot spot'이다. 혹시라도 당신이 시애틀 출신의 사람과 이야기를 나눌 일이 있다면, 그들은 시애틀에 몇몇 열악한 지역이 있다고 말해줄 것이다. 하지만 지도는 당신에게 이 말이 틀렸다고 말해준다.

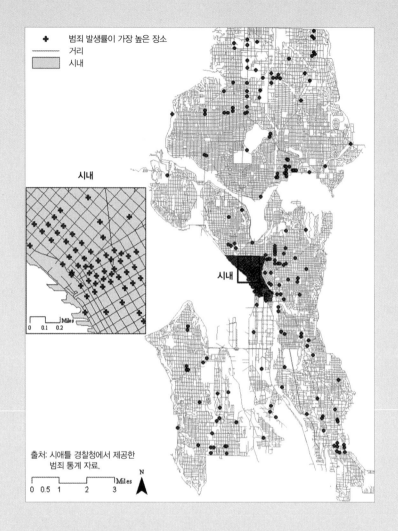

시애틀에는 열악한 **동네**가 있는 게 아니라 도시 곳곳에 점점이 박힌 소수
의 문제적 **블록**이 있다. 이런 문제적 블록들과 나머지 지역의 차이는 무엇일
까? 뒤죽박죽 섞인 요인들이 조합해서 작용한다. 범죄 빈발 지점은 간선도로
에 접해 있고, 공터가 있으며, 버스 정류장이 있고, 투표하지 않는 주민이 거
주하며, 학교 같은 공공시설에서 가까울 가능성이 크다. 변수(일부는 충분

히 파악되었지만 다수는 아직 제대로 파악되지 않았다)의 목록은 계속 이어진다. 그리고 이 변수 대부분은 상당히 안정적이기 때문에 이 블록들은 시간이 흘러도 크게 변하지 않는다. David Weisburd et al., "Understanding and Controlling Hot Spots of Crime: The Importance of Formal and Informal Social Controls," *Prevention Science* 15, no. 1(2014): 31-43, doi:10.1007/s11121-012-0351-9의 '그림 2'를 참조하라. 이 지도는 1989년부터 2004년까지 시기에 발생한 범죄를 보여준다. 범죄와 장소에 관한 와이스버드의 연구와 관련된 더 자세한 내용으로는 David Weisburd et al., *The Criminology of Place: Street Segments and Our Understanding of the Crime Problem*(Oxford: Oxford University Press, 2012)와 David Weisburd et al., *Place Matters: Criminology for the Twenty-First Century*(New York: Cambridge University Press, 2016)를 참조하라.

2018년 와이스버드를 만나고 오래지 않아 그는 내가 자신의 동료인 클레어 화이트와 하루를 같이 보낼 수 있게 주선해주었다. 두 사람은 2012년 이래 볼티모어에서 수백만 달러가 투입된 '범죄 빈발 지점' 조사 프로젝트를 진행하고 있었다. 도시 전역의 450개 거리 구역을 연구하는 프로젝트였다. "범죄가 매우 집중된다는 사실이 점차 확실히 확인되는 중입니다." 화이트가 설명했다. "와이스버드는 우리에게 상이한 유형의 통계자료를 가지고 수많은 도시 전체에서 그런 사실을 보여줬습니다. 중요한 질문은 왜 그러한가 하는 겁니다. 이 장소들은 무엇 때문에 그와 같은 높은 범죄 집중도를 보이는 걸까요?" 화이트와 와이스버드는 학생 인터뷰 진행자 40명을 채용했다. 그리고 그들을 매일 보내서 이 450개 구역의 상태를 기록하게 했다. 주민들에게서 최대한 많은 정보를 수집해달라고 주문했다. "우리는 이른바 집합적 효능collective efficacy 〔공동체 성원들이 공동체에 속한 개인이나 집단의 행동을 통제하는 능력), 즉 개입 의지에 관해 질문을 합니다." 화이트가 말했다. "만약 애들이 주차된 차에 기어 올라가는 일이 벌어지면 당신 이웃들은 얼마나 기꺼이 한마디를 하려고 합니까? 만약 지역 소방서가 폐쇄될 예정이라면, 당신 이웃들은 그것을 막기 위해 얼마나 기꺼이 행동에 나섭니까? 신뢰뿐만 아니라 이런 식의 의지가 필요합니다. 당신은 이웃들을 신뢰합니까? 이웃들과 동일한 가치를 공유하나요? 경찰에 관한 질문도 있습니다. 경찰이 당신을 공정하게 대한다고 생각하십니까? 경찰관이 사람들을 존중하며 대한다고 생각하십니까?"

비교를 위해서, 이 거리 구역 가운데 일부는 '범죄 안심 지점cold spot', 즉 1년에 경찰 신고가 네 건 이하인 블록으로 설정했다. 범죄 빈발 지점은 1년에 경찰 신고가 열여덟 건 이상인 곳이다. 볼티모어가 18세기 도시임을 유념하자. 블록이 무척 짧다는 뜻이다. 따라서 걸어서 1분도 안 걸리는 거리 구역에서 최소한 열여덟 건의 경찰 신고가 있었다는 뜻이다. 화이트는 연구에서 다룬 거리 가운데 일부는 1년에 출동 요청 전화가 600건이 넘었다고 말했다. 와이스버드가 이야기한 범죄 집중 법칙이다. 대부분의 거리는 한 건도 없다. 몇 안 되는 거리가 사실상 지역에서 발생하는 모든 범죄의 근거지다.

화이트와 나는 시내에서 멀지 않은 웨스트볼티모어에서 순회를 시작했다. "여기가 범죄율이 아주 높은 지역으로 악명 높죠. 프레디 그레이가 체포되어 폭동이 벌어진 곳입니다." 화이트가 2015년에 아프리카계 미국인 청년이 의심스러운 상황에서 경찰에 구금된 상태로 사망해서 결국 성난 항의시위가 벌어진 사건을 거론했다. "〈더 와이어The Wire〉라는 드라마를 보면 항상 웨스트볼티모어에 관해 이야기하죠." 지역은 오래된 동북부 도시의 전형적인 모습이다. 거리가 좁고 붉은 벽돌 타운하우스가 늘어서 있다. 일부 블록은 젠트리피케이션이 진행됐지만 나머지는 그렇지 않다. "걷다 보면 좋은 동네라는 느낌이 드는 데가 많이 있을 겁니다. 그렇죠? 편안한 느낌이 들죠." 화이트가 동네 중심부를 차로 관통하면서 말했다. "그런데 모퉁이를 돌면 사방에 문과 창문을 판자로 막아놓은 거리가 나오죠. 유령도시예요. 거리에 사는 사람이 있는지 궁금할 정도죠."

화이트는 연구 중인 첫 번째 거리 구역으로 나를 데려가서 차를 주차했다. 그곳이 범죄 빈발 지점인지 안심 지점인지 맞춰보라고 했다. 모퉁이에는 멋들어진 19세기풍 교회가 있었고, 그 뒤에는 작은 공원이 눈에 들어왔다. 블록은 우아한 유럽식 균형미가 있었다. 태양이 밝게 빛났다. 나는 안심 지점임이 분명하다고 말했다. 화이트가 고개를 가로저었다. "여기는 폭력이 난무하는 거리예요."

화이트가 계속 차를 몰았다.

때로는 거리의 정체성이 분명했다. 한쪽 끝에는 술집이 있고 다른 쪽 끝에는 슬릭 릭의 보석보증Slick Rick's Bail Bonds 사무소가 있는 지저분한 블록은 겉모습 그대로였다. 범죄와 마약으로 악명 높은 이중 범죄 빈발 지점이었다. "아주 분명한 곳들이 있죠, 그렇죠?" 화이트가 물었다. "차에서 내리기만 하면 거리에 있던 사람들이 경찰이 출동했다는 자기들 암호를 외치기 시작하죠." 화이트가 웃음을 터뜨렸다. "그런 식일 때 현장 연구자들하고 같이 나가는 게 좋아요. '저게 바로 **우리**가 거리에 출현했다는 암호랍니다.'" 일단 화이트의 현장 연구자들이 백주 대낮에 총격전 한가운데에 놓이게 되면, 그 구역의 정체는 명명백백해졌다.

하지만 몇몇 지저분한 거리는 완벽할 정도로 괜찮았다. 특히 황량하게 뻗은 거리에 들어서자 우리는 작은 오아시스를 만났다. 가지런히 깎은 잔디밭과 얼마 전에 페인트칠을 한 집들이 늘어선 거리 구역 두 개가 이어졌다. 빈 건물에는 창문에 요한복음 14장 2절과 3절을 인용한 표지판이 붙어 있었다. "내 아버지의 집에는 있을 곳이 많다." 기능과 기능장애의 아이러니한 증거를 힐끗 보았다고나 할까?

나는 화이트에게 거리 구역의 상태를 좌우하는 요인이 무엇인지 설명해달라고 요청했다. 보통은 화이트도 설명하지 못했다. "바로 그거예요." 화이트가 말했다. "환경이 언제나 현재 상황을 말해주는 건 아니죠. 우리가 진행한 예비 연구에서 선정한 한 거리는 폭력이 난무하는 범죄 빈발 지점이었어요. 경찰관과 의사가 이런 식의 반응을 보였죠. '여기가 폭력이 난무하는 범죄 빈발 지점이라니 말도 안 돼요.' 모든 주택이 잘 관리되는 곳이에요. 이렇게 아름다운 거리고요. 제가 가서 확인해보았습니다. 우리는 데이터에 뭔가 잘못된 것 같다고 생각했죠. 경찰관이 폭력이 난무하는 범죄 빈발 지점이라니 말이 안 된다고 하는데, 그런 지점이더라고요. 항상 식별할 수 있는 건 아닙니다."

오후 동안 클레어 화이트와 볼티모어를 차로 돌아보면서 얻은 교훈은 낯선 사람에 관해 실수를 저지르기가 정말 쉽다는 것이었다. 볼티모어는 살인율이 전국 평균보다 몇 배 높은 도시다. 세상에서 가장 단순한 것은 빈 건물과 가난과 암호를 외치는 마약 거래상을 보면서 그 지역과 거기 사는 모든 사람을 실패작으로 치부하는 일이다. 하지만 범죄 집중 법칙의 요점은 '그런 지역'에 있는 거리 대부분이 더없이 훌륭하다는 것이다. 범죄 빈발 **지점**은 지점이지 지역이 아니다. 화이트는 볼티모어의 평판에 관해 이야기했다. "우리는 모든 나쁜 사람들에게 초점을 맞추지만 사실 대부분은 좋은 사람들입니다." 익숙하지 않은 대상에 대한 우리의 무지가 공포를 키운다.

23 Sylvia Plath, *The Bell Jar*(London: Faber and Faber, 1966), pp. 175, 179, 181.

24 Kyla Thomas and David Gunnell, "Suicide in England and Wales 1861-2007: A time trends analysis," *International Journal of Epidemiology* 39, issue 6 (2010): 1464-75, https://doi.org/10.1093/ije/dyq094에 있는 '그림 3'을 참조하라.

25 Anne Sexton, "The Barfly Ought to Sing," *TriQuarterly* no. 7(1996): 174-75, Diane Wood Middlebrook, *Anne Sexton: A Biography*(New York: Houghton Mifflin, 1991), p. 107에서 재인용. 다음 부분도 미들브룩의 전기에서 인용한 것이다. "자살할 기분만 들면 (…) ," p. 165; "섹스턴은 손가락에서 반지를 (…) 느껴질 것이었다," "놀라는 이는 아무도 없었다," p. 397; "어니스트 헤밍웨이가 (…) 어떤 짓이든 할 거예요." "여자의 해결책," "실비아의 죽음에 너무 매혹됐어요." "잠자는 숲속의 공주," 모두 p. 216.

26 와이스버드의 저지시티 지도: David Weisburd et al., "Does Crime Just Move Around the Corner? A Controlled Study of Spatial Displacement and Diffusion of Crime Control Benefits." *Criminology* 44, no. 3(08, 2006): 549-92. doi: http://dx.doi.org.i.ezproxy.nypl.org/10.1111/j.1745-9125.2006.00057.x에 실린 '그림 2'를 참조하라.

27 "Lethality of Suicide Methods," Harvard T. H. Chan School of Public Health, January 6, 2017, https://www.hsph.harvard.edu/means-matter/means-matter/case-fatality(2019년 3월 17일 접속).

28 Anne Sexton, "The Addict," in *The Complete Poems*(New York: Open Road Media, 2016), p. 165.

29 1975년 이후 일산화탄소 중독으로 인한 자살이 얼마나 감소했는지 보라. 도시가스 시대가 끝날 때 영국 자살 건수에 관한 도표와 흡사하다. Neil B. Hampson and James R. Holm, "Suicidal carbon monoxide poisoning has decreased with controls on automobile emissions," Undersea and Hyperbaric Medical Society, Inc. 42(2): 159-64, March 2015에 실린 '그림 4'를 참조하라.

11 | 도시의 범죄

1 처음 예방 순찰을 실험했을 때 윌슨은 캔자스주 위치토의 경찰청장이었다. 그는 후에 시카고에서도 경찰청장이 되었다.

2 George Kelling et al., "The Kansas City Preventive Patrol Experiment: A Summary Report"(Washington, DC: Police Foundation, 1974), p. v, https://www.policefoundation.org/wp-content/uploads/2015/07/Kelling-et-al.-1974-THE-KANSAS-CITY-PREVENTIVE-PATROL-EXPERIMENT.pdf.

3 Alan M. Webber, "Crime and Management: An Interview with New York City Police Commissioner Lee P. Brown," *Harvard Business Review* 63, issue 3(May-June 1991): 100, https://hbr.org/1991/05/crime-and-management-an-interview-with-new-york-city-police-commissioner-lee-p-brown.

4 George Bush, "Remarks to the Law Enforcement Community in Kansas City, Missouri," January 23, 1990, in *George Bush: Public Papers of the Presidents of the United States*, January 1-June 30, 1990, p. 74.

5 캔자스시티의 144순찰구역에 관한 설명은 Lawrence Sherman et al., "The Kansas City Gun Experiment," National Institute of Justice, January 1995, https://www.ncjrs.gov/pdffiles/kang.pdf에서 가져온 것이다. 새로운 전략

으로 144순찰구역의 총기 범죄가 절반으로 줄어들다, Exhibit 4, p. 6; 200일 동안 진행된 총기 실험의 통계자료, p. 6.

6 James Shaw, "Community Policing Against Crime: Violence and Fire-arms" (PhD dissertation, University of Maryland College Park, 1994), p. 118; "다른 많은 도심 동네 주민과 마찬가지로 아무것도 볼 수 없다," pp. 122-23; 캔자스시티에서 7개월 동안 진행된 총기 실험의 통계자료, p. 136; "총기를 발견한 경찰관은 (…) '오늘 밤에는 한 건 하겠지!'," pp. 155-56.

7 가령 그런 장애에 대처하기 위해 갤러거는 온갖 술수를 개발했다. 그와 파트너는 총을 갖고 있다고 생각되는 사람에게 다가가곤 했다. 그 사람을 구석으로 몰아세워서 약간 방어적인 느낌이 들게 했다. 그러고는 갤러거가 신분을 밝혔다. **나는 경찰관입니다.**

"총을 가진 남자를 멈춰 세우면 100명 중 99명이 똑같은 행동을 합니다." 갤러거가 몇 년 전에 한 기자에게 한 말이다. "총이 있는 쪽을 당신과 반대 방향으로 돌리는 겁니다, 몇 인치 거리를 두거나 엉덩이를 잽싸게 돌리거나 아니면 그 중간쯤으로요. 그러면 손하고 팔이 자연스럽게 총이 있는 방향으로 향하거든요." 본능적인 방어 동작이다. "그 순간이면 총을 꺼내 들거나 잘 감춰두려고 셔츠 밑으로 손이 가는지 알아보기 위해 기다릴 필요도 없습니다." 그가 말했다. "그 순간이면 몸수색을 할 수 있는 권리를 자동적으로 갖게 되거든요." Erik Eckholm, "Who's Got a Gun? Clues Are in the Body Language," *New York Times*, May 26, 1992, https://www.nytimes.com/1992/05/26/nyregion/who-s-got-a-gun-clues-are-in-the-body-language.html.

8 David A. Harris, "Driving While Black and All Other Traffic Offenses: The Supreme Court and Pretextual Traffic Stops," *Journal of Criminal Law and Criminology* 87, issue 2(1997): 558, https://scholarlycommons.law.northwestern.edu/cgi/viewcontent.cgi?article=6913&context=jclc.

9 *Heien v. North Carolina*, 135 S. Ct. 534(2014), https://www.leagle.com/decision/insco20141215960.

10 Fox Butterfield, "A Way to Get the Gunmen: Get the Guns," *New York Times*, November 20, 1994, https://www.nytimes.com/1994/11/20/us/a-way-to-get-the-gunmen-get-the-guns.html.

11 Don Terry, "Kansas City Police Go After Own 'Bad Boys,'" *New York Times*, September 10, 1991, https://www.nytimes.com/1991/09/10/us/kansascity-police-go-after-own-bad-boys.html.

12 2000년대 초반 노스캐롤라이나주에서 차량 검문 건수가 증가한 상황에 관해서는 Deborah L. Weisel, "Racial and Ethnic Disparity in Traffic Stops in North Carolina, 2000-2001: Examining the Evidence," North Carolina Association of Chiefs of Police, 2014, http://ncracialjustice.org/wp-content/uploads/2015/08/Dr.-Weisel-Report.compressed.pdf를 참조하라.

13 와이스버드의 예전 학생 중 한 명인 바라크 아리엘은 심지어 북아일랜드 데리 지역에서 결합 개념에 대한 저항을 시험해보기까지 했다. 데리의 경찰관들에게 담당 순찰구역 가운데 자기가 생각하기에 경찰을 추가로 투입할 필요가 있는 특정한 문제 있는 구역을 확인해달라고 묻는다. 그들의 예측은 '도로표지'라고 불린다. 아리엘은 궁금했다. 경찰관들의 도로표지는 데리에서 실제로 범죄가 일어나는 범죄 빈발 지역과 얼마나 밀접하게 일치할까? 당신도 추측할 수 있을 것이다. "'도로표지'에 포함된 거리의 대다수는 '빈발' 지역도 '유해' 지역도 아니어서 결국 위양성률false positive rate(그릇된 양성 판정 비율. 가령 의학적 1차 검사에서 양성 반응이 나왔지만 2차 검사에서 잘못된 진단으로 밝혀진 경우를 말한다)이 97퍼센트가 넘었다"라고 아리엘은 결론지었다. 무슨 말이냐 하면, 경찰관들이 위험하고 폭력이 난무하는 곳이라고 확인한 블록의 97퍼센트가 전혀 위험하고 폭력적이지 않았다는 것이다. 이런 도로표지를 작성한 경찰관들은 거리의 직접적인 경험과 동떨어져 책상 앞에 앉아 있는 이들이 아니었다. 자기들 담당 구역을 판단한 것이었다. 자신들이 범죄를 수사하고 범인을 잡은 곳이었다. 하지만 어쨌든 그들은 자신들이 체포하는 낯선 사람들의 장소에서 기본적인 패턴을 읽지 못했다. E. Macbeth and B. Ariel, "Place-based Statistical Versus Clinical Predictions of Crime Hot

Spots and Harm Locations in Northern Ireland," *Justice Quarterly* (August 2017): 22, http://dx.doi.org/10.1080/07418825.2017.1360379.

12 | 당신이 샌드라 블랜드를 만났을 때

1 Nick Wing and Matt Ferner, "Here's What Cops and Their Supporters Are Saying about the Sandra Bland Arrest Video," *HuffPost*, July 22, 2015. https://www.huffingtonpost.com/entry/cops-sandra-bland-video_us_55afd6d3e4b07af29d57291d.

2 Texas Department of Public Safety General Manual, Chapter 5, Section 05.17.00, https://www.documentcloud.org/documents/3146604-DPSGeneralManual.html.

3 교통안전청의 건초더미 수색: DHS Press Office, "DHS Releases 2014 Travel and Trade Statistics," January 23, 2015, https://www.dhs.gov/news/2015/01/23/dhs-releases-2014-travel-and-trade-statistics(2019년 3월 접속).

4 "위반 딱지를 넘어서 나아가야 한다"를 비롯한 렘스버그의 말 인용: Charles Remsberg, *Tactics for Criminal Patrol: Vehicle Stops, Drug Discovery, and Officer Survival*(Northbrook, Ill.: Calibre Press, 1995), pp. 27, 50, 68. 다음의 인용문도 출처는 같다. "프로파일링이나 평계를 이유로 (…) 습관적인 패턴의 일부임을 증명할 수 있다," p. 70; "은밀한 조사", "조용히 상대의 이야기와 (…) 가능성이 커진다," p. 166; "오늘날 많은 경찰관이 (…) 적응하려고 노력한다," pp. 83-84.

5 *Heien v. North Carolina*, 135 S. Ct. 534(2014), https://www.leagle.com/decision/insco20141215960.

6 Gary Webb, "DWB: Driving While Black," *Esquire* 131, issue 4(April 1999): 118-27. 웹의 논문은 실제로 점차 활용되는 캔자스시티 단속 기법을 기록한 첫 번째 글이었다. 논문은 뛰어나면서도 으스스하다. 어느 순간 그는 특히 적극적인 예방 수색 주창자인 플로리다주의 보걸이라는 경찰관과 함께

앉아 있다. 보걸은 잠재적 범죄자를 점찍는 자신의 육감을 자랑스러워했다. 웹은 다음과 같이 기록한다. "보걸은 다른 지표들은 '귀걸이나 코걸이, 눈썹걸이 같은 장식품이라고 말했다. 그런 것들은 범죄에 관여하는 사람들에게 흔한 특징이다. 문신, 특히 마리화나 잎 문신도 그런 장식품과 항상 같이 다닌다.' 범퍼 스티커도 운전자의 정신상태에 대한 느낌을 준다. '데드헤드 스티커(1980년대에 록그룹 그레이트풀데드의 팬들이 붙이고 다니던 스티커로 그 이후로도 꾸준히 인기가 있다)는 거의, 그런 차를 타고 다니는 사람들은 거의 언제나 마약과 관련이 있다.'"

잠시 숨 좀 고르자.

7 *Los Angeles Times* Staff, "Citations by Trooper Brian Encinia," *Los Angeles Times*, August 9, 2015, http://spreadsheets.latimes.com/citations-trooper-brian-encinia/.

8 이 부분을 비롯해 엔시니아와 렌프로 사이에 오간 질의응답: Interview with Cleve Renfro(Texas Department of Public Safety Lieutenant), October 8, 2015. Audio obtained by KXAN-TV of Austin, https://www.kxan.com/news/investigations/trooper-fired-for-sandra-bland-arrest-my-safety-was-in-jeopardy/1052813612(2019년 4월 접속).

9 Texas Transportation Code, Title 7: Vehicles and Traffic, Subtitle C: Rules of the Road, Chapter 545: Operation and Movement of Vehicles, Sections 104, 105, p. 16, https://statutes.capitol.texas.gov/?link=TN.

10 물론 블랜드가 그렇게 화난 것도 이 때문이다. "나한테 딱지를 끊는다니 무슨 헛소린가 싶어요. 나는 차선을 비켜준 거예요. 당신이 속도를 내면서 나를 따라와서 한쪽으로 옮겼는데 나를 세운 거잖아요." 이게 무슨 말일까? 경찰차가 블랜드 뒤에서 속도를 높이면서 다가왔다. 블랜드는 여느 운전자가 하는 것처럼 방해가 되지 않게 비켜주었다. 그런데 이제 차선을 바꾸게 만든 그 경찰관이 부적절하게 차선 변경을 했다는 이유로 딱지를 발부하고 있다. 엔시니아는 위반을 **유발했다**.

11 John E. Reid et al., *Essentials of the Reid Technique: Criminal Investiga-*

tion and Confessions(Sudbury, Mass.: Jones and Bartlett Publishers, 2005), p. 98.

리드 매뉴얼에는 솔직히 말해서 말도 되지 않는 거짓말 탐지에 관한 주장이 가득하다. 가령 리드 '시스템'은 조사관들에게 비언어적 단서에 주의를 기울이라고 가르친다. 이런 단서는 용의자가 말하는 내용을 '증폭하는' 효과가 있다는 것이다. 비언어적 단서란 자세와 손짓 등을 가리킨다. 매뉴얼 93쪽에서 말하는 것처럼, "여기서 '말보다 행동이 중요하다', '진실을 말하고 있다면 내 눈을 똑바로 보라'와 같은 진부한 표현이 나온다."

이런 주장을 반박하는 온갖 과학 논문을 차곡차곡 쌓는다면 아마 달까지 갈 것이다. 여기 내가 가장 좋아하는 비판 중 하나가 있다. 털리도대학 범죄학자인 리처드 R. 존슨이 제기한 것이다. 존슨의 연구는 다음 자료에서 찾을 수 있다. "Race and Police Reliance on Suspicious Non-Verbal Cues," *Policing: An International Journal of Police Strategies and Management* 30, no. 2(June 2007): 277-90.

존슨은 과거로 돌아가서 30분짜리 텔레비전 다큐멘터리 〈캅스Cops〉의 예전 화들을 보았다. 당신도 이 프로그램이 기억날 것이다. 1989년에 시작되어 지금도 방영되는 이 프로그램은 미국 텔레비전 역사상 최장수 프로그램으로 손꼽힌다. 촬영팀이 경찰관과 함께 차를 타고 다니면서 그 특정 근무조에서 벌어지는 모든 일을 시네마베리테 스타일로 내레이션 없이 촬영한다. (전형적인 〈캅스〉 프로그램에서 당신이 보는 장면이 심하게 편집된 것이라는 사실은 쉽게 망각되지만, 묘하게 눈을 뗄 수 없다. 경찰관들이 그렇게 눈코 뜰 새 없이 바쁘지는 않다.) 존슨은 〈캅스〉의 예전 화 480편을 보았다. 그러면서 경찰관과 시민이 대화를 나누는 중에 시민의 상반신이 60초 이상 촬영된 장면을 찾았다. 그런 장면이 452건이었다. 그다음으로, 프로그램에서 제공된 정보를 바탕으로 이 장면들을 '무죄'와 '용의자'로 나누었다. 방금 전에 집에 도둑이 든, 아이를 안은 어머니는 무죄인가 용의자인가? 경찰을 보는 순간 냅다 도망쳤는데, 가방 안에서 그 여자의 보석이 발견된 10대는? 계속해서 존슨은 인종(백인, 흑인, 히스패닉)에 따라 이 장면들을 다시 하위 분류로 나누었다.

여기서 이른바 태도 단서에 관한 연구가 작은 산처럼 많다는 사실을 지적해야겠다. 하지만 존슨의 연구가 특별한 것은 대학 심리학 연구실에서 진행된 게 아니라는 사실이다. 실제 세계에서 진행된 연구다.

많은 경찰관이 가장 중요한 태도 단서라고 생각하는 것, 즉 시선 접촉부터 살펴보자. 리드 기법의 훈련 매뉴얼(법집행 업무에서 가장 널리 사용된다)은 이 점에 대해 분명하다. 거짓말을 하는 사람은 딴 데를 본다는 것이다. 진실을 말하는 용의자는 시선 접촉을 유지한다.

그렇다면 존슨이 〈캅스〉에 등장하는 실제 세계의 대화에 비추어 이 관점을 검토할 때 무엇이 발견될까? 무죄인 사람들은 유죄인 사람들보다 경찰관의 눈을 바라볼 가능성이 더 큰가? 존슨은 화면에서 1분당 눈을 맞추는 총 시간을 초 단위로 계산했다. 사실 완전히 무죄인 흑인들은 범죄 용의자인 흑인들에 비해 경찰관의 눈을 바라볼 가능성이 **적다**. 이제 백인들을 살펴보자.

여기서 주목해야 하는 첫 번째 사실은 〈캅스〉에 등장하는 백인들이, 하나의 집단으로 볼 때, 흑인들에 비해 경찰관의 눈을 훨씬 더 많이 바라본다는 것이다. 실제로 범죄 용의자인 백인들은 전체 네 집단(백인, 흑인, 히스패닉 전체 '세 집단'의 오기로 보인다) 중에서 가장 오랫동안 경찰관의 눈을 바라본다. 만약 어떤 사람의 신뢰성을 해석하는 단서로 시선 회피를 사용한다면, 백인보다 흑인을 훨씬 더 의심하게 될 것이다. 설상가상으로 **완전히 무죄**인 아프리카계 미국인을 가장 의심하게 될 것이다.

자, 좋다. 그러면 얼굴 표정을 살펴보자. 리드 기법은 경찰관들에게 얼굴 표정이 용의자의 내면 상태에 대한 유의미한 단서를 줄 수 있다고 가르친다. 내가 발각됐나? 금방 발각될까? 매뉴얼은 다음과 같이 언급한다.

"표정이 변화한다는 단순한 사실만으로도 진실하지 않음을 의미할 수 있다. 반면 그와 같은 변화가 없으면 진실하다는 의미가 될 수 있다"(Reid et al., *Essentials of the Reid Technique*, p. 99).

사람이 유죄이거나 진실을 말하지 않고 둘러댈 때 웃음이 많아진다는 통념의 한 형태다. 경찰관들을 상대로 한 설문조사 내용을 보면, 법집행 종사자들은 '빈번한 웃음'을 뭔가 문제가 있다는 표시로 보는 데 매우 익숙하다. 포커의 언어를 사용하자면, 그런 웃음은 '실마리'로 간주된다. 여기 존슨이 〈캅스〉에 등장하는 웃음을 분석한 내용이 있다. 이번에 나는 히스패닉들에 관한 존슨의 통계자료도 포함했다.

이번에도 역시 많은 경찰관이 의존하는 경험 법칙은 정확히 반대로 알고 있다. 가장 많이 웃음을 짓는 사람들은 무죄인 아프리카계 미국인들이다. 가장 적게 웃는 사람들은 히스패닉 용의자들이다. 이 도표에서 끌어낼 수 있는 가장 이치에 맞는 결론은 〈캅스〉에 등장하는 흑인은 많이 웃고, 백인은 약간 덜 웃으며, 히스패닉은 전혀 많이 웃지 않는다는 것이다.

한 번 더 해보자. 이번에는 멈칫거리는 말투다. 만약 누군가 자기 행위를 해명하려고 하는데 계속 불안하게 말을 멈췄다가 다시 한다면, 우리는 그런 모습을 회피나 기만의 표시로 간주한다. 과연 그럴까? 그렇다면 〈캅스〉의 통계자료는 무엇을 말해줄까?

아프리카계 미국인 용의자는 유창하게 말한다. 무죄인 히스패닉은 불안하게 헛기침을 하고 우물거린다. 만약 당신이 리드 매뉴얼에서 말하는 대로 한다면, 결국 무고한 히스패닉 사람들을 가두고 유죄인 아프리카계 미국인들에게 우롱당할 것이다.

그렇다면 경찰관들을 위해 더 명확하고 구체적인 일단의 해석 규칙을 만들면 될까? **술술 말하는 흑인을 조심하라. 웃지 않는 백인은 나쁜 짓을 꾸미는 것이다.** 천만의 말씀이다! 존슨이 밝혀낸 엄청나게 많은 변수 때문에 그런 규칙도 무용지물이다.

예를 들어, 그런 평균을 구성하는 응답의 범위를 한번 살펴보자. 무죄인 아프리카계 미국인의 경우에 눈맞춤 시간은 7초에서 49.41초까지 다양했다. 거의 전혀 눈을 맞추지 않는 무죄인 아프리카계 미국인이 있고, 또한 눈맞춤을 많이 하는 무죄인 흑인도 있다. 무죄인 흑인의 웃음 횟수 범위는 0부터 13.34회까지다. **많이** 웃는 무죄인 흑인이 있다. 1분당 13.34회 웃는다. 하지만 또한 전혀 웃지 않는 무죄인 흑인도 있다. 무죄인 백인의 '불안한 말투' 범위는 0.64에서 9.68에 걸쳐 있다. 불안한 10대처럼 헛기침을 하고 우물거리는 백인이 있고, 또한 윈스턴 처칠처럼 유창하게 말하는 백인이 있다. 유일한 현실적인 교훈은 언제, 얼마나 많이 웃음을 짓는지, 눈을 맞추는지, 또는 얼마나 유창하게 말하는지 등의 문제에 관한 한 사람들이 지도 전체에 걸쳐 있다는 것이다. 그리고 그런 행동에서 어떤 일정한 패턴을 찾아내려는 시도는 불가능하다.

여기서 잠깐! 리드 기법의 커다란 단서 중 하나를 빼먹었다. 손을 보라는 것이다!

"응답 중에 대상자의 손은 세 가지 가운데 한 동작을 할 수 있다. 아무 관여도 하지 않은 채 움직임이 없을 수 있는데, 이는 대상자가 자신이 말로 하는 대답에 확신이 없거나 아주 중요하다고 인식되는 어떤 것에 관해 이야기하지 않고 있다는 표시일 수 있다. 손이 몸에서 떨어지면서 손짓을 할 수 있는데, 이는 그림 그리기illustrating라고 불린다. 마지막으로, 손이 몸의 일부와 닿을 수 있는데, 이는 적응자 행동adaptor behavior이라고 지칭된다(Reid et al., p. 96)."

다음은 손동작이 진실성에 관한 우리의 이해에 어떻게 기여하거나 기여하지 않는지에 관한 설명이다. 리드 기법은 손동작에 어떤 패턴이 있다고 가정한다. 정말 그럴까? 여기 존슨의 손동작 통계자료가 있다. 이번에는 응답의 범위를 포함했다. 최단 시간 반응은 두 번째 줄이고 최장 시간 반응은 세 번째 줄이다. 한번 살펴보자.

만약 당신이 이 수치들을 이해할 수 있다면, 나보다 똑똑한 게 분명하다.

1분당 손짓	평균 시간(초)	최단 시간(초)	최장 시간(초)
아프리카계 미국인 / 무죄	28.39	00.00	58.46
아프리카계 미국인 / 용의자	23.98	00.00	56.00
백인 / 무죄	07.89	00.00	58.00
백인 / 용의자	17.43	31.00	56.00
히스패닉 / 무죄	22.14	23.00	57.00
히스패닉 / 용의자	31.41	13.43	53.33
전체 표본	23.68	00.00	58.46

그런데 리드 기법의 온갖 강박관념 중에서 가장 이상한 것은 이런 것이다. "구두 응답과 관련하여 일어나는 발구르기 행동상의 변화(갑자기 시작하는

것이든 갑자기 멈추는 것이든)는 거짓말을 하고 있음을 보여주는 중요한 지표일 수 있다. 발은 '의자에 앉은 자세 바꾸기'라고 불리는 중요한 자세 변화와도 관련된다. 이 행동으로 대상자는 발을 딛고서 말 그대로 몸을 위로 당기면서 새로운 자세를 취하기 위해 의자에서 약간 엉덩이를 든다. 이런 식으로 의자에서 크게 움직이는 것은 대상자가 말로 응답하기 직전에 이루어지거나 동시에 이루어질 때 거짓말을 하고 있다는 좋은 지표다"(Reid et al., *Essentials of the Reid Technique*, p. 98).

뭐라고? 공교롭게도 바로 내가 끊임없이 불안한 것처럼 한쪽 발을 까부는 사람이다. 흥분하거나 뭔가에 몰두할 때, 또는 커피를 너무 많이 마셔서 신경이 곤두설 때 발을 까분다. 도대체 이런 행동이 내가 진실을 말하는지 여부와 무슨 관계가 있을까?

리드 기법에서 한 가지 더 살펴보자. 브라이언 갤리니의 탁월한 법률 평론 논문에서 한 구절 인용하기만 하면 된다. Brian Gallini, "Police 'Science' in the Interrogation Room: Seventy Years of Pseudo-Psychological Interrogation Methods to Obtain Inadmissible Confessions," *Hastings Law Journal* 61 (2010): 529. 이 구절은 솔 캐신과 크리스티나 퐁이 수행한 연구에 대한 설명이다. Saul Kassin and Christina Fong: "'I'm Innocent!': Effects of Training on Judgments of Truth and Deception in the Interrogation Room," *Law and Human Behavior* 23, no. 5(October 1999): 499-516.

더욱 중요한 점으로, 캐신과 퐁 교수는 리드 기법에 따라 조사를 받는 한 참가자 그룹을 영상으로 촬영해서 그들이 가짜 범죄를 저질렀는지 확인했다. 일부 성원이 리드 기법 훈련을 받은 두 번째 참가자 그룹은 이 동영상을 보면서 ① 각 대상자의 유죄·무죄 여부 ② 유죄나 무죄 평가에 대한 확신에 관해 의견을 말했다. 결과는 충격적인 만큼이나 예측 가능한 것이었다. 첫째, 판단의 정확도는 우연에 비견할 만한 수준이었다. 둘째, "언어 및 비언어적 단서 사용에 대한 훈련을 받았다고 해서 판단의 정확성이 향상되지 않았다." 훈련이 판단의 정확성을 향상하는 데 아무 도움도 되지 않은 이유를 설명하려고 시도하면서 저자들은 예리하게 언급했다. "이와 동일한 단서들이 범죄자와 범죄를 저질렀다고 고발당한 무고한 사람을 믿을 만하게 식별해준다는 가정을 뒷받침하는 확실한 경험적 근거는 전혀 없다."

마지막으로, 저자들은 참가자들이 유죄나 무죄 판단에서 스스로 과신한다고 보고했다. 다시 저자들의 말을 들어보자.

우리는 판단 과제 이전이나 이후, 또는 그 중간 어느 시점에서 확신 정도를 측정하든 간에 훈련받은 참가자와 일반인 참가자 모두에서 판단의 정확성과 확신 사이에 상당한 상관관계가 없다는 사실을 발견했다. 이 영역에서 메타인지meta-cognitive 문제를 추가로 보여주는 것은 확신 등급이 판단의 근거로 표명되는 이유들(리드 기법에 근거한 이유들 포함)의 수와 양의 상관관계가 있었다는 점이다. 그런데 이 수는 정확성을 예측해주지 못하는 또 다른 종속적 잣대다. 훈련은 특히 이 점에서 역효과를 미쳤다. 특히 훈련받은 사람들은 리드 기법을 전혀 모르는 사람들에 비해 진실과 거짓 판단에서 정확도가 떨어졌다. 하지만 그들은 자신감이 더 많고 그릇된 판단을 내린 이유를 더욱 분명히 표현했다.

12 "Sandy Speaks — March 1, 2015," YouTube, posted July 24, 2015, https://www.youtube.com/watch?v=WJw3_cvrcwE(2019년 3월 22일 접속).

13 미주리주 퍼거슨에 관한 법무부 보고서: United States Department of Justice Civil Rights Division, "Investigation of the Ferguson Police Department," March 4, 2015, https://www.justice.gov/sites/default/files/opa/press-releases/attachments/2015/03/04/ferguson_police_department_report.pdf.

14 아프리카계 미국인이 백인보다 차량 검문을 당할 가능성이 훨씬 크다는 상당한 증거가 있다. 결국 그릇된 양성 판정을 받는 특별한 모욕이 모든 시민에게 공정하게 돌아가지 않는다. 이미 다른 모욕을 겪는 일부 시민 집단에 집중되는 것이다. Charles R. Epp, Steven Maynard-Moody, and Donald Haider-Markel, *How Police Stops Define Race and Citizenship*(Chicago: University of Chicago Press, 2004).

15 노스캐롤라이나주 고속도로 순찰대 통계: "Open Data Policing: North Carolina," htps://opendatapolicing.com/nc/(2019년 3월 접속).

16 후에 런던 경찰청과 함께 진행한 프로젝트에서 경찰이 10대들 사이의 흉기 살인 물결을 억제하려고 했을 때, 셔먼은 순찰 경관들이 대화를 나누는 모든 사람에게 명함을 주어야 한다고 역설했다. "경찰관들은 때로 하룻밤에 500차 례나 검문을 했습니다." 셔먼의 말이다. "그러니까 멈춰 세운 사람들 한 명 한 명에게 이렇게 말하는 일종의 영수증을 준 셈이죠. '이게 내 이름이고, 배지 번호입니다. 제가 한 일에 대해 불만이나 질문이 있으시면 이 영수증으로 후속 조치를 하실 수 있습니다.'"

17 이 범죄 지도는 2013년부터 2017년까지 볼티모어에 소재한 범죄 통계 수집 기관인 스폿크라임이 수집한 월러 카운티의 통계자료를 반영한 것이다. 스폿 크라임은 각 지역 경찰청으로부터 통계자료를 구한다.

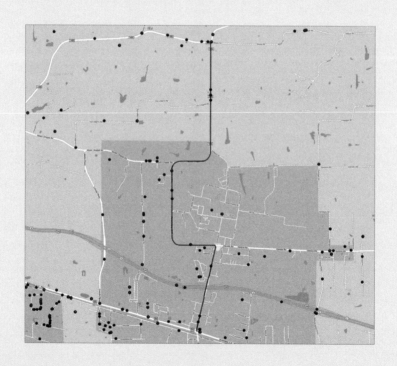

건초더미 수색 때문에 생겨나는 딜레마들에 관해 몇 마디 더 해보자. 대부분의 나라에서 중년 여성은 정기적으로 유방암 검사를 받도록 장려된다. 하지만 유방암은 사실 흔한 병이 아니다. 유방암 검사를 받는 여성 가운데 실제 유방암이 발견되는 환자는 0.5퍼센트 이하다. 유방암을 찾는 것은 따라서 일종의 건초더미 수색이다.

역학자 조안 엘모어는 최근에 이 수치가 무엇을 의미하는지를 계산했다. 한 그룹의 방사선과 의사들이 여성 10만 명을 대상으로 유방암 검사를 했다고 상상해보라고 엘모어는 말했다. 통계적으로 보면, 그 10만 명 중에서 유방암 환자가 480명 나와야 한다. 그런데 방사선과 의사들은 몇 명이나 발견할까? 398명이다. 내가 장담하건대, 유방 엑스선 사진을 판독하는 어려운 일을 놓고 보면 꽤 훌륭한 결과다. 하지만 이런 정확한 진단을 하는 과정에서 방사선과 의사들은 또한 8,957건의 그릇된 양성 판정을 내린다. 건초더미 수색이란 이런 식으로 작용된다. 누군가의 짐에서 흔하지 않은 총기를 찾으려고 한다면, 결국 수많은 헤어드라이어에 표시를 해야 한다.

이제 암을 발견하는 일을 더 잘하기를 원한다고 가정해보자. 어쩌면 480건 중 398건을 찾아내는 것은 충분히 만족스럽지 않을 것이다. 엘모어는 두 번째 계산을 했는데, 이번에는 추가적인 수준의 엘리트 훈련을 받은 방사선과 의사 그룹을 활용했다. 이 의사들은 매우 빈틈없고 의심이 많았다. 의학계의 브라이언 엔시니아들이라고나 할까. 그들은 480건 중에 422건을 정확히 확인했다. 훨씬 좋아졌다! 하지만 그렇게 의심을 추가하면서 그릇된 양성 판정이 얼마나 많이 생겼을까? 1만 947건이다. 완벽하게 건강한 또 다른 여성 2천 명이 갖고 있지도 않은 질병 판정을 받았고, 필요하지도 않은 치료에 잠재적으로 노출되었다. 고도로 훈련받은 방사선과 의사들은 종양을 발견하는 데 더 유능했지만, 그들이 더 정확해서가 아니었다. 그들이 더 유능한 것은 의심이 더 많았기 때문이다. 그들은 어디서나 암을 보았다.

자, 만약 당신이 여자라면, 어떤 그룹의 방사선과 의사들에게 엑스선 사진 판독을 맡기고 싶은가? 당신에게 암이 있는데 발견하지 못할 아주 작은 가능성과 암이 없는데도 있다고 진단받을 훨씬 높은 확률 가운데 어느 쪽이 더 걱정되는가? 이 질문에 정답은 없다. 사람마다 자기 건강과 위험성에 대해 각기 다른 태도를 취한다. 하지만 중요한 것은 이 수치들이 건초더미 수색에 관해 우리에게 가르쳐주는 교훈이다. 보기 드문 것을 찾으려면 대가를 치러야 한다.

다음의 저작권 자료를 사용하도록 허락해준 것에 감사한다.

- 팬암 미소와 뒤셴 미소 사진: Duchenne and non-Duchenne smiles. Reprinted by permission of Paul Ekman, Ph.D. / Paul Ekman Group, LLC.
- 분노 표정: "Anger" from Job van der Schalk et al., "Moving Faces, Looking Places: Validation of the Amsterdam Dynamic Facial Expression Set (ADFES)," *Emotion* 11, no. 4 (2011): 912. Reproduced by permission of author.
- 레이오스테리스 복합 도형: "Rey-Osterrieth Complex Figure," "Sample ROCF immediate recall drawings from the Pre/Post-stress groups," "Sample ROCF immediate recall drawings from the Stress Group," from Charles A. Morgan et al., "Stress-Induced Deficits in Working Memory and Visuo-Constructive Abilities in Special Operations Soldiers," *Biological Psychiatry* 60, no. 7 (2006): 722-29. Reproduced by permission of Dr. Charles A. Morgan III and Elsevier.
- 실비아 플라스의 시: Excerpts from "Edge" [6l.], "Lady Lazarus" [2], "A Birthday Present" [6] from *The Collected Poems of Sylvia Plath*, edited by Ted Hughes. Copyright © 1960, 1965, 1971, 1981 by the Estate of Sylvia Plath. Editorial material copyright © 1981 by Ted Hughes. Reprinted by permission of Harper Collins.
- 앤 섹스턴의 시: Excerpt from "The Addict," by Anne Sexton from *Live or Die* (Boston: Houghton Mifflin, 1966). Reprinted by permission of SLL/Sterling Lord Literistic, Inc. Copyright by Anne Sexton.

- 잉글랜드와 웨일스의 자살률 그래프: "Relation between gas suicides in England and Wales and CO content of domestic gas, 1960-77"; "Crude suicide rates (per 1 million population) for England and Wales and the United States, 1900-84"; "Suicides in England and Wales by domestic gas and other methods for females twenty-five to forty-four years old" from Ronald V. Clarke and Pat Mayhew, "The British Gas Suicide Story and Its Criminological Implications," *Crime and Justice* 10 (1988): 79-116. Reproduced by permission of Ronald V. Clarke, Pat Mayhew, and the University of Chicago Press.
- 저지시티 지도: Weisburd Jersey city map from David Weisburd, et al., "Does Crime Just Move Around The Corner? A Controlled Study of Spatial Displacement and Diffusion of Crime Control Benefits," *Criminology* 44, no. 3 (2006): 549-91. Reproduced by permission of David Weisburd and the American Society of Criminology.

찾아보기

TALKING TO STRANGERS

MALCOLM GLADWELL